KB061337

이동진이 말하는

봉준호의 세계

이동진이 말하는 봉준호의 세계

이동진 지음

「기생충」부터 「플란다스의 개」까지
봉준호의 모든 순간

위즈덤하우스

상이 영화의 참된 가치를 보증해주는 것은 아닐 것이다. 영화의 역사에 또렷한 족적을 남긴 걸작들 중에서도 당대에 이렇다 할 수상 실적을 올리지 못한 작품이 수두룩하다. 세상의 모든 상이 다 그렇다. 예외나 변수가 너무 많다. 칸 영화제는 소수 영화 엘리트들의 잔치처럼 보이기도 한다. 그리고 아카데미 영화상은 대중적인 파급력이 굉장하지만 어쨌든 '로컬'이다.

그러나 5월의 칸 영화제부터 2월의 아카데미 영화상까지, 국내 개봉을 포함해 전 세계 극장가 곳곳에서 이목을 집중시켰던 상영 풍경들까지, 「기생충」이 10개월 동안 벌였던 장대한 레이스는 그 자체로 장관이었다. 지켜보면서 몇 번이나 벅차올랐던 내 감정의 정체가 뭔지 스스로 궁금할 정도였다. 이제 막 100년을 넘어선 한국 영화 역사에 전달된 화려한 선물 같은 이벤트였다.

「기생충」의 엄청난 외적 성과는 탁월한 내적 성취가 있었기에 가능했다. 그리고 2020년의 거대한 성공은 2000년의 작고 단단한 출발이 세월의 강을 헤엄쳐 건너서 불러일으킨 공명이었다. 갑자기 들이닥친 예외적 행운이 아니라, 끊임없는 한계를 차례로 돌파하면서 여물어온 열매였다. 그 사이에 「살인의 추억」도 있었고 「마더」도 있었으며 「괴물」도 있었다. 「설국열차」와 「옥자」가 있었는가 하면 「플란다스의 개」도 있었다. 더 좋아하고 덜 좋아하는 영화가 사람마다 다를 순 있겠지만, 일곱 편 중에 평범한 작품은 없었다. 유머와 아이러니와 페이소스로 형형하게 빛나는 그의 세계는 우리를 사로잡았다. 그렇게 20년이 흐르는 동안 봉준호 감독의 영화들이 개봉할 때마다 글을 쓰거나 그를 만나 이야기를 나눌 수 있었던 것은 내게 큰 복이었다.

이 책에는 이제껏 나온 그의 모든 장편영화들에 대한 나의 평문이 실렸다. 이전에 발표했던 글들 중 분량에 대해 아쉬움이 없었던 「기생충」과 「옥자」 평문은 『영화는 두 번 시작된다』에서 옮겨 실었고, 나머지 다섯 편에 대한 평문은 충분한 양으로 모두 새로 써서 수록했다. 「기생충」의 경우, 일반적인 형식의 평문 외에도, 189신 전부를 장면별로 상세히 논하는 만용에 가까운 글을 이 책을 위해 새롭게 작성해 넣었다. 이와 별도로 일곱 편 모두 개봉 때마다 감독을 만나서 나눴던 이야기들을 글로 풀어냈다. 「기생충」과 「옥자」와 「설국열차」에 대한 대담은 각각 GV를 통해 이뤄진 내용을 이번에 글로 옮겼고, 「마더」와 「괴물」과 「살인의 추억」과 「플란다스의 개」에 대한 대화는 『이동진의 부메랑 인터뷰 그 영화의 비밀』에서 가져왔다.

이 책을 통해 봉준호 감독의 영화세계로 깊숙이 함께 여행을 떠날 독자 분들께 우정의 인사를 드린다. 이 한 권의 책을 세상에 내놓기 위해 촌음을 쪼개가며 애써주신 위즈덤하우스 분들께 박수를 보낸다. 그리고 정신없이 뒤를 좇아갔던 지난 20년이 돌아보니 크나 큰 보람과 즐거움이었음을 깨닫게 해준 봉준호 감독과 모든 영화인 분들, 고맙습니다. 덕분에 말석에서라도 지나온 세월이 허망하지 않았습니다.

11년 전 「마더」가 개봉되었을 무렵, 그와 인터뷰를 한 후 이렇게 쓴 적이 있다. "봉준호 감독이 발휘할 수 있는 영화적 파워의 극대치는 그대로 현재의 한국 영화가 구사할 수 있는 힘의 최대치일 것이다. 하지만 이제까지 얻어낸 거대한 성취에도 불구하고, 장담컨대, 그의 정점은 아직 도래하지 않았다." 긴 시간이 흘렀는데도 그 말을 지금 다시 되풀이할 수 있어서 기쁘다. 「기생충」이 빚어낸 휘황한 성공담에도 불구하고, 장담컨대, 봉준호의 정점은 아직 도래하지 않았다. 나는 여전히 그렇게 믿는다.

차례

작가의 말 5

1장 기생충

싸움의 결과보다 중요한 싸움의 구도_ 기생충 13
기생충 189신, 장면별 해설 36
「기생충」 대담_ 이동진×봉준호 116

2장 옥자

희망은 횃불이 아니라 불씨_ 옥자 151
「옥자」 대담_ 이동진×봉준호 158

3장 설국열차

뜨거운 계급투쟁과 차가운 사회생물학_ 설국열차 175
「설국열차」 1차 대담_ 이동진×봉준호×뱅자맹 르그랑×장마르크 로셰트 188
「설국열차」 2차 대담_ 이동진×봉준호×뱅자맹 르그랑×장마르크 로셰트 204

4장 마더

기억을 요구했던 자가 망각을 기원할 때_ 마더 221

5장 괴물

더 약한 자를 먹일 수 있는 곳_ 괴물 235

6장 살인의 추억

그의 마지막 시선이 가닿는 곳은_ 살인의 추억 255

7장 플란다스의 개

그 사람은 산에 오르지 못한다_ 플란다스의 개 277

8장 이동진×봉준호 부메랑 인터뷰

「마더」「괴물」「살인의 추억」「플란다스의 개」 대담 291

1장

기생충

싸움의 결과보다 중요한 싸움의 구도
기생충

봉준호의 영화들에는 변곡점이 있다. 이야기의 방향이나 캐릭터의 성격을 막판에 도치시켜 관객의 뒤통수를 침으로써 그때까지의 단서들을 반대로 읽도록 유도하는 반전이라기보다는, 이야기의 핵심 성격이나 감독의 시선이 가닿는 진짜 지점을 불쑥 드러내 영화 전체 노선을 아예 바꾸는 변곡점이라고 해야 맞을 것이다.

아들의 누명을 벗기려는 어머니의 숭고한 사랑에 대한 이야기처럼 다가왔던 「마더」는 그 변곡점에서 아들의 정체를 감추려는 어머니의 뒤틀린 집착에 대한 이야기로 바뀐다. 일직선상의 맨 뒤 세계에 자리한 사람들의 계급 혁명을 다가서서 뜨겁게 다루는 것처럼 보였던 「설국열차」는 종의 보존이나 세계의 균형을 물러서서 차갑게 다루는 사회생물학적인 영화로 전환된다. 통찰력을 신봉하는 시골 형사와 과학 수사를 내세우는 서울 형사가 서로 힘을 합쳐 미제 사건을 해결하는 집념의 버디무비 수사극처럼 보였던 「살인의 추억」이 결국 드러내는 것은 미끄러지는 시공간 속에서 빈손을 응시하는 혼돈의 정념이었다.

봉준호의 영화는 장르를 차용해서 시작하고, 그 장르를 배신하면서 끝난다. 그가 바라보는 곳은 늘 장르의 뒤편에 있다. 규칙과 관습에 따라 진행되는 장르의 작동 원리는 이야기의 갈래마다 누적되어온 '계획'이지만, 봉준호는 그 주먹만 한 계획이 바닥을 알 수 없는 '무계획'의 무저갱 속으로 소리도 없이 추락하는 광경을 기어이 보아낸다.

「기생충」의 변곡점은 문광(이정은)이 폭우 속에서 저택의 초인종을 누르는 순간이다. 그때까지 문광은 집사로서 동익(이선균)의 저택을 지켜오다가 해고되었던 한 개인이었지만, 자신이 찾아온 목적을 밝히는 순간 가족이 된다. 「기생충」에서 가장 중요한 설정은 이게 두 가족이 아니라 세 가족에 대한 이야기라는 점이다. 개봉 당시 영화사 측이 막으려 했던 스포일러는 바로 세 번째 가족의 존재였던 셈이다.

문광이 근세(박명훈)와 함께 가족으로서 존재를 드러낸 후 기택(송강호) 가족과 싸우던 그 저택으로 폭우를 맞아 야영지에서 갑자기 돌아오게 된 동익 가족까지 들어오게 되었을 때, 서스펜스를 꾹꾹 눌러담은 듯한 극 중 음식이 한우 채끝살을 넣은 짜파구리라는 사실은 흥미로워 보인다. 이것은 값싼 두 종류의 면이 마구 뒤섞이는 곳에 값비싼 한우가 추가로 들어가게 된 음식에 대한 이야기인 것이다.

변곡점에 이르기 전까지 「기생충」은 하층 계급인 기택 가족과 상층 계급인 동익 가족을 지속적으로 대비하면서 뻗어나갔다. 기택 가족은 동익 가족의 대저택 거실에서 그들이 야영장에 가고 없는 기회에 술판을 벌이며 계급적 환상에 젖는다. 아들 기우(최우식)가 다혜(정지소)와의 연인 관계를 잘 이끌어나가면 혼맥을 통해 두 가족이 거의 대등한 지위를 누릴 수 있을지도 모른다고 내심 기대한다. 동익을 태우고 시운전을 하면서 두 가정을 대표하는 두 가장의 동행론으로 그 동승을 수평적으로 규정지으려 할 때, 그 환상은 기택 마음속에 이미 자리 잡고 있었다. ("한 집안의 가장이자 한 회사의 총수 또는 고독한 한 남자와 매일 아침 길을 떠나는 것은 일종의 동행이 아닐까, 그런 마음으로 일해왔습니다.") 심지어 부부와 아들딸로 이루어진 4인 가족이라는 구성마저 같지 않은가.

하지만 기택은 동익의 집엔 네 명의 구성원 외에 애견 세 마리가 있지만, 자신의 집에는 수많은 꼽등이가 있다는 사실을 잊었다. 동익의 집에서 기우와 기정(박소담)은 기세가 좋고 통찰력도 있어 보이지만 결국 그들은 케빈과 제시카가 아니다. 같은 자동차에 타고 있다고 해서 그 차를 공유하고 있는 것은 아니다. 동익은 윤 기사(박근록)가 그걸 착각했다고 생각했기에 그를 해고했다. 「기생충」의 원래 제목이었던 '데칼코마니'가 가리키는 두 대비항은 무엇일까. 대저택에서 술 파티를 벌이면서 착각하던 기택 가족은 이제 자신들이 상대해야 하는 게 동익 가족이 아니라 문광 가족이라는 사실을 확인한다. 기택은 길을 바꾸기 위해 코너를 돌 때는 능숙하지만, 가던 길을 멈춰야 할 때는 뒤늦게 급브레이크를 밟으며 폭발한다.

기택과 근세는 자본주의 시스템 속의 패자라는 점에서 본질적으로 동일하다. 두 사람은 모두 카스텔라 가게를 하다가 망한 적이 있고, 경찰에 쫓기게 된다. 그리고 그 대저택의 숨겨진 지하 공간에서 배턴터치하면서 살아간다. 그러니 기택이 누군가와 동행해야 한다면 그건 동익이 아니라 근세여야 할 것이다.

하지만 기택 가족은 한사코 이를 부정하려 한다. 근세가 기거하고 있는 곳을 확인한 후 "이런 데서도 살면 또 살아지나?"라면서 고개를 절레절레 흔드는 기택의 혼잣말은 자신들이 속한 계급이 근세가 속한 계급과 다르다고 믿고 싶어 하는 필사적인 주문이다. 하지만 반지하는 지하와 다르다고 여기는 기택의 생각과 달리, 두 공간은 근본적으로 차이가 없다. 지상과 지하의 사이에 낀 이 공간의 명칭은 반지상이 아니라 반지하다. 기택의 혼잣말을 들은 근세는 "땅밑에 사는 사람들이 한둘인가? 반지하까지 치면 더 많지"라고 응수하며 자신이 속한 계급의 외연을 확대한다.

애초에 기택 가족이 문광 가족과 섞이면서 싸우게 된 것은 기택과 기정과 기우가 계단에서 함께 굴러떨어졌기 때문이다. 방금 전까지 지상에서 파티를 벌였던 사람들은 반지하에 곧바로 맞닿아 있는 지하로 추락한 뒤 그곳에 먼저 살고 있던 사람들과 모든 걸 걸고 싸우기 시작한다. 기택의 가족이 원래 꿈꾸며 다가갔던 것은 동익 가족이 거하고 있는 지상의 천국이었지만, 이제 그들은 더 깊은 지하의 지옥에서 벗어나기 위해서 싸운다. 필사적으로 올라오려는 문광을 충숙(장혜진)이 뒷발로 차서 다시 아래로 떨어뜨리는 것을 포함해, 그 싸움은 지하에서 지상으로 올라가는 계단과 복도에서 주로 펼쳐진다. 그 싸움이 그토록 가혹한 것은 지하에 대한 공포가 반지하의 세계를 지배하고 있기 때문이다.

사실 하층 계급끼리의 싸움은 기택 가족과 문광 가족이 맞닥뜨리기 전부터 이미 시작되었다. 「기생충」은 상승과 하강의 동선, 그리고 대체의 모티브로 정교하게 직조된 영화다. 기택이 동익의 운전기사가 될 수 있었던 것은 그 자리에 있었던 윤 기사를 몰아냈기 때문이다. 충숙이 가사도우미가 될 수 있었던 것은 문광을 제거했기 때문이다. 애초에 극의 도입부에서 백수인 기택의 가족이 피자 박스 접는 일을 할 수 있었던 것도 피자 가게에서 원래 그 일을 하던 아르바이트가 그만두었기 때문이고, 기우가 과외 자리를 얻게 된 것 역시 민혁(박서준)이 그 자리를 두고서 외국으로 떠났기 때문이다.

처음엔 자연스레 비워진 자리를 기택 가족이 차지하지만 나중에는 그 자리를 점유하고 있는 자를 쫓아내고서 차지한다. 이때 자신의 계획에 따라 자리를 두고 스스로 떠난 민혁은 그들과 다른 계급이지만, 모함에 따라 쫓겨나서 자리를 비워주게 된 윤 기사와 문광은 그들과 같은 계급이다. 결국 기택 가족에게 일자리는 상층 계급의 제의 또는 다른 하층 계급과의 투쟁 결과로 생긴다. 기택 가족의 생존 투쟁은 언제나 같은 계급에 속한 사람들을 대상으로 한다. 하층 계급이 가질 수 있는 파이 크기는 정해져 있기에, 그걸 차지하기 위해서는 제로섬 게임(Zero-sum game)으로서의 같은 계급 내 싸움이 불가피하다고 믿기 때문이다.

하층 계급이 그렇게 믿게 된 것은 상층 계급이 그렇게 대해왔기 때문이다. 동익은 문광의 음식 솜씨를 칭찬하면서도 "아줌마는 쌔고 쌨으니 또 구하면 된다"라고 말한다. 회사에서 회의를 하면서 동익은 신제품이 핸드폰과 호환이 되느냐에 대해서 집중적으로 관심을 보이는데, 그 회사 이름이 '어나더 브릭(Another Brick)'인 데서 알 수 있듯이, 결국 그는 피고용인을 대체하기 쉬운 벽돌처럼 여기는 사람이다. 동익에게 중요한 것은 일하게 될 사람의 고유성이 아니라 표준화된 노동력이 구사되는 자리 자체이며, 그 자신은 그 일자리를 만들어낸 주인이다. 그러므로 기택 가족에게 그들이 얻길 원하는 자리에 이미 앉아 있는 자는 고유성을 가진 인격체가 아니라 나를 위해 물러나야 할 선점자이면서 오로지 적일 뿐이다. 거실에서의 술 파티 도중에 기택이 불쑥 윤 기사를 걱정하는 말을 하자, 잔뜩 취한 상태로 기정은 "우리가 제일 문제잖아. 윤 기사 말고 우리 걱정만 하면 되잖아"라고 외친다. 그 순간 천둥 번개가 치고 문광이 찾아와 인터폰을 누른 후 지옥의 문이 열리기 시작한다.

그 안에 붙박인 자를 찾아가기 위해 지옥의 문을 열려면, 벽과 찬장 사이의 좁은 공간에 몸을 욱여넣고 평행 방향으로 힘을 써야 한다. 혼자서는 하기 힘들기에 누군가 찬장을 평행 방향으로 동시에 당겨주면 좀 더 수월하다. 문광과 충숙은 그렇게 합세해서 문을 열어젖히는 데 성공하지만, 그 문 아래의 세상으로 하강한 뒤에는 곧바로 갈라진다. 문광은 그곳에서 살고 있는 근세를 처음 보고 놀란 충숙에게 "같은 일하는 사람끼리" 또는 "같은 불우이웃끼리"라면서 계급적 연대감을 요청하지만, 충숙은 "난 불우이웃이 아니야"라는 말로 스스로를 다른 위치에 자리매김하려고 한다. 상류층과의 '믿음의 벨트'로 일자리를 얻은 후 계급적 환상을 가지게 된 충숙은 문광이 사용하는 언니라는 호칭까지 냉정히 불허함으로써 자매애의 사슬을 끊는다. 그리고 먼저 반감을 드러낸 것은 경찰에 신고하겠다면서 위협한 충숙의 가족이었다.

이 영화에는 악인이 따로 없다. 계급을 가릴 것 없이 「기생충」의 등장인물들은 악의를 적극적으로 드러내며 악행을 저지르지는 않는다. 우발적인 살인을 저지른 기택의 심정도 이해 가능하고, 그 살인을 유발한 동익의 오만한 제스처도 일부러 무시하려는 의도에서 나온 것은 아님을 짐작할 수 있다. 기택의 가슴에 차곡차곡 쌓였던 모욕감의 상당 부분은 우연히도 거실 테이블 밑에서 엿듣게 된 동익과 연교(조여정)의 뒷말 때문이었으니, 어쨌든 고의로 촉발한 것은 아니기도 했다. 기택 가족과 문광 가족이 죽기 살기로 싸우게 된 것도 그 바탕에 절박함이 깔려 있다는 사실을 감안하면 쉽게 그들을 단죄하기 어려워진다. 살인사건이 벌어지기 직전까지, 두 가족은 동익 가족에 대해서 감사와 존경의 마음을 지속적으로 드러내기도 했다. 다리미 같은 돈이 많게 되면 인성 역시 좋아지게 된다는 말을 나누기까지 했다.

「기생충」에서는 모두 네 사람이나 죽는다. 하지만 여기에 죽어 마땅한 사람은 없다. 누구도 노골적인 악의를 가진 사람들이 아니었기에 이 참극은 근원적인 비극이 된다. 만일 동익이 극 중에서 충분히 악한 사람으로 묘사되었다면 그가 죽은 것은 나쁜 인성 때문인 것으로 판단할 수도 있다. 그러나 동익은 개인의 특성 때문이 아니라 결국 그가 속한 계급 때문에 죽었다. 나머지 세 사람 역시 그렇다. (문광은 치명상을 입고 난 후에도 "충숙 언니가 좋은 분인데 나를 발로 찼다"라고 말한다.)

봉준호 영화의 핵심 키워드 중 하나는 계급일 것이다. 적나라하게 다루는 「기생충」과 「설국열차」뿐만 아니라 「플란다스의 개」에서

「옥자」까지 대부분의 영화가 계급 갈등을 바탕에 깔고 있다. 그런데 이때 특히 주목되는 것은 누가 누구와 싸우는가의 문제다. 봉준호의 데뷔작 「플란다스의 개」에서 아파트 관리사무소 직원인 현남(배두나)은 주민들이 키우는 반려견을 죽이는 범인을 추적한다. 이 영화에서 죽거나 죽을 위기에 처하는 개는 모두 세 마리인데, 그중에서 실제로 죽는 두 마리의 개는 어떻게 해서든 교수 자리를 얻어서 안정된 계급적 지위를 확보하려는 대학교 시간강사 윤주(이성재)와 관련되어 있다. 윤주는 치와와의 경우 실제로 아파트 옥상에서 떨어뜨려 죽이고, 시추는 지하실에 감금해 결과적으로 죽음에 이르게 한다.

그러니 현남이 싸워야 할 상대는 중산층인 윤주다. 도중에 현남은 실제로 윤주와 잠시 추격전을 벌이기도 하지만 끝내 그를 잡지 못할 뿐만 아니라 정체조차 파악하지 못한다. 대신 현남은 세 번째로 실종된 윤주의 개 푸들을 잡아먹어서 한 끼를 해결하려 하지만 죽이는 데엔 실패하는 부랑자 최씨(김뢰하)에 맞서 맹렬하게 싸운 후 경찰에 넘겨 처벌받게 한다. 왜 현남은 윤주가 아니라 최씨와 싸우는가. 왜 기택은 동익이 아니라 근세와 싸우는가. 왜 하층 계급인 현남(「기생충」에서 하층 계급은 특유의 "무말랭이 냄새"로 요약되는데, 「플란다스의 개」의 현남은 그 무말랭이를 유산으로 상속한다)은 중산층인 윤주가 아니라 (최)하층 계급인 최씨와 싸우는가. 왜 하층 계급인 기택은 상류층인 동익이 아니라 (최)하층 계급인 근세와 싸우는가.

봉준호의 하층 계급에 속하는 주인공들은 상층 계급에 속하는 인물들과 싸우지 않는다. 그들은 같은 계급 내에서 싸운다. 기택 가족처럼 일자리를 얻기 위해 싸우거나, 현남처럼 일자리를 보전하기 위해 싸운다. (하지만 기택 가족과 현남은 결국 끝에 가서 그 일자리를 잃는다.) 계급적 곤궁의 핵심은 자본주의 체제 자체에 놓여 있지만, 그들은 본질을 간과하거나 그로부터 애써 시선을 돌린다.

미묘한 것은 봉준호의 영화들에서 하층과 최하층이 구분되어 보일 때가 많다는 점이다. 극 중 하층 계급에 속하는 사람들은 최하층으로 굴러떨어지지 않기 위해 싸움을 벌이는 경우가 많은데, 이때 최하층에 맞서는 그들이 기대는 마지막 제도는 가족이다. (봉준호의 영화 속 주인공이 가족 단위로 서술되는 경우가 많은 것은 이와 무관하지 않을 것이다.) 대물림을 통해 그 체계를 공고하게 만드는 계급의 최소 단위인 가족은 하층에 속하는 인물들에게 생래적으로 좌절을 안겨주지만, 최하층과 맞설 때는 역으로 마지막 보루가 되는 것이다.

「마더」에서 도준(원빈)과 종팔(김홍집)은 바로 그 지점에서 명암이 갈린다. 종팔이 도준의 죄를 뒤집어쓰는 것은 결국 도준에게 있는 엄마(김혜자)가 그에겐 없기 때문이다. (감옥에 갇힌 종팔을 면회하면서 도준의 엄마는 연민과 죄책감으로 "넌 엄마도 없니?"라며 눈물을 흘린다.) 「옥자」에서 사지를 벗어나는 데 성공하는 옥자와 달리 그 외의 수많은 슈퍼돼지들이 죽음의 구렁텅이로 굴러떨어지는 것은 옥자에겐 있는 언니(안서현)가 그들에겐 없기 때문이다.

그렇기에 근세에겐 아내 문광이 꼭 필요하다. 계급 상승의 욕망 자체를 포기한 채 지하에서 사는 생활에 만족하게 된 근세이지만, 그 삶조차 가능하려면 주기적으로 돌봐줄 문광이 있어야 하기 때문이다. 그런 유일한 가족이 충숙의 공격으로 결국 사라지는 순간, 최소한의 버팀목마저 잃어버리게 된 근세는 마침내 칼을 들고 충숙 가족에게 덤벼든다. 근세는 근본적으로 기택이 아니라 동익이 적일 수도 있음을 상상도 하지 못한다.

이와 반대로, 하층이 최하층을 가족제 안으로 끌어들이게 될 때 봉준호 영화에는 희망이 작은 불씨로 남는다. 「괴물」에서 형을 잃어버리고 혼자만 남게 된 세주(이동호), 「옥자」의 종반부에서 옥자의 품속에 들어오게 된 새끼 돼지가 그렇다. 그런데, 이 두 사례 속에서 도움의 손길이 뻗쳐진 상대가 모두 매우 어리다는 것은 우연이 아닐 것이다. 그들은 연민을 일으킬지언정, 위협이 되진 않는다.

그런데 상층과의 관계에 있어서, 하층은 최하층(다시 말해 하층의 하층)과 근본적으로 다르지 않다. 그것은 그저 자신들이 최하층은 아니라고 애써 스스로를 위로하려는 하층 계급 사람들의 가정일 뿐이다. 폭우 속에서 지독한 싸움이 벌어진 뒤, 기택 가족과 문광 가족은 모두 아래로 다시 내려간다. 고지대 저택에서 저지대 반지하 주택으로 내려간 기택 가족이 침수 피해로 고통스러워하는 장면이 묘사된 직후에 이어지는 것은 지하실에서 감금된 채 고통스러워하는 문광 가족의 모습이다. 혹은, 근세가 머리를 찧으면서 보내는 모스 부호 구조 요청에 따라 저택 계단의 전등이 점멸하는 장면 직후에 이어지는 것은 침수된 기택 집의 형광등이 점멸하는 장면이다. (그러고 보니 비극의 시작은 폭우가 쏟아지기 전에 번개가 만들어낸 빛의 점멸이었고, 한밤중에 문광이 누른 초인종이 만들어낸 소리의 점멸이었다.) 고통받고 있을 때, 하층과 최하층은 다르지 않다.

같은 계급끼리 싸우는 대신 시스템과 싸우는 자가 봉준호의 영화 속에 전혀 등장하지 않는 것은 아니다. 그러나 그들은 이야기의 끝에서 완전히 빗나가거나 이야기의 한중간에서 철저히 격리된다. 「플란다스의 개」에서는 직접 모습을 드러내지 않음에도 관객들에게 깊은 인상을 남기는 인물이 하나 있다. 경비원 변씨(변희봉)가 길게 언급하는 보일러 김씨다. 보일러 김씨는 시공사가 아파트를 날림으로 지은 것을 간파하지만, 그 결과 죽임을 당한 뒤 "공구리 쳐져서" 벽에 봉인된다. 극 중에서 그가 죽게 된 해는 바로 1988년, 서울올림픽이라는 국가적 대사가 치러지고 건설 붐이 일면서 거국적 계급 상승 욕망에 온 국민이 들떠 있던 때였다. 「설국열차」에서 가열차게 계급 혁명을 이끌었던 꼬리칸의 리더 커티스(크리스 에번스)도 그 싸움의 끝에서 자신이 저항의 주체가 아니라 시스템이 주기적으로 인원을 정리하기 위한 알고리즘의 일부에 불과했음을 깨달은 뒤 폭발 사고로 죽는다. 그리고 「기생충」에서 엉겁결에 계급에 칼을 꽂게 된 기택은 지하 감옥에 사실상 영원히 유폐된다.

「기생충」의 이야기가 절정에 달하게 되면 인물들이 연이어 죽는다. 동익이 죽는 것은 그가 극 중에서 계급제와 가부장제의 정점에 놓여 있는 인물이기 때문일 것이다. 문광과 근세가 죽는 것은 이 부부가 이 작품에서 주로 대상화되어 그려지고 있다는 것과 무관하지 않을 것이다. 그렇다면 기정은 왜 죽었을까. 주인공이라고 할 수 있는 기택 가족들 중에서 왜 죽는 자가 하필 기정이어야 하는 것일까. 피자 박스 접는 일에서 네 개 중 하나꼴로 불량품이 나올 때 그렇게 엉망으로 일처리를 한 것은 기택이지 않은가. 고통을 줄여주려는 이유로 보이긴 하지만 문광 부부를 수석으로 살해하기 위해 지하로 내려간 것은 기우이지 않은가. 그리고 근세가 칼을 들고 마당으로 나섰을 때 원래 죽이려던 인물은 자신의 아내를 죽게 만든 충숙이지 않은가. 그런데 대체 왜 기정일까.

가족 안에서 기정의 위치는 매우 독특하다. 기택, 기우, 충숙은 모두 누군가의 자리를 대체함으로써 일자리를 얻었다. 하지만 기정은 미술치료라는 영역의 필요성을 연교에게 새로 주입시킴으로써 누구의 자리도 빼앗지 않은 채 그만의 일자리를 창출했다. 그러니까 기정은 같은 하층 계급과 싸움을 벌이지 않고도 계급 상승의 가능성을 이끌어낸 극 중 유일한 인물인 셈이다. 게다가 기정은 자신의 위치를 관철해내는 의지와 능력을 지녔다. 기우와 기택은 각각 연교와 동익의 시험 교습과 시험 운전 요구를 받아들인 후 그 결과에 따라 채용되지만, 기정은 그와 같은 채용의 조건 자체를 냉정히 배제하면서도 자신의 뜻을 관철시키는 위엄을 보였다.

그런 기정은 기택 가족 중에서 가장 상류 계급에 어울렸던 사람이었다. 동익 가족이 집을 비웠을 때 기우는 욕조에서 우아하게 행동하는 모습을 잠깐 목격한 후, "위에 올라가서" 목욕하는 기정이 "부잣집 분위기와 잘 맞아"서 "우리랑은 달라" 보인다고 말한다. 이어 기우가 이 저택 어디에서 살고 싶냐고 질문하자 기정은 "일단 살게 해줘"라고 답하는데, 그 말에 기우는 다시 "지금 살고 있잖아. 이렇게 거실 한복판에서 술도 마시면서"라고 내쏜다. 그러니까 기우는 그 정도의 계급 판타지로도 만족할 수 있는 사람이지만, 기정은 다르다. 기정이 만족하기 위해서는 실제로 그 집에 살아야 하고, 실제로 상류층이 되어야 한다. 말하자면 계급 상승에 대한 욕망이 가장 적극적이었고 또 그럴 만한 능력도 컸던 기정이 작품의 말미에서 살해당할 때, 사라지는 것은 계급 상승의 사다리 자체일 것이다. (더구나 그런 기정을 죽이는 것은 계급 상승의 욕망을 아예 상실한 근세다.)

아울러, 기정의 일자리가 우연히도 연교 가족의 하층 계급에 대한 혐오와 공포를 자극했기 때문에 창출되었다는 사실도 간과하기 어렵다. 다송(정현준)이 미술치료를 받아야 하는 이유는 초등학교 1학년 때 케이크를 먹다가 근세를 목격하고 충격을 받아 트라우마가 생겼기 때문이다. 다송은 계단에서 올라오던 근세를 보고 귀신이라고 생각하는데, 그건 그런 사람을 한 번도 본 적이 없기 때문이다. 유치원이든 학교든 가정이든 부유한 환경에서만 자라온 다송이 그때 처음 본 것은 결국 (하층) 계급이었다. (다송이 그린 그림을 보며 기우는 침팬지라고 생각하고 연교는 자화상이라고 생각하지만, 사실 그 그림 속에 표현된 것은 근세일 것이다.) 동익 가족 중에서 다송이 가장 먼저 기택 가족의 냄새를 알아채게 되는 것은 우연이 아니다. 다송은 하층 계급에 가장 익숙하지 않기에 오히려 그 계급의 모습이나 냄새를 가장 먼저 알아챈다.

인간에 대한 기본적인 예의의 상실, 이 경우에 국한 지어서 다시 말해보면 계급적 혐오는 동익이 피살된 결정적 이유였다. 그리고 그 반대편에서의 상층이 경험하는 계급적 트라우마 역시 치유되지 않고 더한층 악화된 채 반복된다. 케이크를 먹다가 무시무시한 계급의 얼굴과 처음 마주치며 트라우마가 생긴 다송은 그걸 치유하기 위해 짜인 무대 위에서 다시금 케이크와 관련된 살인을 저지르는 계급의 얼굴을 재확인하며 졸도한다. 이것은 모든 계급에 좌절감을 안기는 드라마인 것이다.

그러니까 상층과 하층, 두 계급 사이에 연결되어 있는 듯 보였던 믿음의 벨트 같은 것은 존재하지 않았다. 「기생충」에서 정말로 불공평한 것은 바로 소통이다. 무전기까지 동원해가며 자유자재로 소통하는 동익 가족과 달리, 기택 가족은 무임승차로 쓰던 와이파이가 끊기면서 소통에 어려움을 겪는다. 와이파이 신호를 보다 더 잘 잡으려면, 핸드폰을 높게 들어야 한다는 기택의 말처럼 높이 올라가야 소통할 수 있다. 기택 가족은 동익의 저택에 한 명씩 차례로 진입한 후 멋진 계단 위로 높이 올라가는 계급 상승의 환상에 사로잡힌다. 하지만 그들이 실제로 올라가서 와이파이 신호를 잡음으로써 소통에 성공한 곳은 보잘것없는 계단에 이어져 있는 반지하 화장실 변기가 고작이었다. 폭우가 쏟아지자 그 변기마저 역류한다. 실내로 역류하는 오수를 피하면서 기정이 자신의 집에서 가장 지상에 가까운 높은 곳인 변기 뚜껑에 올라앉아 천장에 숨겨둔 담배를 꺼내 피우는 대목은 이 영화에서 가장 처연한 장면일 것이다.

그래도 예의와 배려, 활력과 기지가 상당 부분 있는 것처럼 보였던 세상은 로버트 알트먼적 천재지변이라고 할 수 있는 폭우 이후에 정체를 적나라하게 드러낸다. 폭우가 내린 다음 날, 연교는 아들의 생일 파티에 초대할 손님에게 "비가 엄청 와서 미세먼지 제로예요. 비 안 왔으면 어쩔 뻔했냐고요"라고 말한다. 하지만 고지대의 대저택에 사는 사람들에게 파티를 최적의 환경에서 열도록 만들어주었던 비는 아래로 아래로 끊임없이 흘러서 저지대 사람들에겐 치명적 타격을 입힌다. 잠시 기분을 내기 위해서 마당에 설치한 다송이의 미제 텐트는 비 한 방울 새지 않는데, 많은 사람들이 좁은 공간에서 고단한 몸을 누여야 할 서민 주택가에서는 비만 오면 난리가 난다. 폭우 속에서 동익과 연교는 모처럼 기분을 내며 짜릿한 밤을 즐기지만, 기택 가족은 체육관에 수용되어 고단한 밤을 지새운다. 위에서는 물이 씻어 내려 깨끗한 환경을 만들지만, 아래에서는 물이 한데 고여 온갖 오물과 뒤섞인다.

재앙처럼 쏟아지는 극 중 폭우 설정은 이전에 코믹하게 희화화되어 펼쳐졌던 방뇨 에피소드와 무관하지 않다. 성취감에 도취된 기택네 식구들이 술과 고기로 자신의 집과 동익의 집에서 잔치를 각각 벌일 때, 바깥의 취객이 방뇨를 하거나 하늘이 비를 뿌린다는 점에서 두 설정의 기본 구도는 같다. 취객이 방뇨를 하는 것을 본 기우는 수석을 들고 나가서 맞서려고 하는데, 비와 함께 찾아온 문광에 대해 대응하던 끝에서의 기우 역시 그렇게 한다.

하지만 그 두 번의 대응은 모두 실패하고, 더 낮은 곳을 찾지 못한 빗물과 오줌은 끝내 뒤섞인 채 변기에서 역류한다. 유능했던 기정은 변기에 걸터앉은 채 아무 대응도 하지 못하고서 담배만 피우는데, 차례로 일자리를 얻으면서 상황이 잘 풀릴 때 잠시 힘을 내는 듯 보였던 기택 가족은 사실 처음부터 무기력했다. 이 영화에서 취객이 방뇨하려는 에피소드가 이전에 한 차례 더 나왔을 때 기택은 그저 밖을 바라다보면서 혀를 찰 뿐 대응하려는 시도 자체를 막는다.

두 집이 들어선 위치에서부터 등장인물들의 동선까지, 높낮이 설정과 상승 하강의 이동 방향으로 명징하게 짜여 있는 「기생충」에서 물이 흐르는 방향은 곧 소통의 방향과도 일치한다. 이 영화에서 이야기는 상층에서 하층으로 일방적으로 전달된다. 다송의 생일 파티를 준비하는 일에서 짜파구리를 급하게 끓여내는 일까지, 고용인이 피고용인에게 내리는 업무 관련 지시뿐만이 아니다.

문광에 대해 고자질하던 기택은 "제가 병원에서 들으려고 해서 들은 게 아니라 통화 내용이 들려오니까 어쩔 수 없이 들었어요"라고 변명하는데, 같은 계급 사이에서는 거짓말인 그 말이 이후 상층과의 관계에서는 그대로 진실이 된다. 기택은 마트에서 따라다니며 함께 장을 보아야 하기 때문에, 내린 비에 신이 난 연교의 마음을 옆에서 고스란히 알게 된다. 기택은 거실 테이블에 숨어 있느라 뒤에 놓인 소파에서 동익이 냄새에 대해 노골적으로 조롱하는 뒷말을 꼼짝없이 듣게 된다. 그때 그 거실 상황은 동익이 뒤에 앉고 기택이 앞에 앉는 자동차 안의 구도와 동일한데("여기 꼭 내 차 뒷자리 같지 않아?"), 부부간의 사랑에 대해 참견하려 했다가 앞이나 제대로 보라는 동익의 핀잔을 받았던 이전 차 안에서의 일화를 상기시키듯, 기택은 애정을 나누며 험담을 하는 그들 쪽으로 고개를 돌리지 못한 채 그저 일방적으로 다 듣고 있어야만 한다. 반면에 연교는 지난밤 기택이 폭우로 얼마나 큰 피해를 입었는지 알지 못한다. 동익 역시 인간에 대한 기본 예의를 상실한 자신의 뒷말이 기택을 얼마나 고통스럽게 만드는지 파악하지 못한다.

운전기사는 뒷자리에 탄 고용주 대신 앞만 바라보아야 한다. 상대를 바라볼 수 있는 시선은 오직 고용주에게만 주어진다. 근세 역시 처음엔 감사의 마음을 나중엔 구조 요청을 담아 모스 신호를 끊임없이 위쪽으로 올려 보내지만, 끝내 동익 가족에게 전달되지 않는다. (그나마 다송이 그 신호를 해독하려 하지만 곧 포기한다.) 똑같이 촬영해도 다혜의 경우처럼 상층이 찍은 영상은 곧바로 전송되지만, 문광의 경우처럼 하층이 찍은 영상은 전송되지 않는다. 상층은 하층의 마음을 보거나 들을 필요가 없고, 하층은 상층의 마음을 싫어도 보고 들어야 한다. 도입부에서 아이피타임 암호를 걸어서 통신 연결을 끊은 것 역시 위층에 사는 집주인이었다.

그런 하층이 전달할 수 있는 것은 자신의 마음이 아니라 냄새다. 자동차 안에서 그 냄새는 차의 진행 방향과 반대인 역류로 표현되는데, 이것은 자신의 진의와 감정을 전달할 방법이 봉쇄된 채 전달하고 싶지 않은 존재 자체의 곤궁함만이 전해지는 하층 계급 소통의 딜레마를 단적으로 요약한다.

극의 갈등이 정점에 이르게 되면 소변과 빗물 대신 피가 흐른다. 기정과 근세의 피가 아래로 흘러 동익의 마당을 적신다. 하지만 그 고귀한 피는 더러운 오수 취급을 받는다. 근세는 찔려서 흘리게 된 피와 오래된 지하 생활로 누적된 체취가 뒤섞인 자신의 냄새를 동익에게 전달한다. 그게 얼마나 오만한 행동인지 자각하지도 못한 채 동익은 노골적인 경멸의 기색과 함께 코를 쥐고서 죽어가는 자의 아래에 깔린 차 열쇠만 빼내려 한다. 그 직전 기택은 중상을 입은 기정을 응급처치하다가 "아빠, 그만 좀 눌러. 눌러서 더 아픈 것 같아"라는 말을 들었다. 결국 기택이 택한 것은 더 이상 분노와 슬픔을 누르지 않는 방법이었고, 냄새가 아니라 그 감정을 고스란히 상층에 전달하는 방식이었다. 그것은 폭력적이고 비극적이지만, 그로서는 가장 확실한 소통 방식이었는지도 모른다.

그런데 여기서 의미심장한 것은 기택의 냄새가 아니라 근세의 냄새를 동익이 경멸할 때, 근세가 아닌 기택이 동익을 근세의 칼로 찔러 살해했다는 점이다. 만일 기택이 자신의 냄새를 경멸하는 동익을 살해했다면, 그것은 모멸감을 견디지 못한 기택이라는 개인이 인간에 대한 최소한의 예의를 갖추지 못한 동익이라는 개인을 살해한 사건이 될 것이다. 하지만 자신의 가족도 아니고 심지어 직전까지 극단적으로 싸웠던 상대라고 할 수 있는 근세가 당하는 능멸을 기택이 대신해서 근세의 칼로 응징할 때, 그건 온전히 계급의 이름을 내건 살인이 된다. 기택이 근세에게 이입할 수 있는 것은 오직 냄새인데, 그에게 그 냄새는 곧 계급이기 때문이다.

사실 기택과 근세의 냄새는 동일하지도 않다. 하지만 하층 계급이 살아 있을 때의 냄새와 죽어갈 때의 냄새로 대변되는 듯한 기택과 근세의 냄새는 여기서 계급적으로 분명하게 연대한다. 하층 계급인 기택 가족과 하층 계급인 근세 가족의 싸움만을 집중적으로 그려가던 이 영화는 이 지점에서 마침내 상층 계급과의 싸움을 벌이면서 곧바로 폭발한다.

그러나 그런 계급적 연대는 극 중에서 아주 잠깐 동안만 즉각적이고도 폭발적인 화학반응을 일으켰을 뿐이다. 이전에 폭우 속에서 동익의 저택을 빠져나와 반지하 집을 향해 끝없이 하강하던 기정이 "아까 그 지하의 사람들 어떻게 됐어?"라고 걱정하고, 충숙이 다송의 생일 파티 도중에 문광 가족을 챙기려고도 하지만, 그게 연민인지 죄책감인지 계급의식인지는 명확하지 않다. 계급의 이름으로 극단적인 행동을 한 기택은 스스로의 충동적인 행동에 곧바로 당황하고 후회하면서 도망치기 시작한다. 기택은 자신이 어디로 가야 하는

지 이미 알고 있다. 근세가 스스로의 존재를 은폐한 채 그럭저럭 만족하면서 혹은 어쩔 수 없이 체념하면서 살아갔던 그 지하의 공간에서 이제 기택도 시간이 좀 흐르면 그럭저럭 자족하면서 혹은 어쩔 수 없이 체념하면서 살아가게 될 것이다. 어쩌면 숨을 거둔 문광을 마당에 묻어줄 때, 기택은 자기 자신을 묻은 건지도 모른다.

이야기가 끝날 때쯤, 기우 역시 자신이 어디로 가야 하는지 알았다. 2층 다혜의 방에서 키스한 후 생일 파티가 열리는 정원을 내려다볼 때 기우가 물었던 "나 여기에 잘 어울려?"라는 말은 스스로가 어울리는 곳은 따로 있음에 대한 자각의 말이었다. 그 직후 기우는 수석을 챙겨 들고 자신이 가야 할 곳으로 (아마도 그곳에서 근세와 문광에게 일종의 안락사를 선사하기 위해서) 내려간다.

당초 무기력했던 기우가 능력을 드러내기 시작했던 것은 민혁을 자신의 모델로 삼고 따라 했기 때문이었다. (민혁을 대체한 게 아니라 민혁의 호의로) 승계받은 과외교사 일자리를 두고 연교 앞에서 능력을 보여야 할 때, 기우는 민혁을 떠올리고 "실전은 기세"라며 모방했다. (이전에 기우는 방뇨하는 취객을 꾸짖는 민혁을 보고서 "대학생이라서 그런지 기세가 남다르다"라고 충숙이 칭찬하는 것을 들은 적이 있다.) 민혁이 다니는 명문대 재학생 신분을 위조하고, 민혁이 하던 과외교사 일자리를 승계하고, 민혁이 좋아하던 다혜와 연애하고, 민혁처럼 기세 좋게 행동하면, 다 잘 풀릴 줄 알았다. 하지만 기우는 결코 민혁이 될 수 없었다. 민혁의 기세는 결국 계급에서 나오는 것이었기 때문이다. 아마도 민혁은 미래에 동익이 될 것이고, 기우는 「괴물」의 남일(박해일)이 될 것이다.

「기생충」 전반부의 질서 정연한 계획의 플롯은 결국 후반부의 혼란스런 무계획의 플롯에 잡아먹힌다. 잘 통하는 듯 보였던 기우의 계획은 폭우가 쏟아지고 "계획에 없던" 문광이 출현한 후 삽시간에 허물어진다. 다음 계획을 묻는 기정의 다급한 질문에 망연해진 기우는 폭우가 쏟아지는 야외 계단에 서서 민혁이라면 어떻게 했을지만 그저 곱씹는다. 그러나 기우는 민혁일 수 없기에, 민혁이라면 어떻게 했을지 끝내 떠올리지 못한다. (다른 대학생 동기들을 극도로 경계하면서도 민혁이 기우에겐 선뜻 다혜를 가르치는 자리를 넘겨줬던 것은 아예 경계할 필요가 없는 인물이라고 여겼기 때문일 것이다.)

최후에 시도하는 기우의 결정적 계획 역시 좌초되는데, 비장한 마음으로 지하 계단을 내려서던 그가 수석을 아래로 떨어뜨리기 때문이다. 그건 결정적인 순간에 화염병을 떨어뜨리는 「괴물」의 남일이나, 아파트 복도에서 맹렬히 범인을 추격하다가 때마침 열린 문에 부딪혀 넘어지는 바람에 놓치게 되는 「플란다스의 개」의 현남 역시 마찬가지였다. 이쯤 되면 봉준호의 영화 속 하층 계급의 '삑사리'는 실수가 아니라 흡사 필연처럼 보인다. 계획은 상층에나 가능한 삶의 방식인지도 모른다.

민혁이 가져다준 그 과외교사 자리는 그가 함께 선물로 준 산수경석과 같은 것이었다. 재물운과 합격운을 몰고 온다는 수석에 담긴 계급 상승의 꿈은 악몽이 되고, 행운처럼 보였던 액운은 끝내 그 정체를 드러내며 그의 머리를 강타한다. 기우가 재앙을 겪은 후 자신이 가야 할 곳을 안다면서 아래로 내려간 것과 반대로, 수석은 침수를 겪은 후 어울리지 않았던 반지하를 떠나 저 높은 산의 맑은 계곡으로 옮겨진다.

「기생충」의 에필로그를 장식하는 것은 두 통의 편지다. 이때 기택은 기우가 자신의 모스 부호 편지를 받았는지 여부 자체를 알 수 없고, 기우는 자신의 편지를 기택에게 전할 방법 자체를 알지 못한다. 외부와의 소통이 끊기며 시작됐던 영화는 이제 가족 안에서의 소통마저 차단된 채 막을 내리게 되는 것이다.

「기생충」은 혹독한 비극을 다루고 있음에도 외양상 그 시작과 끝은 비슷하다. 동익네 4인 가족이 살던 대저택에는 독일에서 온 4인 가족이 거주하게 된다. 그들이 모르는 그 집 밑바닥의 지하 거주자 존재도 근세에서 기택으로 바뀌었을 뿐 여전하다. 그리고 이 영화의 첫 숏과 마지막 숏은 동일한 카메라워크에 담긴 동일한 피사체의 유사 상황을 스케치한다. 지상으로 간신히 반쪽의 창을 걸치고 있는 반지하의 실내. 지면 높이에서 천천히 카메라가 하강하면 단절된 통신이나 소통 상황 때문에 난감해진 기우가 그 아래 벽에 기대어 앉아 있다.

이때 수미상관은 모든 가능성의 문을 완전히 닫아건 종착점을 선언하고, 결국 달라진 게 없음을, 달라질 수 없음을 드러낸다. "오늘 근본적인 계획을 세웠습니다. 돈을 아주 많이 벌어 이 집을 사겠습니다. 아버지는 그냥 계단만 올라오시면 됩니다. 그날이 올 때까지 건강하세요." 목표만 있고 방법이 없는 기우의 그 계획은, 계급제의 공고한 시스템 속에서 근본적인 계획은, 결국 무계획이다.

「기생충」의 전반부에서 약자로 보이는 기택 가족에게 이입하게 되는 관객들은 케이퍼 무비를 볼 때처럼 그들의 계획이 성공하는 과정을 장르적으로 경쾌하게 즐긴다. 그러다 변곡점을 지나 후반부에 접어들면서 기택 가족이 반지하의 위치에서 지하의 문광 가족에게 폭력을 가하기 시작하면 은밀한 공모의 쾌감에서 벗어나 당혹감을 느끼기 시작한다. 관객들이 후반부에서 더 취약한 문광 가족으로 이입의 대상을 바꾸어 지켜보는 일도 있을 수 있겠지만, 이 영화에서 문광 그리고 (특히) 근세는 타자화되어 있어서 그렇게 하기는 매우 어렵다. 응원하고 싶어지는 약자들끼리의 싸움이 점점 더 끔찍해질수록 관객은 이 영화를 더 이상 장르적으로 즐길 수 없게 되고, 그 결과 이 곤혹스런 대결 구도의 사회적 의미를 숙고하게 된다.

이 영화에서 가장 스펙터클한 장면이 역설적이게도, 마치 지옥으로 하강하듯 기택 가족이 끝없이 내려간 후에 펼쳐지는, 저지대의 서민 주택가 골목이 심각한 침수 피해를 입은 광경을 찍은 부감숏이라는 사실은 「기생충」이 선 자리가 어디쯤인지를 짐작하게 만든다. (21세기 한국 영화가 담아낸 가장 선명한 정치적 참극의 이미지가 시신이 즐비한 궁정동 안가를 부감으로 잡아낸 「그때 그 사람들」(임상수)에 담겨 있다면, 제일 또렷한 사회적 참극의 이미지는 「기생충」의 이 부감 장면에 담겨 있다고 할 수 있을 것이다.) 이 작품은 끝내 우리를 불편하게 만들거나 화나게 만들고, 그 끝에서 필연적으로 현실의 문제와 그 현실을 담아내는 문제를 어쩔 수 없이 다시 들여다보게 만든다.

봉준호의 영화들에는 카타르시스가 없다. 거기에 희망은 없거나, 있다고 해도 횃불이 아니라 불씨로서 간신히 존재한다. (그 불씨를 그나마 유지하려면 영화 밖에서 영화 안을 향해 인간의 숨을 계속 불어넣어야 할 것이다.) 탁월하게 연출된 그의 작품들을 보고 나서 번져오는 무력감의 진짜 이유는 싸움의 결과가 아니라 그 싸움의 구도이다. 봉준호는 그 무력감이 지배하는 그라운드 제로(Ground zero)의 폐허에서 다시금 이 세계의 모순에 대해 치열하게 생각해볼 것을 제안하는 회의론자다.

2019. 9.

기생충 189신,
장면별 해설

「기생충」은 이야기할 것들이 계속 쏟아져 나오는 작품이다. 이 영화에 대해서 봉준호 감독과는 이 책에 실린 대담을 제외하곤 대화를 나눠본 적이 없다. 「기생충」에 대해서 쓰인 글들도 거의 읽어보지 않았다. 영화를 모두 세 차례 보았고, 시나리오를 읽었으며, 생각에 잠겼다. 오로지 나는 나를 사로잡은 이 뛰어난 영화와 곡진하고도 끈질긴 대화를 하는 마음으로 이 글을 썼다. 이 글 앞에 놓인 평문과 뒤에 위치한 대담에서 다뤄진 내용들은 여기서 가급적 제외하려 했다.

내가 파악한 바로는 「기생충」은 모두 189신으로 구성됐다. (신의 구분 기준에 따라 약간의 차이가 있을 수 있다.) 『기생충 각본집』에서는 161신으로 되어 있고 스토리보드에선 162신이었지만, 우리가 보게 된 완성본 영화에선 신의 수가 좀 더 늘어났다. 시나리오에 있었음에도 최종적으론 영화에 포함되지 않고 삭제된 신들도 있지만, '믿음의 벨트' 시퀀스처럼 편집 과정에서 신의 수가 늘어난 경우가 더 많다.

#1 기우가 와이파이 신호를 찾아다니다

1-1

기택 집의 창밖은 골목길의 바닥 부분이지만 창 안쪽은 반지하라서 천장 바로 밑이다. 이 영화에서 가장 먼저 보이는 것은 햇살을 조금이라도 더 받기 위해 높이 널려 있는 양말 빨래다. 계급 갈등을 다룬 봉준호 감독의 또 다른 작품 「설국열차」를 빌려 표현해보면 신발을 머리에 올려놓은 상황. 기택 가족이 품고 있는 상승 심리의 표현임과 동시에 이 영화가 계급 갈등을 정면으로 다루게 될 것이라는 선언처럼 다가온다.

1-2

「기생충」의 첫 번째 신은 건물 위층에 사는 집주인이 새롭게 암호를 거는 바람에 기우의 핸드폰 와이파이가 되지 않는 상황을 그려낸다. 위가 차단하면 아래에서는 아예 소통이 단절된다. 이 영화의 에필로그에서 기택과 기우는 그들만의 암호에 해당하는 모스 부호를 통해 소통을 꾀한다. 하지만 극의 마지막은 기우가 아버지에게 쓴 그 암호 편지를 전달할 방법이 없는 암담한 상황을 드러낼 뿐이다.

1-3

충숙은 낮잠을 자고 있던 기택의 엉덩이를 발로 차서 깨우며 계획이 뭔지 묻는다. 「기생충」에서 기택네 여자들은 계속 계획을 묻지만 남자들은 결국 무력할 뿐이다.

1-4

아내의 발길질에 잠에서 깨어난 기택은 침을 닦으며 몸을 일으킨다. 송강호는 「괴물」과 이 영화에서 유사한 표정으로 낮잠에서 깨어나며 처음 등장한다. 이처럼 코믹하고 만만한 송강호의 등장 장면은 관객에겐 유머에 대한 기대를 충족시켜주는 한편 영화의 내부로 들어오는 문턱을 일단 낮춰주는 효과가 있다.

1-5

기우와 기정이 새로운 와이파이 신호를 잡아낸 곳은 역설적이게도 그 집에서 가장 높은 곳인 화장실 변기 옆이다. 이제 이 영화는 역류라는 모티브를 포함해 흐름과 방향이라는 기본 동력으로 이야기를 풀어갈 것이다.

#2 기택 가족이 피자 박스를 접다

2-1

집 내부의 꼽등이를 죽이기 위해서 기택은 골목의 소독 연기가 그대로 집 안에 들어오도록 한다. 그러자 꼽등이뿐만 아니라 기택 가족 모두가 콜록대며 괴로워한다. 이건 중반부 이후 저택 내부의 문광 가족을 내몰려다 기택 가족이 고통받는 상황에 대한 복선처럼 보인다.

2-2

이 영화의 첫 번째 신에서 기우가 실내를 옮겨 다닐 때 카메라는 인물의 눈높이보다도 높은 위치의 하이앵글로 내려다보듯 따라다녔다. 이어지는 두 번째 신에서는 로우앵글로 낮춰서 기우를 올려다보듯 따라다닌다. 봉준호는 한강을 배경으로 파노라마적인 이미지가 적절할 것 같은 「괴물」을 2.35:1이 아니라 1.85:1의 화면 비율로 그려냈다. 반면 수직 구도가 핵심일 듯한 「기생충」은 1.85:1의 비스타 비율이나 1.33:1의 아카데미 비율이 아니라 2.35:1의 스코프 비율을 채택했다. 가로 방향이 매우 긴 스코프 비율에서는 카메라가 조금만 위치를 높이거나 낮춰도 역설적으로 높이의 변화에 대한 전달력이 크다. 「기생충」은 주제와 형식 모두 수직 방향에 대한 매우 흥미로운 영화다.

#3 충숙이 피자 가게 사장과 언쟁을 벌이다

3-1

고용주인 피자 가게 주인은 피고용인에 해당하는 기택 가족이 접은 박스가 "라인(선)이 더럽게 접혔다"고 지적한다. 이 이야기는 결국 계급들 사이를 가르는 선이 교란되면서 펼쳐지는 비극을 다룬다. 그리고 그 선 안팎의 갈등이 극에 달한 후 파국을 가져오는 사람은 박스를 접을 때 불량품을 양산했던 기택이 된다.

3-2

이 이야기에서 '기생충'은 과연 누구일까. '기'자 돌림과 '충'자 돌림으로 작명된 기택네 가족이나 문광 가족이 물론 그것에 비유되고 있다. 하지만 "박스 접을 사람도 하나 없는 것들이"라는 충숙의 피자 가게 주인에 대한 비아냥은 동익네 가족 역시 그럴 수 있음을 분명히 암시한다.

3-3

피자 가게 알바 자리를 노리는 기우와 기정의 공작은 이후 펼쳐지게 되는 동익네 일자리 획득 작전과 그 얼개가 매우 유사하다. 남매가 일자리와 관련된 정보를 자세히 아는 것은 지인("그 펑크 낸 알바생이 제 동생 지인이에요") 때문이다. 그 자리를 대신 차지하기 위해서 남매는 그 일을 하고 있는 사람을 모함("그 오빠가 원래 좀 이상해요")한 뒤 해고("잠수 탄 원래 알바는 자르세요")하게 한다. 그러고 나서 면접("내일 정식으로 면접 보러 가겠습니다")을 보려 한다. 남매는 이후 같은 방식으로 동익네 일자리들을 접수한다.

#4 민혁이 수석을 들고 방문하다

4-1

취객이 방뇨하는 모습을 본 충숙과 기정의 요구에도 불구하고 기택과 기우는 그걸 제지하는 행동을 취하지 않는다. 이 영화에서 기우는 무능력해 보이는 기택을 한 번도 거스르지 않는다. 하지만 민혁은 기세 좋게 꾸짖어 취객을 물리친다. 눈앞에서 곧바로 문제가 해결되는 것을 본 기우는 충숙과 기정이 민혁을 칭찬하기까지 하자 민혁을 본격적으로 동경하고 흉내 내기 시작한다. 늘 아버지를 체념적으로 따라가던 기우가 이후엔 계획을 세워가며 아버지를 이끈다.

4-2

기택은 아마도 민혁 할아버지의 운전기사였을 것이다. 기택이 수석에 대해 잘 알고 있는 것도 수석 모으기가 취미인 민혁 할아버지의 차를 운전하면서 들은 것들이 많아서일 것이다.

4-3

수석은 민혁의 것이 아니라 할아버지의 것이었다. 민혁이 누리는 계급적 지위는 혈통으로 승계한 것이다.

4-4

민혁이 선물한 수석을 들여다보면서 기우는 그게 매우 상징적인 것이라고 말한다. 행운과 재물운을 몰고 온다는 수석은 무엇에 대한 상징일까. 상층 계급에 속하는 민혁이 수석과 함께 과외 일자리를 선물하면서부터 기우는 새롭게 의욕을 불태우기 시작한다. 기우 가족의 계급 상승 욕망은 이후 내내 수석과 부침을 함께한다. 어쩌면 행처럼 보이는 액인지도 모를 수석. (수석은 「설국열차」의 엔진 같은 것이었을까.) 민혁이 찾아오고 수석이 달라붙지 않았더라면, 기회인 듯 보였던 변화 앞에서 새롭게 욕망을 불태우지 않았더라면, 기우 가족은 그냥 그대로 허허 웃으며 살아갔을까.

4-5

극 중 수석이 처음 모습을 보이는 장면은 매우 독특하게 짜여 있다. 민혁이 상자를 열면 그 속에 담긴 수석이 클로즈업 숏으로 몸체를 드러낸다. 바로 그 뒤에 수석을 유심히 내려다보는 기우의 모습이 이어지는데, 흥미로운 건 그 리버스 숏이 마치 수석이 기우를 올려다보는 시점 숏처럼 느껴진다는 것이다. 어찌 보면 수석이 생명체인 것처럼 다가오기도 하고, 그 지점이 갓 태어난 오리가 사람을 올려다볼 때의 각인의 순간처럼 여겨지기도 한다. 그러니 차후 기우에게 수석이 달라붙는 듯 느껴진다는 것도 아주 이상한 일은 아닐 것이다.

#5 기우가 과외 자리를 물려받다

5-1

민혁이 과외 자리를 물려준 것은 사실 기우를 과소평가했기 때문이었을 것이다. 같은 과의 남자 대학생들을 늑대새끼에 비유하면서 침까지 뱉는 것은 기본적으로 그들이 민혁과 유사한 높이의 위치에 있기 때문이다. 반면에 대학생도 아니고 집안도 가난한 기우는 경계할 필요가 없다. 민혁이 기우를 얕잡아 보고 있다는 것은 찾아오겠다는 문자를 보낸 뒤 기우의 답신이 없었음에도 재확인조차 하지 않고 불쑥 집에 들어섰던 사실에서도 짐작할 수 있다.

5-2

연교에게 기우를 소개해준 민혁은 교환학생으로 미국에 갈 예정이다. 기우가 물려받게 될 과외 자리는 영어를 가르치는 일이다. 게다가 자신의 고용주가 될 동익은 뉴욕 센트럴파크와 관련된 프로젝트로 집중적인 스포트라이트를 받았고 미국에서 혁신적인 기업가상까지 수상했다. 동익의 아내 연교는 말을 할 때 계속 영어를 섞어 쓰는 버릇도 있다. 기우 가족은 일자리를 모두 차지하기 위해서 일리노이대학과 시카고(기정은 기택을 운전기사로 고용했던 큰아버지가 시카고에 가셨다고 둘러댄다)를 포함해 미국과 관련된 인연을 계속 둘러댄다. 이때 민혁은 고스란히 기우의 역할모델이 된다.

#6~7 기우가 계획을 설명하다

기정이 만들어준 가짜 증명서에 대해 기우는 서류만 미리 떼었을 뿐 어차피 내년에 연세대학교에 갈 것이니 위조가 아니라고 궤변을 늘어놓는다. 이건 현재 행위의 정당성을 미래의 자격으로 보증하려는 논리다. 기택은 아들의 계획에 감탄한다. 하지만 일자리 접수와 대학 진학을 포함한 일련의 계획은 결국 허물어지고 만다. 계획이 통하지 않았던 것은 기우와 그 가족에게 미래가 허락되지 않았기 때문이다. 그걸 알고 있었기에 같은 계급에 속하는 근세는 그 지하 공간에서 나가려는 계획조차 세우지 않았다.

#8~9 기우가 면접을 보러 가다

8~9-1

면접을 보기 위해 집을 나선 후 동익 저택으로 가는 기우의 동선은 지속적인 상승으로 표현된다. 반지하인 집을 떠나려면 현관문을 나선 후 몇 개의 계단을 오르고 건물 뒤의 좁은 통로를 돌아 골목으로 나가야 한다. 이후 고급 주택가의 오르막길을 한참 걸어서 동익 저택으로 들어서면 또다시 정원으로 이어지는 계단을 올라야 한다. 동익의 저택은 감춰진 밑바닥의 비밀 공간과 지하실과 1~2층 사이뿐만 아니라 같은 층 안에서도 종종 계단을 이용하도록 설계되어 있다. 그 집 2층의 다혜 방에서 영어를 가르치기 위해서 기우는 끊임없이 오르고 또 올라야 한다.

8~9-2

기우는 그 집에 들어선 직후에 무엇보다 눈부신 햇살에 놀란다. 햇빛이 제대로 들지 않는 반지하에서 자신의 방도 없이 살아온 처지와 명확히 대조되는 환경이다. 동익의 저택에서 햇살을 맘껏 누릴 수 있는 것은 높은 지대에 놓여 있기 때문이고, 벽이나 나무들 같은 선으로 주변과 뚜렷이 그리고 충분히 구분되어 있기 때문이다. 좁고 밀집된 기우네 마을에서는 거의 불가능한 광량이다. 극 중 아랫동네가 나올 때 햇살이 화사하게 표현된 유일한 순간은 가게에서 기정이 문광을 내쫓아낼 무기인 복숭아를 사 들고 나와 걷는 장면뿐이다.

8~9-3

자신들의 공간과 외부 세계를 명확하게 나누고 있는 동익 집에 들어가기 위해선 초인종을 누르고 반드시 허락을 받아야 한다. 반면에 민혁이 기우 집에 올 때는 노크도 없이 불쑥 들어섰다. 기우의 집은 사실상 집 안과 집 밖을 나누는 선이 없는 셈이다.

8~9-4

문광은 문을 열어주는 사람이다. 기우나 기정에게 모두 그랬다. 그런 문광이 늘상 스스로가 열어주던 현관 밖에서 초인종을 누르며 문이 열리길 애걸할 때 기우 가족과 문광의 위치는 정반대로 바뀌고 이야기도 급격하게 전환된다.

#10 문광이 남궁현자에 대해 언급하다

10-1

그 저택을 지은 남궁현자라는 유명 건축가에 대해 문광은 존경의 마음을 가지고 있다. 하지만 곳곳에 박힌 인디언 화살을 떼어내며

"지금이야 애들 사는 집이지"라고 말할 때 언뜻 드러나는 것처럼 동익 가족에 대해선 은근히 경멸의 마음을 품고 있다. 그런 감정은 그 저택을 접수하려는 기택 가족에 대해서 더욱 증폭된다.

10-2

남궁현자라는 이름은 당연히도 「설국열차」의 남궁민수를 떠올리게 한다. 하나의 세계라고 볼 수 있는 그 저택 지하에 은밀한 비밀 공간을 설계한 남궁현자처럼, 남궁민수 역시 열차라는 세계의 보안장치를 만든 사람이다. 텍스트의 주된 흐름에서 멀찌감치 떨어진 위치에 놓여 있는 남궁현자와 남궁민수는 여타 인물들과 범주 자체가 다른 캐릭터이기도 하다. 그리고 등장하지 않는 장면에서조차 이야기의 저류에 강력하게 임재하며 전체를 지배한다. 봉준호는 겉으로 드러나는 물리적 비중을 뛰어넘어 핵심적이면서도 중층적인 함의를 가지는 인물에게 독특한 성을 붙이는 경향이 있다. 국문광도 그런 인물일 것이다.

10-3

동익이 이끄는 IT 기업은 AR 기술로 큰 성공을 거둔다. 그의 집 벽에는 그런 성공을 과시하는 상장도 있다. 반면에 기우 집 벽에는 충숙이 선수 시절 받은 육상경기선수권대회 해머던지기 종목 은메달이 걸려 있다. 몸을 직접 써서 성과를 내는 충숙 가족이 첨단 기술로 승승장구하는 동익 가족과 관련되며 겪게 되는 기가 막힌 일들은 일종의 증강현실이나 가상현실 같은 것일까.

10-4

문광은 정원 의자에서 졸고 있는 연교에게 기우가 왔다고 말하지만 전달되지 않자 손뼉을 세게 쳐서 깨운다. 이 영화에서 상층은 하층에 지시 사항을 실패 없이 곧바로 투명하게 쏟아낸다. 반면에 하층이 상층에 자신의 의도를 직접적인 방법으로 전달하는 장면은 거의 없다. 하층이 상층에 뜻을 알리려면 결국 손뼉을 치거나 칼로 찔러서 원초적인 충격을 주는 방식뿐이다.

#11~12 기우가 연교 앞에서 면접을 보다

기우를 면접할 때를 포함해 연교는 수시로 기르는 개를 안고 있다. 하지만 그토록 신경 쓰는 것으로 보였던 아들 다송과는 극 중에서 어떤 스킨십 장면도 없다. 최후의 아비규환에서 다송이 기절했을 때만 예외다. 다송은 기묘하게 외로운 아이다.

#13 기우가 기세를 보이다

13-1

다혜 손목의 맥을 짚으며 기우가 실전은 기세라고 강조하는 대목은 기우의 뒤통수가 다혜의 얼굴에 부분적으로 겹치는 숏을 시작으로, 다혜의 얼굴이 기우의 뒤통수에 부분적으로 겹치는 숏을 거쳐, 다시금 똑같이 다혜 얼굴을 잡아내는 숏까지 3개의 클로즈업 숏으로 구성됐다. 인물들 얼굴이 상당 부분 겹치도록 위치를 잡고, 클로즈업 크기로 망원렌즈를 이용해 배우의 표정에 집중해서 촬영한 후, 세 개의 숏으로 이어 붙임으로써, 기우의 말과 행동에 다혜가 완전히 사로잡히는 상황을 흡사 스타카토처럼 강력하게 담아냈다. 2.35:1의 화면 비율이 제대로 효과를 발휘한 독특한 오버 더 숄더 숏들이다. 포커스 아웃된 기우의 흐릿한 뒤통수는 가로로 길쭉한 프레임의 절반을 차지한 채 얼굴마저 3분의 1가량 잠식당한 다혜의 표정에 압도적인 힘을 가한다.

13-2

이때 기우는 이제껏 관객이 한 번도 보지 못했던 박력 넘치는 모습이다. 그건 기우가 여기서 민혁을 연기하고 있기 때문이다. 기세라는 말을 사용한 것도 취객을 압박하며 꾸짖었던 민혁을 보며 대학생이라 기세가 다르다고 충숙이 감탄했던 것을 인상적으로 기억하고 있었기 때문이다. 이제 기우는 대학생을 연기하고 있기에 기세가 다를 수밖에 없다. 결국 기세는 성격이 아니라 위치에서 나온다.

13-3

시험은 앞으로 치고 나가야 하기에 전체 상황을 눈여겨보면서 흐름을 놓치면 안 된다는 기우의 충고는 사실 스스로에게 하는 말이다. 기세가 대단한 대학생 기우는 자신감 없는 재수생 기우에게 그렇게 힘을 불어넣는다.

#14 기우가 그림을 상징적으로 받아들이다

14-1

기우가 민혁을 연기한다면 다송은 인디언을 연기한다. 예술가 기질이 있다는 다송의 낭만적인 상상 속에서 인디언은 학살당하는 대상이 아니라 공격하는 주체다. 그러니 그와 함께 놀아주려는 자는 문광처럼 화살에 맞아 죽는 시늉을 해야 한다. 계급을 인종에 대한 문제와 결부시킨 후 그 저택을 미국 땅으로 상상해본다면, 다송은 백인이면서 인디언에 스스로를 이입하는 자에 해당할 것이다. 하지만 그 가짜 인디언은 진짜 인디언의 실제 모습과 마주치면 혼절하고 만다. 이때 진짜 인디언은 미국 땅인 그 저택에서 백인인 다송보다도 먼저 살아온 근세일 것이다.

14-2

다송이 그린 그림 속 주인공은 근세일 것이다. 그렇지만 기우는 침팬지라고 생각한다. 문광은 나중에 며칠 굶은 근세에게 바나나를 먹인다. 이 영화에서 하층 계급 사람들은 또 다른 하층 계급 사람들을 침팬지, 개, 바퀴벌레에 비유한다. 일종의 계급적 자학으로까지 보인다.

#15~16 기정이 저택에 침투하다

기정은 외워야 할 제시카 관련 사항들을 노래로 암기한다. 그런데 그 노랫말에 포함된 정보는 전부 가족관계나 대학과 관련된 것들이다. 그러니까 기정이 제시카가 되기 위해서 필요한 것은 능력이나 성격이 아니라 위치다.

#17~18 다혜가 기정을 질투하다

17~18-1

다혜는 다송이가 예술가인 척 연기한다고 몰아붙인다. (이 영화 속 세 가족들은 다들 또 다른 자아를 연기한다. 다혜와 근세만이 예외다.) 다혜가 다송을 비난하고 기우가 거기에 맞장구칠 때 두 사람은 사실 다른 사람을 염두에 두고 있다. 다혜는 다송의 예술가 코스프레를 공격함으로써 사실 미술교사인 기정이 그에게 필요 없다는 걸 말하고 싶어 한다. 기우는 길 가다가 괜히 멈춰 서서 하늘을 쳐다보는 행동을 예술가 코스프레의 특징으로 거론하며 다혜의 말에 호응하는데, 극 중 하늘을 올려다보는 유일한 사람은 사실 기우다. 상징적인 방법으로 현실을 상상하고 거기에 자신을 그려 넣는 기우야말로 예술가 코스프레를 하고 있는지도 모른다. 이어 다송에 대해 기우는 'pretend(~인 척하다)'란 영어 단어를 두 번 써서 영작을 해보라는 숙제를 다혜에게 내준다. 다송이 인디언과 예술가로 두 번 'pretend'한다면, 기우와 기정 남매는 케빈과 제시카로 두 차례 'pretend'했다.

17~18-2

기우는 질투하는 다혜를 달래려 칭찬의 말을 책 여백에 적어 보여준다. 그걸 본 다혜가 마음이 풀려 미소 짓지만 정작 뭐라고 썼는지는 보이지 않는다. 나중에 기우가 유심히 들여다보는 다혜 일기장에 어떻게 적혀 있었는지도 알려지지 않는다. 봉준호는 종종 작은 해답에서 관객만 배제시킴으로써 정답 없는 난제를 다루는 이 큰 이야기에 미스터리의 소소한 구멍들을 만들어 넣으며 탄력을 불어넣기도 한다. 「옥자」에서는 미자가 옥자의 귀에 뭐라고 긴밀하게 속삭이지만 관객은 무슨 말인지 알지 못한다. 「살인의 추억」에서는 서태윤이 나무젓가락에 물을 묻혀 식당 테이블에 뭔가 적지만 관객은 뭐라고 썼는지 파악하지 못한다.

#19~20 기정이 다송을 사로잡다

19~20-1

오빠 기우의 큰 계획 속에서도 기정은 나름의 계획이 있다. 기정이 연교의 수업 참관을 애초부터 단칼에 배제한 것은 기우로부터 그런 방식의 과외교사 면접에 대해 전해 들었기 때문일 것이다. 기우가 기세를 적극적으로 드러내는 방식으로 통한다면, 기정은 자신만의 방법을 드러내지 않는 방식으로 성공한다. 하지만 둘 모두 상대에게 밀착한 게 중요한 비결 중 하나였다. 기우는 한의사가 맥을 짚듯 다혜의 손목을 잡아 임팩트를 만든다. 기정은 이후의 교습 장면들에서 계속 묘사되듯 다송을 무릎에 앉히면서 스킨십을 활용한다. 그러나 그렇게 가까이 밀착된 다른 계급과의 관계는 필연적으로 그 사이에 그어진 선을 넘게 되는 위험을 내포한다.

19~20-2

연교는 수업 중인 다송의 방에 자기 대신에 문광을 들여보내려 한다. 반면 기정은 다송에 대해 중요한 이야기를 할 때 옆에서 듣고 있던 문광을 내보낸다. 연교는 문광에게 그 저택의 장소에 있을 권리가 있다고 하고, 기정은 (나중에 문광을 대체한 충숙에게조차) 그 권리를 인정하지 않는다. 저택을 둘러싼 신경전은 처음부터 하층과 하층 사이에서 생겨났다.

19~20-3

다송이가 1학년 때 있었던 일에 대해 기정이 질문하며 핵심을 건드리자 연교는 비명을 지른다. 아들과 관련한 충격적인 과거가 갑자기 거론될 때 듣던 엄마가 소스라치게 놀라는 장면은 「마더」에도 있었다. 도준이 다섯 살 때 벌어졌던 동반음독자살 시도에 대해 입을 열며 정곡을 찌르자 엄마는 비명을 지른다. 그 순간 「마더」와 「기생충」의 엄마들이 손으로 얼굴을 가리면서 뒤로 물러나는 동작을 하는 것까지 동일하다. 봉준호의 세계에서 은밀하게 묻어두었던 것들은 반드시 귀환해 습격한다. 「기생충」에서처럼 과거의 트라우마를 치유하기 위해 재현의 의식을 치르려 하면 오히려 덧난다. 그래서 「마더」는 밝혀진 진실을 다시 묻고 스스로에게 침을 놓은 채 망각을 향해 춤을 추면서 저물어가는 석양 속 익명의 실루엣이 되는 광경으로 끝이 나는지도 모른다.

#21 기정이 속옷을 차에 남겨두다

21-1

기정은 기택 가족 중 벤츠의 뒷자리에 타는 유일한 사람이다. 벤츠 판매장에 가서 차의 구조와 기능을 익힐 때조차 기택뿐 아니라 기우까지도 뒷자리에는 앉아본 적이 없다. 첫 수업 때 가르치는 기우의 뒷모습과 참관해 그걸 바라보고 있는 연교의 위치를 자동차 내부로 바꾸어보면 피고용인과 고용주의 자리와 정확히 같다. 하지만 기정은 참관 자체를 거절함으로써 그런 일방적 구도를 허용하지 않는다. 기택 가족이 텅 빈 저택에서 술 파티를 벌일 때도 뒷자리에 해당하는 소파에는 기정 혼자 앉아 있다.

21-2

기택 가족은 상층 계급의 호의는 그대로 수용하지만 같은 하층 계급으로부터 오는 호의와 연대의 제안은 (그게 미끼든 진짜 선의든) 언제나 거절한다. 머쓱해진 윤 기사가 창밖을 보면 접촉사고 현장을 두고 핸드폰을 빼앗으려는 자와 빼앗기지 않으려는 자가 몸싸움을 벌이고 있다. 이제 관객은 폭우가 내리는 밤, 다시금 그 저택에서 두 가족이 연루된 접촉사고 속 핸드폰을 사이에 둔 몸싸움을 보게 될 것이다.

#22 기택 가족이 기사식당에서 회식하다

기우는 기택을 운전기사 자리에 침투시키려는 계획을 세우던 중 하필 그들 가족이 회식을 하는 장소가 기사식당이란 것을 뒤늦게 깨닫고 상징적이라고 외친다. 기우는 다송이 그린 그림과 민혁이 가져온 수석도 모두 상징적으로 받아들였다. 그는 자신 앞에 펼쳐진 상황을 현실 뒤편의 상징으로 받아들이려 하고, 상징적인 방식으로 당면한 현실 문제를 해결하려 한다. 상징 속에서는 자신도 부자가 될 수 있기 때문이다.

#23~24 동익이 차에서 속옷을 발견하다

23~24-1

동익은 윤 기사가 벤츠 안에서 섹스를 했다는 사실보다 운전기사의 자리라고 할 수 있는 앞자리가 아니라 주인의 고유한 자리인 뒷자리에서 했다는 사실에 더 분개한다. 동익은 계급 사이에 그어진 선을 침범당하면 짜증을 낸다. 그가 생각하는 시민윤리의 가장 중요한 과제는 각자 자신이 처한 위치에서 벗어나지 않으며 선을 지키는 것일 테다. 「설국열차」의 메이슨 총리라면 동익의 생각에 박수를 치며 전적으로 동의할 것이다.

23~24-2

부자와 빈자의 결정적 차이는 둘레에 선을 그을 수 있느냐에 달려 있을 수도 있다. 동익의 저택 밖과 안은 높은 담과 울창한 정원의 나무들로, 집 건물 안과 밖은 거대한 유리창으로 그 사이에 선이 그어진다. 선 밖의 정원은 분명 선 안의 거실에서도 또렷하게 보이지만 소통하기 위해서는 무전기를 사용해야 할 정도로 명확히 구분된다. 반면 기택의 집 유리창은 안과 밖에 제대로 선을 긋지 못한다. 그 흐린 선은 골목의 물건 파는 소음, 뿌려지는 소독약과 소변 방울로 끊임없이 교란된다.

23~24-3

동익과 연교 커플은 누구에게나 온화하고 예의 바른 사람들처럼 보인다. 하지만 둘만 있을 때는 계급에 대한 오만한 태도가 여실히 드러난다. 윤 기사의 일탈에 대해서 연교는 “어떻게 주인님 차에서”라고 말하고, 동익은 기택의 냄새에 대해 노골적으로 불평한다. 일탈에 기분이 상해서 해고를 서슴지 않으면서도 정작 자신의 평판에 해가 될까 봐 다른 이유를 꺼내 들며 윤 기사를 내보낸다. 그들은 문광 역시 그런 방식으로 해고한다.

23~24-4

동익과 연교 커플은 세련된 매너를 지녔지만 사실 그들은 저속하다고 여기는 하층 계급 사람들의 거침없는 말과 태도를 은근히 욕망한다. 동익은 윤 기사의 일탈을 일부러 상스럽게 거론하고 저속한 손동작까지 사용한다. 연교는 상상도 할 수 없다는 듯 반응하지만 내심 마약에 대해 짙은 호기심을 보인다. 그들이 경멸 속 동경으로 지그시 눌러두었던 욕망은 차후 소파 위의 성애 장면에서 비틀린 형태로 터져 나온다.

#25 기정이 애써 윤 기사를 칭찬하다

윤 기사의 해고가 확정됐다는 것을 확인하자 기정은 그가 친절하고 쿨했다면서 오히려 편을 드는 듯 말한다. 상대를 공격하거나 해고한 직후엔 언제 그랬냐는 듯 칭찬으로 발뺌하는 말투는 사실 극 중에서 동익 같은 상층 계급의 화법이다. 동익은 문광에 대해서도, 기택에 대해서도 그렇게 등 치고 배 문지르는 식의 화법을 구사한다. 자신이 내키는 대로 사람을 자르되, 그에 대한 감정적 책임감이나 일말의 죄책감이 생기지 않도록 손을 씻는 방식이다. 기정은 원래 그렇게 말하는 사람이 아니었다. 극 초반 피자 가게 알바에 대해선 원래 이상하고 평판이 안 좋은 사람이라며 공격만 해댔다. 하지만 이제 또 다른 자아인 제시카를 연기할 때 기정은 능숙하게 상층 계급의 말투를 체화한다.

#26 기택이 벤츠를 미리 타보다

기택과 기우 부자가 벤츠 전시 판매장에서 미리 차를 둘러보는 신으로 이른바 '믿음의 벨트' 몽타주 시퀀스가 시작된다. 아카데미 편집상 후보에까지 올랐던 「기생충」의 뛰어난 편집은 기택과 충숙까지 저택 침투에 연이어 성공시키는 과정을 케이퍼 무비적인 화법으로 다뤄낸 이 시퀀스에서 유려하고 세련된 리듬의 위력을 제대로 보여준다. 출판된 『기생충 각본집』에서는 이 시퀀스가 25개 신이었지만, 좀 더 급박하게 교차하는 느낌을 강조하는 과정에서 편집을 통해 신의 수가 늘어나 최종적으로는 26번째 신부터 54번째 신까지 모두 29개 신으로 영화에 구현되었다.

#27 기택이 동익 회사를 방문하다

27-1

동익의 회사 이름 '어나더 브릭(Another Brick)'에는 그의 피고용인에 대한 견해가 고스란히 담겨 있다. 회사 직원이든 집에서 일하는 사람이든, 그에게 피고용인들은 언제든지 똑같은 노동력으로 쉽게 대체될 수 있는 또 다른 벽돌에 불과하다. 이 영화에서 어나더 브릭에 대조되는 것이 저마다 고유하고 특별한 돌인 수석이다. 기우는 수석의 꿈을 품었다. 하지만 동익에게 기우의 가족들은 그저 또 다른 벽돌일 뿐이었다.

27-2

동익은 회사 안에서도 선을 철저히 고수한다. 유리벽으로 둘러싸인 회의실 안에서 사업과 관련한 미팅을 하던 동익은 기택이 찾아와 인사를 꾸벅하자 선 밖에서 기다리게 한다. 그때 기택은 동익에게 전달될 수 없는데도 입 밖으로 소리를 내어 인사하지만, 동익은 소리를 내지 않은 채 입 모양과 손동작으로만 의사를 전한다. 빤히 보여도 소리가 들리지 않도록 유리로 만든 선으로 차단된 것은 그의 거실이나 회의실 모두 동일하다.

#28 기택이 주행 테스트를 받다

28-1

동익은 주행 테스트가 아니니까 편하게 임하라고 하지만 기택은 그럴 수 없다. 기우와 기정의 성공으로 한껏 고양된 기택은 미리 준비한, 아마도 기우가 미리 써주었을, 직업에 대한 자신의 철학을 기세좋게 설파한다. 고용주와 운전기사의 상하 관계가 아니라 매일 아침 함께 길을 떠나는 두 고독한 남자의 동지애라는 수평 관계에 대한 달콤한 환상을 동행의 상징에 담아서. 그 말을 들으며 미소 짓는 동익을 보면 그런 마음이 언뜻 통한 듯도 하지만, 그 웃음은 어쩐지 비웃음처럼 보인다.

28-2

아닌 게 아니라 이 장면은 나누는 대화 내용과 그것을 담아내는 형식이 서로 충돌하고 있다. 동익을 찍을 때 카메라는 뒷좌석 왼쪽에 위치하고 있고, 기택을 찍을 때는 앞좌석 오른쪽에 놓여 있다. 그로 인해 두 사람이 대화할 때 숏과 리버스 숏에 각각 따로 담긴 두 사람은 결국 서로 시선이 마주치지 않는다. 이렇게 아이 매칭이 되지 않는 촬영·편집 방식이 신 초반엔 특별히 거슬려 보이지 않을 수도 있다. 기택이 운전을 하느라 앞을 주시하며 말할 때는 프레임의 오른쪽을 바라보고, 그 말을 듣고 있는 동익은 프레임의 왼쪽을 응시하고 있기에 언뜻 시선이 서로 맞는 것처럼 보이기도 한다. 하지만 두 사람은 지금 카페 테이블에 마주 앉은 게 아니라 자동차에 앞뒤로 앉아 있다. 이야기에 취한 기택이 실제의 동익을 보면서 말하기 위해 고개를 뒤로 돌리는 순간 둘의 시선은 날카롭게 어긋나며 불일치한다. 단독 숏에서 운전하던 기택이 돌아보면 카메라 위치 때문에 프레임의 왼쪽을 바라보는 것으로 표현되는데, 그에 대응해 이어지는 뒷자리 단독 숏에서 동익은 여전히 실제의 기택을 바라보는 방향인 왼쪽을 보고 있기 때문이다. 요컨대, 이런 형식 속에서 두 사람의 소통은 근본적으로 어긋나는 것으로 표현된다. 두 고독한 남자의 동지애 가득한 동행이라니, 행운을 과신한 계급적 환상이라니.

28-3

차 안에서 둘의 대화가 진전되면 카메라의 세 번째 위치를 드러내는 숏이 나온다. 뒷자리 우측에서 기택의 뒷모습을 담아내는 앵글인데, 이건 기택을 관찰하는 동익의 시점 숏이다. 그 반대로 기택이 동익을 바라보는 시점 숏은 이 장면에 존재하지 않는다. 이때 권력자는 시점을 소유한 자이다. 두 사람을 하나의 프레임에 함께 담는 공존의 숏 역시 이 장면에는 존재하지 않는다.

28-4

기택은 자신에겐 내비게이션이 필요 없다면서 "38선 밑으로는 골목까지 훤하다"고 자랑한다. 그런데 왜 기택은 휴전선이 아니라 38선이라고 말했을까. (시나리오에서는 휴전선이었다.) 그것은 우선 기택의 나이가 적지 않다는 것을 드러내는 단어이기도 할 것이다. 하지만 궁극적으로 그건 이 영화의 핵심적 모티브인 선과 관련된 것처럼 느껴진다. 온통 구불구불한 휴전선과 달리 38선은 북위 38도를 경계로 지도 위에서 일직선으로 그어 남과 북을 나눈 선이다. 「기생충」은 결국 상층과 하층, 그리고 그 사이를 나누고 있는 선에 대한 영화다.

28-5

38선 밑으로 훤하다는 말을 뒤집으면 38선 위로는 잘 모른다는 말이 된다. 늘 아래에 머물렀던 기택은 결국 선 위로 올라서는 듯 보였지만, 그곳에서 그는 어디로 가야 할지 전혀 몰랐다. 거기서 그가 알았던 단 하나의 행로는 다시 지하로 내려와 숨어드는 길뿐이었다.

28-6

기택의 오랜 운전 경력 자랑에 동익 역시 한 가지 일에 오래 매달려

온 사람을 존경한다면서 호응하듯 말한다. 하지만 그때 동익이 속에 담아둔 진짜 의도는 주제를 알고 자신의 계급에 맞는 자리에서만 계속 머물라는 냉혹한 주문이었을 것이다.

#29~54 문광이 결핵 환자로 모함받다

29~54-1

'믿음의 벨트' 시퀀스는 문광이 복숭아 알레르기로 격렬하게 기침할 때 정확한 타이밍으로 연교와 함께 저택에 들어간 기택이 붉은 핫소스를 피처럼 묻힌 휴지를 들어 보이는 모습까지 7분 15초간 이어진 끝에 막을 내린다.

29~54-2

이 시퀀스는 기우의 지휘 아래 가족들이 연기 연습을 하는 리허설 장면과 실제로 연교 앞에서 기택이 해내는 정식 연기 장면을 수시로 교차시키고, 계획이 철저하게 수립된 후 절묘하게 맞아 들어가는 과정 안팎의 인과론을 최우선 원리로 삼아서 시간 순서까지 해체한 후 다시 조합하는 적극적 플롯 활용으로, 그 자체가 한 편의 꽉 짜인 단편영화처럼 펼쳐진다. 대사를 앞신 끝에 선행시키거나 뒷신 앞에 후행시켜 연결하고, 때로는 같은 대사를 중복("아니 요즘도 결핵 환자가 있어요?")시켜 두 신의 관계를 타이트하게 묶어내며, 트래킹 숏으로 카메라가 종종 공간 속 인물들의 움직임을 역동적으로 담아내기도 하는데, 그 모든 신들의 아래에는 유머에서 긴장감까지 능란하게 변주하는 정재일의 현음악이 효과적으로 깔려 있다.

29~54-3

기우와 기정과 기택의 일자리는 틈이 보일 때마다 그때그때 기택 가족이 즉각적으로 떠올린 아이디어를 일단 연교에게 제시해놓고 사후에 구체화하는 방식으로 비교적 간단하게 취득되었다. 하지만 문광의 경우는 다르다. 문광은 집주인인 동익네 가족보다도 더 오래 그 집에 살았고, 더 상세히 그 집에 대해서 알고 있었다. 그런 문광을 몰아내기 위해서는 훨씬 더 치밀한 계획이 사전에 수립되어 있어야 하고, 그 계획을 제대로 실현해내기 위한 연기력을 길러야 하니 사전에 연습까지 해야 한다. (그 복잡하고 치밀한 과정의 연쇄를 짧은 시간 안에 다 담아내야 하니 '믿음의 벨트' 시퀀스의 후반부는 특히 편집이 중요할 수밖에 없다.)

29~54-4

그런데 비교적 명확해 보이는 「기생충」의 이야기에서도 유독 문광에 대해서는 여전히 궁금한 게 한둘이 아니다. 문광은 세 살 어린 근세를 어떻게 만났을까. 문광과 근세 부부에겐 자녀가 없을까. 문광이 초인종을 누르며 돌아왔을 때 얼굴 상처는 어디서 생긴 걸까. 동익 가족의 집 지하에 근세가 살고 그 이후 이사 온 독일인 가족의 집 지하에 기택이 산다면, 동익 이전에 주인이었던 남궁현자의 집 지하에도 누군가 살고 있지 않았을까. 또 다른 집주인인 동익과 연교에 대해서와는 사뭇 다른 톤으로 문광이 떠올리는 남궁현자는 그녀와 어떤 관계였을까. 극 중에 삽입된 남궁현자의 사진이 전부 독사진이라는 사실은 문광과 관련이 있을까. HBO에서 제작된다는 「기생충」 미니시리즈에는 아마도 문광에 대한 이야기가 자세히 담겨 있을 것이다.

29~54-5

기택은 마지막 순간에 미리 빨간 핫소스를 짜놓은 티슈를 휴지통에서 들어 올려 연교에게 보임으로써 최후의 쐐기를 박는다. 하지만 그렇게 결정적인 것을 알려줄 때조차 기택은 마주 보며 전하지 않고 뒷모습을 내보인 채 얼굴만 돌려 말한다. 그것은 운전사로서 피고용인이 취하는 자세다.

29~54-6

'믿음의 벨트' 시퀀스의 마지막 대사는 "결국은 피를 보는 거지"라는 기우의 말이다. 「기생충」에서 전반부의 사건들은 상당수 후반부에서 더욱 증폭되어 반복된다. 문광을 쫓아내기 위해서 결국 피를 보아야 한다는 기우의 상징적 해법은 문광이 돌아온 후 상징이 아닌 실제의 끔찍한 유혈극으로 귀결되고 만다. '믿음의 벨트' 시퀀스는 파국의 슬로모션에 이어 온통 검은 무지 화면으로 끝맺는데, 그건 종반부의 진짜 유혈극 역시 마찬가지다.

#55~56 연교와 기택이 공모하다

55~56-1

연교가 기택을 불러 사우나실에서 대화하는 장면은 이상하게 불안한 기운이 감돈다. 극 중 상층 계급과 하층 계급이 유일하게 공모하는 이 장면의 불편한 느낌은 좁은 공간 속에서 두 계급이 서로 마주보며 대화해야 하는 처지로 인해 더욱 극대화된다. 그 밖으로 물러나 있어야 할 선이 사라진 상황 때문에 더욱 어색해진 기택은 합의의 형식으로 불쑥 악수를 하지만 결국 손을 씻었냐고 묻는 원초적 질문 앞에서 더없이 무안해진다. 악수를 청한 기택의 생각과 달리 그건 합의가 아니라 지시였다. 기택은 결국 파국에 이르러 그렇게 내밀었던 씻지 않은 손에 물 대신 피를 묻힌다.

55~56-2

문광은 자신이 쫓겨나야 하는 진짜 이유를 듣지 못한다. 연교가 다른 핑계를 댔기 때문이다. 문광의 해고에는 기이한 아이러니가 작동한다. 여기에는 이중의 가짜 혐의가 있다. 연교는 기택 가족이 만들어낸 가짜 혐의를 믿어 받아들인 후 그걸 감추기 위해 또 다른 가짜 혐의를 만들어 통보한다. 기택 가족의 계획이 성공하게 되는 것은 그들이 만들어낸 결핵 혐의 때문인데 정작 연교는 다른 혐의를 조작해서 쫓아내니 결국 해고의 이유가 이중으로 텅 비어버린 셈이다. 그러니 정말로 결정적이었던 것은 기우가 짜낸 정교한 계획 같은 게 아니었다. 그걸 쉽사리 믿는 마음과 일단 해고를 결심하면 어떤 이유라도 상관없어지는 마음, 다시 말해 결국 중요한 것은 하층 계급의 두뇌가 아니라 상층 계급의 감정이다. 그들은 그저 마음만 먹으면 된다.

#57~58 다송이 문광 떠나는 모습을 내려다보다

57~58-1

연교가 문광에게 해고 통보를 할 때, 다송이 그 모습을 2층 창가에서 내려다본다. 그 저택은 유리창으로 안팎의 세계를 확실히 나누기에 아무런 소리도 들리지 않는데도 그렇다. 그때 다송은 먼저 살아왔던 땅에서 힘없이 쫓겨난 인디언들의 모자를 쓰고 있다.

57~58-2

스킨십이 없는 연교와 달리, 문광은 다송과 직접적으로 몸을 맞대어 접촉하며 적극적으로 놀아주고 소통했다. 다송이 해고된 문광과 이후에 몰래 연락을 지속하는 것은 그의 결핍 때문이다. 다송의 결핍은 언제나 저택 밖을 바라본다. 집을 떠나는 캠핑 기회가 생기면 뛸 듯이 기뻐한다. 그 기회가 폭우로 좌절되면 정원으로라도 나가서 인디언 텐트를 친다. 그 정원에서 다송은 진짜 인디언을 목격하게 되고 결국 혼절한다.

#59 기택이 무심코 선을 넘다

59-1

동익과 연교 부부는 저택의 가사도우미가 문광으로부터 충숙으로 교체되는 과정에 대해 불완전하게 알 뿐만 아니라 알게 된 내용 역시 서로 불일치한다. 남편은 이전 가사도우미가 왜 그만두었는지 모르고, 아내는 이후 가정부가 어떻게 들어오게 되었는지 모른다. 설령 둘이 파악하고 있는 내용을 합친다 해도 그들은 문광이 나가고 충숙이 들어오게 되는 두 사건이 서로 긴밀히 연관되어 있다는 사실을 모른다. 처음에 자초지종을 몰랐던 문광이 나중에는 전말을 알게 되는 데 비해서, 동익과 연교는 계속 알지 못한다. 연교는 파국 이후 경찰 수사에 대한 뉴스 보도를 통해 뒤늦게 어느 정도 파악했을 수도 있겠지만, 칼에 맞아 죽은 동익은 이 모든 것을 처음부터 끝까지 모른다.

59-2

사실 동익의 입장에서 이전 가사도우미가 왜 그만두었는지에 대해선 알아내려면 쉽게 알아낼 수도 있었을 것이다. 동익은 가부장적인 인물이고 연교는 그런 남편에게 심리적으로 눌려 있기 때문이다. 하지만 동익은 알기 위해 더 캐묻거나 뭔가를 더 알아보지 않는다. 그런 건 아무래도 상관없다고 여겼을 것이고, "아줌마야 쌔고 쌨으니까 다시 또 구하면 그만"이기 때문이다. 「기생충」에서 하층 계급에 속하는 인물들은 상층 계급에 속하는 인물들에 대해서 잘 안다. 성격과 취향과 화법을 파악하려 애쓰고, 대화를 엿듣거나 일기장까지 뒤져본다. 하지만 상층 계급의 인물들은 하층 계급의 인물들에 대해서 거의 아는 바가 없다. 기택네가 동익네보다 머리가 더 비상해서가 아니다. 그건 그냥 상층이 하층에 대해 아무런 관심이 없기 때문이다. 관심이 없어도 아무 상관없다고 여기기 때문이다.

59-3

연교의 살림 솜씨를 은근히 흉보는 동익에게 기택이 "그래도 사랑하시죠?"라고 불쑥 물은 것은 전 가족 침투 계획이 멋지게 성공한 후의 상황이라 상승감에 들떠 '두 고독한 남자의 동행'에 대한 낭만적 감각으로 오버했기 때문일 것이다. 그 순간 카메라는 자동차 안에서 펼쳐지는 대화를 인물별로 나눠서 담아내던 이전까지의 촬영 방식과 완전히 다른 움직임을 보여준다. 말을 마친 기택에게서 카메라를 오른쪽으로 돌려 그 말을 막 듣고 난 뒷자리 동익의 당혹스러운 표정과 그 이후의 위장된 웃음까지를 하나의 숏에 담아내는 것이다. (이 영화 속 이선균의 최고 연기가 여기서 나온다.) 이때 카메라는 말 그대로 선을 넘는다. 숏과 숏 사이에 존재하는 선을 넘나들었던 이제까지의 차 안 대화 장면 편집의 움직임을, 이제 촬영이 앞좌석과 뒷좌석 사이에 암묵적으로 그어진 선을 직접 넘는 움직임을 통해 대체함으로써, 동익이 그토록 싫어하는 선 넘기를 기택이 처음으로 불쑥 자행하는 순간에 선명하게 방점을 찍는다.

59-4

마음이 상한 동익은 가사도우미 소개 업체와 관련해서 생색을 내는 것처럼 보이는 기택에게 과장된 감사의 말로 비아냥거린다. 동익과 달리 그 비아냥에 기분이 나빠진 걸 내색할 수 없는 기택은 때마침 끼어든 트럭에 대신 욕설을 퍼붓는다. 결국 동익은 앞을 보라고 차갑게 내쏘아서 기택이 있는 자리가 뒷모습을 내보여야 하는 운전석임을 권위적으로 상기시킨다. 모욕감은 차곡차곡 쌓인다. 종반부에 벌어지는 살인은 느닷없이 터져 나온 사건이 아니다.

#60~63 기정이 연기력을 선보이다

기정은 새로운 가사도우미를 구하려는 연교의 전화를 받자 천연덕스러운 목소리로 연기하며 능란하게 처리한다. 기정 자신과 제시카 그리고 더 케어의 직원 역할까지, 기정은 극 중 1인 3역을 해내는 유일한 인물이다. 하객 알바를 포함한 다년간의 경력으로 기택 가족 중 가장 연기력이 뛰어나다. 게다가 기우에겐 민혁이라는 역할모델이 있어야 연기력이 배가되는 데 비해 기정은 스스로의 상상과 준비만으로 충분히 연기를 해낸다. 기본적으로 계획을 세우는 것은 기우지만, 기택 가족 중 가장 능력이 뛰어난 것은 기정이다.

#64 기택 가족이 냄새로 연결되다

64-1

기우조차 기정의 뛰어난 위조 실력의 도움을 받지만, 기정은 기우로부터 소개되는 과정에서만 조력을 얻을 뿐 그 이후 모든 상황은 스스로가 개척해서 일자리를 따낸다. 게다가 기우와 달리 기정의 기세는 누군가를 모방한 것도 아니다. 기정은 능력이 출중할 뿐 아니라 기택 가족 중에서도 유달리 강하고 독립적이다. 넷 모두 침투에 성공한 후 기택 가족들은 연교 가족이 보지 않을 때 몰래 서로의 신체를 잡아당기거나 만지면서 장난을 치곤 하지만 기정은 이에 전혀 가담하지 않는다. 가담하지 않을 뿐만 아니라 과일 접시를 가지고 들어오는 충숙에게 역할을 빌어 위압적으로 대하기까지 한다. '믿음의 벨트' 시퀀스에서도 기정만 연기 연습에 참여하지 않는다. 저택 거실에서 거나하게 술판을 벌일 때도 혼자만 소파에 따로 누워 있다. 저택 욕조까지 들어가 목욕을 하는 것도 기정이다. 기우는 집안에서 항상 박대당하는 아버지를 편들며 순종적인 태도를 보이지만 기정은 부모 앞에서도 거칠게 욕설을 내뱉으며 자기주장을 편다. 그런 기정이 결국 희생된다. 기택 가족으로서는 어쩌면 가장 큰 손실일지도 모른다.

64-2

감독들이 흔히 그렇듯, 봉준호 역시 비슷한 느낌으로 이어지는 배역들에 유사한 분위기를 풍기는 배우들을 작품마다 캐스팅하곤 한다. 기우 역을 맡은 최우식이 「플란다스의 개」의 이성재와 이어지는 분위기라면, 기정 역을 해낸 박소담은 의외로 「괴물」의 박해일과 겹치는 느낌이다. 「괴물」에서 박해일은 가족 중 가장 똑똑하지만 제일 안 풀리는 캐릭터이면서 말도 가장 거친데 술을 마실 때면 병나발을 분다. 「기생충」의 박소담도 그렇다.

64-3

침투 계획이 정확히 맞아떨어져 동익네 저택에서 일하게 된 기택네네 가족의 일상 풍경은 공간을 떠다니듯 부드럽게 연결하며 움직이는 스테디캠 카메라에 경쾌하게 담겼다. 그런데 이 신의 끝에서 스테디캠 카메라가 연결하는 것은 결국 인물과 인물 사이의 냄새다. 다송은 서로 관련이 없는 것으로 연교와 동익에게 인식됐던 기택과 충숙 그리고 기정 사이를 같은 냄새로 연결한다. 다송이 그 냄새를 가장 잘 알아채는 까닭은 계급의 벽에 갇혀 상층에서만 살아오느라 연교와 동익보다도 그런 냄새를 맡아볼 기회가 더 적었기 때문일 것이다.

64-4

물리적 근접은 엄격하게 선을 그어 압박하면 어느 정도 분리될 것이다. 하지만 화학적 근접은 그렇지 않다. 냄새는 아무리 조심해도 결국 선을 넘는다. 서로 떨어져서 일했거나 살아갔다면 「기생충」의 비극은 발생하지 않았을지도 모른다. 하지만 현대사회에서 그런 일은 거의 불가능하다. 물리적으로도 그렇지만 상층이 부를 어떻게 누리고 살아가는지 낱낱이 알 수 있는 현대의 상황에서는 정신적 부대낌 역시 만만치 않다. 동익과 연교의 저택에 세 가족이 공존하고 있을 때 생겨나는 이 영화 속 갈등 양상은 흡사 현대인의 계급적 공존에 필연적으로 내재하는 히스테리와 광기를 하나의 공간 안에 축약해 은유하고 있는 것처럼 보인다.

#65 기택 가족이 함께 모여 먹고 마시다

65-1

축하할 일이 있을 때마다 기택 가족은 회식을 한다. 피자 박스를 접어 돈을 받은 것과 핸드폰 재개통을 축하할 때는 집에서 저녁을 먹으며 국산 맥주를 마셨다. 남매가 모두 과외 자리를 따냈을 때는 기사식당에 들러 함께 잔뜩 고기로 포식했다. 저택 침입 계획이 최종적으로 성공했을 때는 집에서 소갈비를 구워 먹으며 일본 맥주를 마셨다. 그리고 동익 가족이 캠핑을 가서 저택이 통째로 그들 차지가 됐을 때는 거실에서 양주를 마시며 거나하게 술판을 벌인다. 성공이 커 보일수록 회식 자리도 커지는데, 매번 가족 전원이 모여 함께 먹고 마신다. 그러나 이 영화에서 동익 가족은 함께 모여 먹는 장면이 단 한 차례도 등장하지 않는다. 아무도 안 먹겠다는 짜파구리를 연교 혼자 입에 넣는 장면만 있을 뿐이다.

65-2

봉준호의 영화세계에서는 모여서 먹고 마시는 장면이 중요하다. 하층 계급에 속하는 사람들일수록 더욱 그렇다. 「괴물」에서 좁은 매점 안에 온 가족이 둘러앉아 말 한마디 없이 음식을 먹여주며 함께 식사를 하는 환상 장면이 대표적일 것이다. 그 영화는 심지어 세상사가 잡다하게 흘러나오는 텔레비전 뉴스를 발로 끈 뒤 본격적으로 밥을 먹는 두 명의 유사 가족을 보여주면서 끝난다. 반면 상층 계급 사람들은 먹는 장면 자체가 거의 나오지 않는다. 「플란다스의 개」와 「마더」에서처럼 폭탄주를 돌리는 장면이 있긴 하지만, 그건 한데 모여 권력의 소재를 재확인하는 폭력적인 자리일 뿐이다. 설혹 먹는 장면이 있다 하더라도 「설국열차」에서 스테이크를 굽는 윌포드처럼 사실상 혼자 외롭게 먹는다.

65-3

기택 가족은 함께 먹고 마시고 몸을 부딪치며 냄새를 피운다. 그들에게서 같은 냄새가 나는 것은 살고 있는 반지하라는 공간의 특성 때문이기도 하지만 함께 부대끼며 살아가기 때문이기도 하다. 그러니까 하층의 냄새는 연결의 냄새이기도 하다. 연교 가족이 냄새를 피우지 않는 것은 서로 연결되지 않았기 때문이기도 하다. 아닌 게 아니라 기택 가족이 시종 함께 다니는 데 비해서, 캠핑 떠날 때를 제외하면 연교 가족은 각자 따로 움직인다.

65-4

「기생충」은 나쁜 냄새만 다룰 뿐 좋은 냄새는 거론하지 않는다. 동익 가족은 기택 가족과 달리 좋은 냄새를 피우는 게 아니다. 그들의 냄새는 아예 언급되지 않는다. 즉 여기서 냄새는 좋고 나쁜 것으로 대비되는 게 아니라 있거나 없는 것으로 나뉜다. 그러니까 상층 계급에게 냄새는 단지 없애야 할 그 무엇이다. 부는 상층의 것이고 냄새는 하층의 것이다.

65-5

계획이 보기 좋게 통하는 것을 보고 자신감을 얻은 상황이라 기우는 방관하던 초반과 달리 방뇨하려는 취객을 목격하고 기세 좋게 골목으로 뛰어나간다. 취객은 소변을 뿌리고 기우는 생수병의 물을 뿌린다. 기분 좋게 술을 마시다가 취객 때문에 중단되었던 기택은 뒤따라 합세해서 대야에 담은 물을 퍼붓는다. 기정은 그런 모습이 재미있어서 유리창 너머로 핸드폰으로 촬영한다. 핸드폰 액정화면에 담긴 싸움 장면은 마치 유쾌한 코미디 영화의 한 장면처럼 낭만적인 슬로모션으로 펼쳐진다. (유리창이나 액정화면이 흡사 스크린 같다.) 「기생충」 전체를 통틀어 이 장면에서 기택의 가족은 가장 즐겁고 행복해 보인다. 하지만 술과 물과 소변이 또 다른 방식으로 교차되는 또 하나의 순간이 뒤에 찾아오면 그들은 순식간에 가장 비참한 순간에 처한다. 동익네 거실 한복판에서 술판을 벌이다가 하늘에서 떨어지는 거센 빗물에 쫓긴 끝에 기택네 화장실 변기에서 분뇨가 역류하면 그들은 세상의 밑바닥에 당도한 셈이다.

#66 동익 가족이 캠핑 준비를 하다

66-1

66번째 신은 65번째 신과 긴밀하게 맞물려 있다. 직전 신이 끝날 때 그 즐거운 해프닝을 따스하게 비추는 골목길 가로등은 3분할 법칙(조화롭고 안정적으로 보이도록 프레임 내부를 3등분하는 가상의 직선을 가로와 세로로 각각 두 개씩 그은 후 생겨나는 네 개의 교차점에 피사체를 두고 촬영하는 방식)에 따른 네 개의 가상점들 중 우측 상단 지점에 매달려 있다. 이어지는 66번째 신의 시작에선 바로 그 지점에 강렬하게 빛을 발하는 태양이 놓여 있다. 프레임 내 같은 자리에 놓인 밤의 광원을 낮의 광원으로 대체하면서 두 장면이 연결되는 셈이다. 이때 65번째 신의 마지막에서는 유리창 너머로, 66번째 신의 시작에서는 다송이가 치켜든 선글라스 렌즈 너머로 광원이 포착된다는 점에서도 유사하다.

66-2

대사 역시 두 신이 공통의 단어를 사용함으로써 상호 연결된다. 65번째 신에서 취객을 응징하러 기우가 수석을 들고 나가자 "오버한다"고 기택이 아들에게 핀잔을 주는데, 이어지는 66번째 신에서는 다송과 무전기로 교신하면서 "오버"라고 동익이 아들에게 전한다.

66-3

흥미로운 것은 이처럼 유사한 요소에 따른 두 신의 연결이 사실은 이야기의 급격한 변곡점을 암시하며 결과적으로 명백히 대조되는 의미로 활용된다는 점이다. 66번째 신은 바로 운명의 날인 6월 30일 토요일의 첫 번째 장면, 그러니까 그다음 날인 다송의 7월 1일 생일을 축하하러 동익 가족이 계곡으로 캠핑 떠나기 직전의 상황이다. 기택 가족이 가장 행복해했던 순간 바로 뒤에 이제부터 걷잡을 수 없는 파멸의 순간이 그들을 덮치게 되는 셈이다. 그건 한 해의 상반기에서 언덕을 넘어 하반기로 막 하강을 시작하는 지점이기도 하다.

66-4

기택 가족의 반지하 집 앞을 가로등이 비추고 있는 누추한 골목길은 밤이 되어서야, 유리창과 핸드폰 액정화면이라는 이중의 액자에 넣고 나서야, 비로소 간신히 낭만적으로 보인다. 하지만 눈부신 햇살이 내리비추는 저택의 정원은 대낮에도 탁 트인 공간과 높은 지대와 공들여 조경한 환경 덕분에 그 자체로 온통 화사하다. 이미 낭만이 넘쳐나기에 선글라스를 들어서 잠시 축복의 근원을 가려두어야 할 정도다.

#67~68 연교가 강아지들을 맡기다

캠핑을 떠나기 전에 그 가족은 강아지 세 마리의 이름을 일일이 불러가며 각자의 고유한 식성대로 먹일 것을 충숙에게 주문한다. 하지만 동익은 극 중에서 단 한 번도 피고용인의 이름을 부르지 않는다. 기껏해야 '윤 기사'나 '김 기사', 혹은 '아줌마'일 뿐이다. 동익은 가족을 제외하곤 악수를 포함해서 일체의 신체적 접촉을 하지 않는다.

#69~72 기우가 저택의 풍요로움을 만끽하다

69~72-1

그 저택의 햇살을 가장 좋아하는 사람은 기우다. 과외 면접을 위해 처음 방문했을 때도 정원의 햇살에 눈이 휘둥그레졌던 그는 동익네 가족들이 캠핑을 떠나느라 집을 비우자 혼자 정원에서 책을 읽으며 햇살을 즐긴다. 그때 그는 저택의 그림자가 만들어낸 그늘의 선 바로 밖에 햇빛을 받으며 누워 있다. 반지하인 자신의 집에서는 그렇게 햇살을 누리는 경험을 하지 못하기 때문이다. 하지만 그 다음 날 파국이 찾아오면 가족 중 기우 혼자만 그 햇살에서 제외된다. 밖으로 나가기도 전에 저택 내부에서 두 차례 수석에 머리를 맞아 쓰러지기 때문이다. 대신 어둠에 익숙해져서 굳이 밖으로 나가고 싶지도 않은 근세가 정원의 쏟아지는 햇살 속으로 나선다. 실로 오랜만에 마주하는 햇빛의 눈부심에 놀라 당황하면서.

69~72-2

정원의 햇살을 즐기던 기우는 저택 안으로 들어와 가족들에게 에비앙 생수를 나눠준다. 욕조에 있는 기정에겐 생수병을 바닥에 굴려 전달한다. (「옥자」에서 미자 역시 낸시에게 금돼지를 같은 방식으로 전달했다.) 기택에겐 물을 건네는 모습이 나오지 않지만, 대신 이전에 기우가 취객을 제압하러 나서는 장면에선 기택이 기우에게 생수병을 건넨 바 있다. 기우 가족은 그렇게 적절한 시기에 적절한 방법으로 서로에게 물을 주고 또 받는다. 하지만 하늘에서 빗물이 엄청나게 쏟아지는 그 밤에는 속수무책으로 물의 재앙을 맞는다.

#73 문광의 초인종 소리가 울려 퍼지다

73-1

기우가 세운 계획의 종착점에는 다혜와의 결혼이 있다. 하지만 기우가 그 계획의 완성에 대해 "대학교 들어가면 정식으로 사귀자고 하려고요, 진지하게"라고 가족들에게 선언할 때, 그 말조차 사실은 이전에 들었던 민혁의 장래 계획("나 진지해. 내후년에 걔 대학 입학하면 정식으로 사귀자고 하려고")에서 그대로 베껴온 것이었다. 기우의 계획은 결국 기우의 것이 아니었다.

73-2

다혜와 결혼하겠다는 기우의 계획은 결국 새로운 가족에 대한 계획이었다. 부모까지 다른 대역 배우로 대체할 생각을 하며 기우는 새로운 형태의 가족을 꿈꾸었다. 하지만 그 순간 들려온 초인종 소리는 그가 몰랐던 또 다른 가족의 존재를 드러낸다. 새로운 가족에 대한 상상이 또 다른 가족의 현실로 대체될 때, 계획은 무계획으로 돌변한다.

73-3

울분과 광기는 가족 밖에서뿐만 아니라 안에서도 촉발되는데, 그럴 때마다 자신도 모르는 사이에 기택의 가슴속에 계속 쌓인다. 아내가 발로 차도 허허 웃기만 하던 무골호인 기택은 극 중에서 두 번 폭발한다. 그 첫 번째는 사돈이 될지도 모를 사람들의 속옷이나 빨고 있다는 비아냥을 들은 충숙이 이에 맞서 기택을 바퀴벌레에 비유할 때다. (「설국열차」의 단백질 블록에서도 드러나듯, 봉준호의 세계에서 바퀴벌레는 빈자의 처지에 연관된다.) 그 잔인한 계급적 비유로 초래된 위기가 아슬아슬하게 해소되는 것은 그게 기본적으로 농담을 하는 자와 듣는 자 모두를 포함하는 자학이었기 때문이다. 하지만 나중에 외부에서 그런 순간이 찾아오는 두 번째는 고비를 넘지 못할 것이다.

73-4

기택이 해고된 윤 기사를 걱정하자 기정은 갑자기 욕설을 내뱉으며 남 걱정 말고 우리 걱정만 하자고 외치는데, 바로 그 순간 천둥번개가 친다. 로버트 알트먼의 「숏컷」에서 갑자기 천지를 강타하는 지진이나 폴 토머스 앤더슨의 「매그놀리아」에서 순식간에 도시로 쏟아지는 개구리 비처럼, 이후의 폭우는 눈먼 가족이기주의를 징계하는 초자연적 징벌처럼 여겨지기도 한다. 문광은 그 폭우를 우비에 적신 채 물을 뚝뚝 흘리며, 흡사 저승에서 온 사자처럼 거실로 들어서게 된다.

73-5

안주로 먹고 있던 것이 개 사료였음을 기정이 깨닫게 되는 순간 초인종 소리가 울린다. 현관에서 초인종을 누른 문광은 거실 인터폰 상단에 붙어 있는 개 세 마리 사진에 대한 디테일로 자신의 존재를 증명한다. 두 가족을 연결하는 냉정한 비유다.

73-6

이정은은 등장할 때마다 관객의 시선을 가져간다. 그가 얼마나 집중력과 순발력이 뛰어난 배우인지는 초인종 화면만 봐도 알 수 있다.

73-7

엔딩크레디트 시퀀스를 뺀 이 영화의 러닝타임은 127분이고, 초인종이 울리는 순간은 시작에서부터 63분의 시간이 흘렀을 때이다. 정확히 한가운데 놓여 있는 이 지점을 분기점으로 해서 전반부는 후반부로, 코미디는 스릴러로, 두 가족 이야기는 세 가족 이야기로, 상승의 모티브는 하강의 모티브로, 계획은 무계획으로 전환된다.

#74~76 문광과 충숙이 내려가다

74~76-1

기택 가족과 문광 가족의 첫 만남은 충숙과 문광, 그러니까 같은 일자리에서 해고된 자와 그 자리를 차지한 자 사이에서 이뤄진다. 이 이야기의 기본 착점이 어디에 있는지 드러나는 설정이다.

74~76-2

이전에 기정이 다송의 트라우마를 거론하며 "그 검은 상자를 저와 함께 열어보시겠어요?"라고 말할 때 연교는 곧바로 응했다. 하지만 문광이 주방에서 지하실로 내려가는 통로를 가리키며 "같이 내려가 보시겠어요?"라고 권할 때 충숙은 응하지 않는다. 반지하에 사는 충숙 가족은 지하에 사는 근세 가족으로부터 필사적으로 선을 그어두려 한다. 간신히 햇살 쪽으로 머리를 내민 상황에서 어둠 속 깊이 굴러떨어지는 전락에 대한 공포를 깊이 느끼고 있기 때문이다.

74~76-3

어둠에 잠겨 있는 그 통로는 아닌 게 아니라 검은 상자처럼 보이는데, 다송이 마음의 블랙 박스가 그랬듯, 주방의 블랙 박스 역시 그 안에는 근세가 있다.

#77 문광과 충숙이 함께 밀다

77-1

뒤늦게 지하실로 내려간 충숙은 결국 문광을 돕는다. 지하실 아래의 비밀 지하 공간으로 내려가기 위해선 수평 방향으로 힘을 써야 하고 그 힘을 함께 써야 한다. 문광이 벽과 진열장 사이에 수평 방향으로 매달려서 밀 때 충숙은 진열장을 수평 방향으로 당긴다. 내심 선을 긋고 싶은 충숙이나 기택의 바람과는 달리, 미는 자와 당기는 자는 수직으로 위계가 나뉜 게 아니라 수평으로 같은 계급에 속해 있다.

77-2

처음에 그 진열장이 움직이지 않았던 것은 그 밑에 고기 불판이 끼어 있었기 때문이다. 기택 가족은 계획이 성공해서 위로 조금씩 올라가는 것을 느낄 때마다 불판에 고기를 구워 먹으며 자축했다. 문광과 충숙이 뜻을 함께하는 것을 막았던 힘의 정체는 위를 앙망하던 시선이었던 셈이다. 위에서 기택 가족이 상승감에 도취되어 술판을 벌일 때 아래에 있던 근세는 불판에 가로막혀 올라가지도 못한 채 계속 굶을 수밖에 없었다.

77-3

진열장을 열자 감춰진 지하 공간으로 내려가는 것을 금하듯 두 줄의 레일 선이 선명하게 드러난다.

#78 기택 가족이 굴러떨어지다

78-1

근세는 일련의 실패 끝에 그 지하의 비밀 공간에 들어왔다. 대만 카스텔라 가게를 하다가 망하는 바람에 빚에 쫓긴 게 결정적이었다. 그런데 기택 역시 대만 카스텔라 가게를 하다 실패한 적이 있다. 「기생충」은 애초 구상 단계에서 제목이 '데칼코마니'였다. 처음에 그 제목은 남매를 둔 부부의 구조로 대칭되는 동익 가족과 기택 가족을 염두에 둔 작명처럼 보였다. 하지만 이 영화의 진짜 데칼코마니는 동익 가족과 기택 가족이 아니라 근세 가족과 기택 가족 사이에서 성립하는지도 모른다. 봉준호는 구상 단계에서는 근세 가족에게도 두 명의 남매가 있는 것으로 설정했다고 인터뷰에서 밝힌 바 있다.

78-2

기우는 기택 가족 중에서 계급의 냄새를 동익 가족에게 직접적으로 풍기지 않았던 유일한 사람이었다. 그렇게 냄새의 모멸감에서 간신히 벗어난 기우였지만 그 자신과 같은 계급에 속하는 근세의 사연을 계단에서 몰래 엿듣고 있을 때 지하의 악취를 막으려 코를 잡고 서 있다.

78-3

문광 가족과 충숙 가족이 서로의 정체를 간파하게 되는 곳은 그 저택의 밑바닥이다. 기택과 기우와 기정은 가장 낮은 곳으로 굴러떨어진 후에야 자신들의 정체를 남김없이 노출한다.

#79 문광이 북한 말투로 연기하다

79-1

문광 가족과 기택 가족의 대비는 반지하와 지하 사이의 계급 문제를 남북문제로 바꾸어놓고 보아도 자못 흥미롭다. 두 가족의 갈등이 극에 달할 때 문광은 북한 텔레비전의 여자 앵커를 연기하며 소파 아래쪽에 있던 기택 가족을 조롱하고, 핸드폰에 담아둔 폭로 동영상을 북한 미사일에 비유해서 기택 가족을 위협한다. 근세가 살고 있는 지하 공간은 북한의 위협과 관련된 비밀 벙커로 설명되기도 한다.

79-2

기택 가족과 문광 가족을 각각 남과 북에 대한 은유로 본다면, 다송의 장난감조차 미국에서 직접 구매하고 일련의 활동으로 미국에서 스포트라이트까지 받는 동익의 가족은 미국의 위치에 놓일 것이다. 일리노이나 시카고와의 인연을 들먹거리거나 영어를 가르치면서 미국을 동경하고 있는 남의 속스런 태도를 북이 더 어려운 처지에 놓여 있으면서도 노골적으로 경멸하고 있는데, 그런 북은 예술혼 운운하며 지금은 사라져버린 소련(남궁현자)을 못내 그리워하고 있다. 숫자나 힘의 총합에서 밀리는 북은 핵미사일(핸드폰 동영상)로 위협한다. 그리고 38선 아래로는 골목길까지 훤하다고 장담했던 기택의 말을 또다시 뒤집어보면 38선 위로는 전혀 알지 못한다는 토로가 된다. 남은 북을 알지 못하고, 기택은 근세의 존재 자체를 눈치채지 못한다.

79-3

자신을 사로잡은 영화에 접할 때 관객마다 별로 중요하지 않은 대목인데도 유독 눈길이 가는 장면이 있을 것이다. 내겐 환하게 햇살이 드는 거실에서 문광과 근세가 부드럽게 춤추는 모습을 담은 인서트 숏이 그랬다. 이상할 정도로 슬프고 마음이 쓰인다.

#80~81 두 가족이 뒤엉켜 싸우다

80~81-1

충숙은 경찰에 전화로 신고하겠다고 문광을 압박하고, 문광은 서로 가족관계인 기택네가 사기를 쳤다는 증거를 동영상으로 촬영한 후 연교에게 보내겠다고 위협한다. 문광은 충숙 가족을 벌세운 뒤 그 모습도 동영상에 담아 무기로 활용한다. 그러나 여러 차례에 걸친 두 가족의 치열한 몸싸움에도 불구하고 그들은 끝내 전화를 걸거나 전송 버튼을 누르지 못한다.

80~81-2

그건 이 영화 전체를 놓고 봐도 그렇다. 기정이 촬영한 골목길의 물싸움 동영상 역시 다른 이에게 전송되지 않는다. 하층 사람들은 상층 사람들에게 자신의 뜻을 통신을 통해 알리지 못한다. 그 끝에는 도무지 전달할 방법이 없는 기우의 모스 부호 편지가 있다.

80~81-3

반면에 상층 사람들은 언제나 아무런 제한 없이 통신을 이용한다. 연교는 2층 사우나실로 오라는 문자메시지를 같은 저택 안에서 기택에게 대뜸 보낸다. 다혜는 다송이 폭우 속 정원에서 캠핑 텐트를 치는 모습을 촬영한 동영상을 즉각 기우에게 보낸다. 민혁의 방문과 관련해서도 문자메시지는 민혁으로부터 기우에게로 일방적으로 전송된다. 극 중 소통은 늘 상층에서 하층으로 전달될 뿐 그 반대는 없다. 문자메시지를 보내고 전화를 걸어오고 동영상을 보내오는 것은 언제나 상층일 뿐이다.

#82~93 충숙이 짜파구리를 끓이다

82~93-1

치열하게 몸싸움을 벌이는 와중에 연교로부터 전화가 오자 싸움은 일시에 중단된다. (「설국열차」에서 도끼와 몽둥이를 동원해 처절하게 싸우다가도 예카테리나 다리에 이르자 일시에 싸움이 중단되는 장면과 흡사하다.) 초인종을 누르고 허락을 요청하는 문광과 달리, 허락받을 필요조차 없는 진짜 주인 연교가 돌아온다. 기택 가족 혼자 차지할 줄 알았던 저택에 두 가족이 시차를 두고 차례로 돌아옴으로써 세 가족 공존의 부조리한 비극은 극에 달한다.

82~93-2

문광이 근세에게 안마를 해주는 신에서 시작해서 두 가족의 치열한 몸싸움을 거쳐 연교의 요구에 충숙이 급하게 짜파구리를 끓이고 이어 올라오려는 문광을 발로 차서 다시 떨어뜨리는 신까지를 하나의 시퀀스로 본다면, 그 구성 방식과 이야기 전체의 기능에서 전반부 '믿음의 벨트' 시퀀스와 대비된다고 볼 수 있다. 전체 러닝타임을 정확히 양분하고 있는 초인종 소리 부분을 기준으로 할 때, '믿음의 벨트' 시퀀스는 초인종이 울리기 19분 전에 끝나고 '짜파구리' 시퀀스는 초인종이 울리고 9분 후에 시작되어 서로 마주 보는 위치에 있다. 29개 신으로 구성된 전자는 7분 15초간 지속되고, 15개 신으로 구성된 후자는 6분 16초간 펼쳐진다. 전자가 계획이 착착 맞아 들어가는 과정을 매끄럽고도 유기적으로 풀어내는 데 비해, 후자는 무계획의 난장판을 간신히 수습하는 과정을 격렬하고도 아슬아슬하게 담아낸다.

#94~102 다송이 귀신을 보다

다송은 2년 전 밤에 주방에서 근세를 보았다. 그때 냉장고 앞에 앉아 케이크를 먹던 다송은 인기척에 고개를 돌려 우측 아래쪽을 바라보다가 근세를 발견했다. 기정이 이전에 연교에게 신경정신과적 징후가 잘 드러나는 부분이라면서 스키조 프레니아 존이라는 용어로 설명했던 위치는 그림의 우측 하단이었다.

#103 근세가 지하생활에 대해 말하다

103-1

근세도 원래는 계획을 세워 살아가는 사람이었을 것이다. 그가 살아가는 지하의 비밀 공간 한쪽의 빈 통조림통에 링컨 만델라 김대중 같은 사람들의 사진이 집중적으로 꽂혀 있는 걸 보면 정치에도 관심이 많았을 것이다. 1977년 12월 14일생이니, 만 스무 살 성년이 되고 4일 후 김대중 대통령 당선 소식을 접했을 때는 열성적인 지지자로서 환호성도 질렀을 것이다. 벽에 붙여놓은 악보와 원고지 내용으로 미루어보건대 세 살 연상의 문광과 연애할 때 꽤 낭만적이기도 했을 테다. 법률에 대한 개론서와 수험서들이 많은 걸 보면 한때 사법고시에도 도전했을 것이다. 마라토너 이봉주의 팬인 것으로 추측해볼 때 장기적인 계획을 세우고 덤벼들었을 것이다. 그러나 연이어 낙방하는 바람에 지쳐갔을 것이다. 고시를 포기하고 이런저런 일들을 하면서 계속 성공하지 못하다가 결정적으로 대만 카스텔라 가게 운영에 실패해 잔뜩 빚을 지고 도망다니다 이곳까지 흘러들었을 것이다. 수많은 계획이 어긋난 20여 년을 보낸 후 그는 자연스럽게 무계획의 신봉자가 되었을 것이다. 국민연금 같은 최소한의 미래조차 혜택 밖에 있으니 오로지 하루하루뿐이었을 것이다. 결국 그런 하루하루에 체념으로 온전히 녹아들었을 것이다. 그렇게 4년이 흘렀을 것이다. 기택은 그런 근세가 낯설지 않았을 것이다. 이후 두 계절이 더 지나면 이번엔 그곳을 거처로 삼게 된 기택이 거기서 나올 생각도 거의 하지 않은 채 그저 가끔씩 근세를 떠올릴 것이다.

103-2
극 중에서 두 하층 계급 가족의 중심을 이루는 인물은 각각 국문광과 김기택이다. 그 둘은 한국에서 듣기 쉽잖은 희귀 성씨와 가장 흔한 성씨로 대조된다. 「기생충」은 그 자체로 매우 독특하면서 시공간적인 리얼리티로 가득 찬 사실적 이야기이면서 다른 한편 어디에나 적용 가능할 수 있는 보편적이고 상징적인 우화이기도 하다.

#104~108 연교가 아들의 트라우마에 대해 말하다

조여정은 항상 잠재력이 뛰어난 배우였지만 적지 않은 사람들이 「기생충」에 이르러서야 그 능력을 발견하게 됐다. 짜파구리를 먹으며 연교가 충숙에게 다송의 트라우마에 대해 혼자 길게 늘어놓는 장면은 조여정이 얼마나 다양하고 세심하게 연기하는 배우인지를 여실히 증명한다.

#109 기택 가족이 테이블 밑에서 꼼짝없이 듣다

109-1
동익은 기택에게서 나는 특유의 냄새를 무말랭이와 행주를 떠올려가며 설명하다가 결국 지하철 타는 사람들 특유의 냄새라고 말한다. 버스를 타는 사람들 냄새가 아니라 지하철 타는 사람들의 냄새라고 콕 집어 말한 것은 계급적 맥락을 훨씬 더 강하게 드러낸다. 그 냄새를 가진 사람들은 지하로 다니는 교통수단을 이용하고 지하에 있는 집에서 산다. (「괴물」과 「플란다스의 개」의 노숙자들도 지하에서 살았다.) 하지만 동익은 높은 지대에 있는 고급 주택가에서 살고, 지하로 내려갈 일이 없는 벤츠를 탄 채 땅 위를 날아갈 듯 달려 출근해서, 높은 빌딩에 있는 세련된 사무실에서 일한다. 연교는 심지어 지하철을 타본 지 너무 오래돼서 그 냄새를 기억조차 하지 못한다.

109-2

동익이 거실 소파에서 자신의 냄새에 대해 조롱을 담아 언급하는 것을 기택은 그 앞 테이블 밑에 숨어 있느라 꼼짝없이 들어야 한다. 그 이야기들은 거실의 높은 소파 위에서 낮은 테이블 밑으로 일방적으로 흘러든다. 기택은 이전에 동익이 자신 앞에서 문광에 대해 거의 유사한 방식으로 뒷말하는 것을 들은 적이 있다. 문광(기택)이 매사에 선을 잘 지키는데, 딱 하나 너무 많이 먹는 게(냄새가 넘어오는 게) 단점이라는 비아냥이었다. 테이블 밑에서 함께 조롱받고 있는 셈인 문광까지 떠올리게 될 기택에게 치욕감은 개인적인 범주를 넘어 계급적 차원으로 커져간다. 말하자면 그때 기택은 자신이나 자신의 가족이 아니라 자신이 속한 계급 자체를 떠올렸을 것이다.

109-3

기정은 자신의 속옷에 대해 처음으로 동익이 연교에게 말할 때 계단 옆에서 한동안 엿듣다가 적절하다고 판단한 지점에서 일부러 발

소리를 내고 나와 이야기를 끊었다. 그때 기정은 자신이 어디까지 들을지를 스스로 결정할 수 있었다. 하지만 두 번째로 자신의 속옷이 동익에 의해 거론될 때는 테이블 밑에서 도리 없이 다 들어야만 한다. 자신만만하고 주체적인 기정이지만 후반부로 갈수록 그 역시 입지는 점점 줄어든다.

109-4

동익 저택의 중심에는 거실이 있고 그 중심에는 다시 4인용 소파가 있다. (그러나 대체로 따로 다니는 그 가족은 네 구성원 모두 함께 그 소파에 앉는 일이 없다.) 이 영화에 등장하는 세 가족은 모두 다 그 소파에 눕는다. 충숙과 기택은 동익 가족이 캠핑하러 떠나자 거기서 낮잠을 잔다. 문광은 그곳에 근세를 눕히고 안마를 해준다. 그리고 동익과 연교는 그 위에서 섹스한다. 그런데 극 중 순서로 보면 동익과 연교 커플이 가장 나중에 그 소파를 차지한다. 숙주의 소파는 숙주의 저택처럼 두 '기생충' 가족에게 이미 점유되어 있었다.

109-5

이때 묘한 것은 동익과 연교가 잠자리를 가질 때 윤 기사와 그 애인의 (상상 속) 카섹스를 떠올리며 이전에 경멸해 마지않았던 싸구려 속옷과 마약을 적극적으로 욕망한다는 점이다. 그 소파에서 연교와 동익은 기꺼이 하층 계급에 스스로를 투영함으로써 자극을 키운다. 그들이 계급의 선을 넘어 하층에 이입하는 것은 위선을 잠시 벗어던지고 마음껏 낮아짐으로써 흥분할 수 있는 잠자리밖에 없다.

109-6

그때 그 소파는 사실상 벤츠 뒷자리이다. 윤 기사 커플이 관계를 가진 곳은 바로 그 자동차 뒷자리에서였기에 (동익은 그렇게 단정 지어 상상했다) 동익과 연교는 그와 유사하게 느껴지는 소파에서 더욱 깊숙이 윤 기사 커플에게 자신들을 투영하며 흥분한다.

109-7

그렇게 보면 거실 자체가 자동차 내부 같다. 소파가 벤츠의 뒷좌석이라면 테이블 밑은 앞좌석이 될 것이다. 앞좌석에 있는 자는 뒤를 돌아보아서는 안 된다. 뒷좌석에서 들려오는 말을 꼼짝없이 들어야 한다. 선을 넘어 뒷좌석으로 흘려보낼 수 있는 것은 냄새밖에 없다.

#110 기택이 죽은 듯이 멈추다

110-1

동익과 연교 부부가 잠자리에 본격적으로 돌입하면 카메라는 부감 트래킹으로 소파와 테이블을 포함한 거실 풍경을 스케치한다. 이어 수평 트래킹이 수직 트래킹으로 디졸브되면서 테이블 아래로 카메라가 하강하면 그 밑엔 곤경에 빠진 또 다른 가족이 있다. 벽 앞에서 고민하는 기우를 내려 비추는 오프닝 숏과 엔딩 숏까지 포함해, 이 영화의 카메라는 천천히 하강할 때 계급적 절망을 짙게 담아낸다.

110-2

동익과 연교 부부가 잠든 후 테이블에서 빠져나오던 기택은 정원에서 날아온 다송의 플래시 불빛과 기상 선언에 납작 엎드린다. 빛이 비치자 죽은 듯 몸을 멈추는 행동을 한 기택은 충숙이 몇 시간 전에 말했던 바퀴벌레 비유를 떠올렸을 것이다. 박 사장이 오면 바퀴벌레처럼 숨을 거라던 아내의 비아냥이 고스란히 들어맞는 예언이 되었을 때 기택의 참담함은 이전의 모욕감에 더해져 더욱 깊은 내상을 입힌다.

#111~117 기택 가족이 끝없이 하강하다

111~117-1

저택을 빠져나온 세 사람이 허우적허우적 뜀걸음으로 계속 내려가는 장면은 「기생충」 전체에서 가장 인상적인 명장면이면서 동시에 가장 처참한 장면일 것이다. 영원히 이어질 것만 같은 이 하강 장면은 그야말로 물지옥의 밑바닥에 이르러서야 비로소 끝난다.

111~117-2

말없이 하강을 계속하던 기정은 어느 계단 밑 쓰레기가 쌓인 곳 옆에서 절망감에 젖어 이후 계획을 무망하게 묻는다. 그 질문에 기우가 또다시 민혁이라면 어땠을지 생각하고 있다고 대답하자 기정은 민혁에겐 이런 일이 아예 안 생긴다고 못을 박는다. 상층에 속하는 민혁을 역할모델로 생각할 수 있었던 것은 기우가 상층 계급에 스스로를 끼워 넣으려는 계획을 짜고 있었기 때문이다. 무계획의 무저갱으로 끝없이 추락하고 있는 지금에 와서는 민혁이 결코 역할모델이 될 수 없다.

111~117-3

기정이 남겨진 사람들의 안위를 기택에게 불쑥 묻는다. 그때 기정은 그들을 이름이나 직업으로 언급하는 대신 '지하 사람들'이라고 지칭한다. 테이블 밑에 누워 꼼짝없이 싸구려 팬티에 대해 조롱당할 때, 기정은 지은 잘못도 없이 함께 모욕당한 윤 기사를 떠올렸을 것이다. '지하 사람들'이라는 범주는 이제 끝없이 하강해 지하에 있는 집으로 들어가야 할 기정 역시 포함한다. 몇 시간 전 술에 취해 우리 가족만 생각하면 된다고 비명에 가까운 소리를 질렀던 기정은 이제 물에 잔뜩 젖어 자신과 자신의 가족을 넘어서 자신이 속한 계급을 생각한다.

111~117-4

기택은 우리 식구만 아니면 아무도 모르는 것이니까 결국 아무 일도 없었던 것이라는 궤변을 늘어놓는다. 그러면서 자신에게 계획이 있으니 너희들은 다 잊어버리라고 덧붙인다. 그런데 여기서 문광과 근세는 '아무'에서 제외되어 있다. 그러니까 이때 기택이 진짜로 하고 있는 말은 하층에서 일어난 일을 상층이 모를 것이니 안심하라는 뜻이다. 하지만 그들은 어느덧 계급적 자각을 시작했으니 문광 부부가 거기에 있다는 사실을 잊을 수 없다. 기택도 기우도 기정도 충숙도, 모두 그렇다.

111~117-5

폭우 속에서 하강할 때 가족 중 충숙은 빠져 있다. 그렇다고 충숙이 곤혹스런 하강을 경험하지 못한 건 아니다. 문광을 따라 근세가 사는 지하의 비밀 공간으로 갈 때, 충숙은 거실에서 지하실로, 지하실에서 더 밑에 있는 지하 공간으로 모두 네 차례나 꺾어가며 계단을 내려가고 또 내려갔다. 그때 충숙은 곤혹스러워하며 몇 시간 앞서서 밑바닥으로 먼저 하강했던 것이다. 하층 계급의 하강에는 예외가 없다. 많이 올라왔던 만큼 더 많이 내려가야 한다.

#118 기우가 밑바닥을 내려다보다

그 하강의 계단 끝에서 기우는 흘러내리는 빗물에 완전히 젖은 자신의 발을, 곤경에 온전히 침수된 신체의 하부를, 세상의 모든 혼탁한 물이 한데 모이는 세계의 밑바닥을 한참 내려다본다.

#119 기택이 흙탕물을 뒤집어쓰다

기택 가족의 반지하 집이 들어서 있는 골목길은 이미 아비규환 물바다이다. 물살을 헤치고 정신없이 뛰어가던 기택은 때마침 이웃이 양동이로 퍼내던 물에 그대로 잘못 맞는다. 이전에 기택 역시 취객을 제압하려다 대야에 담은 물을 엉뚱하게도 그 옆의 기우에게 잘못 뿌린 적이 있다. 굳이 해를 끼칠 의도는 없었다. 하지만 좁은 공간에서 곤경을 모면하려고 모두들 정신없이 허우적대다 보면 고의가 아닌데도 서로에게 피해를 입히고 만다. 문광 가족과 기택 가족이 뒤엉킨 비극도 다르지 않을 것이다.

#120~121 기택이 침수에 넋을 놓다

집에 들어선 기택은 허리까지 차오른 물속에서 사투를 벌인다. 비밀 지하 공간에 남은 근세는 의자에 결박된 채 몸부림을 친다. 빗물이 쏟아져 들어오는 창문을 닫으려던 기우는 전기가 올라 비명을 지른다. 근세의 결박을 입으로 풀어주려던 문광은 뇌진탕 증세로 어지러움을 느낀다. 기택은 기우에게 합세할 수 없고, 문광은 근세를 도울 수 없다. 기택 가족이 침수된 집에 들어가 고통받는 상황은 문광 가족이 지하 공간에 남겨져 고통받는 상황과 120번째 신부터 134번째 신까지 계속 교차 편집된다. 침수에 갇힌 가족이든 지하에서 묶인 가족이든, 고통의 양상에는 차이가 있지만 고통받고 있다는 사실에는 차이가 없다.

#122~124 기정이 역류하는 광경을 보다

122~124-1

하층의 고통이 개별적 고난이 아니라는 사실을 두드러지게 드러내는 대목은 역류의 모티브로 드러난다. 뇌진탕 증세로 어지러워진 문광은 지하 비밀 공간의 더러운 변기에 얼굴을 대고 토하는데, 곧바로 이어지는 다음 장면은 기정의 눈앞에서 변기 속 오물이 폭발하듯 역류하는 광경이다. 플롯의 내적 논리를 따른다면 문광이 내쏟는 토사물을 기정이 역류하는 분뇨로 경험하게 되는 것이다. 문광의 구토는 계단에서 굴러떨어지면서 벽에 머리를 부딪혔기 때문에 생긴 뇌진탕과 관련이 있다. 그러니 문광이 겪은 급격한 하강의 물리적 충격이 끝도 없이 계단을 내려오며 기정이 겪은 하강의 정서적 충격에 고스란히 이어지게 되는 것이다. 까마득한 거리에도 불구하고 같은 계급인 두 가족 사이에는 선이 존재하지 않는다.

122~124-2

게다가 구토 역시 일종의 역류다. 입구여야 할 곳을 출구로 삼아 솟구치는 두 종류의 역류는 꾹꾹 삼키고 눌러두었던 것을 거세게 쏟아낸다. 이제 날이 밝으면 관객은 일거에 폭발적으로 분출되는 또 다른 역류를 햇살 가득한 동익의 정원에서 목격하게 될 것이다.

#125 기택이 스스로 눈을 가리다

뇌진탕으로 신음하던 문광은 앞이 보이지 않는다. 테이블 밑에 숨어서 꼼짝없이 능욕받을 때와 체육관에서 아들에게 무계획을 설파할 때, 기택은 팔을 들어 얹어서 눈을 가린다. 그들은 앞이 보이지 않거나 앞을 볼 수 없거나 더 이상 앞을 보려 하지 않는다. 그들의 시간 앞에는 미래가 없다.

#126~127 기정이 담배를 피우다

기정은 역류하는 변기 뚜껑에 올라앉아 천장에 숨겨둔 담배를 꺼내어 피운다. 그 집에서 가장 높아 와이파이 신호도 잡을 수 있고 돈도 숨겨놓을 수 있으며 담배로 위안까지 주는 장소가 화장실 변기라는 지독한 아이러니.

#128 기우가 수석을 들여다보다

집에 온통 들어찬 흙탕물 속에서 수석이 서서히 떠오르는 모습은 SF 영화에서 외계의 우주선이 모습을 드러내는 장면처럼 거의 초현실적으로까지 느껴진다. 이때 수석은 기우의 시점 숏에 담겨 위용을 드러내는데, 흡사 그 순간 수석이 거부할 수 없거나 해석할 수 없는 지시의 말을 기우에게 건네는 것만 같다. 민혁이 수석을 가져와서 처음 상자를 열 때와 달리, 여기서는 이른바 수석 입장에서 민혁을 바라보는 시점 숏 같은 건 없다. 대신 수석을 둘러싸고 점멸하는 세상이 있다. 실내 전등이 깜빡임에 따라 수석 역시 불길하게 점멸하며 보이거나 보이지 않기를 반복한다. 기우는 존재와 비존재, 의미와 무의미, 행과 액 사이를 오가는 점멸하는 수석으로부터 무슨 말을 듣게 되는 걸까.

#129~131 근세가 모스 부호로 구조 요청을 하다

129~131-1

기우 집 천장에서 점멸하는 전등은 동익의 집 계단에서 점멸하는 전등으로 연결된다. 그것은 긴 발신전류와 짧은 발신전류, 선과 점, 빛과 어둠, 그리고 삶과 죽음 사이를 절박하게 오가는 근세의 구조 신호였다.

129~131-2

그렇게 보면 계단의 깜빡이는 전등을 바라보고 있는 것은 극 중에서와 달리 다송뿐만이 아니다. 그리고 기우가 흙탕물 속에서 곰곰이 들여다보았던 것은 수석만이 아니었다. 수석의 점멸은 모스 부호의 점멸과 겹친다. 기우는 그때 수석을 통해 필사적으로 구원 요청을 하는 근세를 바라보는 셈이다. 그 장면에서 수석이 기우를 바라보는 시점 숏이 없었던 것도 예사롭지 않다. 수석은 그 순간 기우가 아니라 근세를 바라보고 있는 셈이기 때문이다.

#132~134 기택이 물에 잠긴 집을 빠져나가다

132~134-1

그것은 기택 가족만의 비극이 아니었다. 근세 가족도 있고, 더 나아가서는 엄청난 침수 피해를 입은 아랫마을 이웃들 전체가 있다. 공유된 역류와 점멸 속에서 목까지 차오른 개인의 재난과 계급의 재앙은 서로 나뉘지 않는다. 흙탕물은 간단히 길과 창과 문의 선을 넘어 기택의 집과 골목길과 이웃의 집들을 하나로 만든다.

132~134-2

기택의 집에 서서히 차오르는 물은 그 집의 가장 윗부분에 매달아 놓은 양말 빨래까지 덮친다. 햇살을 희구하며 높이 들어 올려졌던 그 신체 최하부 보온 의류는 결국 바닥에서 올라온 차가운 흙탕물에 통째로 삼켜진다.

132~134-3

흙탕물이 기택의 집에 차오르면서 프레임을 위쪽으로 밀어 올리면, 프레임 아래쪽 화면은 서서히 디졸브되면서 온통 침수된 집 앞 골목의 부감 장면으로 전환된다. 이어 카메라는 처참한 수재 현장을 내려다보며 골목길을 따라 수평 방향으로 훑는다. 집에 차올라가는 흙탕물의 움직임을 (실제로는 움직이지 않았지만) 카메라의 움직임으로 상상해본다면, 이런 전환 방식은 연교와 동익 부부가 잠자리를 마치고 곯아떨어져 있는 저택 거실 풍경을 부감의 익스트림 롱숏 수평 트래킹에 이어 근접한 수직 트래킹으로 스케치하는 방식의 순서를 뒤집은 채 흡사하게 구사함으로써 두 장면을 대비시키고 있다고 할 수 있을 것이다. 그러니까 그때 동익 집 거실의 테이블 밑은 벤츠 앞좌석이었을 뿐만 아니라 물이 머리끝까지 차오른 기택의 반지하 집 자체이기도 했다. 능욕의 소리가 흘러 들어오는 테이블 밑과 검은 흙탕물이 흘러 들어오는 자신의 집 모두에서 속절없이 상처받은 기택 가족은 결국 망연자실한 표정으로 허위허위 그곳을 빠져나올 수밖에 없다.

132~134-4

이 장면의 마지막 숏에서 카메라는 물에 잠긴 세상의 밑바닥을 들여다보며 탄식하듯 천천히 우측으로 흘러간다. 그러다 이와 정반대로 우측에서 시작된 어둠의 물결이 좌측으로 흘러가서 카메라의 움직임 자체까지 무력화시키며 프레임을 집어삼킨 끝에 세상 전체를 암흑으로 만든다. 다송은 점멸했던 모스 부호를 끝내 해독하지 못했다.

#135 기택 가족이 체육관에서 밤을 보내다

135-1

목표가 없으니 실패하지 않고 미래를 염두에 두지 않으니 현재가 조급하게 여겨질 이유도 없다. 기택의 무계획론은 결국 경험칙이다. 기택의 인생에서 그런 일은 정도가 달랐을 뿐 수없이 되풀이되었을 것이다. 관객은 동익네와 관련해 꿈꾸었던 기택네의 실패만을 보기에 그의 마지막 폭주가 의아스러울 수도 있겠지만 이건 기택의 삶을 구성하는 연속적인 거대한 실패담의 부분집합일 뿐이다. 계획이 없으니까 사람을 죽여도 상관없다는 그의 위악적인 푸념은 결국 무계획적인 살인으로 느닷없이 실현된다.

135-2

무계획론을 설파하는 기택은 오른팔을 들어 자신의 눈을 가리고 있다. 요망한 말들이 계속 들려오던 테이블 밑에서도 그랬다. 「마더」의 오프닝 신에서는 예상하지 못했던 진실과 맞닥뜨리게 된 엄마가 벌판에서 춤을 추다 그렇게 팔을 들어 자신의 눈을 가렸다. 눈앞 세상의 부조리를 교정할 수 없을 때 그들은 대신 눈을 가린다. 기택의 달관은 누적된 실망을 체화한 자가 자청한 상징적 실명이다.

135-3

무계획론을 다 듣고 나자 기우가 기택에게 사과한다. 전부 다 죄송하다는 그 사과는 포괄적이다. 자신의 계획을 구성했던 요소들 중 잘못 구상했던 특정 사항에 대해 사과하는 게 아니라, 계획을 세워서 가족을 이끌고 갔던 일 자체에 대해 사과한다. 지금 한 번 실패한 계획이 과거부터 현재까지 수없이 실패해온 무계획에게 사과한다. 어쩌면 기우는 미래에 펼쳐질 그 모든 실패까지 미리 끌어와서 자신의 삶에 사과하고 있는지도 모른다.

135-4

그날 밤 기우의 태도는 완전히 뒤바뀐다. 그럼에도 수석이 기우에게 계속 달라붙지만, 작용 방향은 이전과 정반대다. 이전에 그 수석이 기우에게 계급 상승의 희망 같은 것이었다면, 이후엔 그 희망의 싹을 제거하기 위한 도구가 된다.

#136~143 연교가 기정을 호출하다

7월 1일 일요일 아침. 연교는 기정에게 전화해서 오후에 정원에서 열릴 생일 파티에 오라고 한다. 기정의 대답도 듣지 않은 채 "오늘 오시는 거는 수업 한 회차로 쳐드릴게요"라고 하는 연교의 말은, 인디언 복장을 한 채 서로 갈등이 격해지는 상황에서 "어차피 오늘 근무인 거죠? 그냥 이게 일의 연장이라고 생각하시고"라고 기택을 찍어 누르는 동익의 말과 흡사하다. 연교와 동익의 말은 목소리를 높이지 않는 존댓말이지만 거기엔 명확한 위계가 둔중하게 자리 잡고 있다. '주인님'으로선 일당을 지불해주기만 하면 그뿐, 상대가 어떤 상황이고 심사인지 고려할 필요가 없다. 그들은 그렇게 생각한다.

#144~150 기택이 몸 냄새를 맡다

모처럼 능력을 발휘할 기회를 맞은 연교는 신나서 다송의 생일 파티를 준비한다. 와인숍과 마트를 차례로 거치면서 기택을 데리고 장을 본다. 전날 밤 체육관에서 아들에게 무계획에 대해 길게 말을 쏟아놓은 이후, 기택은 나무 뒤에 숨어 대기할 때 불쑥 동익에게 비아냥거리는 것을 제외하면 파국에 이를 때까지 한마디도 하지 않는다. 그런 그의 귀에 간밤의 비 때문에 공기까지 맑아졌다며 흥이 잔뜩 오른 연교의 통화 내용이 계속 쏟아져 들어온다. 벤츠 뒷좌석에서 앞좌석으로 발을 올린 것은 연교 자신이었으면서도 차 안에서 냄새가 난다는 시늉을 하며 유리창을 열어 기택에게 또다시 모욕감을 준다. 다송과 동익과 연교로부터 기택은 그렇게 세 차례나 냄새를 지적당한다. 위축된 채 운전하며 자신의 몸 냄새를 잠시 맡던 기택은 비쳐드는 강한 햇살에 눈을 찡그린다. (근세도 정원으로 막 나왔을 때 그렇게 한다.) 파국은 갑자기 깎아지르며 추락하게 만드는 절벽이 아니다. 차근차근 하나씩 쌓아 오르다가 그 끝에서 발을 헛디뎌 되떨어지게 만드는 계단이다.

#151 기우가 다혜와 키스하며 딴생각을 하다

햇살 쏟아지는 정원에서의 파티를 내려다보다 기우는 다혜와 키스를 한다. 키스 후 다혜는 기우가 도중에 다른 생각을 했다는 걸 직감하고 캐묻는다. 이 영화엔 둘의 키스 장면이 두 번 등장한다. 전반부 키스 장면에서는 다혜가 자신을 무척 좋아하고 있는 것을 확인한 기우가 그녀와의 사랑 끝에 찾아올 상승을 꿈꾼다. 그러나 후반부의 이 키스 장면에서 기우는 그녀의 여전한 사랑에도 불구하고 하강을 결심한다. 자신이 그곳에 어울리지 않는다는 것을 안다. 그것을 알려준 수석을 가방에서 꺼내 들고 파티가 펼쳐지는 아래보다 "더 밑으로" 내려간다.

#152 기택이 동익의 사랑을 다시 언급하다

152-1

「기생충」에서 세 가족이 얽히는 이야기는 연기로 시작해서 연기로 끝난다. 일자리를 구하는 남자 배역을 맡은 기우의 연기로 시작해서 습격당한 여자를 구하는 남자 배역을 맡은 다송의 연기로 끝난다. 결국 일자리를 구하는 연기는 성공하고 사람을 구하는 연기는 실패한다. 이것은 일자리를 얻은 대신 사람을 잃는 이야기다.

152-2

이전에 차 안에서 기택이 친근함을 연출하며 동익에게 사모님을 사랑하시냐고 물었을 때, 그것은 진심 어린 질문이었을 것이다. 하지만 정원에서 다시금 사모님에 대한 사랑을 언급했을 때, 그것은 명백히 조롱이다. 진실을 말할 통로나 기회가 없는 자는 비아냥이나 풍자로 우회한다. 그러자 동익은 이것이 근무라는 사실을 확인시키며 인격적인 조롱에 계급적인 오만으로 맞선다.

152-3

이 장면에서 두 배우가 만들어내는 긴장감은 그야말로 끝까지 가기에, 이후 살인까지 저지르는 인물의 심리를 굳이 대사로 설명하지 않아도 충분히 납득시킨다. 특히 이 장면에서 힘의 균형을 상실한 두 남자의 갈등 끝에서 이선균을 바라보는 송강호의 폭발 직전 표정 연기는 실로 무시무시하다.

#153 기정이 케이크 행진 제안을 받다

전날의 광기와 히스테리가 뒤엉켜 빚어낸 사태에 대해 후회하던 기정과 충숙은 지하의 비밀 공간으로 내려가 문광 부부를 돌보려 한다. 하지만 기정은 당초 다송의 트라우마를 눈치챈 자로서 마지막 깜짝 연기를 그보다 먼저 해내야 한다. 억압된 것들이 한꺼번에 회귀하는 순간은 바로 그때다.

#154~157 기우가 수석에 머리를 맞다

154~157-1

비밀 공간으로 가기 위해 지하의 진열장을 처음 밀었을 때와는 달리, 기우는 혼자 그 일을 한다. 기우는 가망이 없다고 판단되는 문광과 근세 부부를 수석으로 내려쳐 죽음을 선물하려고 한다. 하지만 근세의 반격에 개처럼 목에 올가미가 걸린 채 도망치다 자신의 수석에 두 번 강타당한다. 맞은 곳은 계획을 세웠던 머리다. 문광이 머리를 다쳐 죽게 되었으니 근세로서는 똑같이 앙갚음을 하는 셈이기도 하다.

154~157-2

근세의 공격은 계획에 대한 무계획의 복수와도 같다. 가격이 두 번 되풀이되는 것은 흡사 극 중에서 기우가 세우는 두 차례 계획을 하나씩 응징하는 것처럼 여겨지기도 한다. 첫 번째 것이 가족의 일자리와 관련된 계획이었다면, 두 번째는 차후 에필로그에 등장하게 될 '근본적인 계획'이다. 돈을 많이 벌어서 아버지를 지하에서 꺼내겠다는 그 계획이야말로 허무맹랑한 목표임을 명백히 드러내기라도 하듯, 수석은 그의 머리를 다시 한번 강타함으로써 구두점을 당겨 찍는다. 그러니까 꿈을 향해 솟구치게 만드는 성물처럼 보였던 수석은 현실로 주저앉게 만드는 낙석이었던 셈이다.

#158~160 모두가 파국에 이르다

158~160-1

원래 동익이 기택과 함께 해내려던 나쁜 인디언 연기는 (백인으로 설정된 듯한) 기정을 습격하려다가 좋은 인디언인 다송으로부터 격퇴당하는 연기다. 둘이 연출하려 한 것은 백인과 인디언 사이의 싸움이 아니라 인디언끼리의 싸움이다. 여기서 생일 파티 연극 속의 인종적 요소를 계급적 요소로 바꾸어보면 실제 벌어진 참극의 전반부와 유사해진다. 당초 정원에서의 싸움은 상층 계급인 박 사장과 하층 계급인 근세 혹은 기택 사이에서 벌어진 게 아니다. 하층 계급인 두 가족 사이에서 펼쳐졌다. (기택처럼 인디언 머리장식을 쓰지 않았지만, 근세의 얼굴에 묻은 핏자국 형태는 호전적 인디언들의 전투 분장처럼 보이기도 한다. 그렇게 인디언 모티브로 보자면, 이때 대체 누가 좋은 인디언인 것일까.)

158~160-2

하지만 인디언 연기를 함께 해내는 동익과 기택은 사실 연극 밖 현실에선 상층과 하층으로 계급이 완전히 다르다. 기택이 동익을 죽이는 참극의 후반부는 전반부와 달리 연극 밖 실제 구도를 반영하는 셈이다. 두 종류의 살인이 잇달아 일어나는 정원의 생일 파티 장면에서 전반부와 후반부는 상징(연극)적인 비극과 현실의 비극으로 대비되고 있는 것이다. 하층이 하층과 싸우는 모습을 집중적으로 그려왔지만 근원적으로 이 참극은 계급 간의 싸움인 셈이다. 기택이 휘두른 칼은 계급의 칼날이었기에 동익의 심장을 찌른다. 근세가 기정의 심장을 찔렀던 행위에 대해 근세가 아니라 동익의 심장을 찌름으로써 복수하는 것은 결국 이 끔찍한 비극의 핵심이 어디에 닿아 있는지를 보여준다.

158~160-3

그러니까 참극의 정점은 연극 밖에서 터져 나왔다. 기택이 칼에 찔린 기정의 가슴 부위를 지혈하고, 동익이 근세의 몸 밑에 깔린 열쇠를 코를 쥔 채 끄집어낼 때까지만 해도 두 남자는 모두 인디언 머리장식을 쓰고 있었다. 하지만 코를 쥐는 모습을 본 기택이 근세의 칼을 쥐고 동익에게 달려가면 기택의 인디언 머리장식은 어느새 벗겨지고 없다. 이어 기택은 동익의 인디언 머리장식을 먼저 벗긴 후 돌려세운 상태에서 칼로 가슴을 찌른다. 기택은 연극으로부터 빠져나와 현실에서 동익을 살해한 것이다. 이제 하층과 하층이 싸우는 듯 연출되었던 연극은 끝났다. 낭만적으로 포장되었던 고독한 두 남자 동행의 참혹한 귀결이다.

158~160-4

최후의 살인 직전에 연기는 모두 끝났다. 일자리를 얻고 유지하기 위한 연기는 끝났다. 지하 비밀 공간에서 살아가기 위한 부재의 연기도 끝났다. 트라우마를 벗겨주기 위한 인디언 연기도 끝났고, 예의 바른 말투와 매너로 하층을 존중하는 척했던 연기도 끝났다. 무엇보다 생계를 위해 가족이 아닌 척 행동했던 비연결의 연기가 끝났다. 그 끝에서 기택은 가족의 좁은 범주를 넘어서서, 모욕받은 근세와 계급의 냄새로 연대하며 연결을 실행한다.

158~160-5

바퀴벌레로까지 비유되는 바람에 파국으로 이를 뻔했던 아내 충숙과의 실제 위기는 연기로 해소된 바 있다. 거친 멱살잡이와 서릿발처럼 노려보던 시선은 마치 그게 장난이었다는 듯 웃어넘기는 연기로 넘어가며 간신히 위기의 불을 껐다. 웃음으로 우회하는 연기는 그들이 파국을 막고 위기를 해소할 수 있는 유일한 방식이었다. 그때 그들은 현실에서 연기로 도피했다. 충숙은 "리얼이었으면 넌 죽었지"라고 마지막 농담을 덧붙였다. 하지만 동익과의 위기는 그와 정반대로 펼쳐진다. 같은 계급이나 같은 가족이 아닌 동익과의 위기는 결국 웃어넘길 수도 있었던 연기에서 빠져나와 서슬 퍼런 현실의 칼날로 끝장을 본다. 리얼이기 때문에 결국 사람이 죽는다. 그게 근세나 문광 혹은 기정 같은 생물학적 죽음이든, 기택 같은 사회적 죽음이든, 기우 같은 정신적 죽음이든.

158~160-6

기택이 지혈을 하기 위해 기정의 가슴을 압박할 때 기정은 그러면 더 아프니 그만 누르라고 제지한다. 화장실 변기가 역류할 때 뚜껑을 닫아 막아보려 했지만 그게 허사임을 절감했던 기정의 말이었기에 더 의미심장하게 들린다. 누르고 또 눌러서 해결해보려 했지만 기택은 더 거센 역류의 순간을 맞는다. 그러고 보면 4년간 지하에 있다가 처음 햇살 가득한 밖으로 나와 행한 근세의 살인도, 내내 고

분고분 따르며 존경을 표하던 고용주에게 갑자기 칼을 휘두른 기택의 살인도, 결국은 모두 폭발적인 역류의 순간일 것이다.

158~160-7

열쇠는 찾기 어렵다. 찾아낸들 제대로 전달되지 못한다. 전달하려 던져본들 몸 아래 깔린다. 깔린 열쇠를 끄집어내려 해본들 악취 때문에 코를 쥐어야 한다. 그리고 노골적으로 코를 쥐는 순간 파국이 찾아온다. 근세의 악취는 기택의 냄새와 다르다. 근세가 오랫동안 땅 밑에서 살아와 밴 체취에 꼬챙이가 옆구리에 박혀 사경으로 흘러나온 피비린내가 더해진 냄새다. 말하자면 지하생활자의 삶과 죽음이 합쳐진 계급의 총체적 냄새다. 그게 경멸당하는 순간, 계급의식에 막 눈을 뜬 또 다른 지하생활자의 분노를 피할 수 없다.

158~160-8

동익과 연교 부부는 해고되는 당사자가 왜 나가야 하는지 그 진짜 이유를 모르게 했다. 하지만 정작 그들은 극 중에서 뭐가 어떻게 돌아가는지에 가장 무지한 사람들이다. 동익은 죽는 순간까지 근세가 누구인지도 모르고, 그 싸움이 왜 벌어지는지도 모르며, 그 사람들이 서로 가족관계라는 사실도 모른다. 그리고 자신이 왜 칼을 맞아야 하는지도 모른 채 죽어간다. 그 지경이 되도록 숙주는 끝내 모른다.

158~160-9

봉준호의 작품세계에서 파국은 주로 탁 트인 공간에서 펼쳐진다. 「살인의 추억」의 벌판이나 「괴물」의 한강 고수부지 혹은 「옥자」의 도살장이 그렇다. 「기생충」 역시 지하의 비밀 공간에서가 아니라 시야를 가리는 물건 하나 없이 넓은 정원에서 파국이 벌어진다.

#161 기우가 깨어나다

머리를 다친 기우가 한 달 만에 깨어나서 처음 본 것은 형사처럼 생기지 않은 형사와 의사처럼 생기지 않은 의사였다. (「살인의 추억」의 도입부에는 강간범처럼 생기지 않은 강간범과 피해자의 오빠처럼 생기지 않은 피해자의 오빠가 함께 등장한다.) 기우에게 생긴 일은 너무나 엄청난 비극이었지만 그는 이 모든 일이 왜 일어났는지 알 수 없다. 특별히 나쁘게 굴었던 사람은 없었다. 하지만 살인범처럼 보이지 않는 살인범들과 피살자처럼 보이지 않는 피살자들이 알기 힘든 동기와 알 수 없는 과정을 거쳐 이리저리 뒤엉키면서 거대한 참극이 빚어졌다. 그러니 기우로선 그저 웃을 수밖에 없다.

#162~167 기우가 수시로 웃다

깨어난 기우는 병원이나 재판정 혹은 납골당을 가리지 않고 시도 때도 없이 웃는다. 사실 웃음은 무골호인을 연기하던 아버지가 고비를 맞을 때마다 삶의 압력으로부터 김을 빼면서 우회해 넘어가는 습관이었다. 누적된 절망으로 다져진 무계획의 태도가 겉으로 표출되는 방식이었다. 기우는 이제 아버지와 조금 더 비슷해졌다.

#168~180 기우가 기택의 편지를 읽다

168~180-1

일자리를 얻은 데서 그치지 않고 그 저택을 실제 자신의 집으로까지 여기고 싶어 했던 ("여기가 지금 우리 집이야. 아늑하잖아.") 기택으로서는 어쩌면 목표를 역설적으로 이룬 게 아닐까. 저택의 지하 비밀 공간에 숨어 두 계절을 보낸 기택의 편지에서는 밖에 나가고 싶어 하는 숨소리 거친 절박함보다 안에서 살아가야 하는 상황을 받아들이는 안온한 체념 같은 것이 더 강하게 느껴진다. 그곳을 자신이 있어야 할 장소로 여기고, 가끔씩 몰래 주방으로 올라가 냉장고를 열며, 박 사장에 대해 여전히 나쁘지 않은 감정을 품고 있고, 가끔씩 누군가를 향해 모스 부호로 마음을 알린다. 근세 역시 그랬다.

168~180-2

드디어 모스 부호를 해독하며 아버지의 소재와 안위를 확인한 아들은 기뻐한다. 그러나 아버지는 아들이 그 편지를 받았다는 사실 자체를 끝까지 알 수 없다.

#181~183 기우가 근본적인 계획을 세우다

기우의 답장은 새 계획을 세웠다는 사실을 알리며 시작한다. 그 계획은 아버지의 편지를 해독해내는 순간 즉흥적으로 수립되었다. 돈을 많이 벌겠다는 계획은 사실상 무계획이다. 계획은 구체적이어야 한다. 근본적인 계획은 계획이 아니라 그냥 삶의 태도다. 태도에는 목표를 향한 체계적이고 세밀한 방도가 담겨 있지 않다. 종반부 기우의 두 번째 계획은 초반부 첫 번째 계획과 확연히 그 범주가 다르다. 기우는 새로운 계획을 세운 뒤 스스로 무릎을 쳤을까.

#184 기우가 수석을 계곡에 놓다

184-1

"근본적인 계획입니다"라는 기우의 편지 내용이 보이스오버로 흘러나올 때 화면으로는 그가 계곡물에 수석을 두는 모습이 펼쳐진다. 그러니까 근본적인 계획은 수석을 원래 있던 곳에 돌려놓는 것을 그 내용으로 한다. 당초 수석이 기우에게 민혁이라는 역할모델과 계급 상승의 꿈을 의미했다는 것을 떠올리면, 수석을 자연으로 되돌리는 행동은 사실상 꿈의 포기를 뜻하게 된다. 고유하고 특별한 돌인 수석을 포기한 기우는 또 다른 벽돌이 되어 원래 있던 자리로 돌아간다. 그곳은 햇빛이 들지 않는 반지하의 창문 아래다.

184-2

기우가 계곡물에 수석을 넣을 때, 돌은 프레임 한가운데에 놓인 채 우측으로 비스듬히 살짝 기운 상태로 클로즈업 숏에 담겼다. 민혁이 기우의 집에 처음 수석을 가져온 후 상자를 열어 처음 수석이 모습을 드러낼 때를 촬영한 방식과 정확히 같다. (다혜의 방에 있던 기우가 수석을 가방에서 꺼낼 때도 우측으로 비스듬히 기운 상태로 품에 안는다.) 수석은 왔던 방식 그대로 돌아갔다. 하지만 처음 수석이 등장하는 장면에서 곧바로 따라붙었던, 수석을 쳐다보는 기우를 마치 수석의 시점에서 포착한 듯한 리버스 숏은 여기 없다. 이제 수석은 기우를 잊을 것이다. 그리고 기우는 수석을 잊으려고 필사적으로 애쓸 것이다.

#185~188 기우가 저택을 사는 상상을 하다

기우가 미래에 돈을 많이 벌어 그 저택을 사서 이사하는 신들은 이 영화에서 가장 가슴 아픈 장면이다. 기우는 그저 돈을 아주 많이 벌기만 하면 되고, 기택은 그냥 계단만 걸어 올라오면 된다. 하지만 도무지 구체적인 계획을 세울 수 없게 된 기우에게 미래는 없다. (봉준호는 기우가 최저임금으로 돈을 벌어 한 푼도 안 쓰고 그 저택을 사려면 547년이 걸린다고 말한 바 있다.) 도처에 시퍼런 현재뿐이다.

#189 기우가 한숨을 내쉬다

처음과 흡사한 끝이다. 골목길을 비추던 집 내부의 카메라가 천천히 하강하면 끊어진 통신 때문에 어려움을 겪는 기우가 있다. 끊긴 핸드폰 문제는 인근 다른 카페의 와이파이를 찾아내 해결했지만, 써둔 모스 부호 편지는 아버지에게 전달할 방법이 없다. 에필로그 내내 속없이 웃었던 기우지만 마지막에 이르면 더 이상 웃지 않고 대신 긴 한숨을 내쉰다. 높이 매달아놓은 양말은 여전히 잘 마르지 않을 것이다. 이제 겨울이 됐으니 더욱 그럴 것이다.

2020. 3.

「기생충」 대담
이동진×봉준호

이동진 오늘 직접 뵈니, 많이 피곤해 보이십니다. 시작하기 직전에 제가 봉준호 감독님의 3일 동안 일정을 들었는데, 정말 살인적인 일정이구나 싶더라고요. 오늘이 드디어 「기생충」 개봉일인데 소감이 어떠신가요.

봉준호 전혀 피곤하지 않습니다. 허락만 된다면 3시간도 떠들 수 있습니다.(웃음)

이동진 본격적으로 시작하기에 앞서 워낙 큰 소식이었으니까, 칸 영화제 황금종려상 수상 관련 이야기부터 조금 나누겠습니다. 사실 올해 칸 영화제 시상식을 저 역시 생중계로 봤는데, 계속 '제발 뒤에 「기생충」 작품명이 불렸으면' 하는 마음이었습니다. 시상식 뒤로 가면 갈수록 상이 커지고 황금종려상에 더 가까워지니까요. 2018년에 「어느 가족」으로 칸 영화제 황금종려상을 수상하셨던 고레에다 히로카즈 감독님께 그때 심정에 대해 질문한 적이 있습니다. 그때 감독님 말씀이, 시상식에서 각 상마다 발표되기 직전에 중계 카메라에 빨간 불빛이 들어오면서 다음엔 누굴 찍을지 미리 준비하고 움직인다는 것이었어요. 예를 들어 "감독상"이라고 시상자가 운을 뗀 후 중계 카메라에 불빛이 들어와 다른 사람을 향해 움직이면 '내가 감독상은 아니구나' 싶으면서 좋아하셨다는 거죠. 그렇게 두 번만 더 건너뛰면 황금종려상을 받을 수 있으니까요.(웃음)

봉준호 그 칸 영화제의 카메라맨분이 며칠 전 저희 앞에서도 그렇게 하시더라고요. 우리도 그 카메라가 너무 신경이 쓰이면서 그때마다 막 마음이 조마조마해졌죠. 영화별로 팀들이 일렬로 앉아 있는데, 상이 발표될 때마다 우리가 아니면 그때마다 저랑 송강호 선배가 서로 얼굴을 마주 보고 끄덕이면서 허들을 하나씩 넘는 거죠. 나름 그 과정이 재미도 있더라고요.

이동진 그러면 마지막 황금종려상 발표 직전에는 수상을 예상하셨겠네요? 물론 후일담 뉴스에 따르면 그때 수상할 것으로 잘못 전해 듣고 오신 분이 한 분 계셨던 것 같지만요.(웃음)

봉준호 네, 잘 아는 친한 형님인데 원래 수상 리스트에는 없었는데 오셔가지고.(웃음)

이동진 「원스 어폰 어 타임 인 할리우드」의 쿠엔틴 타란티노 감독님이셨죠.

봉준호 그 형님이 또 늦장가를 가셨어요. 아내분과 동행하셔서 무척 행복하게 오셨는데, 마지막으로 저희와 그렇게 두 팀만 남으니까 혹시나 싶어서 서스펜스가 좀 생겼죠.

이동진 그러면 타란티노 감독님이 황금종려상을 받을 수도 있겠다는 생각도 하셨겠네요.

봉준호 네, 「펄프 픽션」 이후 25년 만에 수상하시면 그걸로 또 멋진 일일 것 같고 그랬죠. 제가 그 영화를 보진 못했지만 늘 잘 만드시는 분이니까요.

이동진 수상 후 파티 때 그동안 접촉이 금지되었던 심사위원들과도 만나셔서 이야기도 많이 나누셨을 듯하네요.

봉준호 심사위원장인 알레한드로 곤잘레스 이냐리투 감독이 「기생충」의 박 사장 집이 너무 인상적이라면서 어디서 그런 완벽한 집을 찾아냈느냐는 거예요. 좀 의외의 질문이었죠. 「레버넌트」에서 거대한 곰이 리어나도 디캐프리오를 물어뜯는 걸 찍으셨던 분이 말이에요.(웃음) 세트라고 말씀드렸더니 깜짝 놀라시더라고요. 성격이 멕시코 감독님답게 굉장히 열정적이셨어요. 영화의 템포나 캐릭터들, 사건 전개의 의외성과 관련해서 좋은 얘기도 참 많이 해주셨고요. 심사위원 중에서 엘르 패닝은 본인이 배우여서인지 「기생충」의 배우들에 대한 칭찬을 많이 했어요. 영화를 볼 때 연기자들의 말하는 리듬이라든가 표정의 뉘앙스 같은 걸 세밀하게 보게 되는데, 한국어를 알아듣지 못하는데도 정말 경탄스러웠다고 했어요. 특히 여자 배우들에 대해 감탄하더라고요.

이동진 그러면 자연스럽게 출연진에 대한 이야기를 질문하도록 하겠습니다. 사실 「기생충」은 특정한 배우가 도드라지는 영화는 아니었던 것 같습니다. 앙상블이 무척 중요해서 그로부터 굉장한 활력이 생겨나는 연기들이 아니었을까 싶은데요. 탁월한 배우 송강호 씨에 대해서는 이미 수많은 찬사가 있었으니 다른 배우들에 대한 이야기도 듣고 싶습니다. 영화를 촬영하거나 편집하면서 배우에게 놀란 부분이 있었다면 어떤 것이었을까요.

봉준호 일단 문광 역을 맡은 이정은 배우 얘기를 안 할 수가 없겠네요. 목소리의 마술사죠. 원래 뮤지컬도 많이 하신 분이에요. 10년 전 「마더」에서 김혜자 선생님의 멱살을 잡는 연기도 했죠. 그때 처음 인연을 맺게 된 건데, 창작 뮤지컬 「빨래」에서 이정은 씨가 춤과 노래를 해낼 때 놀라운 리듬감과 독특한 목소리 변조 능력을 선보이는 것에 깊은 인상을 받았어요. 그래서 「옥자」에서 옥자 목소리 연기를 부탁드렸죠. 주인공이라고 제가 전화드렸거든요.(웃음) 배역을 맡은 뒤에 정말 열정적으로 유튜브에 올라와 있는 돼지 소리들을 다 분석하셨어요. 돼지 소리를 내려면 호흡을 들이마시면서 해야 되거든요. 그런 걸 다 습득하신 상태에서 희로애락을 다 그 소리에 담아내는 연습을 해서 오셨더라고요. 문광은 「기생충」의 흐름을 일거에 바꿔버리는 역할이잖아요. 특히 처음 초인종을 누르는 장면을 찍을 때 현장에 있던 배우들과 스태프들 모두 기겁을 했어요. 너무 웃기기도 하고 괴이하기도 하고 그래서요. 얼굴이 잔뜩 망가진 채로 인터폰 화면에 나오는데 그 장면을 자세히 들어보면 열 몇 가지 목소리가 혼재해 있어요. 옆에서 보는데 참으로 경이롭더라고요.

이동진 이정은 씨는 워낙 연기를 잘하시는 분인데, 저는 이 영화에서 별거 아니었지만 무척 재미있게 느껴진 부분도 있었어요. 문광이 특유의 발성으로 북한 아나운서 흉내를 내는데 하필 배우 이름이 이정은이라 김정은이 자동으로 떠오르면서 신기해지더라고요.

봉준호 시나리오를 쓸 때 이미 문광 역을 이정은 씨가 한다는 확신이 있었기 때문에 마음껏 그런 대사를 썼던 것 같아요. 실제 조선중앙TV 리춘희 아나운서의 동영상을 보면서 많이 연습하고 완벽하게 소화하셨죠. 좀 뜬금없이 튀어나오니까 기괴하기도 하지만 또 그런 장면은 사전 단계 없이 기습적으로 해야 맛이 살아나는 것 같기도 해요. 배우가 워낙 파괴력과 설득력이 있으니까 우리도 황당하게 보면서 어느새 따라가게 되는 것 같습니다.

이동진 사실 「기생충」을 보다 보면 정말 많은 것이 빼곡하게 들어차 있고, 또 정교하게 서로 맞물려 있다는 생각이 절로 듭니다. 그러면서도 영화가 굉장히 유머러스하죠. 관련해서 극 중 배역들 이름의 숨은 의미도 추측하게 됩니다. 주인공 기택 가족 네 명 중 세 명은 전부 '기'자 돌림인데, 나머지 한 사람인 엄마 이름은 '충'숙이잖습니까. 그 둘을 합치면 '기충'이니까 사실상 이 이름들은 기생충에서 온 듯 여겨집니다.

봉준호 맞습니다.

이동진 그렇다면 문광은 어떤 의미로 지으셨나요. 문광은 성도 독특하게 국씨인데요.

봉준호 그건 또 어떻게 아셨어요?

이동진 조사하면 다 나오게 되어 있습니다.(웃음) 이름이 국문광인데 남편은 또 근세잖습니까, 오근세. 국문광과 오근세라는 이름은 그냥 나올 수 없는 이름인 것 같은데요.

봉준호 저희도 그 이름들을 놓고 다양하게 즐겼어요. 영화를 보면 둘의 혼인신고서가 벽에 붙어 있어요. 혼인신고서가 클로즈업되면 거기 오근세와 국문광 이름이 나오죠. 그럴 때 미술팀이나 소품팀들은 모든 걸 물리적으로 직접 만들어야 되잖아요. 저도 이제 오십 대에 진입하면서 기억력이 이상해진 건지, 그 소품을 처음 보면서 막 웃었어요. "문광 성이 국씨였네"라면서 막 웃고 난 뒤에 소품팀이 그렇게 한 줄 알고 감탄하며 "야, 이거 어감이 정말 좋다. 누구 아이디어야?" 이랬더니, 제가 그렇게 시켰다는 거죠.(웃음) 근데 전 아직까지도 제가 국씨라고 지시한 기억이 안 나요. 문광이란 이름, 기묘하죠. 무슨 뜻일까요. 달빛인가? 아니면 문에서 빛이 들어오는 건가? 광이니까 미쳐 있다는 건가? 저도 잘 기억이 안 나요. 그런데 근세는 갑근세에서 온 것 같아요.

이동진 돈에 쫓기는 인물이니까.

봉준호 그렇죠.

이동진 조여정 씨 극 중 이름은 연교예요. 이건 혹시 연세대학교에서 왔습니까?

봉준호 아닙니다. 연교라고 하면 약간 학습지 느낌 나지 않나요? 빨간펜이나 뭐 약간 그런 느낌이랄까요. 영화 속에서 수업을 참관한다고 하기도 하고요.

이동진 최우식 씨가 맡은 배역은 기우였는데, 무척 흥미로운 이름이란 생각이 들었어요. 기우라는 단어는 두 가지 의미가 있을 것 같은데, 그 하나는 헛된 걱정이라는 뜻으로 많이 쓰잖아요. 그런데 영화에서 보면 기우가 노심초사하며 세웠던 그 많은 계획들이 결국은 다 허사가 되잖습니까. 다른 하나는 비를 기원하는 것이 기우일 텐데, 그렇게 본다면 역시 영화의 핵심적인 부분하고 맞닿아 있어요.

봉준호 와, 멋지다. 내일 인터뷰부터 제가 지금 말씀해주신 내용을 써도 괜찮을까요?(웃음) 그 질문 많이 받거든요. 문광도 이런 식으로 몇 개 좀 알려주세요.(웃음) 그런데 기우는 진짜 최우식 배우의 느낌과 잘 맞지 않나요? 최우식 씨는 가만히 서 있어도 좀 안쓰러워 보이잖아요. 그 자체로 뭔가 영양이 결핍된 듯한 느낌이 있어요, 사람이. 배불리 먹고 밥상에서 일어나도 그 순간 영양이 결핍된 느낌 같은 게 있죠. 근심도 많아 보이고 살짝 등이 굽은 것 같기도 하고. 그런 이미지랑 잘 맞는 것 같아요.

이동진 이 영화를 처음 어떻게 시작하셨을까 무척 궁금해집니다. 「기생충」의 주제는 사실 봉준호 감독님의 영화세계에서 상당히 익숙하기도 하고 동시에 감독님이 가장 잘 다루어내는 분야라는 생각이 들어요. 제게는 오히려 이 이야기 자체의 아이디어가 굉장히 신선하고 흥미롭게 다가오는데요.

봉준호 예를 들어 「옥자」 같은 경우라면 이수교 밑에서 거대한 돼지 같은, 덩치는 큰데 내성적인 생물체가 시무룩하게 있는 이미지를 보았다, 헛것이지만. 이렇게 명확히 출발점을 설명할 수가 있는 거잖아요.

이동진 「괴물」 때도 그러셨잖아요.

봉준호 네, 실제로 잠실대교 밑에 있던 괴물을 고등학교 때 보았다는 둥 그렇죠. 하지만 「기생충」은 그런 식으로 설명하기가 쉽지 않은 것 같아요. 대신 이런 건 있었어요. 제가 연극 연출을 하시고 희곡을 쓰시는 박근형 선생님 작품을 상당히 좋아해요. 천재적인 분이신데, 박근형 선생님 극단 배우들과 일도 많이 했어요. 박해일, 윤제문, 고수희 이런 분들이 다 골목길이라는 그 극단 출신이죠. 그분과 같이 뭘 해보고 싶다는 생각을 하다가 흐지부지됐는데, 같은 텍스트를 가지고 그분은 연극 공연을 올리고 저는 영화를 찍으면 재미있지 않을까 싶었죠. 처음엔 연극 아이디어 같은 거로 이 이야기를 떠올렸던 것 같아요. 사실 「기생충」은 집 두 개에서 거의 90퍼센트의 사건이 벌어지잖아요. 인물과 장소가 집중되어 있으니 연극 무대에도 적당하겠죠. 그런데 처음부터 부자 가족과 가난한 가족, 이렇게 대비되어 설정이 되어 있었거든요. 그러니 거기서부터 스토리가 어떻게 진행될지는 이미 나침반이 딱 찍혀 있었던 것 같아요. 그때가 2013년이었으니까 제가 「설국열차」 후반 작업을 할 때였는데, 그 영화엔 기차 앞뒤로 빈자들과 부자들이 나뉘어 있고 캡틴 아메리카가 찢어진 옷을 입고 나와서 막 그러고 있잖아요.(웃음) 그때 이미 가난한 자와 부자의 틀이 수평적으로 펼쳐져 있었던 것이니 주제적으로 보면 「기생충」이 그 연장선상에 있었던 것 같기는 해요. 「설국열차」는 인류의 생존자들이 도끼를 휘둘러대는 호기롭고 노골적인 SF 액션영화였는데, 그런 게 아니라 일상적이면서 우리 주변에서 실제로 벌어질 법한 한국의 가난한 가족과 부자 가족을 동원한 스토리를 만들어보자고 생각한 거죠. 처음엔 제목이 '데칼코마니'였어요. 시작할 때는 두 가족을 같은 관점에서 객관적으로 접근하려고 했던 것 같아요. 하지만 지금 완성된 영화는 가난한 가족의 시점을 우리가 따라가게 되어 있죠. 마치 같이 침투하는 느낌으로요.

이동진 이제 영화의 구조에 관해 질문하고 싶습니다. 「기생충」은 전반부와 후반부가 완전히 양분되는 영화라고 할 수 있는데, 두 부분이 나뉘는 지점을 정확히 특정할 수 있을 정도입니다.

봉준호 문광이 누른 초인종이 딩동 울릴 때죠.

이동진 네, 이후 후반부는 사실상 전체 내용이 관람 전에는 스포일러가 되는 셈인데요. 관객 입장에서는 전반부의 케이퍼 무비적인 장면들을 차례로 접하다 보면, 이런 소재로 이렇게 풀려가는 영화가 구사할 법한 익숙한 재미를 즐기는 방식으로 관람하게 되죠. 그런데 영화의 한가운데서 갑자기 후반부로 넘어가면 뒷부분은 전혀 예상하지 못한 이야기 진행에 놀라면서 끌려가게 됩니다. 저는 봉 감독님께서 이런 구조와 작법을 굉장히 잘 써오셨다는 생각이 들어요. 전반부에는 그 장르에서 관객이 기대하고 있는 것을 충분히 충족시켜주다가 어느 순간 급커브를 틀면서 후반부에 이르러 감독님이 진짜 하고 싶은 이야기를 펼쳐낸다고 할까요. 「괴물」이 대표적이겠죠. 하지만 이야기가 이렇게 확연히 양분된다는 건 그 분기점에서 갑자기 리듬이나 방향이 달라지면서 맥이 빠지거나 기존 동력을 잃을 위험이 있고, 경우에 따라선 전반부와 후반부가 서로 잘 안 붙어서 다른 영화처럼 느껴질 수도 있잖습니까. 이런 구조의 플롯을 구사하실 때 그런 걱정은 없는지요.

봉준호 그런 두려움은 없고요, 오히려 이렇게 갑자기 뒤바꿔어버리는 것에 대해 제가 좀 흥분을 해요. 빨리 문광을 집으로 불러들이고 요란한 벨소리가 울리게 만들고 싶은 마음이 굉장히 컸었죠. 그렇게 문광이 일단 집에 들어온 후 "여보!"라고 소리 지르고 지하로 가면서 지옥의 문이 열리는 것이잖아요. 실제로 OST에 담긴 그때 음악의 제목이 「헬 게이트」예요. 어쩌면 OST 트랙 제목이 사실은 다 스포일러인 거죠. 저로선 헬 게이트를 열고 빨리 지하로 내려가고 싶은 흥분을 감추지 못하는 거지, 두려움 같은 건 전혀 없었고요. 도리어 단절감이 느껴지면 느껴질수록 좋다고 생각했어요. 문광이 초인종을 누르는 순간부터 이 영화는 폭주다, 짜파구리 나오고 아이가 또 텐트 치고 그러다 기어가면서 기택이 결국 흙탕물 속에 몸을 담그게 되잖아요. 그 과정은 정말 폭주죠. 지휘자로 치자면 영화의 템포를 급격히 몰아가느라 지휘봉을 잡은 팔의 몸놀림이 막 빨라지는 거죠. 그걸 사전에 완전히 감춰야 되기에 개봉 전 홍보 마케팅팀에도 부탁을 많이 했어요. 심지어 아빠 기택이 운전기사로 들어가고 엄마 충숙이 가사도우미로 들어가는 것조차 사전에 유출되면 안 된다, 예고편에선 남매가 과외교사로 그 저택에 들어가는 것까지만 노출해야 된다고 했더니 마케팅팀이 충격과 패닉에 빠져서 도대체 예고편을 어떻게 만들어야 할지 몰라 고통을 겪었죠. 제 고집 때문에. 그런데 저는 그렇게 해야 된다고 봤어요. 어차피 이 영화는 네 식구가 단계적으로 침투하는 과정을 건너뛰지 않고 다 보여주잖아요. 그 네 가족이 그렇게 되는 것을 영화 소개 프로그램 같은 데서 다 보고 극장에 오게 되면 전반부 동안 느껴지는 체감의 시간이 상당히 달라지잖아요. 그래서 결국 1차 예고편에선 최우식 군이 고액 과외 면접을 가는 데서 딱 끝났죠. 요즘은 홍보의 비중이 크다 보니까 그런 게 관객과의 대화나 스토리텔링의 시작점처럼 되어버렸어요. 마케팅이 스토리텔링의 일부가 된 거죠. 그래서 노출되는 시기와 노출되는 정보를 사전에 잘 협의하지 않으면 영화의 초반이나 절반 정도에 체감되는 리듬이 달라질 수밖에 없어요.

이동진 영화를 직접 보고 나서 가장 흥미롭기도 하고 놀랍기도 한 부분은 '네 명의 가족이 또 다른 네 명의 가족을 대체하는 이야기가 되는구나' 싶었던 예상이, 그러니까 결국 두 가족에 관한 이야기라고 짐작했던 것이 후반부로 접어들면서 세 가족에 관한 이야기라는 사실을 알게 된다는 것입니다. 그런 면에서 저는 극 중 나오는 짜파구리라는 음식도 절묘하다는 생각을 했어요. 왜냐하면 짜파구리는 면발이나 가격 면에서 비슷하게 분류될 수 있는 인스턴트식품 짜파게티와 너구리를 섞는 거잖아요. 그런데 거기에 한우 채끝살이라는 고급 요리 재료를 넣지 않습니까. 그 세 가지가 섞여서 이 영화의 짜파구리를 만드는데, 이런 조합 자체가 세 가족의 상황과 흡사하게 느껴지는 부분이 있어요.

봉준호 그거 너무 좋다. 난 왜 내가 쓰고도 몰랐지? 내일부터 나도 그렇게 말할게요.(웃음) 근데, 맞아요. 저는 단순하게 생각했어요. 부잣집도 아이들 입맛은 똑같겠죠. 애 입맛은 그런 거 좋아하잖아요. 대신 부모 입장에서는 우리 애가 그런 거 먹는 걸 용납할 수 없는 거죠. 우리의 연교 사모님은 기어코 거기에 한우 채끝살을 얹어야만 하는 거죠, 미디엄 웰던으로. 그런 구성이었던 거예요. 그런데 그 장면에서 제가 제일 즐겼던 것은 그런 아수라장이 펼쳐졌을 때 충숙이 오로지 짜파구리 만들기에만 집중하잖아요. 급박한 다른 상황을 하나도 도와주지 않고 오로지 거기에만 포커싱을 하죠. 저는 그게 이상하게 좋더라고요. 그래서 충숙 역의 장혜진 씨가 물어왔어요. 제가 다른 것도 도와줘야 하냐, 정말 이것만 하냐. 그래서 제가 "네, 여기에만 집중해주세요"라고 했죠. 그게 충숙인 것 같았거든요. 해머던지기 선수였잖아요. 운동선수의 느낌으로 하나에 집중하는 거

죠. 어, 지금 대화의 테마가 이게 아니었는데.(웃음)

이동진 그 연장선상에서 여쭤보면 되죠.(웃음) 사실 영화에서 궁금한 게 굉장히 많은데, 그래서 감독님의 생각을 더욱 듣고 싶습니다. 이 영화는 매우 명확하고 정교하게 축조된 영화라서 감독님이 대부분 복안을 갖고 있는 것처럼 여겨지니까요. 그런데 짜파구리와 관련해서 질문을 더 드린다면, 원래 짜파구리는 다송이가 좋아하던 음식입니다. 그래서 연교가 전화로 주문해 만들었는데 정작 집에 온 다송이는 안 먹겠다고 하죠. 그러니까 연교는 "다송이 아빠 먹으라고 하면 되겠네"라고 하는데, 박 사장 역시 안 먹는다고 합니다. 그러다 보니 결국 연교가 먹었는데 사실 다혜에겐 안 물어봤잖아요? 심지어는 나중에 다혜가 다가와서 자신도 짜파구리 좋아하는데 왜 나한테는 먹겠냐고 묻지도 않았는지 항의하죠. 왜 연교는 다혜를 고려하지 않았을까요.

봉준호 이상하게도 그 애가 그 집에서 처한 형편이 그런 것 같아요. 연교야 막내아들이 트라우마가 있어서 신경을 쓰느라 집착한다고 치면, 보통 그럴 땐 아빠가 딸바보 역할이 되어서 딸을 챙기곤 하죠. 그런데 이 부부는 이상하게 막내아들 다송이에게만 집착을 합니다. 박 사장이 무척 세련되고 매너 있고 젠틀하고 취향도 좋은 것 같지만 사실은 은근히 가부장적이죠. 연교와의 관계를 봐도 그렇고요. 연교가 남편이 무서워서 바들바들 떨잖아요.

이동진 남편이 알면 큰일 날 거라고 얘기하는 대목이 있죠.

봉준호 네, 능지처참에 교수형 된다고 그러죠. 그러니 문광이 결핵 환자란 사실을 비밀로 해달라고 간절하게 부탁하죠. 박 사장이 참

묘한 캐릭터예요. 이선균 씨의 연기 뉘앙스가 참 좋은데, 예를 들어 아들이 나가서 빗속에 텐트를 칠 때도 "박다송!"이라고 소리를 꽥 지르잖아요. 그러면서 또 씩 웃고 있어요. '그래 사내는 저런 거지'라는 이상한 뉘앙스가 거기 있거든요. 그 이후에 이어지는 소파 러브신에서 에로틱한 행동을 할 때도 의도적으로 상스럽게 내뱉는 말들이나 괜히 마초를 흉내 내는 듯한 단어들을 보면 감춰진 면들이 있는 거죠. 그런 이중적인 층위들의 느낌을 이선균 씨가 정말 잘 표현해주더라고요.

이동진 그 이전에 윤 기사를 내보내게 된 속옷이 나왔을 때 부부끼리 얘기할 때도 그 상황을 상상해 묘사하면서 은근히 즐기는 듯한 변태적 면모가 있죠.

봉준호 즐기는 것 같기도 하고 자기가 갑자기 무슨 탐정이 된 것처럼 굴기도 하고 그러다가 아내를 다그치거나 벌줄 것처럼 행세하기도 하죠. "당신 월급 꽤 많이 주지 않나?" 이러면서요. 집안 관리를 대체 어떻게 하냐는 거죠. 가정에서도 마치 상사처럼 구는 부분이 있잖아요. 그런 묘한 면들이 이선균이라는 배우가 갖고 있는 세련되면서도 예민하고 날카로운 이미지들 속에서 그렇게 표현된 것 같아요.

이동진 계급에 대한 이야기를 다룬다고 하면 「설국열차」처럼 하층 계급이 상층 계급에 맞서 투쟁하는 이야기를 흔히 상상하게 됩니다. 「기생충」도 처음에는 네 명의 상층 가족과 네 명의 하층 가족 간 갈등에 관한 영화처럼 보였죠. 그런데 이 영화의 후반부에 접어들면 최후의 순간 가장 비극적인 사건이 터지기 직전까지 문광 가족과 기택 가족이 싸운단 말이에요.

봉준호 약자들끼리 싸우죠.

이동진 그러니까 오히려 하층 계급 두 가족이 계속 싸우는데, 그들은 서로 싸우면서도 상층 계급에 대해 "위대하신 박 사장님"이라고 언급한다든가 "리스펙트!"라고 외친단 말이죠. 그런 설정이 「기생충」에서 특히 두드러지면서 관객을 놀라게 합니다. 계급 간의 갈등을 다루는데도 전선은 주로 하층 계급 사이에서 형성된다는 거죠.

봉준호 근세는 "리스펙트!"를 외치고 기택은 "박 사장님하고 사모님이 얼마나 놀라시겠어, 그 착하신 분들이" 이러죠. 그러면서 둘이서 싸우잖아요. 그리고 문광이 "불우이웃끼리 이러지 말자, 언니야" 그러면 충숙이 그러잖아요. "나는 불우이웃 아냐." 그 반지하에 사는 가족과 지하에 사는 가족끼리 이상하게 치고받고 싸우면서 서로 동병상련의 느낌을 가졌다가 또 서로 조롱하거나 멸시하는 느낌도 있고 해서 그 관계가 기묘해요. 그런 대화도 있잖아요. "이런 데서도 살아지나"라고 기택이 말하면 근세가 대꾸하죠. "땅 밑에 사는 사람들이 한둘인가? 반지하까지 치면 더 많지." 반지하라는 말이 묘하잖아요. 그 말을 뒤집으면 반지상이어서 그래도 여전히 우리가 지상에 턱을 걸치고 남아 있는 느낌인데, 사실 조금 더 상황이 안 좋아지면 근세처럼 완전히 지하로 추락할 것 같은 두려움이 항상 있긴 하지만, 그래도 하루에 20분은 햇빛이 들어오고, 햇빛이 들어오면 그 햇빛을 쬐면서 좋아하죠, 금방 없어질 햇빛이지만. 정말 미묘한 위치거든요. 이 영화 속 공간이 전부 계층의 위치와 연결되어 있는데 어찌 보면 정말 슬픈 싸움인 것 같아요. 따지고 보면 그 다음 날 아침에 싸움이 봉합될 뻔한 순간이 있긴 했잖아요. 밑에 내려가 봤냐고 기정이 물어보니 엄마가 아직 못 갔다고 답하는데, 그렇게 대화로 잘 풀어보려고 하는 거죠. 자신이 문광을 발로 차놓고는 어제는 너무 흥분했었다는 말을 해요. 음식 가져가라고 미트볼 같은 것도 건네주고. 그때 만약 조심스럽게 잘 내려가서 근세의 마음을 누그러뜨릴 수 있었다면 과연 햇살 쬐는 바깥에서의 비극은 피할 수 있었을까. 피하지 못했을 수도 있겠죠. 오히려 기우 대신에 기정이 먼저 쇠올가미에 걸렸을 수도 있고 알 수는 없는 건데, 그래도 일말의 가능성이 있을 수 있었는데 거기서 또 운명적인 엇갈림이 있죠. 연교가 다가와서 트라우마 극복 케이크 전달 의식을 하러 가야 하는 거니까. 희비극의 파국에 이르기까지 그런 애꿎은 운명의 엇갈림이 계속 있어요.

이동진 전반부의 경우 기택 가족 입장에서는 계급 상승 욕구를 판타지로 즐긴 것 같은 느낌이 분명 있습니다. 박 사장 가족이 캠핑을 갔을 때 거실을 점령하고 술 파티를 벌이는 장면이 대표적이겠죠. 박 사장 부부가 사돈이 되는 상황까지 상상하면서 만끽하게 되니까요. 그런데 후반부에 접어들면 그들의 바람은 완전히 달라집니다. 전반부에서는 상승 욕구 때문에 일련의 행동을 했다면, 후반부에 접어들면 자신들보다 더 안 좋은 처지로 살고 있는 문광 부부를 보고 나서 하강에 대한 공포 때문에 발버둥치는 걸로 보이죠. 반지하에서 지하로 굴러떨어질 것 같은 공포라고 할까요. 그런 면에서 기택 가족은 전반부와 후반부에서의 동인이 완전히 다른 듯합니다.

봉준호 그러니까 마침내 모든 침투를 매끄럽게 완성하고 자축하면서 목욕도 하고 해머던지기까지 한 뒤 술판을 벌였는데 알고 보니

선임 기생충이 있었던 거죠. 나름 충격과 공포였을 것 같긴 해요. 게다가 하필 재수 없게 지하로 굴러떨어지는 바람에 자기들 정체가 폭로됐잖아요. 어떻게 보면 두 가족은 냉정하게 서로 타협해야 했었다고 봐요. 그런데 술을 많이 마셔서 그랬는지 아니면 상황 자체가 정리하기 쉽잖아서 그랬던 건지, 파국으로 가는 계단을 거기서부터 쌓기 시작했던 거죠. 참 우스꽝스러우면서도 한발 떨어져서 바라보면 대목 대목들이 다 슬퍼요. 사실 잘 살펴보면 마지막에 햇살이 쨍한 생일잔치에서 벌어지는 비극을 피할 수 있는 기회가 여러 단계 있었거든요. 그런데도 차곡차곡 파국을 향해서 쌓아가는 거죠. 아까 「설국열차」 얘기를 하셨지만 거기선 비교적 구조가 단선적이었고 적도 명확했잖아요. 앞으로 나아가려는 사람이 있고 그걸 막으려는 사람이 있는 거죠. 우회로는 없고요. SF다 보니 그런 게 더 잘 어울리는 것이겠지만 「기생충」은 그런 장르가 아니잖아요. 이건 현실에서의 이야기고 적이 누군지, 나를 힘들고 고통스럽게 하는 자가 누구인 건지, 우리는 왜 고통받는지, 그리고 싸움의 축은 뭔지, 이런 모든 것들이 무척 혼란스러운 거죠. 그래서 클라이맥스에서 근세가 칼을 휘두르는 대상은 전부 가난한 사람들이죠. 충숙을 찾으면서 기정을 찌르고요. 그랬다가 마지막 칼이 기택의 손에 의해 박 사장 쪽으로 갑니다. 어떻게 보면 충격적인 순간인데 단선적이지 않은, 싸움의 구도 자체를 예측하거나 규정짓기 어려운 상황이 오늘날 우리가 사는 모습이 아닌가 싶은 생각이 들긴 하더라고요.

이동진 「기생충」은 결국 우리를 상당히 불편하게 만듭니다. 그러면서 슬프게 만들고 여러 가지를 곰곰 생각하게 만들죠. 많은 사람이

「설국열차」의 주제가 계급이라고 했는데, 저는 오히려 「기생충」이 훨씬 더 계급을 직접적이고도 집중적으로 다루는 감독님 영화가 아닌가 하는 생각을 합니다. 왜냐하면 정색하고 보면 사실 이건 악당이 없는 영화란 생각이 들기 때문입니다. 결국 박 사장이 칼을 맞게 되지만 그가 꼭 악한 인물은 아니잖습니까.

봉준호 사실 박 사장이 잘못한 게 뭐 있어요. 지하철 사람들에게서 나는 냄새 같은 굉장히 불편한 얘기를 하지만, 공식석상 같은 비난받을 자리에서 그런 얘길 한 것도 아니고, 부부가 둘만 있는 줄 알고 한 얘기였으니까요. 이건 타인의 사생활을 가까이에서 밀착해 관찰하듯 찍은 영화잖아요. 그런데 기택 가족도 하필 그때 그 테이블 밑에 있었단 말이에요. 그래서 상황이 불편하게 된 거죠. 그런데 사실 나쁜 의도로 한 것도 아니고 공적인 공간에서 갑질을 한 것도 아니니, 박 사장 입장에선 그런 얘기를 누워서 할 순 있겠죠. 물론 정말 혐오스러운 발언이긴 하지만, 칼 맞을 만한 일을 한 건 하나도 없다고 봐요. 기택도 지하에서 박 사장 사진을 붙잡고 미안하다면서 울잖아요. 여기엔 명확한 악당이 없다고 얘기하셨는데 명확한 천사도 없죠. 명확한 정의의 사도도 없고 다들 회색지대에 있죠. 그렇게 적당히 나쁘고 적당히 착하고 적당히 비겁하며 적당히 솔직한 사람들이 뒤엉켜서 파국에 도달하게 됩니다. 우리는 우리 주변에서 실제로 벌어진 사건들을 이 영화 속 JTBC 뉴스 보도에서처럼 결과만 보잖아요. '그런 사건이 터졌구나, 누가 죽었구나' 하는 것만 아는 거죠. 하지만 어떤 묻지마 살인이든 우발적인 사건이든 그 밑에는 사실 우리가 쉽게 감지할 수 없는 기나긴 맥락과 사정이 흐를 수 있다는 겁니다. 텔레비전을 켜고 뉴스를 볼 때 우리가 보는 건 잔디 위에서 벌어진 그 결과만이죠. 다행히 여기서는 영화라는 매체의 힘을 빌려 그런 결론에 도달하기까지의 미묘한 층위들을 두 시간 동안 따라갈 수 있게 되죠. 그것이 영화의 힘이 아닐까 해요.

이동진 그게 이 문제를 보는 감독님의 시선이 아닐까 합니다. 그런데 박 사장 가족과 기택 가족은 서로 완전히 다른 처지인 것 같은데 의외로 구사하는 화법이 비슷해요. 누군가를 비난하고 싶을 때 일단 그 말을 한 다음 스스로 그렇게 말했던 게 걸려서 그 직후 균형을 맞추는 좋은 말을 덧붙이는 식이죠. 예를 들어 박 사장은 "그 아주머니가 밥을 2인분씩이나 먹어"라고 비웃은 뒤, "그만큼 일을 또 많이 하니까"라는 식으로 뒤에 붙여주죠. 그런데 기택 가족도 한 자리씩 차지하는 과정에서 다 그런 식으로 말을 하거든요.

봉준호 기우도 그게 위조가 아니라면서 "내년에 이 대학 꼭 갈 거거든요" 이러죠. 거의 기적의 논리 수준인데 막상 들어보면 또 그럴듯해요.(웃음) "내년에 그 대학 가면 되잖아요. 단지 서류를 좀 일찍 뗀 거잖아요." 기적의 논리인데 정말 합리화를 잘 시키죠. 그런데 밥을 2인분이나 먹는다는 게 복선인 건 느끼셨죠? 그렇게 근세 밥을 갖다 준 거니까요.

이동진 아, 정말 그렇군요. 지금 알았습니다.

봉준호 영화를 재관람하게 되면 그런 부분이 보이실 거예요. 박 사장이 영화에 처음 등장하면서 올라올 때 전등이 하나씩 센서처럼 켜지잖아요. 그것도 사실 그때마다 근세가 밑에서 "리스펙트!"를 외치고 있을 거 아니에요?

이동진 그래서 제가 여쭤보고 싶은 건 이런 겁니다. 영화 속에서 천사도 없고 악마도 없는데도 불구하고 그런 사람들이 뒤얽혀서 끔찍한 비극으로 끝난단 말이에요. 바로 그렇기 때문에, 특정한 사람이 특히 나쁘다거나 특정한 사람의 성격이 유독 이상해서가 아니라, 어찌 보면 양쪽 가족 모두 별로 차이 나지 않는 개성과 성향들을 가지고 있었음에도 결과적으로 그런 일이 벌어진 것을 보면 결국 각 사람의 인성이 아니라 그가 속한 계급 때문이라는 생각이 드는 거죠. 그렇게 본다면 이 영화야말로 계급에 고도로 집중하는 영화라는 판단이 듭니다.

봉준호 명확히 잘 정리해주셨습니다. 방금 말씀해주신 그 부분이 이 영화의 핵심적인 작의였어요. 명백한 악당이나 악마도 없고 정의의 사도나 천사도 없으며 고만고만한 사람들이 일상적인 틀 속에서 살아가는데 왜 이런 파국에 도달하게 되냐는 거죠. 물론 우연의 고리들이 몇 개 겹치긴 했다고 하더라도 말이에요. 그렇다면 이 시스템이나 제도에는 기본적인 히스테리나 불안이 깔려 있다는 거죠. 그게 가장 안 좋은 형태로 중첩됐을 때 우리가 뉴스에서 대충 밥 먹으며 보고 지나갔던 묻지마 살인이든 분석하기 힘든 살인사건이든 곪은 자리가 터지듯이 사건이 터질 수 있다는 거죠. 어떻게 보면 그게 이 영화의 시나리오 의도, 연출 의도였던 것 같아요. 그것이 또 어쩔 수도 없고 피할 수도 없는 우리 시대라는 거죠. 하지만 거기서 영화가 끝나는 것은 아니죠. 아버지와 아들의 편지가 남아 있으니까요. 그 지점에 이르러 우리는 다른 감정의 단계에 도달하게 되는 거니까요.

이동진 아주 오래전에는 굉장한 부자가 있고 정말 가난한 사람이 있다 하더라도 양측이 섞이는 일이 거의 없었을 거라는 생각이 듭니다. 예를 들어 조선시대라고 한다면 왕족들, 귀족들이 어떻게 사는지 산간벽지에서 살아가는 분들은 알 수가 없잖아요. 그런데 이제는 방송과 인터넷과 소셜미디어를 포함한 많은 매체들로 인해 부자가 어떻게 사는지 너무 잘 알려지기에 그와 같은 구분선들이 대폭 줄어들게 되었죠. 양측의 노동-생활 공간이 겹치는 상태, 같은 차 안에서 공간을 공유하거나 집에서 함께 생활하는 상황이 없었다면 「기생충」의 비극은 발생하지 않았을 수도 있었을 것 같아요.

봉준호 「기생충」에 나오는 직업군, 그러니까 과외교사 운전기사 가사도우미 같은 직업들은 부자와 가난한 자들이 서로 냄새까지 맡을 수 있는 가까운 거리에서 움직여야 하는 직종인 거죠. 영화 전체가 거기에 초점이 맞춰져 있기에 냄새 모티브가 나올 수밖에 없는데, 그러다 보니 남의 사생활을 가까이에서 목도하는 듯 현미경 같은 카메라로 그 순간들을 따라가면서 비극의 순간 하나하나까지 기록해나가게 되죠. 보통 타인의 냄새를 맡을 수 있는 거리를 확보한다는 게 쉬운 건 아니잖아요. 최근 뉴스를 통해 많이 접한 재벌 일가의 갑질 사건도 티라노사우루스 같은 소리를 운전기사에게 막 뿜어낼 때, 그건 이 정도로 가까운 거리에서 그러는 거잖아요. 실로 무시무시하죠.

이동진 사실 냄새라는 것은 가족끼리도 언급하기 어려운 것이잖습니까.

봉준호 부부끼리도 냄새를 얘기하기는 정말 힘들죠.

이동진 "너 입 냄새 나." 이렇게 내쏘아버리면 파국이 되는 거잖아요.

봉준호 가장 무례한 일이기에 거론하기 힘든 거죠.

이동진 그런 상황에서 박 사장은 일부러 피고용인을 모욕 주려고 그 말을 한 게 아니란 말이죠. 하지만 결과적으로 그 말은 상대의 가장 기본적인 자존심을 건드리는 흉포한 말이 된 것이잖아요.

봉준호 피고용인뿐만 아니라 나중에 말이 확대되잖아요? "지하철 타는 분들 특유의 냄새가 있거든." 이런 말을 공식석상에서 했다간 정말 큰일 나죠. 만약에 공무원이었으면 공직에서 해고될 법한 말일 거예요. 개돼지 발언에 버금갈 만한 거니까요. 다행히 자기는 사적 공간에서 그걸 중얼거렸다고 생각했지만 불행히도 그걸 듣는 사람이 있었던 거죠. 비극의 씨앗이 거기서부터 잉태되는 겁니다.

이동진 극 중 그런 말들을 누가 듣고 말하는지도 중요하지만 기본적으로 이 영화에서 소통되는 양상도 굉장히 중요합니다. 영화 자체가 일단 소통의 모티브로 수미상관 시작이 되고 끝나기도 하고요. 이 영화의 상층 계급 사람들은 하층 계급 사람들이 속에 무슨 말을 담아두고 어떻게 생각하는지 알지 못합니다. 반면 상층 계급 사람들이 하는 말은 그들이 무심코 말을 하는 자리 가까이에 하층 계급 사람들이 있어서 듣게 되거나, 아니면 자기들끼리만 있다고 생각해서 얘기했는데 사실은 테이블 밑에 있었다거나, 이렇게 해서 그 생각들을 다 듣고 알게 되는 거죠. 결과적으로 그렇게 일방적으로 듣지만 자신은 말하지 못한 것들이 쌓이고 쌓이다가 정원 파티에서 계급적인 모욕감을 근원적으로 건드리는 순간 사건이 터져 나오는 것으로 보입니다.

봉준호 폭발점까지 가게 되는 거죠. 사실 소파에서 얘기하고 테이블 밑에서 듣는 그 장면은 듣고 있는 기택의 쇼이 더 중요했어요. 카메라를 들이미는 거리라든가 여러 가지 음악의 느낌이라든가. 그 신을 다시 보면 음악이 어떤 부분에서 볼륨이 커지는지 신경 써보셔도 재미있을 거예요. 음악의 흐름도 듣고 있는 기택의 심리나 정신적 압박감에 더 초점이 맞춰져 있거든요. 그런 것들이 차곡차곡 누적이 되는 거죠. 연교가 차의 뒷좌석에서 맨발을 앞좌석에 올려놓고 있다가 코를 막으면서 창문 열고 눈치를 주고 그러잖아요. 인디언 모자 썼을 때도 "어차피 오늘 근무인 거죠?"라면서 박 사장이 최초로 좀 노골적인 갑질을 하잖아요. 압력밥솥이 폭발하려면 압력이 계속 누적되어야 하는 건데, 그런 과정이 있죠. 그리고 정재일 씨 음악이 그런 것들을 도와주고 있고요.

이동진 사건 전날 밤에 비가 엄청나게 왔고 두 가족은 폭우가 올 때 완전히 다른 일을 겪었잖습니까. 상류층 가족은 오히려 폭우를 즐겼죠. 연교가 비 때문에 미세먼지도 없고 공기가 너무 좋다고 말하잖아요.

봉준호 전화위복이라 그러죠.

이동진 위에 사는 상층 계급은 폭우가 오면 오히려 좋은 거죠. 그런데 아래 사는 하층 계급은 결국 집을 잃고 체육관에서 자야 되는 사태까지 벌어지잖아요.

봉준호 연교도 악의는 없죠. 그냥 자기는 파티를 하게 되어서 기쁜 거예요. 게다가 본인 집은 배수가 아주 잘 되잖아요. 잔디밭에 물도 안 고이고 아들은 텐트에 떨어지는 빗방울을 좋아하는 애겠죠. 천진난만한 아이니까. 그런데 자동차 신도 자세히 보면 뒤에서 떠들고 있는 연교보다 듣고 있는 기택 얼굴로 카메라가 더 들어가고 있거든요. 또 송강호 선배가 미세한 얼굴 표현 같은 걸 워낙 잘하시니까, 그렇게 숏이 설계되어 있죠. 아까 기본적으로 깔려 있는 사회의 히스테리나 불안감에 대해 얘기했는데 그런 것의 실체를 볼 수 있는 장면들일 거예요. 차 뒤에 앉아 있었던 연교나 소파에서 지하철 얘기를 했던 동익이나 악의는 없었음에도 상대방에게 상처를 계속, 상대 심장을 면도날로 살짝살짝 계속 긋고 있는 거잖아요. 그런 게 참으로 무서운 것 같아요.

이동진 동익에 대해서 더 질문드리고 싶네요. 박 사장 그러니까 동익은 무엇보다 선을 넘어오는 걸 싫어하는 사람이잖습니까. 이때 선은 계급의 선일 텐데, 원래 동익은 기택이 넘을 듯 선을 안 넘는다고 했었죠. 하지만 이후 "근데 냄새가 선을 넘지"라고 하잖아요. 그와 관련해 결정적으로 느껴지는 건 기택이 동익에게 "사모님을 사랑하시죠?"라고 두 번 물을 때입니다. 동익은 왜 그 말을 유독 불쾌하게 여겼을까요.

봉준호 완전히 선을 넘은 거죠. 그 상황에서 기택이 마치 즐기기라도 하듯 "그래도 사랑하시죠?"라고 굳이 할 필요가 있었을까요? 그 순간 기택을 보면 약간 오버하고 있어요. 그간의 모든 침투 작업도 순조롭게 잘 통해서 살짝 오버를 하는 거죠. 그때 처음으로 카메라가 90도 패닝을 합니다. 샷이 나뉘어져 있다가 그 순간 패닝을 해서 제가 좋아하는 이선균 씨의 왼쪽 얼굴이 나오는데 박 사장 리액션이 미묘해요. "사랑이라고 봐야지"라고 하잖아요. 인디언 모자를 썼을 때는 기택이 좀 노골적으로 비아냥거리죠. "하긴 뭐 어쩝니까. 사랑하시는데." 박 사장은 그걸 또 노골적인 갑질로 응수하죠. 너 지금 돈을 받고 여기 와서 네 업무를 하고 있는 거니까 헛소리 집어치우고 빨리 집중이나 하라는 거죠. 인디언 모자를 쓰고 두 사람이 마주 보고 있을 때의 대화가 어찌 보면 최종적으로 사건이 폭발하기 직전의 마지막 모멘트예요. 그래서 그 장면 찍을 때 두 배우의 집중력이 상당했었죠. 사랑을 거론했던 빗속의 자동차 신과 인디언 모자 신, 이렇게 두 신에서 두 배우의 굉장한 연기 앙상블을 현장에서 목격하는 짜릿함이 있었던 것 같아요.

이동진 계급에 관해서 한 가지 더 질문하고 싶은데요. 이 이야기의 전반부는 누군가의 자리를 다른 누군가가 대체해나가는 과정으로 진행됩니다. 그런데 민혁의 자리를 기우가 대체하는 걸 제외하면 대부분 하층 계급의 자리를 하층 계급이 대체해가는 제로섬 게임의 느낌이 있습니다. 심지어 초반 피자 박스를 접을 때조차도 그 일거리를 얻을 수 있었던 이유가 그 일을 했던 알바생이 그만뒀기 때문이잖습니까.

봉준호 그 알바생을 또 격렬하게 비난하잖아요. "그 오빠가 원래 좀 이상해요" 이러면서요. 루머를 이렇게 뿌려놓은 후 그 자리에 면접을 보겠다고 기우가 막 그러잖아요. 사실 그 시퀀스에 이후 벌어질 일들의 모든 단초가 다 응축되어 있죠.

이동진 그렇게 윤 기사부터 문광까지 한 명씩 차례로 대체하는데 유일하게 대체 없이 박 사장 집에 일자리를 구해 들어가는 인물이 기정입니다. 기정은 대체하는 인물이 없어요. 그런데 중심축을 이루는 기택 가족의 경우 결국 죽는 사람은 기정 혼자입니다. 애초에 근세가 칼을 들고 지하에서 올라왔을 때 원래 죽이려던 대상은 충숙이잖습니까. 아내 문광이 충숙의 발길질에 굴러떨어져 머리를 다쳤다는 말을 들었으니까요. 그런데 왜 근세는 처음에 기정부터 찔렀을까요. 물론 그 전에 기우의 머리를 돌로 끔찍하게 두 차례나 내려쳤지만 결국 죽음까지 이르게 된 것은 기정이잖아요. 왜 기우나 충숙 혹은 기택이 아니라 기정이 죽어야 했을까요.

봉준호 촬영할 때도 그런 얘기를 배우들과 나눴어요. 돌로 내려치는 폭력이 정말 무시무시하잖아요. 특히 두 번째 내려칠 때는 롱숏으로 찍혀 있죠. 그거 보면 헉! 싶을 정도로 끔찍하죠. 기우가 그렇게 당한 후 기정은 칼에 찔렸음에도 계속 멀쩡하게 말을 하잖아요. "그만 좀 눌러. 눌러서 더 아파……"라고 하면서요. 그렇게 보면 기정이 살아 있을 것 같고 기우가 죽을 것 같은데, 인생의 의외성이란 게 참 그렇죠. 기정이 죽어야 할 필연성은 전혀 없다고 봐요. 이 가족이 치러야 할 대가가 가장 안 좋은 형태로 나타난 거죠. 그리고 기택은 스스로 사회적 죽음을 맞이하잖아요. 저는 기택이 지하에 들어간 게 일종의 셀프 퍼니시먼트(self punishment)라고 봤어요. 처음 들어갈 때는 경찰 사이렌 소리가 울릴 때 완벽하게 숨을 수 있는 장소를 자기가 알고 있으니까, 설령 엉겁결에 휙 들어갔다고 치더라도 집이 비어 있을 때 혹은 박 사장네가 이사 가고 나서 충분히 나올 수도 있었잖아요. 그런데 본인의 의지로 거기 남아 있는 거라고 느껴져요. 사실 경찰이 한 달 두 달 거기 계속 상주하는 것도 아니고, 폴리스 라인 정리하고 채증까지 끝나고 나서는 다 비어 있었을 텐데도 스스로를 가둔 셀프 감금을 한 거죠. 우리는 이런 표현을 썼었어요. 기택 가족이 완벽한 악당이라든가 사악한 뭔가를 설계하고 계획해서 범죄를 저지른 것은 아닌 걸로 보이지만, 그래도 어쨌든 잘못을 했잖아요. 박 사장 쪽에 큰 희생이 있었고요. 그러니 어쩔 수 없이 대가를 치르는데 그 대가가 가장 안 좋고 이상한 형태로 기정에게 그렇게 나타난 것이고 그에 대한 죄책감도 기택에게 얹혀 있는 것 같아요. 편지에서 "기정이 생각에 자주 울긴 하지만"이라는 대목도 있잖아요. 기택의 손에 묻은 피는 박 사장의 것이라기보다는 기정의 피겠죠. 처음 지하에 들어갈 때 오열하는 걸 보면 이들도 대가를 치른 거죠. 법정에서는 운 좋게 집행유예를 받았다고 하지만 가장 큰 대가를 치른 게 바로 기정에 관련된 부분인 것 같아요.

이동진 「기생충」은 계급 문제를 두 개의 공간으로 선명하게 구현해 놓았죠. 거의 교과서적이라는 생각이 들어서 예비 영화인들은 이걸로 공간과 미술에 대해 공부를 해도 좋겠다는 판단까지 들어요. 많은 분이 「하녀」를 떠올릴 수도 있을 텐데요. 그런데 만일 박 사장의 저택을 인체라고 생각해보면 영화 속에서의 비유는 사실 그대로가 되는 것처럼 여겨집니다. 근세는 말 그대로 기생충 취급을 받게 된다는 거죠. 왜냐하면 근세는 그 집의 밑바닥에 있고, 저택 입장에서 보면 그런 존재가 자신의 속에 있는지조차 모르고 있죠. 게다가 마지막에 근세가 바깥으로 나오는 순간, 기생충이 몸 밖에 나오면 사람들이 다 무서워하고 징그러워하면서 박멸하려고 하는 것처럼 유사한 반응이 벌어집니다. 그렇게 본다면 「기생충」은 실로 지독한 영화라는 생각이 들죠. 바로 그런 것 때문에 영화의 주제의식이 극대화되기도 하고요.

봉준호 바로 그렇기 때문에 근세가 마침내 밖으로 나왔을 때 영화 전체에서 가장 강한 햇살이 내리쬐고 있죠. 제가 개인적으로 가장 찍고 싶던 숏도 그것이었어요. 근세가 칼을 들고 바깥으로 나왔을 때 그 앞의 모든 사람들이 텐트 쪽에 있는 생일잔치 주인공을 향해 박수를 치고 있었죠. 이때 근세가 잠시 햇빛을 어색해해요. 하도 지하에 오래 있었던 사람이어서 식칼을 들고 어색해하는 숏이 있는 거죠. 내성적인 살인자라고 할까. 그 순간이 기이하면서도 가슴 아프기도 한데, 그다음 숏에선 또 걷잡을 수 없는 템포로 폭력이 폭발하잖아요. 그 장면을 찍을 때 제 가슴속에서 정말 이상한 느낌이 소용돌이쳤던 그런 기억이 나네요.

이동진 저는 그런 취급을 받는 것에 대한 묘사가 굉장히 과감하고 신랄하다는 생각이 들었어요. 폭우가 내리는데 물은 위에서 아래로 흐르니까 위에서 흘러내린 물이 아래를 침수시켜버리죠. 그때 세 가족은 저택을 탈출해서 계단을 끊임없이 내려오는데 감독님 영화에는 이런 장면들이 종종 있었거든요. 예를 들면 「괴물」에서 박해일 씨가 SK빌딩을 내려오는 장면이 그랬고, 「옥자」에도 유사한 장면이 있었죠. 그런데 「기생충」에서 그려진 장면만큼 탁월하게 느껴진 적은 없었습니다. 이 하강 장면은 사실 두세 번만 보여줘도 충분히 내려가는 걸 다 주지시켰을 것 같은데, 영화 속에선 정말 지하로 뚫고 내려가고 또 내려가고 또 내려가는 느낌이 들어서 흡사 지옥 끝까지 내려가는 것 같았죠. 정말 명장면이었습니다.

봉준호 온 세상에 있는 물이 다 모이는 것처럼 보여주고 싶었어요.

말씀하신 것처럼 물이 밑에서 위로 역류하진 못하잖아요. 그러니까 영화의 수직적 배치를 보면, 부자로부터 가난한 자 쪽으로 물이 흐르는 거잖아요. 그게 참 웃기면서도 슬픈 거죠. 더군다나 이 영화는 부잣집뿐만 아니라 가난한 집과 주변 동네까지, 영화의 90퍼센트가 다 세트였어요. 거대한 수영장에 그 세트를 짓고 촬영한 후 마지막 날 거기다 흙탕물을 부어 넣어서 찍은 것이거든요. 온 세상 물이 다 그 동네로 돌진하면서 부잣집을 나온 세 가족과 함께 가는 그런 식의 시퀀스를 만들고 싶었습니다. 저나 홍경표 촬영감독이나 원래 로케이션 촬영을 정말 좋아하는 사람들인데, 이번에 영화의 거의 대부분을 세트에서 찍다 보니 그 장면에서 광란의 한풀이를 한 거예요. 처음에 박 사장 저택 차고를 빠져나오잖아요? 거기는 성북동이었죠. 그리고 이들이 그곳에서 나오는 게 익스트림 롱숏이어서 점처럼 보이는데, 그 옆을 보면 부잣집 지붕들이 쫙 펼쳐져 있죠. 자하문 터널 옆이에요. 계단이 이렇게 내려와서 자하문 터널 벽면과 자하문 터널 자체를 지나가죠. 그다음은 후암동입니다. 기정이 "민혁이 오빠한텐 절대 이런 일이 안 생기지"라고 말하는 거기가 후암동인 거죠. 그다음에 그런 기정이를 달래서 계속 가잖아요. 집에 가서 씻자고 하면서요. 그때 전깃줄이 있는 곳을 수직으로 카메라가 크레인으로 찍은 곳이 창신동이에요. 그다음에 가는 곳은 북아현동의 어느 골목이었고요. 저나 홍 감독님이 원한 최상의 로케이션과 제한된 지점을 특정한 뒤에 모두 다 연결한 거예요. 그렇게 찍을 수 있게 제작사에서 지원을 해준 거죠. 원래 그런 건 가급적 한 동네에 가서 하루에 다 찍어야 되는 건데 말이에요. 어떻게 보면 사치를 누린 프로덕션이죠. 워낙 거기서 광란의 로케이션을 했어야 했기 때문에. 게다가 제가 비 신을 10년 만에 찍었어요. 「설국열차」에선 비 신이 있을 수가 없잖아요. 「옥자」도 의외로 비 신이 없어요. 그래서 10년 만에 광란의 로케이션을 해서 광기의 비를 뿌렸죠. 저랑 홍경표 감독이 촬영하면서 정말 신났었어요.(웃음) 아브라함 폴론스키의 누아르 걸작 「포스 오브 이블」을 제가 정말 좋아하는데, 그 장면은 그 영화에서 영감받은 부분이 꽤 있어요. 그 영화에도 주인공이 뉴욕의 교각 옆을 계속 아래로 내려가는 장면이 있거든요.

이동진 이번에는 인디언에 관해서 질문드리고 싶습니다. 영화 속에서 인디언에 관련된 부분들이 많이 나오는데, 이에 대한 감독님의 기본적인 생각을 듣고 싶은데요.

봉준호 인디언과 산수경석에 대해서는 둘 모두 'A는 B다'라는 식으로 지목해서 이야기하지는 못하겠어요. 여러 가지 측면이 있는 것이겠죠. 특히 인디언과 컵 스카우트와 모스 부호는 다 연결되어 있잖아요. 어떻게 보면 이 영화에서 보여주는 계층이나 계급, 사회의 여러 가지 모멘트가 말씀하신 것처럼 신랄하고 섬찟한 것들이 많은데 이건 박제된 박물관에서나 있을 법한 천진난만한 세계죠. 웨스 앤더슨의 「문라이즈 킹덤」에 나오는 그 세계인 거예요.

이동진 저는 사실 음악도 「문라이즈 킹덤」을 떠올리게 했어요.

봉준호 뜬금없이 「문라이즈 킹덤」 같은 순진무구한 세계가 들어 있는 거죠. 연교가 설명하기에 적합할 듯한 세계 말이에요. 사실 연교는 머리가 나쁘거나 멍청한 사람이 전혀 아니에요. 단지 맑고 천진해서 사람을 너무 잘 믿어요. 그래서 이 모든 사달이 난 거죠. 모든 걸 침투하게 허용해서요. 다송이가 말하는 인디언, 컵 스카우트, 모스 부호 이런 건 기우와도 겹쳐 있는 부분인데, 이처럼 신랄하고 리얼한 현실 속에 약간 이상하고 동떨어진 세계가 들어 있는 거죠. 마지막에 모스 부호로 부자의 아련한 교신까지 이어지는 것이니까 영화 속에서 자연스럽게 제 역할을 하는 장치가 되었다고 봅니다.

이동진 후반부에 이르러 근세가 마지막으로 모스 부호를 사용해 도와달라는 신호를 보내려 할 때, 다송이가 그걸 받아 적은 후 해석하는 것 같은 장면이 잠깐 나옵니다.

봉준호 불완전한 자음과 모음이 나오죠.

이동진 관객 입장에선 그때 다송이가 과연 그 모스 부호에 담긴 내용을 해석해냈을지 무척 궁금해지는데, 정작 영화에선 등장하지 않죠.

봉준호 그게 참 아이답지 않아요? 열심히 막 적다가 "아……" 하면서 자는 거죠. 애들이 그렇죠 뭐.

이동진 그때 다송이는 해석에 성공하지 못한 거죠?

봉준호 그 장면 영어 자막이 'HELP ME'가 아니라 'HOLP M…'로 되어 있어요. 모스 부호가 사실 많이 어려워요. 게다가 그때 근세의 감정이 격렬한 상태잖아요? 손가락도 아니고 자기 몸으로 하는 건데 그 템포나 리듬이 사실 얼마나 정확하게 갔을까 싶어요. 이게 배에서 군인이나 어부처럼 베테랑인 사람들이 정확하게 전달하는 것도 아니고, 몸이 묶인 상태에서 이마로 하는 것인 데다가 마음까지 급하게 도와달라고 요청하는 것이니까요. 근세는 또 정신 상태가 좀 안 좋잖아요. 그래서 다송이는 그 정도로만 하다가 그냥 자버린 거죠.

이동진 그러면 산수경석은 어떻습니까.

봉준호 산수경석은 더 뜨악한 것 같아요. 젊은 애가 수석을 들고 오잖아요. 그것만으로도 상당히 당혹스러운데 말이죠. 돌아가신 저희 아버지께서 한 3년 정도 그걸 모으시면서 돌 찾으러 냇가에도 다니시고 그랬어요. 이 영화를 찍으면서 저희가 수석협회로부터 도움 많이 받았어요. 수석도 여러 개 보내주시고 그러셨죠. 수석은 돌 하나에 수백만 원에서 수천만 원까지 지불하고 그 돌을 전시해놓는 취미잖아요. 그렇게 나열된 돌을 보면 기분이 좀 이상해져요. 그리고 원래는 자연의 일부였는데 그로부터 분리되어 있는 것이잖아요. 어쨌든 「기생충」에서는 그걸 민혁과 연결지어 생각해보면, 민혁은 초반에 등장했다가 금방 사라져버리는데 대신 돌이 남아 있죠. 기우는 그 돌에 계속 집착하면서 민혁 흉내를 내잖아요. "정신 차려, 정신"이라는 대사도 그렇고, 약간 떨어진 형태로 계속 그의 흉내를 내거든요. 그리고 민혁이 정식으로 사귀겠다고 한 다혜에게 접근해서 그러잖아요. 물론 다혜도 신호를 보내긴 했지만요. 기우에겐 민혁에 대한 이상한 강박 같은 게 있는데 손에 만져지는 물건으로서 그 역할을 해내고 있는 게 산수경석인 듯도 하죠. 그래서 영화의 마지막까지 화면 속에 산수경석이 따라다니게 되었어요. 어떻게 보면 기이한 장치일 수도 있는데 왠지 저는 서슴없이 썼던 것 같아요. 산수경석과 인디언이 모두 다 그렇죠.

이동진 그 수석을 모은 사람은 원래 민혁의 할아버지인데, 그는 심지어 육사를 나온 것으로 언급되죠. 그런 부분들도 흥미로운 데다가, 중간중간 특정한 일들을 겪을 때마다 기우는 "민혁이라면 여기서 어떻게 했을까?" 상상한단 말이죠. 그런데 「기생충」은 클라이맥스 이후에 덧붙여진 에필로그의 여운이 참 깁니다. 만일 이 영화의 에필로그에서 보이스오버로 흐르는 기우의 편지 내용을 곧이곧대로 믿는다면 열린 엔딩이겠지만, 사실 다 보고 나면 닫힌 엔딩이라는 생각이 절로 듭니다. 이 영화는 결국 편지 두 장으로 끝나잖습니까. 아버지 기택이 보내는 편지가 있고 아들 기우가 보내는 편지가 있으니까요. 그런데 참 의미심장하게 다가오는 것은 아들이 마지막에 아버지에게 쓰는 편지는 보낼 방도가 없다는 것이고, 그 전의 아버지 편지는 아들이 받았다고 해도 정작 아버지 기택은 자신이 보낸 편지를 아들 기우가 받았다는 사실 자체를 모른다는 겁니다.

봉준호 기우가 쓴 편지라는 것도 자기가 쓰면서 읽은 느낌이에요. 그걸 어떻게 전달하겠어요. 어떻게 보면 더 막막한 상황이죠.

이동진 그런 의미에서 엔딩을 장식하는 두 통의 결정적 편지가 서로 소통되지 않는 편지라는 것은 무척이나 쓰디쓴 뒷맛을 남깁니다. 기우는 그 편지에서 "아버지, 저는 근본적인 계획을 세웠습니다"라고 하면서 돈을 많이 벌겠다고 선언하는데, 사실 그건 세상에서 가장 무계획적인 계획이잖습니까.

봉준호 정말 슬퍼요. 본인은 다짐을 하잖아요. 집을 사겠다는 둥, 계단만 올라오시면 된다는 둥. 아버지한테 그런 말을 정말 하고 싶겠죠. 그래서 실제로 제가 계산도 해봤어요. 기우가 받을 만한 평균 급여로 계산해보니까 그 집을 사려면 대략 547년이 걸리겠더라고요. 계산하는 것 자체가 잔인한 일이죠. 하지만 「설국열차」 엔딩에 북극곰이 나오는 것처럼 호기롭고도 애매하게 희망을 그 끝에 얹는 것이 이 영화에선 오히려 무책임하고도 나쁘게 느껴졌어요. 이 슬픈 감정을 솔직하게 직시하는 게 낫다는 판단이었어요.

이동진 개봉 당일에 이렇게 흥미진진한 이야기들을 적극적으로 많이 들려주셔서 감사합니다. 마지막 말씀을 해주신다면요.

봉준호 「기생충」을 난해한 영화라고 할 순 없을 것 같아요. 어찌 보면 무척 명쾌한데 그럼에도 불구하고 여러 가지 감정이 뒤엉키게 되는 영화인 듯합니다. 일반적으로 영화를 완성한 후 시사회를 열게 되면 바로 당일에 전화나 문자를 주시는데, 이번에는 오히려 그 다음 날 점심때쯤 제게 장문의 문자를 주신 분들이 많았어요. 정신적인 내상을 입은 것 같은 분들도 많았고요. 저도 잘 모르겠어요. 그저 그런 것들이 이 영화가 갖고 있는 여운이나 곱씹어볼 만한 지점들이 되었으면 참 좋겠고, 그 부분에 있어서는 사실 영화가 제 손을 떠나버린 것 같아요. 칸에서 돌아올 때도 비행기에서 다음 작품 시나리오를 쓰면서 왔지만, 어느덧 이 영화는 저에게 과거가 되어버렸는데 여러분은 이제부터 탐식하듯이 장면 장면들을 씹어드셨으면 좋겠다는 생각이 듭니다.

대담 2019. 5. 정리 2020. 3.

2장

옥자

희망은 횃불이 아니라 불씨

옥자

이렇게 말할 수 있을까. 「설국열차」가 울증에 빠진 서늘한 이성이 낳은 야심 차고도 건조한 결과물이라면, 「옥자」는 조증에 들어선 따스한 감성이 빚은 소박하고도 촉촉한 산물이다. (「옥자」의 막대한 제작비에도 불구하고 그렇다.)

또 이렇게 얘기해보면 어떨까. 「마더」가 인간 존재의 탁한 늪 속으로 한없이 자맥질하는 작품이라면, 「옥자」는 세상의 밑바닥을 투명하게 들여다보고도 다시 부상하는 영화다. (「옥자」의 뒤로 갈수록 어두워지는 흐름에도 불구하고 그렇다.) 「옥자」의 후반부는 참혹하도록 슬프다. 그럼에도 이 기이한 동화에는 가녀리지만 끝내 가려지지 않는 햇살이 있고 두드러지진 않아도 결코 억누를 수 없는 부력이 있다.

미국 기업 미란도의 CEO 루시(틸다 스윈턴)는 유전자 조작을 통해 만들어낸 슈퍼돼지들의 비밀을 감춘 채 세계 각지로 보내 키우게 함으로써 홍보에 이용하려 한다. 강원도 산골에서 할아버지 희봉(변희봉)과 함께 살던 미자(안서현)는 10년째 가족처럼 지낸 슈퍼돼지 옥자를 미란도가 데려가자 되찾아오기 위해 홀로 험난한 여정에 나선다.

「옥자」는 봉준호의 필모그래피에서 이전에 본 적 없는 스타일의 영화가 아니다. 무엇보다 「플란다스의 개」와 「괴물」의 잔영이 짙게 일렁거린다. 「플란다스의 개」는 누군가에겐 가족과도 같은 동물을 다른 누군가가 잡아먹으려 하면서 벌어지는 추적극이다. 「옥자」 역시 그렇다. (전자에는 순자라는 개가 나오고, 후자에는 옥자라는 돼지가 나온다.)

「괴물」에는 거대한 동물이 어이없게도 비탈에서 구르는 슬랩스틱 묘사가 있고, 그 동물의 입 안에서 소녀가 나오게 되는 장면이 있으며, 질주하는 소를 피해 사람들이 달아나는 스페인 산 페르민 축제를 연상시키는 군중신이 있고, 시차를 둔 진동을 인상적으로 그려내는 액션신이 있으며, 고층 건물 안에서 다대일로 벌어지는 추격전이 있고, 주인공이 이전까지 본 적 없던 어린 생명을 보살피며 함께 식사하는 라스트신이 있다. 「옥자」 역시 그렇다. (전자에서는 소녀가 그 동물의 입 안에서 죽은 채 꺼내지지만, 후자에서는 소녀가 그 동물의 이를 닦아준 뒤 입 안에서 유유히 몸을 빼낸다.)

말하자면 「옥자」는 봉준호의 작품세계를 이뤄온 흥미진진한 요소들을 총정리해 보여주는 듯한 영화다. 강인하면서 저돌적인 여성 주인공으로 고아성이나 배두나 같은 배우를 활용했던 방식의 연장선상에서 안서현을 캐스팅해 시종 동적인 활력을 불어넣는다. (이 영화에서 미자는 종종 캐릭터라기보다는 동력 그 자체로 보인다.) 지하도의 낮은 천장에 닿을 듯 말 듯 내달리는 슈퍼돼지든, 다리 밑을 아슬아슬하게 통과하는 대형 트럭이든, 작은 길을 메운 채 쫓고 쫓기는 사람들이든, 좁은 공간에 비해 캐릭터나 물체를 크게 혹은 많이 설정해 빨리 움직이게 함으로써 마찰의 스릴을 만들어낸다. 인물은 남 앞에 혼자 나서면 장광설을 늘어놓고, 여럿과 함께 모이면 나사 풀린 행동을 하는데, 그러다가 군중을 이루게 되면 난장판이 펼쳐진다.

그리고 부패한 시스템이 오작동하거나 무신경한 상황에서 약한 자는 혈연으로 이어지지 않은 더 약한 자를 간절하게 보살핀다. 봉준호 특유의 재치 넘치는 유머와 리듬은 말할 것도 없다. 게다가 여기엔 배우들의 연기에서 개별 에피소드까지 우화적으로 경쾌하게 들떠 있는 초중반부와 충격적인 묘사를 통해 비판적 메시지를 서슬퍼런 실감으로 전하는 후반부가 이질적으로 맞붙은 채 기묘하게 관객을 사로잡기까지 한다.

이와 관련해 「옥자」에서 특히 눈길을 끄는 것은 인물들의 동선이다. 봉준호의 세계에선 높이가 넓이보다 훨씬 더 의미심장해지는 경향이 있는데, 「옥자」는 이 점에서 더한층 흥미롭기도 하다. 캐릭터의 극 중 동선을 수평 방향으로 파악하면 오지에서 미국 뉴욕으로 가는 「킹콩」의 서사에 가깝지만, 수직 방향으로 떠올려보면 사랑하는 에우리디케를 구하러 명계로 내려갔다가 다시 올라오려는 오르페우스 신화와 흡사하다. (심지어 미자는 그 신화에서처럼 절대로 뒤를 돌아보지 말라는 충고까지 듣는다.)

극 초반에는 주로 옥자가 하강한다. 비탈에서 굴러 내려와 감나무에 부딪침으로써 감을 챙길 수 있게 하고, 계곡물로 뛰어내려 물고기를 거둘 수 있게 한다. 그리고 낭떠러지에서의 절체절명 위기에서 옥자는 스스로 몸을 던져 하강함으로써 미자를 살려낸다.

그러니 이제 미자가 하강해 옥자를 구해낼 차례다. 옥자가 사라졌다는 사실을 깨달은 다음부터 미자는 지속적으로 하강한다. 그 직후 산비탈을 미끄러지듯 내려가고, 서울에 도착한 첫 장면에서도 모든 사람들이 올라가는 계단에서 혼자 몸을 돌려 내려가며, 옥자를 실은 트럭을 쫓아 주택가 비탈길을 달려 내려간다. 그것도 모자라 땅 밑으로까지 내려간다. 지하도까지 하강한 끝에 미자는 옥자와 재회한 후 마침내 지하 주차장의 좁은 통로를 통해 뒤쫓아 오는 문도(윤제문)를 떨구며 상승한다.

하강은 미자와 옥자뿐만 아니라 그들을 돕는 동물해방전선(ALF)의 행동 방향이기도 하다. 서울에서 작전을 마친 대원들은 한강 다리를 건너면서 한 명씩 차례로 강물을 향해 다이빙을 한다. ALF의 리더인 제이(폴 다노)는 뉴욕 맨해튼의 미자 객실에 찾아와 향후 계획을 설명한 뒤 건물 밖의 철제 계단으로 내려간다.

그건 서사의 진행 방향에서도 마찬가지다. 「옥자」가 들려주는 이야기의 양쪽 뿌리에는 (아마도 옥자 위탁 계약을 맺었을) 미자의 할아버지와 (아마도 미란도를 창업했을) 루시의 할아버지가 있다. 하지만 혈통 역시 하강해서 미자와 루시까지 내려와야 본격적인 스토리가 펼쳐진다. 동선이든 혈통이든 계급이든, 「옥자」는 일단 밑바닥에 닿아야 결정적 단계로 이동할 수 있는 이야기인 것이다.

미자와 옥자는 그들을 둘러싼 세상으로부터 철저히 끊겨 있다. 빤히 코앞에 있음에도 미란도 코리아 직원이 유리벽 안에 들어앉은 채 자동응답 전화기를 이용하라면서 대화를 거부하는 장면이 단적으로 그런 상황을 요약한다. 미자와 옥자 편이라고 할 수 있는 사람들조차 예외가 아니다. 희봉은 마이크와 스피커까지 동원해 부르지만 둘은 잠들어 있어서 듣지 못한다. ALF 대원들 역시 미자의 본의를 잘못 파악한다. 대신 세상에서 딱 둘뿐인 미자와 옥자는 긴밀하게 소통한다. 이 영화는 옥자 귀에 미자가 뭔가를 은밀하게 속삭이는 장면에서 대사가 들리지 않게 처리함으로써 관객들까지 둘만의 소통에 참여하지 못하게 만든다. 「옥자」의 근저에 흐르고 있는 것은 세상이라는 재앙을 겪는 두 어린 생명의 필사적인 공감이다.

미자와 옥자에만 한정해서 보면 이 영화의 내용은 상당 부분 익숙하다. 「킹콩」「이티」「쉰들러 리스트」 등 떠오르는 영화도 많다. 슈퍼돼지 모티브는 심지어 「간첩 리철진」에도 나온다. 하지만 루시(의 가족) 혹은 ALF까지 염두에 두면 이 이야기의 신선도는 달라진다. (ALF의 이야기를 집중적으로 다루는 「옥자」의 스핀오프 영화가 보고 싶다.) 무엇보다 이건 혹시 세 자매의 이야기인 것은 아닐까. 미자와 옥자, 낸시(틸다 스윈턴)와 루시, 그리고 어쩌면 루시와 미자.

맨해튼의 야외무대에 함께 오를 때는 입고 있는 옷까지 거의 같은 미자와 루시는 수시로 겹치면서도 선명하게 대조된다. 미자는 할아버지와 다정하게 모습을 드러내지만, 루시는 할아버지를 비난하며 등장한다. 미자는 혈통에 대한 기억 자체가 없는데 루시는 혈통에 대한 기억에 짓눌려 있다. 미자는 (케이(스티븐 연)의 입장에서는 선의로 했던) 거짓말의 피해자이지만, 루시는 (적어도 자신의 믿음 속에서는 선의로 했던) 거짓말의 가해자이다. 언니인 미자는 사이좋은 여동생 옥자를 결국 혼자 힘으로 구해내지만, 여동생인 루시는 사이 나쁜 언니 낸시의 도움을 받아 가까스로 문제로부터 도망친다.

이제 클라이맥스는 결국 강한 언니들끼리 만나서 각자의 약한 여동생과 관련한 문제를 해결하기 위해 담판 짓는 광경이 된다. 이 이야기에서 선의지 자체인 미자는 냉혹한 자본주의의 맨얼굴 자체인 낸시를 만나 금돼지를 줄 테니 옥자를 돌려달라면서 거래를 제안해 성공시킨다. (미자와 루시는 여기서 결정적으로 대조된다. 한쪽에는 자신의 할아버지가 실패했던 거래를 성공시킨 손녀의 결말이 있고, 다른 한쪽에는 자신의 할아버지의 도덕적 파산을 교정하려다가 또 다른 도덕적 실패에 이르게 되는 손녀의 귀결이 있다.)

사실 이것은 좀 이상한 거래다. 왜냐하면 그 금돼지는 원래 희봉이 옥자를 소유하는 대가로 치르려던 돈으로 대신 산 것이기 때문이다. 다시 말해 같은 액수의 돈으로 같은 것(옥자)을 사려던 희봉의 이미 실패했던 거래를 미자가 성사시킨다. 이건 거래할 상대방이 낸시로 바뀌었다는 사실과 밀접한 관련이 있다. 직접 깨물어서 순금임을 확인하는 절차만 밟는 데서 알 수 있듯, 루시와 달리 낸시는 오로지 액수만 맞으면 그 즉시 거래를 하는 배금주의의 가장 단순한 작동 원리 같은 인간이기 때문이다. 하지만 낸시의 세계 속에 들어가서 낸시의 방법으로 거래를 제안했다고 해서 미자가 내면의 중요한 무엇인가를 상실하는 것은 아니다. 미자는 가짜(돼지)를 바닥에 던져 건넴으로써 진짜(돼지)를 얻어냈다.

오히려 미자의 마음을 뒤흔든 진짜 위기는 그다음에 온다. 옥자를 데리고 나오는 길에서 보고 들었던 수많은 '옥자들'은 그게 최선일 수 없음을 깨닫게 만든다. 흡사 홀로코스트를 연상케 하는 살풍경 속에서 미란도 시스템이 여전한 가운데, 옥자와 우연히 합류하게 된 새끼 돼지 한 마리만 구해내는 것이 무슨 의미가 있을까.

물론 그걸로 충분할 리가 없다. 그래도 둘은 지옥의 밑바닥으로부터 구원되었다. 오로지 옥자를 구할 생각밖에 없었던 미자는 험난한 여정의 끝에서 생명 일반에 대한 연민을 배웠다. 더불어 거듭된 시행착오 끝에 ALF 대원들 역시 통역이 신성하다는 사실을, 다시 말해 다른 존재와의 공감과 소통이 필수적이라는 사실을 학습했다. 내내 보살핌의 대상이었던 옥자는 말미에 이르러 또 다른 새끼 돼지를 보살피는 주체가 됐다. 봉준호의 세계에서 희망은 언제나 횃불이 아니라 불씨였다.

2017. 6.

「옥자」 대담
이동진×봉준호

이동진 저는 처음 이 영화가 기획되었을 때 「옥자」라는 제목에 대해서 오해를 했습니다. '아, 안서현 씨가 옥자구나' 이렇게 판단을 했던 거죠. 그런데 이런 게 또 봉준호 감독님이 잘 쓰시는 트릭이죠. 「괴물」이 처음 기획됐을 때 대부분 사람들이 '아, 송강호 씨가 괴물이구나'라고 받아들였으니까요. 그런데 영화를 실제로 보니까 진짜 괴물이 나오는 영화였던 것이고, 마찬가지로 이번에도 안서현 씨가 아니라 슈퍼돼지의 이름이 옥자였던 겁니다.(웃음) 「옥자」는 동물을 다루는 작품인데 그중에서도 옥자라는 이름의 슈퍼돼지를 주인공으로 삼았다는 점에서 흥미롭습니다. 거기에 더해 감독님 영화에선 약한 사람이 더 약한 누군가를, 더군다나 혈연으로 이어지지 않은 누군가를 도와주고 또 지켜준다는 모티브가 굉장히 중요해 보이는데, 「옥자」에선 그렇게 더 약한 누군가가 바로 거대한 슈퍼돼지라는 점이 이채롭습니다. 슈퍼돼지라는 소재를 어떻게 떠올리시게 되었습니까.

봉준호 우선 동물에 대해서 말하는 영화를 찍고 싶었어요. 그런데 동물도 여러 가지가 있잖아요. 인간을 습격하고 공격하는 괴물은 이미 찍어봤으니, 이번엔 정반대로 불쌍한 동물을, 오히려 인간 때문에 고난을 겪는 그런 동물을 찍어보고 싶은 생각이 있었어요. 일요일 아침마다 「TV 동물농장」에서 인간과 동물의 관계를 둘러싼 여러 가지들, 심지어 자질구레한 감정들까지 잘 묘사가 되어 있는 걸 볼 수 있었는데, 그렇게 인간과 동물의 관계를 다루는 이야기에 관심이 많았죠. 그런데 질문하신 것처럼 왜 하필 돼지인가. 사실 「옥자」를 보면 동물에 대한 두 가지 입장이 나오잖아요. 바로 가족으로서의 동물과 음식으로서의 동물이죠. 그게 우리가 동물을 보는 두 가지 관점일 텐데, 돼지만큼 우리가 음식으로 쉽게 떠올리는 동물이 또 있을까 싶어요. 실제로는 돼지가 지능지수도 높고 심지어 진돗개보다 아이큐가 높다고 그러거든요. 그렇게 머리도 좋고 섬세한 동물인데 우리는 사실 돼지를 보면 항상 뭐 순대, 소시지, 간, 천엽 넣어주세요(웃음) 그렇게 음식으로 보는 관점이 너무 강하잖아요. 돼지 입장에서는 얼마나 억울할까 싶어요. 나는 사실 굉장히 섬세하고 예민한 동물인데 말야. 그렇게 순둥이면서도 또한 인간에 의해 수난을 겪는 동물이 옥자라는 캐릭터라고 상상해보면 자연스럽게 돼지로 설정할 수밖에 없었던 것 같아요. 돼지는 친숙하면서 코믹하고도 웃기게 생겼지만 어쩌면 가장 슬픈 동물이 아닐까, 그렇게 출발하게 된 것 같아요.

이동진 옥자라는 이름 자체도 어떻게 붙이시게 된 건지 궁금해지네요. 안서현 씨가 맡은 인물 이름도 미자입니다. 데뷔작 「플란다스의 개」에 등장했던 개 이름 역시 순자였잖습니까. 「마더」의 경우 김혜자 씨가 맡은 배역은 극 중에서 이름이 직접적으로 등장하지 않긴 하는데, 배우 이름이 '혜자'입니다.(웃음)

봉준호 우연히 식당에서 한 선배 감독님을 뵀는데 "봉 감독, 내 어머니 이름이 옥자야" 그러셔서 바로 "감독님 죄송합니다"라고 말씀드렸죠.(웃음) 사실 이건 어머니 세대 이름이잖아요. 저희 어머니 세대에 속하신 분들 중에 옥자, 순자, 명자, 많잖아요. 일제시대의 잔재이기도 하겠죠. 가장 옛날스럽고 촌스럽게까지 느껴지는 그런 이름을 오히려 글로벌 기업의 슈퍼돼지에 붙이고 싶었어요. 안서현 씨도 저한테 왜 슈퍼돼지 이름이 옥자인지 물어보더라고요. '자'자 돌림으로 하려고 했던 건 사실인데, 서현 양에게는 간단하게 설명했어요. 그건 변희봉 선생님이 맡은 극 중 인물인 희봉의 만행이라고요. 옥자와 미자 모두 희봉이 붙인 이름인 셈인데, 희봉이란 인물이 어떤 향취의 캐릭터인지 짐작해볼 수 있는 작명이었어요. 칸 영화제에 「옥자」를 출품했을 때 더스틴 호프먼을 만난 적이 있어요. 노아 바움백 감독 팀과 함께 식사할 일이 생겼는데, 변 선생님도 더스틴 호프먼의 팬이시고 더스틴 호프먼 역시 「옥자」는 못 봤지만 「괴물」을 보고 좋아해서 변 선생님을 무척이나 반기셨죠. 두 분이 만나서 악수하는 모습을 옆에서 봤는데 기분이 묘하더라고요.

이동진 「옥자」는 넷플릭스가 제작한 작품입니다. 넷플릭스가 제작한 영화로는 칸 영화제 경쟁부문에 처음 오른 작품이어서 그쪽으로 집중적인 스포트라이트를 받기도 했죠. 저는 영화를 보기 전엔 사실 넷플릭스를 주로 보는 관객들의 시청 환경에 맞춘 부분이 있지 않을까 싶기도 했는데, 실제로 보고 나니 전혀 아니라는 판단이 듭니다. 역시나 극장에서 보아야 최적으로 즐길 수 있는 영화라는 거죠. 넷플릭스 제작으로 영화를 연출하면 극장 상영이 제한적일 수밖에 없는데도 불구하고 그런 힘든 결심을 하신 것에 대해 말씀해주시면 좋겠네요.

봉준호 그건 소재가 지닌 특성 때문이었습니다. 이 영화가 제대로 성립하려면 무엇보다 옥자의 CG가 잘되어야 하니까요. 영화에 내내 나오는 옥자의 모습이 믿을 만해서 감정이 흔들려야 이 영화가 성립되는 것인데, 문제는 생물체 CG가 정말 예산이 많이 들어요. 옥자가 등장하는 한 숏 가격이 웬만한 집 전셋값 정도거든요. 한 숏당 1억 8천만 원 정도예요. 그게 무엇을 의미하냐면, 감독이 정확한 콘티를 통해서 이 영화에서 옥자를 몇 숏 쓸 것인가를 결정하면 전체 예산의 윤곽이 나온다는 거죠. 이 영화는 옥자가 많이 나오잖아요. 「괴물」은 한강변에서 괴물이 갑자기 등장해 공격하고 사라지는데, 이 영화는 옥자가 미자와 집에서 함께 살고 또 같이 다니니까 300숏 정도가 필요한 거예요. 그때 이 영화의 예산은 거의 결정됐어요. 500억 원짜리 영화였어요. 뉴욕 촬영도 해야 됐으니까요. 500억 원이라는 숫자가 말하는 바는 한국이나 아시아 회사와는 일할 수 없다는 뜻이 돼요. 억지로 한국에서 이 영화를 찍게 되면 동료 후배 선배 감독들에게 거대한 민폐예요. 한국 시장에서 감당할 수 있는 사이즈가 아니잖아요. 그래서 저와 프로듀서들이 이 작품은 아시아나 유럽 회사들이 감당할 수 있는 범위를 넘었다고 보고 미국으로 가서 미국 스튜디오들을 만나야 한다는 판단을 내렸죠. 넷플릭스뿐만 아니라 전통적인 미국 스튜디오들, 예를 들어 파라마운트, 워너브라더스 다 만났어요. 인디 파이낸서라고 독립 투자자들도 만났죠. 폴 토머스 앤더슨 영화나 웨스 앤더슨 영화에 투자하는 회사들이 그 예가 될 텐데, 그런 부류의 회사들은 「옥자」 시나리오를 무척 좋아했어요. 제작하고 싶어 했고요. "그런데 예산이 얼마예요?"라는 질문에 우리가 "500억 원인데요"라고 답하면, "저희는 300억 원 정도까지만 커버하고 있습니다"라며 고개를 젓는 거죠. 반면에 우리가 잘 아는 대형 스튜디오들은 그런 예산이 별 상관없어요. 그들 관점에서는 적은 예산이니까요. 그런데 그 대신, 내용을 안 좋아해요. "도살장을 정말 보여줄 겁니까? 도살장 신을 빼면 생각해볼게요." 영화를 보시면 알겠지만 그 장면을 어떻게 뺄 수 있겠어요. 영화의 주제와 직결되어 있고, 바로 그걸 향해서 가는 영화잖아요. 그래서 완전히 붕 떴어요. 큰 회사들은 이래서 싫어하고 작은 회사들은 또 이래서 예산을 커버하지 못하고. 영화의 성격 때문에 「옥자」 제작이 정말 애매한 상황이었는데 그때 넷플릭스가 나타나서 예산 지원을 제안해주었죠. 감독이 최종 편집권을 가질 수 있고, 18세 관람가 영화라도 상관없다, 도살장에서 창작을 즐겁게 해도 된다, 이러면서요. 마틴 스콜세지 감독님도 곧 넷플릭스 영화를 하시게 되어 있는데, 그분께도 이런저런 사연이 있을 겁니다. (마틴 스콜세지의 넷플릭스 기획은 2년 뒤 「아이리시맨」으로 완성된다.) 어쨌든 창작자들에게는 또 하나의 기회 내지는 옵션이거든요. 물론 넷플릭스가 하는 배급의 형태가 있기 때문에 그 부분은 우려도 되고 걱정이 되기도 합니다. 하지만 저나 프로듀서들은 일단 영화를 찍고 싶으니까요. 넷플릭스 영화라서 주로 스트리밍 형태로 상영되겠지만 관객들이 극장의 큰 화면에서도 볼 수 있는 기회를 최대한 얻을 수 있도록 애써서 협의를 해보자, 이렇게 해서 시작하게 된 프로젝트였습니다.

이동진 「옥자」는 제게 감정적으로 참 풍성한 작품이었습니다. 사실 오랜 시간 좋아해온 감독의 신작을 만나게 되면 장면 장면마다 자연스럽게 전작들을 떠올리게 되죠. 「옥자」는 특히 「괴물」과 「플란다스의 개」가 자주 생각났어요. 「플란다스의 개」는 누군가에겐 가족인 개를 다른 누군가가 식용으로 쓰려다 보니까 생겨나는 상황을 다루고 있는데 「옥자」는 이런 모티브를 슈퍼돼지로 바꿔서 만든 영화처럼 보이기도 하니까요. 「괴물」과는 전체적인 흐름이나 구조 혹은 구체적으로 마지막 장면이 겹쳐 보입니다. 「마더」 같은 영화는 갑자기 하늘에서 뚝 떨어진 작품처럼 다가오죠. 이전에 한 번도 본 적 없는 봉준호 감독의 새로운 세계를 보는구나, 싶은 느낌을 주니까요. 반면에 「옥자」 같은 영화는 우리가 좋아하고 즐겨온 봉준호의 모든 것을 총정리하면서 새롭게 감흥을 더해주는 것 같은 느낌이 듭니다. 감독으로 20여 년 활동해오신 상황에서 이번에 만드신 「옥자」는 어떤 의미를 갖는지 질문드리고 싶네요.

봉준호 감독이 된 지 20년까지는 아니고 정확히 17년 됐죠. 2000년에 서울극장에서 변희봉 선생님과 「플란다스의 개」를 같이 봤어요. 관객도 별로 없어서 쓸쓸하게 봤는데, 관람 후 선생님 모시고 소주도 한잔했죠. 그게 벌써 17년이 됐네요. 제가 이제까지 여섯 편밖에 못 했는데, 그 여섯 편으로 얼마나 일반화시키고 패턴을 찾을 수 있을지는 잘 모르겠어요. 사실 영화를 찍을 때는 그런 의식은 별로 없어요. 시나리오를 쓸 때 '자기복제를 하면 안 돼', 또는 '미친 듯이 새로운 걸 해야 돼', 아니면 '나만의 것을 계속 변주하면서 나의 인장을 찍어야 돼', 그게 어느 방향으로든 그런 생각은 하지 않거든요. 그저 매 신들을 해결해나가는 데 급급해요, 사실은. 시나리오를 쓰거나 영화를 찍으려면 내가 하려는 스토리와 정면대결을 해야 되는데 매 신 다 힘든 대결이에요. 그걸 미자가 계속 전진하는 것처럼 저 역시 그냥 유리벽에 부딪치거나 하면서 하나하나씩 돌파해나가는 것뿐이죠. 말씀하셨던 그런 느낌은 저도 받을 때가 있어요. 후반작업 할 때나 편집이 끝나갈 때 보게 되면 '오, 저 비슷한 게 괴물에 있었잖아?' 이런 생각이 얼핏 스쳐가기도 하죠. 스스로 그런 걸 확인하면 반가울 때도 있고, 섬찟하면서 싫을 때도 있어요. 「옥자」에 대해선 아직 정확히 정리하지 못했는데 최소한 제 작품 수가 두 자릿수는 되어야 그런 이야기들을 할 수 있지 않을까 해요. 대신 어떻게 됐든지 남들이 안 한 영화를 하고 싶다는 욕심이 있죠. 누군가 다른 사람의 영화에 나와 비슷한 것이 있지는 않았으면 좋겠다는 기본적 욕심은 분명히 있어요.

이동진 감독님 영화에선 인물의 동선이 두드러진 의미로 다가올 때가 있죠. 그와 관련해서 저는 감독님 작품세계에선 수평 방향으로 펼쳐지는 일보다 수직 방향에서 벌어지는 일들이 훨씬 더 의미심장하다는 생각을 해왔습니다. 「괴물」에서도 그랬는데 「옥자」에선 더 그렇게 여겨지죠. 의도적으로 아예 그렇게 로케이션을 선택하신 것 같아서 질문드리고 싶은 부분이 있습니다. 서울에서 펼쳐지는 인물들의 동선을 '높이'라는 기준으로 살펴보면, 일단 옥자가 탈취된 다음부터는 미자 입장에서 옥자를 구해내기 위해 끊임없이 하강하는 방향으로 공간을 연이어 짜놓으신 듯합니다. 미자는 우선 산에서부터 줄달음질해서 내려오기 시작하는데, 그 직후 트럭이 탈취됐을 때는 빌딩에서 내려오죠. 그다음에 나오는 주택가 장면도 일부러 언덕길을 고르셨는데, 심지어 도로 밑 지하까지 뚫고 내려가서 지하상가와 지하주차장에 도달하죠. 그러다 다시 통로로 올라오는 과정처럼 보이거든요. 어찌 보면 그리스 신화 속 사랑하는 에우리디케를 구하러 명계로 내려가는 오르페우스 이야기처럼 보이기도 하고, 다른 한편으로는 감독님이 오랫동안 천착해오신 주제 중 하나인 계급 문제를 시각화한 것처럼 보이기도 하죠. 물론 그런 일련의 동선이 주는 순수한 시각적 쾌감도 있을 텐데요. 이런 일련의 장면들을 연출하실 때 어떤 생각을 하셨는지 듣고 싶어집니다.

봉준호 설명해주신 내용을 그대로 잘라서 붙이면 제 답변이 될 것 같아요. 의도를 너무 정확히 설명해주셔서 감사할 따름이죠. 사실 그 전에 미자가 산에 있을 때도, 다시 말해 도시로 가출하기 전에도 할아버지의 꿤에 넘어가서 무덤에 갔다가 옥자가 없어진 것을 뒤늦게 알고 내려오는 장면이 있죠. 거기서부터 사실 위에서 내려왔죠. 무덤에서 내려와 집에 도착했는데 외양간에 옥자가 없는 거죠. 그때부터 엄청난 하강 질주가 자연 속에서 한 번 벌어지죠. 먼지 풀풀 나는 언덕도 단번에 좌악 내려오고 이러잖아요. 산에서 나간다는 건 속세로 나간다는 것일 텐데, 옥자가 속세로 떠났으니 그걸 쫓아가는 하강의 흐름인 거죠. 말씀하신 것처럼 미란도 코퍼레이션 건물에서도 하강운동이 시작되어서 그 주택가 골목길들까지 일부러 그렇게 구성했어요. 그 골목들은 주로 봉천동과 흑석동이었는데, 언덕길이 많아서 우리끼리는 한국판 샌프란시스코라고 불렀죠.(웃음) 거기도 정말 오래전에는 아마도 산이었을 것 아니겠어요? 산이었던 곳에 닥지닥지 주택들이 들어선 것인데, 산에서 뛰어 내려가는 미자의 모습이 연상되지만 이번엔 배경이 너무나 바뀐 거죠. 도시에서 질주를 하고 흑석동의 아주 독특한 로케이션에서 점프도 하고 그러다 결국 지하상가에서 지하주차장까지 가게 되는 거죠. 거기에 거창하게 계급적 의미를 담았다기보다는 도시를 찍을 때 옥자와 미자를 최대한 금속이나 콘크리트 혹은 유리 같은 걸로 일종의 박싱을 하려고 했어요. 자연에서는 뻥 뚫린 데서 하늘도 보이고 새소리도 들리는데, 도시에 오고 나서는 애들이 유리나 금속 혹은 시멘트로 만들어진 박스에 계속 들어간 것처럼 보이죠. 옥자도 컨테이너 박스에 들어가게 되고 미자도 처음 미란도 코퍼레이션 건물에 진입할 때 유리벽에 딱 부딪히잖아요. 그래서 그런 이미지들의 반복으로 구성했어요. 이게 계속 반복되면서 결국 지하상가까지 가게 되는 거죠. 지하상가도 일부러 천장이 가장 낮은 곳으로 골랐어요. 거기가 회현 지하상가인데 세트장에서 찍은 장면과 섞여 있죠. 아마도 어디가 진짜 회현 지하상가고 어디가 양수리 세트장인지 구분이 잘 안 가실 거예요. 그만큼 세트를 정교하게 만들었다는 것이니 우리 미술감독께 감사한 일이죠. 회현 지하상가에서 제자리뛰기를 하면 머리가 천장에 닿을 정도거든요. 대자연에서 뛰놀던 아이들이 하늘을 볼 수 없는 상황, 모든 것이 막혀 있는 상황, 그러다 지하주차장까지 가게 되는 거죠. 백화점 지하주차장에 가면 정말 숨 막히고 답답하잖아요. 거기서 아르바이트하는 친구들을 보게 되면, 어떻게 하루 종일 저기서 저 공기를 마시면서 일할 수 있을지 막 마음이 아파지죠. 그런데, 그런 지하의 지하의 지하까지 내려가고 마지막에 마침내 포위망에서 벗어났을 때 상승하는 거죠.

이동진 변희봉 선생님이 연기하는 장면들 중 유달리 인상적인 대목이 있었습니다. 바로 돼지저금통을 바닥에 깨서 미자가 동전들을 주워보려고 할 때 변 선생님이 앉아 있는 상황에서 두 발을 마구 움직여서 그걸 못 줍도록 흩어지게 만드는 동작이었죠. 마치 아이가 심통을 부리거나 장난을 치는 듯 보이기까지 하는데, 이렇게 사랑스럽게까지 여겨지는 배우의 연기는 직접 요청하신 건가요.

봉준호 시나리오에는 간단하게 쓰여 있었어요. 바닥에 동전이 쫙 펼쳐져 있는데 심통이 난 희봉이 그걸 발로 막 밟는 거로 되어 있었죠. 그 내용을 말씀하셨듯 사랑스러운 동작으로, 손녀 앞에서 오히려 더 떼쟁이 아이 같은 동작으로 해내신 건 변 선생님입니다. 제가 그냥 간략한 동작 설명으로 시나리오에 쓴 걸 그렇게 소화하시는 거예요. 「괴물」에서도 오징어 다리 숫자를 아홉 개라고 하지 않고 구 개라고 하는데, 그런 건 다 선생님이 만들어내시는 겁니다. 제가 배우에게 의지하는 거죠. 미자 역을 맡은 안서현 씨의 경우엔 저돌적인 느낌 같은 게 배역에 딱 맞는다고 보았어요. 영화에서 미자는 초반에 돼지저금통을 깨버리고 도시로 가서는 유리창을 깨버리는 식으로 계속 격파해나가죠. 안서현 씨는 그런 연기를 하기에 최적화된 얼굴을 갖고 있어요.

이동진 희봉이란 캐릭터뿐만 아니라 「옥자」의 인물들은 대부분 묘한 구석이 있습니다.

봉준호 사실 이 영화의 인물들은 다 이상해요. 미자와 옥자 빼고는 전부 제정신이 아니죠. 둘을 제외한 세상이 모두 다 미쳐 돌아가는 느낌이라고 할까요. 물론 그 정점에는 제이크 질런할이 연기한 윌콕스 박사가 있죠. 다들 상태들이 좀 안 좋아요. 동물해방전선 ALF 역시 의도는 좋지만 하는 행동들이 별로 도움이 되지 않거든요. 실수도 많이 하고, 옥자를 이용한다는 느낌도 좀 있죠. 옥자에게 몰래 카메라를 장착해서 그 위험한 곳에 투입하잖아요. 너무 명분과 의도에 들뜨다 보니까 그러는 거죠. 그렇게 세상은 모든 인물이 찌질한 회색지대인데, 그 속에서 유일하게 100퍼센트로 순수하고 단순하리만치 아름다운 존재가 옥자라고 생각하면서 이 이야기에 접근했어요.

이동진 「옥자」의 이야기는 비교적 심플해 보이지만, 사실 그 구성을 뜯어보면 다양한 독법이 가능해진다는 생각이 들어요. 제게 「옥자」는 세 자매에 관한 이야기처럼 보이기도 합니다. 미자는 옥자를 시종 보호하는데, 그건 모성애라기보다는 언니가 여동생을 보살피는 것처럼 보이죠. 둘은 이름도 '자'자 돌림이고요. 미자는 끌려간 옥자 문제를 해결하기 위해서 내내 분투합니다. 그런데 이들이 상대해야 하는 대상 역시 낸시와 루시 자매죠. 그 자매의 관계는 묘한 부분이 많아요. 루시가 시종 상황을 주도하는 듯 보였는데, 미란도 코퍼레이션 측에서 문제를 해결하는 것은 결국 낸시거든요. 그렇게 본다면 결국 「옥자」는 옥자라는 여동생과 루시라는 여동생이 잘못 뒤엉키게 된 위기를 두 언니가 일대일로 마주 서서 해결하는 이야기처럼 보이는 거죠. 게다가 미자와 루시는 한복을 개량한 듯한 유사한 의상을 뉴욕 맨해튼 행사에서 함께 입고 나오는데, 그때 두 사람 역시 일종의 자매처럼 보입니다. 그 둘은 극 중 세 번째 자매이면서 유사자매관계를 이루게 되는 거죠. 그래서 만약 이 이야기를 세 자매라는 모티브로 재구성해 풀어보면 무척 흥미로울 수 있겠다는 판단이 들어요. 그 연장선상에서 질문드리고 싶은 건 왜 클라이맥스에 이르러 루시가 아닌 낸시가 전면에 나서서 옥자를 금돼지와 바꾸는 거래를 미자와 하게 되는 건가요.

봉준호 함께 시나리오를 쓴 존 론슨 작가나 배우 틸다 스윈턴 씨와 루시와 낸시 자매에 관한 이야기를 많이 나눴어요. 때로는 대놓고 그 자매가 자본의 두 얼굴이라고 말하기도 했죠. 그 두 얼굴을 또 한 명의 배우가 연기한다는 게 의미가 있기도 했어요. 뭔가 다른 척하지만 본질은 같은 것이니까요. 루시는 영화에 처음 등장할 때부터 할아버지를 비판하면서 연설을 시작하잖아요. 이어서 아버지는 사이코패스이고 언니 낸시는 아주 나쁜 여자다, 골프나 치러 다닌다고 하면서요. 그러면서 자신은 완전히 다르다고 말하며 옥자가 포함되게 되는 새로운 프로젝트를 선언하는 거죠. 하지만 이건 결국 끝에 가서 낸시가 등장할 수밖에 없는 구조였어요. 낸시는 완전히 자본주의자인 인물이니까요. 어떻게 보면 루시는 좀 더 일반인 같은 관점을 가졌다고 할까요. 거대기업이라고 부르든 자본이라고 부르든 이 회사는 결코 좋아지지 않을 것이다, 좋아지게 만들려고 했거나 뭔가 다른 척이라도 했던 루시는 결국 좌절될 것이다라는 설계도가 이미 있었고요. 그런 과정에서 낸시가 등장하게 되는 거니까 미자가 맞닥뜨려야 하는 건 처음부터 낸시라고 생각했죠. 만일 낸시가 아닌 루시와 미자가 도살장에서 서로 맞닥뜨렸다면 상황은 많이 달랐을 거예요. 루시가 계속 CEO 자리에 남아 있었다면 도살장에서 맞닥뜨리는 일도 없었겠죠. 자기의 신념이 담긴 프로젝트의 마스코트라서, 루시는 옥자를 좀 다르게 대우하잖아요. 하지만 낸시는 다시 권력을 잡자마자 완전히 다른 지시를 내리죠. 루시의 그 잘난 마케팅 플랜 같은 건 다 때려치우고 당장 제품을 출시하자고요. 그러면서 바로 확인하잖아요. 사람들은 가격이 싸면 다 먹는다는 아주 단순한 논리예요. 무슨 얼어죽을 마케팅이야, 이미지 같은 건 다 필요 없어, 뭐 이런 입장이니까요. 사실 미자가 도살장으로 가게 된 상황 자체가 낸시에 의한 거죠. 루시가 권력을 잃은 후 낸시에 의해 도살장에서 벌어지는 그 모든 일들이 세팅되었던 것이기에 결국 미자는 낸시와 대면할 수밖에 없는 국면이었던 것이에요. 거기서 미자가 이제 거래로 금돼지를 내미는 거죠. 물론 크기나 순도에 따라 가격은 다르겠지만요. 이런 건 종로5가에 있는 금은방 가게 사장님들에게 여쭤보면 잘 알 텐데 말이죠.(웃음)

이동진 미란도 코퍼레이션 입장에서 보면 금돼지와 관련된 거래는 애초에 허락하지 않은 계약입니다. 예전에 희봉이 옥자를 사기 위해 미란도 코퍼레이션 측에 돈을 보냈는데 그게 퇴짜를 맞아서 그 돈으로 대신 그 금돼지를 샀으니까요. 그런 면에서 보자면 똑같은 금액이라고 할 수 있을 텐데, 희봉이 사려고 했을 때는 사지 못한 옥자를 긴 여행 끝에 미자가 도살장에서 낸시를 만나 같은 금액에 해당하는 거래를 통해 사는 데 성공하는 거죠. 결국 할아버지가 실패한 계약을 손녀가 성공시키는 셈이에요. 루시라는 인물이 처음부터 할아버지를 비난하면서 등장하는 상황은 이것과 대비가 되겠죠. 그런데 왜 미란도 코퍼레이션의 새 CEO인 낸시는 본질적으로 같은 거래였음에도 도살장에서는 금돼지를 받고 옥자를 흔쾌히 내어주었을까요.

봉준호 낸시의 관점에서는 옥자는 그냥 많은 돼지 중에 한 마리일 뿐이겠죠. 낸시로서는 금의 순도만 깨물어서 확인해보면 되는 거예요. 순금인지만 파악하면 바로 거래가 성립되는 거죠. 옥자를 죽이든 말든 그런 건 별로 관심이 없는 사람인 거죠. 그렇기에 미자는 낸시를 만날 수밖에 없었다고 생각이 들어요. 그 클라이맥스 거래 장면은 보는 관점에 따라 두 가지로 나뉠 수가 있겠죠. 미자는 산에서 순수하게 자란 아이니까 이제 바깥세상에 나와서 냉정하게 자본주의적인 거래를 하게 되는 모습을 씁쓸하고 어두운 쪽으로 해석할 수 있을 거예요. 저도 시나리오를 쓸 때는 그런 생각이었어요. 그런데 요즘 들어서는 관점이 많이 바뀌더라고요. 편집이 끝나갈 때쯤에는 오히려 미자가 낸시 수준에 맞춰준 것이 아닌가 싶어졌어요. 그냥 이 금덩어리 먹고 떨어지라는 거죠. 미자는 금덩어리가 필요 없는 아이잖아요. 옥자만 생각하는 아이입니다. 그리고 금덩어리도 낸시에게 무릎 꿇고 바치는 게 아니라 바닥으로 굴려서 주잖아요. 바닥에 흥건한 돼지들의 피를 쭈욱 훑으면서 낸시 발 앞에 딱 도착하는데, 낸시는 그걸 이빨로 깨물어보기만 하는 거죠. 금인지 아닌지만 확인하면 되는 사람이니까요. 어떻게 보면 미자가 낸시를 아래로 내려다보고 '너는 이 생각밖에 없지?'라고 그 수준에 맞춰준 것이 아닌가 싶어요. 그렇게 생각한다면 미자는 꼭 씁쓸하게 패배한 것은 아니겠죠. 저는 미자가 파괴되지 않았다는 식으로 받아들이게 되더라고요. 어쨌든 그 장면은 그렇게 찍고 싶었고, 찍으면서 저 역시 여러 가지로 해석을 해봤습니다.

대담 2017. 6. **정리** 2020. 3.

3장

설국열차

뜨거운 계급투쟁과 차가운 사회생물학

설국열차

「설국열차」는 아마도 봉준호의 작품들 중 이야기에 대한 야심이 가장 선명했던 작품이었을 것이다. 예술가들이 결국 하나의 세계를 창조하는 사람이라는 것을 감안하면, 봉준호라는 창작자는 「설국열차」에서 가장 거대했다. 이건 SF의 설정을 빌어서 일종의 사회실험실 같은 환경을 만들어놓고 인류의 존재 양태나 자연의 원리 같은 것에 대해 이야기하려는 영화다. 여기에는 그 자체로 온전한 한 세계의 구성원리가 있고, 하고자 하는 이야기를 또렷하게 실어 나르는 목소리가 있으며, 타협하지 않은 채 끝장을 보는 결말이 있다. 하지만 이런 또렷한 성과에도 불구하고 「설국열차」는 봉준호의 세계에서 유독 무뚝뚝하고 기계적인 영화로 보이기도 한다. 무엇보다 봉준호 작품 특유의 감흥이 적다. 어찌 된 영문일까.

「설국열차」가 다양한 인물 군상을 그려내는 방식에서 두드러져 보이는 것은 대비되는 네 쌍의 캐릭터들이 있다는 점이다. 그 첫 번째 대비항은 메이슨(틸다 스윈턴)과 에드가(제이미 벨)다. 이 두 인물은 계급투쟁이라는 이 영화의 강렬하고도 표면적인 주제와 밀접하게 관련되어 있다. 그리고 내적으로는 인질이라는 모티브로 연결되어 있다.

아닌 게 아니라 이 영화 스토리의 대부분은 기차의 꼬리칸 사람들이 일으킨 봉기를 서술하는 데 사용된다. 커티스(크리스 에번스)가 주도하고 그의 오른팔인 에드가가 지원하며 길리엄(존 허트)이 정신적인 버팀목 역할을 하는 이 반란은 기차의 맨 뒤칸에서 시작해서 맨 앞칸까지 차례로 진격하며 시행된다. 이와 같은 봉기의 진행 방향은 기차의 진행 방향(어쩌면 역사의 방향)과 일치하는데, 이를 막으려는 기차 앞칸 세력들은 그와 반대되는 역방향으로 움직여 반응하며 진압하려 한다. (계급에 따라 머리칸부터 꼬리칸까지 일직선으로 나뉜 열차의 거주 상황은 「플란다스의 개」에서 「기생충」까지 시각적으로 되풀이되는 건물이나 지형의 수직 계급체계를 수평으로 누인 것처럼 보이기도 한다.)

이때 메이슨 총리와 에드가는 이 계급 전쟁에서 각각 윌포드(에드 해리스)와 커티스의 오른팔과도 같은 인물로서 기존 질서를 지키려는 측과 뒤집으려는 측에 속한다. 계급투쟁이라는 주제와 관련해 이 영화에서 가장 중요한 개념이 있다면 '질서'일 것이다. 계급체계의 대변자인 메이슨은 상층 계급과 하층 계급을 각각 모자와 신발에 비유하고 머리와 발에 비유하면서 질서를 강변한다. ("살인적 추위로부터 우릴 지켜주는 건 하나야. 옷이나 열차의 벽이 아니라 질서라고.") 이런 이데올로기 하에서 개인의 운명은 제자리를 지키면서 타고난 계급에 복종하는 것이기에 이른바 계급 간 사다리는 간단히 부정된다.

꼬리칸 사람들은 이런 견해를 받아들일 수 없기에 신발을 집어 던진 후, 어둠의 질서에 모든 것을 뒤엎는 빛(횃불)의 무질서로 맞선다. 이때 에드가는 하층 계급 원죄의 근원인 동시에 봉기해야 할 이유에 해당하는 인물이다. 에드가는 꼬리칸 사람들에게 스스로가 했던 짓에 대한 씻을 수 없는 죄책감과 그런 처지에 놓이게 한 자들에 대한 공분을 함께 자극한다. 설국열차가 17년 전 운행을 시작할 때 꼬리칸에 탔던 사람들은 극심한 기아 속에서 인육까지 먹게 되었는데, 길리엄의 희생적인 행동으로 사람들이 이성을 되찾는 바람에 살해되기 직전 가까스로 살아난 아기가 바로 에드가이기 때문이다. 그러니 꼬리칸 사람들에게 에드가는 끔찍한 기근을 초래했던 계급 체계의 도저한 부조리와 그런 가운데서도 끝내 되찾았던 인간성에 대한 최소한의 자긍심을 동시에 상기시킨다.

그러나 현재의 에드가는 그 열렬한 투쟁 정신에도 불구하고 꼬리칸의 희망이 될 수 없다. 그건 에드가가 더 이상 아이가 아니기 때문이다. 「설국열차」는 기성세대엔 희망이 없다고, 만일 있다면 다음 세대인 아이들에게 있을 거라고 말하는 영화이기 때문이다. (말하자면 아이들은 아직 아무것도 하지 않았기에 기회가 있다.)

커티스는 이 첫 번째 대비항의 두 인물 중에서 하나를 선택해야 할 상황에 처한다. 격렬한 전투 도중 상층 계급을 수호하려는 측은 수세에 몰리자 에드가를 인질로 잡은 채 목에 칼을 대고 대치한다. 그 순간을 틈타 메이슨은 도망치려고 하고 있다. 두 가지 임무를 모두 처리할 수는 없는 짧은 기로에서 커티스는 자신의 오른팔인 에드가를 구해내는 대신, 윌포드의 오른팔인 메이슨을 인질로 잡으러

간다. 결국 에드가는 죽고 마는데, 그렇게 본다면 인질이라는 모티브의 양끝에서 에드가가 희생되는 대신 메이슨을 잡는 셈이다.

하지만 메이슨 역시 이야기의 후반부에 도달하지 못하고 퇴장한다. (나중에 본보기로 길리엄이 처형될 때 커티스는 그에 대한 복수로 메이슨을 죽인다. 그렇게 대가를 주고받는 하층 계급의 반격원칙은 곧 순환이라는 더 큰 원리에 흡수되어 결국 소멸된다.) 그건 오래전 길리엄의 오른팔부터 봉기의 도화선이 된 앤드류(이완 브렘너)의 오른팔까지, 혹은 오른팔에 해당하는 두 인물 메이슨과 에드가까지, 이 이야기에서 오른팔이 반복적으로 계속 잘려나가기 때문이다. 혹은 오른팔이 잘리고도 삶은 좀 더 이어지기 때문이다. 그리고 이 영화에서 봉준호가 관심을 두고 있는 것은 결국 발이나 팔 혹은 머리가 아니라 몸통 자체이기 때문이다.

메이슨과 에드가라는 대비항이 중반부에 모두 퇴장하고 나면 「설국열차」는 계급투쟁을 다루는 것처럼 보였던 이야기의 기본 구도를 급격하게 바꾼다. (일직선으로 달리는 듯했던 기차는 그 무렵 처음으로 원을 그리며 달리고 상층과 하층의 저격수들은 서로 마주 보며 총을 쏘아댄다.)

전체 이야기의 중심부에까지는 이르지 못한 채, 진짜 주제를 가려두기 위해 도구화되었던 메이슨과 에드가가 사라지고 나면 윌포드와 길리엄이 이루게 되는 두 번째 대비항이 두드러진다. (시기적으로만 보면 길리엄과 메이슨이 퇴장하는 순간이 서로 맞물림에도 불구하고 그렇다.) 그 새로운 대비항이 드러내는 것은 계급투쟁론이 아니라 사회생물학이다. 이때 가장 중요한 가치는 질서가 아니라 균형이 된다. ("폐쇄된 생태계인 열차에서 균형은 필수야. 공기 물 음식 특히 인구. 다 균형이 맞아야

해.") 질서는 균형이라는 근본원리를 지탱하는 보조원리에 지나지 않는다. (그렇게 본다면 반란이 초래하는 무질서까지도 순환이라는 근본원리가 제대로 기능하도록 하는 보조원리가 될 것이다.)

상호 대립하는 것으로 보였던 맨 앞칸의 윌포드와 맨 뒤칸의 길리엄은 사실 내통하고 있었고 서로를 필요로 하고 있었다. 인구수를 일정하게 통제하기 위해 양자가 협의해 주기적으로 반란을 제조해왔기 때문이다. (초반 전투에서 상층 계급의 병사들에게 총알이 지급되지 않았던 것은 커티스의 반란이 암묵적으로 터널까지는 진격이 허용되었기 때문이다. 하지만 애초 윌포드와 길리엄이 합의해놓은 그 선을 커티스가 넘어서자 윌포드는 길리엄을 총으로 처형함으로써 총알이 여전히 그들 수중에 있음을 드러내어 경고하고 이후 액션은 총격전으로 진행된다.)

그런 균형의 운동방식은 순환이다. 개개의 반란은 직선적이고 일회적이지만, 긴 세월을 두고 보면 그런 반란들은 반복적이고 순환적이다. 일단 태어나면 죽음을 향해 불가역적으로 달려가는 하나의 삶처럼, 「설국열차」에서 개별적인 각 인간은 저마다의 명운을 걸고 반란에 몸을 실어 꼬리칸에서 엔진칸을 향해 직선적으로 내달린다.

하지만 그 집합이라고 할 수 있는 인류는 그저 74퍼센트라는 비율만 유지되면 될 뿐, 개체의 명운 따위에는 관심을 두지 않은 채 피비린내 나는 순환을 통해 종을 유지한다. 원리로만 보면 인구수를 조절하기 위해 수많은 사람들이 비참하게 죽어나가는 봉기와 개체수를 유지하기 위해 1년에 두 차례만 맛볼 수 있는 스시 요리에는 아무런 차이가 없다. 균형은 각 개체에겐 가혹하지만 종 전체에는 은혜로운 덕목인 것이다. 뜨거운 계급투쟁의 광장처럼 보였던 「설국열차」의 세계는 사실 차가운 사회생물학의 실험실이다.

예카테리나 다리를 건널 때 새해맞이 카운트다운 행사를 하는 데서 알 수 있듯, 일직선의 궤도를 달리는 것으로 보였던 그 기차는 사실 1년에 한 번씩 전 세계를 돌도록 설계된 순환 열차다. 게다가 그 기차를 만들어낸 윌포드 인더스트리의 로고는 윌포드라는 이름의 머리글자를 따온 알파벳 'W' 둘레를 감싸는 원형의 모양으로 형상화되어 있다. 그 원형의 로고를 회전시키면 윌포드와 길리엄 사이에 가설된 전화가 나온다. 두 사람이 양자 사이에 연결된 그 전화를 통해 계속 소통해왔다는 것까지 감안하면, 사실상 그 기차는 맨 앞칸과 맨 뒤칸이 통신으로 맞물리면서 또 다른 순환의 고리를 드러내기도 한다.

윌포드는 맨 앞칸에서 열차 전체를 지배하고 있지만, 그렇다고 그가 권력욕의 화신인 것도 아니다. 「어벤져스」의 타노스와 유사한 계열의 악당으로 분류될 수 있을 윌포드를 움직이는 것은 결국 권력욕이 아니라 기차라는 세계를 존속시키는 균형의 원리를 수호하려는 의지다. 그래서 엔진룸까지 찾아온 커티스에게 기꺼이 권력을 물려주려고 한다.

윌포드는 비관주의자이면서 현실주의자이기도 하다. 그가 균형의 원리를 신봉하는 것은 그게 지고선이어서가 아니라 필요악이어서이다. "어차피 우리(인류)는 이 저주받은 쇳덩어리 기차 안에 갇힌 죄수들이고, 폐쇄된 생태계인 열차에선 균형이 필수"라고 믿기 때문이다. 아니, 잠깐만. 그렇다면 만일 이 세계가 폐쇄된 생태계가 아니라면 어떻게 되는가. 기차가 세상의 전부가 아니라면 말이다. 바로 거기서 세 번째 대비항에 속하는 인물들이 돌출된다.

그 둘은 커티스와 남궁민수(송강호)다. 두 사람은 처음 만나서 크로놀을 두고 거래를 성사시킨 후 계속 같은 방향으로 진격한다. 그러나 언뜻 정반대 편에 서 있는 듯 보였지만 사실은 같은 의도로 협력했던 윌포드-길리엄과는 정반대로, 동일한 지점을 향해 함께 행동하는 것으로 보였던 커티스-남궁민수의 목표는 서로 완전히 달랐다. 커티스는 맨 앞칸을 바라보았지만 남궁민수는 옆문을 염두에 두고 있었기 때문이다. 그러니까 둘에게서 대비되는 것은 방향이다.

엔진룸에 들어가기 전까지 커티스는 오로지 앞쪽만 바라보며 앞으로만 움직인다. 하지만 엔진룸을 코앞에 둔 남궁민수는 몸을 돌려 뒤쪽을 바라보고 앉는다. 그러고선 자신이 진짜로 열고 싶은 것은 앞문이 아니라 옆문이라고 밝힌 뒤 커티스와 격론을 벌인다. 같은 방향을 향해 함께 걸어왔던 둘은 그 순간 처음으로 정반대 방향에서 마주한다.

커티스는 꼬리칸부터 엔진이 있는 맨 앞칸까지, 열차의 모든 곳을 다니며 경험해본 유일한 자이고, 극 중 주요 인물들과 전부 다 대화를 하는 단 한 사람이지만, 옆문 역시 문이라는 사실 자체를 인식하지 못했다. 반면 남궁민수는 애초 이야기의 중간에 감옥칸에서 풀려남으로써 이야기의 옆에 끼어든 자이다. 꼬리칸에서의 참극과 무관하기에 원죄의식이 없고, 계급에 따라 위치가 결정된 자가 아니므로 계급투쟁에 대한 의지도 없다. 기차의 문과 잠금장치를 설계한 보안책임자였기에 지금은 은폐된 그 옆문의 본질을 선명히 기억한다. 그렇기에 기차의 진행 방향과 다른 방향을 염두에 둘 수 있고, 주입되고 학습된 공포에서 벗어나 기차라는 세계 밖의 또 다른 세계를 상상할 수 있다.

흥미로운 것은 남궁민수와 정반대 방향에서 마주 보며 긴 대화를 마친 후 맨 앞칸으로 들어간 커티스가 똑같은 구도 속에서 윌포드와 다시금 긴 대화를 나눈다는 점이다. 이후 윌포드에 의해 엔진룸에 혼자 서게 된 커티스는 엔진을 직접 보며 완전히 압도되는데, 그때 그는 극 중 처음으로 기차의 뒤쪽을 바라보는 위치에 서게 된다. 그전까지 앞을 향해서만 움직였던 커티스는 이제 옆을 보라는 남궁민수의 요청과 뒤를 보라는 윌포드의 요구 사이에서 최후의 선택을 해야 한다. 윌포드의 요구에 따라 그의 계승자가 된다면 커티스에게 "열차는 세계이고 우리는 인류 그 자체"가 될 것이다.

하지만 잠시 흔들렸던 그는 인류가 아니라 인간을 택한다. 엔진룸 밑의 좁은 공간에서 비참하게 일하고 있는 어린 소년들을 보았기 때문이다. 커티스는 엔진의 '멸종'된 부품을 대신해 엔진을 보살피는 역할을 하고 있던 아이들을, 다시 말해 기계의 부품이 된 인류의 미래를 끄집어내어 인간의 자리에 돌려놓는다. 윌포드의 계승자 위치에서 기차 뒤쪽에 시선을 던지며 인류라는 종을 관조했던 커티스는 그 순간 아래로 눈을 돌려 인류가 아닌 인간 하나하나를 보아낸 셈이다.

그 과정에서 커티스는 팔 하나를 잃는다. 엔진 속으로 손을 넣어 다섯 살 티미(마캔소니 리스)를 구하려다가 생긴 일이다. 설국열차 초기의 참혹한 기근 때 팔을 잘라주는 희생으로 인간성을 회복했던 사람들과 달리, 그렇게 하지 못했던 커티스는 원래 두 손을 온전히 다 가지고 있는 게 죄스러웠던 사람이다. 그런 그는 극 초반 티미와 손을 마주치며 가볍게 하이파이브를 했는데, 이야기의 끝에서 다시 티미의 손을 잡아 끌어올린 후 스스로의 팔이 잘림으로써 고귀한 희생을 한다.

이때 티미를 끌어올린 커티스의 손은 오른손인데 잘린 것은 왼손이다. 남궁민수가 격론을 벌이며 열어야 할 옆문을 오른손으로 가리킬 때, 돌아앉은 그의 자리에서 보면 그 문은 오른쪽 문이었지만 마주 보는 커티스의 자리에선 왼쪽 문이었다. 기차 밖을 염두에 둠으로써 인류 생존의 새로운 패러다임을 거시적으로 제시하는 남궁민수와 개별 인간에 대한 깊은 연민에 미시적으로 마음이 움직인 커티스가 힘을 합쳐, 혹은 구원의 손과 희생의 손이 힘을 모아, 마침내 옆문이 폭파되어 열린다. 이제 새로운 세상이고 새로운 인류다. (문이 열린 후 생존자들이 마지막에 발견하는 새로운 세계의 징표는 곰이다. '문'이라는 글자를 180도 뒤집어보면 '곰'이라는 글자가 되는 것은 우연일까.)

하지만 거기까지일 뿐, 기차 속 참혹한 세계를 만든 기성세대인 커티스와 남궁민수는 그 새로운 세상으로 나갈 자격이 없다. 둘은 인류에게 남은 마지막 두 대의 담배를 피운 사람들이고 각각 폭약과 성냥을 갖고 있었던 자들이지만, 횃불은 다음 세대가 당겨야 한다.

그러니 이 이야기를 맺기 위해서는 마지막으로 네 번째 대비항이 필요하다. 바로 요나(고아성)와 티미다. 성냥불을 그어 기차 옆문에 붙인 크로놀을 폭파시킨 것은 어린 요나였다. (어두운 터널에서 전투를 벌일 때 횃불을 가져온 사람 역시 어린아이인 첸이었다.) 성경에서 요나는 고래 뱃속에 들어갔다가 3일 만에 나온 인물이다. 「설국열차」의 요나는 투시력이 있는 것으로 묘사되는데, 그런 능력으로 문 너머에서 본 것은 복면을 쓰고 도끼를 든 채 반란군을 기다리고 있는 상층 계급 병사들이었다.

문이 열리고 나서 그 병사들이 한 최초의 행동은 커다란 물고기를 거꾸로 들어 쥐고서 배를 가르는 의식이었다. (그 행동은 극 초반 엔진 부품을 대신할 어린아이를 구하기 위해 앞칸에서 파견된 자가 티미를 거꾸로 들고 측정하는 모습과 겹친다.) 결국 요나가 투시한 것은 물고기 혹은 고래라는 세계의 배를 가르고 밖으로 나오게 될 자신의 미래 모습이었던 셈이다. (이렇게 보면 요나를 연기하는 고아성은 흡사 봉준호 감독의 전작 「괴물」에서 자신이 연기한 현서와 겹친다. 「설국열차」의 요나는 기차라는 괴물의 배를 가르고 밖으로 나오는 데 성공한 뒤, 티미라고 불리게 된 어린아이 세주를 보살피는 현서처럼 보인다.)

결국 종반부에서 붉은색 와이어를 연결해 문을 폭파할 준비를 갖추는 자도, 성냥을 그어 크로놀을 폭발시키는 자도, 모두 요나였다. 남궁민수는 기차 안에서 딸 요나를 양 옆구리에 수평으로 끼우듯 기이한 자세로 둘러메고 이동하기도 한다. 그럴 때 흡사 남궁민수의 옆으로 뻗은 두 팔처럼 보이기도 하는 요나는 결국 터져나간 옆문을 통해 새로운 세상으로 나아간다.

티미는 자신의 단백질 블록 속 최초의 핵심정보가 담긴 편지를 제공해 반란이 시작될 수 있도록 한 인물이었다. (티미 즉 티모시라는 이름이 비롯된 성경의 디모데는 바울의 편지를 받아 복음을 전파하다가 우상의 정체를 드러내어 고초를 받은 사람이다.) 정보를 전달해주는 대가로 티미가 얻어낸 것은 공이었는데, 그렇게 받은 공을 가지고 노는 대신 티미는 엔진 속에 갇혀 끔찍한 중노동에 시달리게 된다.

벌레를 갈아 만든 길쭉한 직육면체 모양 단백질 블록의 절망은 귀중한 정보가 담긴 길쭉한 기차 모양 편지의 희망과 대비되고, 이리저리 굴리며 마음껏 놀 수 있는 둥근 공의 쾌락은 단단히 고정된 채 끝없이 회전하며 노동을 줄기차게 요구하는 둥근 엔진의 고통과 대조된다. 그리고 티미는 쾌락이 고통과 교대하며 맞물리는 순환의 끝에서 엔진을 매만지던 손으로 요나의 손을 잡고 세상 밖으로 걸어간다.

그런데 최후의 생존자들이자 새로운 세계를 열어갈 또 다른 이브와 아담이라고 할 수 있을 요나와 티미는 기차가 폭파되기 직전에야 비로소 처음 만났다. 게다가 둘은 이전까지 극에서의 비중이 높은 편도 아니다. 티미는 극 초반 첫 번째 편지와 관련해 잠시 묘사되다가 엔진 부품을 대신할 아이로 선발되어 잡혀가면서 이야기 바깥에 끝나기 직전까지 머문다. 요나는 러닝타임 30분이 지나서야 감옥칸에서 풀려남으로써 처음 등장하는데, 반란군이 필요로 했던 것은 요나가 아니었기에 한동안 그저 남궁민수에 부가된 인물로 보인다. 그런데 왜 그 둘이었을까.

요나와 티미는 기차 안의 계급체계나 벌어지는 사건의 핵심적인 진행과 무관한 어린 자들이기에 기성세대가 갖게 되는 원죄의식이나 부채의식 혹은 권력의지와 무관하다. 게다가 기차라는 세계의 대부분을 장악했던 백인들과 인종이 달라서 각각 아시아인과 흑인이다. 그렇지만 이때 중요한 것은 이 두 인물이 지니는 상징성과 대표성이지 그 두 인간 자체는 아니라는 점이다. 「설국열차」는 요나와 티미라는 캐릭터를 살과 피로 빚은 후 그 속에 영혼을 불어넣는 대신, 그들에게 이 이야기에 딱 맞는 '자리'를 배정해주고서 그 자리에 맞는 역할을 수행하도록 한다. 그렇다면 살아남은 것은 결국 요나와 티미가 아니라 아시아인 여자아이와 흑인 남자아이일지도 모른다.

백인이 아닌 어린아이라면 티미 말고 (횃불을 들고 질주하던) 첸도 있었을 것이다. 그런데도 첸이 아니라 끝내 티미가 살아남는 것은 그가 잡혀가는 역할을 배정받았기 때문이고 나중에 엔진 속 가혹한 자리에서 발견되었기 때문이다. 기차라는 세계의 새로운 수호자가 될 수도 있었을 커티스의 연민을 자극해서 결국 그 낡고 차가운 세계가 무너지도록 하려면 그는 가장 비참한 처지에 놓인 어린 자여야 한다. 엔진 속에서 어린아이들이 노동하는 광경을 본 커티스가 분노했던 것은 인간이란 결코 기계의 부품이 되어선 안 된다는 믿음 때문이었다. 하지만 이 영화는 요나와 티미를 거대한 이야기 속의 부품처럼 다루는 것으로 보인다.

분명 「설국열차」는 구심력이 원심력을 거의 항상 압도하는 현재의 한국 영화계에서 유독 신선하게 도드라지는 작품이다. 새로운 세계에 대한 상상이 거대한 야심과 섬세한 디테일을 겸비한 연출로 빛을 발하는 영화이기도 하다. 그러나 아쉬움은 옅지 않다. 「설국열차」의 단점으로 중요한 정보와 메시지를 직접적으로 담은 채 연달아 길게 전달하는 두 차례 후반부 대화 장면의 내용이나 구성에 대한 문제를 거론할 수 있을 것이다. 기차칸별로 이동하면서 나뉘어 진행되는 작법의 특성 때문에 생기는 리듬 문제를 지적할 수도 있을 것이다.

하지만 「설국열차」를 보며 가장 걸리는 것은 주요 인물이 숨을 거두어도, 기차라는 세계 자체가 소멸되어도, 이 장대한 이야기가 이상하게도 별다른 감흥을 주지 못한다는 점이다. 그건 요나와 티미부터 윌포드와 남궁민수까지 캐릭터들이 장기판의 말처럼 소비되면서 플롯에 종속되었기 때문이다. (작은 인물 하나하나까지 생생하게 일으켜 세워왔던 봉준호의 영화에서 이처럼 납작한 캐릭터들을 만나게 되는 것이 낯설기까지 하다.) 또는 큰 그림을 그리는 주제의식이 선명히 빛을 발하게 하느라 극의 생동감이 사그라들었기 때문이다. 그리고 무엇보다 인류가 아니라 개별 인간에 주목하는 종반부의 커티스와 달리, 「설국열차」에서 봉준호는 내내 인간이 아니라 인류 전체를 바라보고 있기 때문이다. 흡사 정해진 원리에 따라 또박또박 차가운 손길로 세계창조를 집행한 후 어느새 사라져버린 신의 아득한 침묵을 대하는 것 같다.

2020. 3.

「설국열차」 1차 대담

이동진×봉준호×뱅자맹 르그랑×장마르크 로셰트

「설국열차」는 여러 가지 측면에서 무척이나 궁금한 영화다. 무엇보다 「살인의 추억」과 「괴물」로 연이어 놀라운 성과를 낸 봉준호 감독이 연출하게 될 작품이라는 점에서 주목되지만, 원작이 프랑스 만화인 SF 대작이라는 측면에서도 그렇다. 게다가 이 작품의 제작자는 「올드보이」의 박찬욱 감독이다. 준비 기간이 오래 걸리는 이 영화는 2011년은 되어야 완성되어 개봉할 수 있을 것으로 보인다. (실제로는 2013년에 완성되었다. 이 대담은 「설국열차」 개봉 5년 전인 2008년에 열렸다.) 하지만 많은 관객들이 이 작품에 대해 벌써부터 큰 기대를 걸고 있다.

「설국열차」에 대한 궁금증을 상당 부분 해소할 수 있는 행사가 서울무역전시컨벤션센터에서 열렸다. 바로 제12회 서울국제만화애니메이션페스티벌(이하 SICAF)이 마련한 「설국열차 만화, 한국에서 영화를 만나다」라는 이름의 대담 행사다. 『설국열차』 원작자인 프랑스의 뱅자맹 르그랑(글), 장마르크 로셰트(그림), 그리고 봉준호 감독과 만나 이야기를 나눴다.

앙굴렘 국제만화제에서 대상을 수상한 원작 『설국열차』는 1984년 자크 로브의 글과 장마르크 로셰트의 그림으로 출간되었다. 자크 로브가 별세한 후인 1999년과 2000년에는 『설국열차』의 2부와 3부가 이어졌다. 새로 뱅자맹 르그랑이 대신 이야기 부분을 맡아 작업을 한 것이다. 『설국열차』 3부작은 지구가 대재앙을 맞아 눈과 얼음으로 뒤덮인 상황에서, 기차에 올라타게 된 생존자들이 기나긴 여행을 하게 되면서 벌어지는 갖가지 이야기를 독창적이고도 암울한 필치로 담아낸 SF다. 봉준호 감독은 『설국열차』 원작 중 1부를 중심으로 영화화하되, 2~3부의 모티브도 상당 부분 포함할 예정이라고 밝혔다.

이동진 저는 봉준호 감독님이 『설국열차』의 영화화 계획을 발표하기 전까지 프랑스 만화 원작에 대해 알지 못했습니다. 그런데 봉 감독님의 신작이라는 것과 원작의 간단한 설정만 듣고도 큰 흥미가 생겼지요. 게다가 이 영화의 제작자로는 박찬욱 감독님이 나섰습니다. '대체 어떤 원작이길래 이 두 분을 함께 매혹시켰을까'라는 생각이 들어서 원작 만화를 구해봤습니다. 다 보고 나니 원작의 매력을 제대로 맛보게 되면서, '아, 바로 이러이러한 점들 때문에 영화화하겠다는 생각을 했겠구나' 싶은 느낌이 강하게 들었습니다.

봉준호 저는 2008년 9월부터 다음 작품인 「마더」를 먼저 찍을 예정입니다. 그래서 「설국열차」가 제겐 차차기 작품인 셈인데, 먼저 닥친 영화 「마더」 준비를 하느라고 「설국열차」는 아직 본격적으로 진행하진 못하고 있어요. 그런데 원작을 만드신 두 작가분과 이번에 다시 만나게 되어 무척 기쁩니다. 덕분에 며칠 동안 계속 저녁마다 만나 이야기를 나누며 재미있는 시간을 보냈죠. 앞으로 완성 때까지 몇 년의 시간이 더 걸리겠지만, 이렇게 원작자분들과 만나게 되면 그때마다 영감도 얻을 수 있는 것 같습니다.

이동진 저 멀리 한국이란 나라에서 영화화 제의가 들어왔을 때, 그리고 그 영화를 봉준호 감독이란 사람이 만든다고 했을 때, 어떤 느낌이셨는지요.

르그랑 무척 놀랐죠. 그리고 즐거웠습니다. 봉준호 감독님 작품들을 이미 인상적으로 본 상황이라 더욱 기뻤어요.

로셰트 저는 제안을 받기 전까지 봉준호 감독님의 영화를 본 적이 없었어요. 프랑스 파리에 오셔서 영화화 제안을 하시고 난 뒤에 처음 접했죠. 작품들이 무척 흡족해서 우리의 원작을 어떻게 영화로 만드실지 더욱 기대가 됐습니다.

이동진 지구 한쪽에 있는 나라의 예술가와 반대편 쪽에 있는 나라의 예술가가 서로 연결되어 작품이 나오게 되는 과정은 참 신비롭게까지 여겨집니다. 「설국열차」는 감독님이 자주 가시는 서울의 홍익대 근처 만화서점에서 원작을 발견하면서 그 인연이 시작된 경우라고 들었습니다. 그때 처음 원작을 보고 났을 때 어떤 점에 매료되셨습니까.

봉준호 자주 가는 만화서점이 홍대 앞에 있습니다. 스트레스가 쌓일 때마다 한 달에 한두 번씩은 가는 편이죠. 거기 가면 이것저것 뒤지다가 충동구매를 합니다. 그러니까 그때가 2004년이었어요. 「살인의 추억」이 끝나서 「괴물」을 준비하던 시절이었는데, 우연히 그 서점에서 『설국열차』를 발견한 거죠. 무척 흥미로워 책방에서 선 채로 다 읽었어요. 기차에 대한 로망이 누구에게나 있을 거예요. 칙칙폭폭 달리는 기차와 창밖으로 흘러가는 풍경을 생각하면 다들 마음이 들뜰 테니까요. 그런데 특히 이 원작은 기차 밖이 영하 80도의 혹한인 상황에서 살아남은 사람들이 기차를 타고 끝없이 간다는 설정이 너무나 매력적이고 놀라운 아이디어였습니다. 그림도 매혹적이었고요. 게다가 그 살아남은 사람들이 엄혹한 상황 속에서도 서로 생존을 위해 힘을 합치지 않고 기차의 칸들마다 나뉘어 거듭 싸우는 게 충격적이었죠. 맨 뒤 꼬리칸에는 비참한 형편의 사람들이 있는데, 앞으로 갈수록 여유로운 지배층이 타고 있죠. 비행기에서 이코노미클래스를 타고 열 몇 시간씩 허리 통증을 참아가며 비행을 한 끝에 내리다 보면, 가끔 비즈니스나 퍼스트클래스의 좌석을 지나쳐서 내리게 되는 경우가 있죠. 그때 그 넓은 자리를 보면, 갑자기 울컥하기도 하잖아요? 아니, 이 사람들은 이렇게 넓고 쾌적한 자리에 앉아서 왔단 말이야?(웃음) 그런 경험이 떠오르기도 했습니다.

이동진 박찬욱 감독님은 어떻게 이 영화의 제작을 맡게 되셨습니까.

봉준호 영화화를 결심하고 처음엔 제 영화를 이전에 제작하신 한 제작자분께 제안했어요. 그런데 그분이 별다른 관심을 보이지 않으셨죠. 그래서 마침 당시에 직접 제작사를 만든 박찬욱 감독님께 원작을 보여줬더니 무척 좋아하시더군요. 그 이후 곧바로 판권을 구입하게 된 겁니다. 두 작가분들을 직접 뵙게 된 것은 2006년이 되어서였습니다. 르그랑 씨는 제 영화 「괴물」이 상영된 2006년 칸 영화제 때 비평가주간 심사위원으로 오셔서 자연스럽게 만날 수 있었습니다. 물론 일체의 비용도 들지 않았죠.(웃음) 영화제가 끝난 뒤 파리로 가서 로셰트 씨도 만났어요. 작업실로 초청해주셨거든요. 그렇게 몇 년이 지났는데, 여전히 계속 준비 중이네요.(웃음)

이동진 『설국열차』의 원작은 사실 분량이 그리 많지 않습니다. 그런데도 그 안에는 정말 다양한 모티브들이 담겨 있습니다. 죽지 않기 위해 끝없이 궤도를 달려야 하는 사람들의 이야기라는 점에서 실존적인 측면이 있는가 하면, 계급 문제를 포함해 많은 사회 문제를 다루고 있어서 문명비판적인 측면도 강합니다. SF는 먼 훗날을 무대로 하지만, 사실 미래라는 가상의 시공간을 빌어서 갖가지 문제들을 지닌 현재에 대해 발언하는 장르잖습니까. 르그랑 작가님은 『설국열차』에서 미래를 온갖 비관적인 전망으로 가득 찬 디스토피아로 그리셨는데, 그 속에서 특히 어떤 점을 강조하고 싶으셨는지요.

르그랑 일단 말씀드리고 싶은 것은 『설국열차』의 1부 이야기는 작고한 자크 로브 씨가 1980년대에 만들었다는 점입니다. 그 당시에 그림 작업을 맡은 로셰트 씨는 아주 어린 신인이었죠. 그리고 십수 년 세월이 흘러 2부와 3부를 로셰트 씨와 제가 하게 된 겁니다. 이제 질문에 대답하면, 일반적으로 우리가 미래를 이야기할 때는 사실 현재를 언급하고 있는 것입니다. 이미 현실에 존재하고 있는 것들을 변형해서 어떤 것은 코미디로, 또 어떤 것은 SF로 만드는 셈이죠. 결국 모두 현재에서 출발하는 겁니다. 저는 1부에서 이미 로브 씨가 만들어놓은 아이디어로부터 출발해 이야기를 계속 만들었습니다. 봉준호 감독님 설명처럼, 갇힌 사람들끼리 어떻게 생존하고 있는지가 가장 중요했죠. 1부에 그 작품이 나왔던 1980년대의 관심사가 담겨 있다면, 2~3부에는 최근의 모티브들을 담아내려 했습니다. 예를 들어, 갇힌 사람들이 가상 게임을 한다는 모티브라든지, 사이비 종교 집단의 문제 등에 대해서도 이야기를 하고 싶었던 겁니다.

이동진 3부작인 원작을 다 읽고 나면 흥미로운 요소가 보입니다. 이야기의 경우, 1부와 2~3부에서 맡으신 분들이 서로 다름에도 불구하고, 스토리의 맥은 확실히 이어지는 느낌입니다. 반면에 1부와 2~3부의 그림은 모두 로셰트 작가님이 담당했음에도 불구하고, 그 그림체는 마치 서로 다른 사람이 맡은 것처럼 차이가 나죠. 1부가 설명적인 느낌이 강한 펜화의 느낌이라면, 2~3부는 선의 경계가 분명하지 않은 붓 터치의 그림인데, 개인적으론 2~3부의 그림이 좀 더 어둡고 디스토피아적으로 느껴집니다. 이렇게 그림체가 달라진 것은 어떤 이유 때문입니까.

로셰트 처음 1부를 그릴 때 저는 스물다섯이었습니다. 작고하신 로브 씨가 오랫동안 함께 그림을 그려줄 사람을 찾았는데, 출판사에서 저를 택했던 거죠. 제가 보기엔 자크 로브 씨가 만들어낸 이야기의 표현력이 워낙 뛰어났어요. 그리고 그땐 제가 너무 어리기도 했기에 시키는 대로 다 했습니다.(웃음) 그때 제 그림은 솔직히 의욕만 넘친 작업이었죠. 그러다 십수 년이 흘러서 2~3부 작업을 다시 하게 됐습니다. 그사이에 나이도 들고 경험도 쌓였던 데다가 다른 일들도 하다 보니, 지금의 이런 스타일이 확립된 겁니다. 또 한 가지 이유를 더 든다면, 1부와 달리 2~3부는 붓을 사용해서 그렸기에 부드러움과 유연함이 더해졌다는 점이겠죠.

봉준호 저도 조금 부연하고 싶네요. 로셰트 작가님의 작업실을 방문할 때 보니까, 중국과 일본을 비롯한 아시아 화집들을 많이 갖고 계시더라고요. 붓으로 작업하신 것들도 볼 수 있었습니다. 방문할 때 제가 한국화 화집을 선물해드리기도 했죠. 2~3권을 보면 이전과 확연히 다른 동양화의 느낌이나 수묵화의 터치가 살아 있는 독특한 그림체를 볼 수 있죠. 『설국열차』 외에도 작업하신 다른 책의 일러스트나 그림들을 보면, 서양식 수채화와 동양식 수묵화가 뒤섞인 독특한 작품들이 많습니다. 로셰트 작가님 작업실은 진짜 작업을 하는 사람들이 모여 있는 공간의 느낌이 제대로 풍겨나는 곳이어서 인상적이었어요. 처음 만나 그 작업실 근처 카페에서 두 시간 가까이 많은 이야기를 나눴습니다. 제 영어도 이상하고 저분 영어도 이상한데, 참 즐거운 대화였죠.(웃음)

이동진 어떤 원작을 좋아하는 것과 그 작품을 영화로 만들겠다고 결심하는 것에는 큰 차이가 있을 겁니다. 매혹적인 이야기 모티브에 대해서는 말씀해주셨으니, 이 원작에서 묘사된 이미지나 시각적 모티브 중에서 흥미롭게 느껴져 영화에 옮겨 쓸 것 같은 요소들은 어떤 것들인지 설명해주시겠습니까?

봉준호 일단 폐소공간 모티브에 매혹되는 것 같습니다. 많은 감독들이 폐소공간에 매혹되곤 하는데, 『설국열차』는 설정 자체가 기차라는 폐소공간을 다루고 있잖아요? 게다가 기차는 닫힌 공간이면서도 계속 움직이고 있어서 시각적 모티브가 강렬하죠. 특히 2~3부를 보면, 눈 속을 달리는 기차에 창문조차 없어요. 창밖을 볼 수 없는 폐소공간 속에서 폐쇄회로 티비를 통해 본다는 모티브가 시각적으로 무척 매력적이죠. 그 외에도 당장이라도 영화에 쓰고 싶을 정도로 재미있는 디테일들이 많습니다. 예를 들면, 인류의 생존을 위해 육류가 재생산되고 있는 칸의 독특한 설정이라든가 야채를 재배하는 칸 같은 게 그렇죠. 2~3부에 보면 기차 안의 감옥이 등장하기도 합니다. 사실 기차 전체가 감옥인 셈인데, 그 안에 또 범법자를 가두는 공간이 따로 있다는 거죠. 오늘날 병원의 시체 안치소를 떠올리게 하는 서랍형 공간에 가두는 겁니다. 이런 게 감독이나 미술감독을 흥분시키거나 영감을 주는 부분들일 겁니다. 사실 『설국열차』를 영화화하려면 넘쳐나는 아이디어를 통제할 필요가 있어요. 원작의 뛰어남 때문에, 무엇을 택할 것인가가 아니라 무엇을 포기할 것인가를 고민해야 하는 행복한 상황이랄까요. 사실 저는 개인적으로 어릴 때부터 좁고 밀폐된 공간을 유독 좋아하기도 했어요. 옷장 속에서 문을 닫고 네댓 시간씩 있기도 했고요.(웃음) 에밀 쿠스투리차의 「언더그라운드」 같은 영화를 보면, 사람들이 지하에서 몇십 년이나 살아가는 모습이 나오죠. 『설국열차』에서도 갇힌 공간에서 살아가는 사이에 새로 태어나게 된 세대들까지 그려져요. 그런 것들이 감독의 영감을 풍성하게 자극하는 것 같습니다.

이동진 아닌 게 아니라, 그간 감독님 영화들 속에선 공간의 크기에 대한 대조적 맥락이 무척 중요했죠. 「살인의 추억」이나 「괴물」에서 보듯 끔찍한 일이 벌어지는 곳은 드넓은 벌판이거나 광대한 한강변인 반면, 아늑하고 평온한 곳은 한강변의 매점 안처럼 좁고 누추한 곳이니까요. 『설국열차』의 영화화를 생각할 때 이와 관련해 제가 무척 궁금한 것은 폐소공간의 맥락이 어떻게 펼쳐질 것인가 하는 것입니다. 감독님 영화 특유의 '안락하고 위로를 주는 좁은 공간'의 모티브와 『설국열차』의 원작이 갖고 있는 '문명의 온갖 문제가 아우성치는 좁은 공간'의 모티브가 어떻게 부딪치거나 만나는가 하는 점 말입니다. 저는 그 연장선상에서 르그랑 작가님께 질문을 드리고 싶습니다. 원작에 등장하는 기차는 모두 1,001량인데, 그게 앞에서부터 맨 끝까지 계층화되어 있습니다. 맨 뒤칸에 탄 사람이 맨 앞까지 가려면, 순서대로 그 모든 칸을 거슬러 올라와야 하는데, 그런 모티브 자체가 계급 문제를 시각적으로 강렬하게 보여줄 수 있는 요소인 것 같습니다. 기차의 특성과 이런 사회 계급적 맥락을 어떻게 연결시키실 생각을 하셨습니까.

르그랑 앞쪽에 권력자들이 자리 잡고 있다는 아이디어는 작고한 로브 씨의 생각이었습니다. 제가 다시 말해본다면, 기차를 움직이는 것이 바로 엔진이니까 엔진은 곧 권력이라는 거죠. 그러니 권력에 가까이 있는 칸에 권력자들을 위치시키고, 멀리 떨어진 곳에 권력이 없는 자를 둠으로써 계급 문제를 시각화하는 겁니다. 뒤에서 앞으로 이동하면 할수록, 사회계급체계에서 위쪽으로 올라가는 시스템이라고 볼 수 있겠죠. 그런데 더 큰 문제는 외부 온도가 영하 80도인 상황에서, 기차가 멈추면 다 죽는다는 것입니다.

이동진 로셰트 작가님은 이 독특한 이야기를 그림으로 시각화하기 위해서 어떤 원칙을 갖고 계셨는지요.

로셰트 1부 작업을 할 때는 제가 신인이라 경험이 없었기에 이야기의 무게에 많이 짓눌렸어요. 세월이 흘러서 2~3부 작업을 할 때는 좀 달랐죠. 영화에서의 스토리보드를 만든다는 느낌으로 했거든요. 이를테면 빠른 이야기 전개 같은 것에 더 집중했습니다. 캐릭터들을 그려내기 위해 마치 영화배우를 캐스팅하는 것처럼 상상하며 직접 얼굴을 조각해보기도 했어요.

이동진 많은 분들이 「설국열차」의 제작 과정이나 방식에 대해 궁금해합니다. 예를 들어서, 캐스팅은 어떻게 하는지, 배우는 한국 배우 위주로 짜이는지 외국 배우들도 포함되는지, 극 중 언어는 한국어인지 영어인지 프랑스어인지, 제작 기간은 어떻게 되는지 등등 말입니다.

봉준호 현재로선 모든 게 준비 단계입니다. 한국의 젊은 SF 작가 한 분이 각색을 하고 있는 단계라서 모든 것을 세부적으로 결정하진 못하고 있는 상황입니다. 제가 가진 기본 콘셉트만 말씀드린다면, 다국적 성격을 가진 영화가 되지 않을까 싶습니다. 아마도 다양한 국적의 배우들이 뒤섞일 듯해요. 저는 사실 합작을 위한 합작 영화를 싫어하는데, 이 영화는 스토리 자체가 그런 콘셉트를 갖고 있어서 그게 적절한 것 같아요. 대사도 한국어 대사와 외국어 대사가 뒤섞일 듯합니다. 최근 미셸 공드리, 레오 카락스 감독과 함께 옴니버스 영화 「도쿄!」에 참여했는데, 작업하기 전엔 '일본 배우나 일본 스태프와 제대로 소통할 수 있을까'가 의문스럽기도 했어요. 그런데 막상 작업을 해보니까 어디서 누구와 해도 다 똑같다는 것을 알게 됐어요. 말은 달라도 인간이 표현하는 방식은 동일하기 때문이었죠. 결국 저는 영화가 인간의 감정을 다루고 전달하는 매체라서 똑같다는 결론에 도달하게 됐어요. 저로서는 규모가 큰 「괴물」이든 규모가 작은 「플란다스의 개」든 스토리와 감정을 어떻게 다뤄서 관객을 끌고 갈 것인가라는 점에서는 근본적으로 같다고 봅니다. 새 영화를 만들면 매번 새로운 국면이나 조건에 처하게 되지만, 돌이켜보면 제가 겪어야 했던 고충이나 고민은 늘 동일하게 반복되는 느낌이라고 할까요. 「마더」를 준비하고 있는 지금도 시나리오를 쓰면서 겪는 고민이 똑같습니다. 그래서 자괴감도 생겨요. 어쨌든 10여 년간 장편 시나리오를 세 편 이상 썼는데도 뭔가 축적된 느낌이 없고, 매번 새로운 인물과 과제인 것 같아서, '내가 계속 제자리걸음을 하는 건 아닌가' 싶은 공포감이 생기는 거죠.

이동진 SF인 「설국열차」의 특수효과에 대해서는 어떤 복안을 갖고 계시는지요.

봉준호 아마도 많은 특수효과가 필요하겠죠. 준비해야 할 것이 많아서 아주 힘든 작업이 될 것 같습니다. 「괴물」을 만들 때도 무척 고생했는데, 저는 개인적으로 규모가 크고 제작비가 많은 영화가 싫어요. 「괴물」도 하다 보니 어쩔 수 없이 제작비가 커진 경우였죠. 「설국열차」 역시 기차 풍경이나 대지가 얼어붙은 스펙터클을 보여주려면 어쩔 수 없이 규모가 커질 겁니다. 그러나 제가 보여주고 싶은 것이 규모 그 자체라거나 외국 배우들을 캐스팅했다는 것은 아닙니다. 얼어붙은 땅을 달리는 기차나 스토리가 주는 정서 같은 것, 인간들의 처절한 모습을 제대로 보여주고 싶은 거죠. 그런 걸 보여주려다 보니 특수효과와 스펙터클도 어쩔 수 없이 보여주려고 한다는 게 더 맞는 말인 것 같습니다. 「설국열차」는 비주얼이 중요할 수밖에 없는 영화인데, 각색 초반이니 세부적으론 말 못 해도, 이 영화의 가장 기본적인 설정이 보는 분들로 하여금 영화를 피부로 직접 느끼게 하고 싶다는 것임은 말씀드릴 수 있을 것 같아요. 생존자들이 기차에 타고 있는데 바깥은 영하 80도의 혹한이라는 사실을 구체적인 물리적 감각으로 전달하고 싶습니다. 단순히 '기차 내부는 세트에서 찍고 창밖 풍경은 블루 스크린으로 처리했겠지'라고 짐작되도록 쉽게 넘어가는 게 아니라, 창문 틈새로 스며드는 냉기가 관객의 살갗에 닿는 느낌을 만들고 싶다고 할까요. 그런 기본적인 전제가 관객을 설득하지 못한다면, 이후 인물들의 우여곡절이나 영화에서 펼쳐지는 사건들이 모래 위에 성을 지은 것처럼 쉽게 무너질 수 있다는 거죠. 가장 기본적이고 원초적인 감각을 살려내서, 기차에서 떨어지는 건 곧 죽음을 의미한다는 것임을 구체적으로 전달하고 싶어요. 저는 개인적으로 요즘 할리우드 영화를 보면 신기한 비주얼 이펙트가 많긴 한데, 컴퓨터그래픽이 지나치게 남용된다는 느낌이 듭니다. 「설국열차」에서는 물리적이고 아날로그적인 느낌을 주고 싶어요. 기차를 실제로 만들어서 남극이나 북극 같은 곳에서 실제로 스태프들이 추위에 떨며 찍은 것 같은 느낌이 아니면 곤란할 듯합니다.

이동진 듣기만 해도 괜히 제가 다 걱정이 되네요.(웃음) 각색의 큰 방향을 어떻게 잡고 계시는지요. 이를테면, 모두가 좋아하는 '봉준호식 유머'는 이 작품에도 들어갈 것인지 궁금합니다. 저는 감독님 특유의 유머가 전략이라기보다는 본성이라고 보는데, 그런 측면에선 「설국열차」에도 유머가 빠질 수 없을 것 같긴 합니다. 하지만 원작이 워낙 암울해서 그게 쉽지 않을 것처럼 보이기도 하는데요.

봉준호 각색 작업은 크게 두 가지 틀로 진행되고 있어요. 현재는 작가가 쓰고 있는 단계죠. 내년에 제가 직접 각색을 할 계획인데, 그때 제가 노트북을 열었을 때 어떤 방향으로 갈지는 저도 잘 예측하지 못하겠어요. 사실, 그동안 유머를 의식하고 넣은 적은 없었어요. 괴물 이야기든, 연쇄살인 이야기든, 이웃집 강아지를 죽이려다가 실패하는 이야기든, 모두 하다 보니 유머가 저절로 나온 경우였죠. 어느 정도 유머가 있어야 한다고 의식해본 적은 한 번도 없었습니다. 결과적으로는 아마도 「설국열차」에도 유머가 나올 것 같습니다. 저는 호러를 찍어도 어쩔 수 없이 자연스럽게 그런 게 나올 듯해요.(웃음) 그게 제 특성이니까요. 그런데 저도 질문을 하나 하고 싶습니다. 『설국열차』는 흑백 작품인데, 애초에 로셰트 씨가 흑백으로 하기로 한 데 어떤 동기나 이유가 있었는지 궁금합니다.

로셰트 『설국열차』는 1980년대의 대표적 프랑스 만화 잡지에 발표한 작품이었어요. 그런데 그 잡지가 흑백잡지였거든요.(웃음)

봉준호 흑백으로 그려야 한다는 점이 불만스럽지는 않으셨나요?

로셰트 그런 건 없었어요. 다르게 할 수도 없었고, 생각조차 못 했죠. 그런데 선택의 여지가 있었어도 흑백으로 했었을 것 같아요. 흑백은 현실에서 멀어지는 느낌을 주기 때문입니다. 예를 들어, 정원 사진을 찍었는데 그게 초록색이 아니라 흑백이면 불안할 수도 있고 이상할 수도 있는 야릇한 느낌이 생기겠죠. 그림 작가로서 말하자면, 일반적으로 흑백으로 그리게 되면 선 같은 게 가장 잘 살아나는 것 같습니다.

봉준호 애초에 연재하셨던 그 1980년대 잡지를 보고 싶네요. 그걸 아직도 갖고 계신지요.

로셰트 갖고 있습니다.

이동진 아무래도 오늘 대담이 끝나면 또 다른 거래가 있을 것 같네요.(웃음) 만화와 영화는 원래 근친 관계에 있었지만, 최근 들어 더욱 가까워지고 있는 것 같습니다. 매년 여름이면 만화 원작을 영화화한 슈퍼히어로 작품들이 쏟아져 나오고 있습니다. 이와는 조금 다른 측면의 영화화로는 프랭크 밀러의 경우를 들 수 있습니다. 「씬 시티」나 「300」 같은 영화는 원작자인 프랭크 밀러의 만화 프레임들을 그대로 영화로 옮기다시피 한 작품들이죠. 이런 작업들에 대해서 로셰트 작가님은 어떻게 느끼고 계시는지요.

로셰트 프랑스에서 만화를 영화화한 작품으로는 아무래도 『아스테릭스』 시리즈가 가장 유명할 것 같습니다. 개인적으로는 로버트 알트만의 「뽀빠이」 같은 영화를 좋아합니다. 프랭크 밀러의 「300」도 만화를 영화로 잘 옮긴 경우일 겁니다. 그런데 『설국열차』를 영화로 옮기려면 원작 만화의 그림을 염두에 두시지 않는 게 좋을 것 같아요. 이야기 자체가 대단한 힘을 갖기에 누가 만들어도 자기만의 스타일로 얼마든지 풀어낼 수 있는 힘이 있다고 생각하거든요.

이동진 르그랑 작가님은 시나리오를 쓰시는 등 영화 일도 많이 하시는데, 한국 영화를 보면서 어떤 느낌을 받으셨는지 궁금합니다. 프랑스 영화와 어떤 점에서 같거나 다르다고 생각하시는지요.

르그랑 저는 한국 영화를 좋아합니다. 물론 그중에서도 특히 봉준호 감독님 영화를 좋아하죠.(웃음) 프랑스 영화와 한국 영화의 유사점에 대해 이야기한다면 현실을 이야기한다는 것, 그리고 그 현실의 문제를 이야기할 때 슬픈 톤이 아니라 유머러스한 톤으로 말한다는 것입니다. 할리우드에 대항하고자 양쪽이 함께 열심히 노력하고 있다는 점도 같죠.

이동진 감독님은 만화를 실제로 무척 즐기시는데, 영화감독으로서 만화라는 매체에 대해서 어떻게 생각하십니까.

봉준호 저는 어릴 때부터 만화를 많이 그렸습니다. 초등학교 때부터 그렸던 만화를 아직도 갖고 있기도 합니다. 고등학교 때는 성당을 다니기도 했는데, 그때 성당 회지에 단편소설을 각색해 만화를 그린 적도 있었어요. 물론 실력은 별로였지만요. 대학 때는 돈을 받고 학보에 한 학기 동안 '연돌이와 세순이'라는 네 칸짜리 카툰을 연재하기도 했습니다. 이렇게 돈을 받고 만화를 그린 적이 있었기에, 저는 제 자신이 만화가라는 착각을 살짝 할 때도 있어요. 영화감독이 된 후에도 대부분의 스토리보드를 직접 그립니다. 카메라로 찍을 장면을 미리 한 칸 한 칸 콘티로 그리다 보면, 다시 내가 만화가가 된 듯한 즐거운 착각에 빠지기도 해요. 완성된 콘티가 DVD에 책처럼 묶여 나오는 적이 있는데, 그럴 때면 제가 그린 만화책이 나온 것 같은 착각에도 빠집니다. 읽는 것도 좋아하지만, 좋지 않은 솜씨로나마 계속 그리고 있기에, 제게는 만화가 영화만큼이나 제 몸에 익숙한 매체입니다. 어쨌든 완성된 「설국열차」를 원작자분들과 함께 대형 화면에서 보고 있을 광경을 생각하면 상상만 해도 즐겁고 흥분됩니다. 그날이 빨리 왔으면 좋겠습니다.

이동진 문자 그대로 '쿨'한 영화가 될 듯하네요. 겨울에 찍어서 여름에 상영하면 정말 좋겠습니다. (아닌 게 아니라 「설국열차」는 이로부터 5년 뒤인 2013년 8월 1일, 여름의 한복판에서 개봉되었다.)

대담 2008. 4. **정리** 2008. 4.

「설국열차」 2차 대담
이동진×봉준호×뱅자맹 르그랑×장마르크 로셰트

이 글은 앞에 실린 2008년 「설국열차」 첫 번째 대담에 이어, 2013년 실제 개봉 때 이루어진 두 번째 대담이다. 5년이 흐른 뒤 원작자인 뱅자맹 르그랑과 장마르크 로셰트 작가, 그리고 봉준호 감독이 다시 만나서 완성된 「설국열차」에 대해 다양한 이야기를 나눴다. 기획 단계에서 오가는 대화와 실제로 완성된 작품을 두고 나누는 대화를 비교해서 보아도 흥미로울 것 같다.

이동진 오늘 특별한 자리에 세 분을 모셨습니다. 「설국열차」 개봉을 맞아 내한한 뱅자맹 르그랑 작가님과 장마르크 로셰트 작가님, 그리고 봉준호 감독님입니다. 르그랑 작가님은 프랑스 원작 만화에서 글을 맡아주셨고, 로셰트 작가님은 그림을 그려주셨죠. 세 분은 「설국열차」가 기획 단계였던 5년 전에도 한국에서 오늘과 비슷한 행사

를 하셨는데, 그때에 이어 제가 다시 함께하게 된 것을 기쁘게 생각합니다. 저로선 한 영화가 기획되고 완성되기까지 참 많은 시간이 걸리고 지난한 과정을 거친다는 생각이 새삼스럽게 다시 들기도 하네요. 봉준호 감독님은 어떤 기분이신가요.

봉준호 두 작가님을 처음 만난 게 2006년이었습니다. 판권을 해결한 후 카페에서 만나 영화화에 대해 말씀드렸는데, 그로부터 오랜 세월이 흘러 이렇게 두 분이 한국에 오셔서 이 영화를 함께 보시게 되어 무척 기쁘네요. 어제와 오늘 연달아 두 번 같이 봤는데 정말 긴장이 되더라고요. 혹시라도 원작 만화를 쓰고 그리신 분들이 이 영화를 싫어하면 어떡하나 싶었는데, 다행히도…… 뭐, 그 얘길 제가 할 순 없겠죠.(웃음) 함께 관람한 게 정말 기분 좋은 일이었습니다. 그래서 어제도 끝나고 두 분 모시고 즐겁게 술 한잔했어요.

이동진 르그랑 작가님과 로셰트 작가님께도 소감 한 말씀 부탁드립니다.

르그랑 이렇게 멋진 영화를 감독님과 함께 볼 수 있어서 정말 큰 영광이었습니다. 어제도 관람하면서 너무나 감동적이어서 울 뻔했는데, 오늘 두 번째 보면서 또다시 그랬어요.

로셰트 저 역시 큰 영광입니다. 봉 감독님 뵌 이후로 이 작품 만나기를 정말 오래 기다렸거든요. 어제도 참 좋았는데, 더 나은 컨디션에서 오늘 다시 보니 더욱 좋게 느껴집니다. 기대보다도 훨씬 뛰어난 작품이었어요.

이동진 작고하신 글 담당 자크 로브 작가님과 그림 담당 로셰트 작가님을 통해 만화 『설국열차』의 1부가 나온 게 1984년이었습니다. 로브 작가님이 세상을 떠나신 후 뱅자맹 작가님이 새로 글을 담당하시고 로셰트 작가님이 계속 그림을 맡으셔서 2부와 3부가 나온 건 1999년과 2000년이었죠. 결국 1부가 나온 이후 세월이 30년 넘게 흘러 이렇게 영화화까지 되었습니다. 오래도록 마음에 품어왔던 이미지들과 이야기들이 영화로 옮겨진 걸 어제 처음 보셨을 때 제일 먼저 어떤 생각이 드셨는지요.

로셰트 자크 로브 작가님과 함께 처음 『설국열차』에 참여했을 때 제 나이는 스물다섯 살이었습니다. 로브 작가님은 제가 프랑스의 3대 만화작가 중 한 분으로 꼽을 만큼 훌륭한 분이셨는데요, 특히 『설국열차』는 그분께도 큰 의미가 있는 뛰어난 작품이었죠. 이미 당시에도 영화화 제안이 여러 번 있었는데 이런 미래를 예측하셨던 건지 모두 다 거절하셨습니다. 제 생각엔 그때 아주 좋은 결정을 하셨던 것 같아요. 왜냐하면 『설국열차』야말로 봉준호 감독님과 이 시대에 딱 맞는 작품이라고 생각하기 때문이죠. 봉 감독님의 영화적 재능이 탁월하기도 하지만, 1980년대였다면 당시의 기술적 수준으로는 이렇게까지 멋지게 완성될 수는 없었을 것 같아요.

르그랑 로브 작가님이 세상을 떠나시기 전에 제게 작업을 이어서 해달라고 부탁하셨습니다. 당시에는 전혀 빛을 보지 못했지만, 제가 실제로 『설국열차』 시나리오 작업을 하기도 했었죠. 그러다 로브 작가님이 별세한 뒤 몇 년 후 로셰트 작가님이 제게 『설국열차』의 2부와 3부를 써보면 어떻겠냐고 제안을 해주신 거죠. 처음에는 1부에서 모든 주인공이 다 죽었으니 어떻게 2부와 3부를 쓸 수 있겠나 싶었는데, 결국 고민 끝에 새 생명을 작품에 불어넣어서 속편이 발간

될 수 있었죠. 그리고 그로부터 시간이 더 흐른 어느 날, 봉 감독님이 서울의 한 만화서점에 갔다가 이 작품을 발견하시는 바람에 이렇게 영화화되는 영광까지 얻게 된 상황을 생각하면 참 운이 좋았던 것 같습니다.

이동진 5년 전에 오늘 함께 해주신 세 분과 하루 종일 동행한 적이 있었습니다. 그때 보니 두 작가님이 봉 감독님을 대하는 태도가 시종 따뜻하시고 각별하셔서 인상적이었죠. 그런데 그날 들었던 얘기 중에서 또 기억나는 것은 두 분이 체류하면서 술자리를 가지신 후 한국의 대리운전 시스템에 크게 감탄을 하셨다는 겁니다. 이렇게 효율적인 시스템이 이 동방의 먼 나라에 있구나.(웃음) 이번에는 어떻게 지내고 계십니까.

르그랑 그때보다 일정이 더 바쁜 것 같은데 그래도 어제저녁엔 잠깐 짬이 나서 봉 감독님이랑 저녁을 먹고 기분이 좋을 정도로 술도 조금 마셨어요.

이동진 「설국열차」에 등장했던 단백질 블록과 흡사하게 생긴 음식이 한국에 있습니다. 양갱이라고 부르는데요, 혹시 드셔보셨나요.(웃음)

르그랑 먹어봤어요. 굉장히 달더라고요.(웃음)

이동진 저는 이번에 완성된 「설국열차」를 본 후 원작 만화를 5년 만에 다시 펼쳐 드니 새롭게 다가오는 대목이 많았습니다. 핵심적 설정뿐만 아니라 식물칸이나 감옥칸처럼 원작 만화에 있던 구체적 묘사들 중에서도 영화에 그대로 옮겨진 게 꽤 있어요. 그런데 로맨스와 관련된 설정을 다 빼거나 주인공 캐릭터를 완전히 새로 만드는 등 영화화 과정에서 바꾸신 부분도 굉장히 많죠.

봉준호 분명 위대한 작품이지만 만화에는 만화만의 구조나 흐름이 있는 것이죠. 반면에 두 시간 동안 펼쳐지는 영화는 또 영화만의 세계와 작법이 있기에 매체의 특성에 맞게 사실상 모든 것을 재구성하고 새롭게 구조화해야 했어요. 애초에 자크 로브 작가님이 발상했던 핵심적인 개념, 그러니까 새로운 빙하기가 온 상황에서 생존한 인류가 달리는 기차에 타고 있다는 설정 자체가 무척이나 독특합니다. 더구나 그 안에서 기차칸별로 계층이나 계급이 나뉘어서 서로 싸우고 있다는 설정인데, 참 놀라운 발상이죠. 저 역시 그렇게 느꼈기에 이 원작을 영화화하기로 한 것이니까 당연히 거기서부터 기본적인 출발을 했어야 했고요. 원작 1부 중에서는 특히 주인공이 꼬리칸 쪽에서 출발해서 앞쪽으로 가는 여정을 가져와 이 영화의 전체 플롯으로 삼았죠.

이동진 2부와 3부에서 영감을 받은 부분도 있죠?

봉준호 르그랑 작가님이 작업하신 2부와 3부에는 정치적인 거짓과 진실에 대한 이야기들이 아주 잘 그려져 있어요. 사람들을 어떻게 이데올로기적으로 현혹하는가, 시스템을 유지하기 위해서 어떻게 거짓을 꾸며내는가, 이런 주제에서도 영향을 많이 받았습니다. 이 영화의 이야기는 커티스가 길리엄에게서 출발해 윌포드를 향해 가는 여정인데 거기에 정치적인 진실과 거짓들이 얽혀 있잖아요. 길리엄으로부터 출발해서 기껏 윌포드에게 간 건데, 알고 보니 둘이 같은 놈인 셈이었던 거죠. 그렇게 커티스가 경험하게 되는 내적 붕괴의 흐름을 다루는 핵심 구조에 대해 르그랑 작가님의 2부와 3부에서 영감을 받은 면이 있는 거죠. 그리고 지적해주신 대로 로셰트 작가님이 그린 디테일한 그림들에서도 상당 부분을 가져왔어요. 감옥칸이 대표적일 텐데, 원작 2부를 보면 그 감옥을 흡사 시체 안치소처럼 묘사한 디테일이 있어요. 그게 정말 기발하면서도 한편으론 사실적으로 느껴지더라고요. 우리가 살아가는 실제 세계의 공간 크기와 감옥의 크기를 비교해보면, 「설국열차」의 미래에선 기차를 세계라고 봤을 때 감옥이 딱 그 정도 크기인 게 오히려 리얼하게 느껴지니까요. 수족관 역시 원작에 심플하게 그려져 있긴 했지만 저걸 영화적으로 시각화해서 펼쳐내면 정말 아름다울 것 같다는 생각이 절로 들었죠. 영화에 나오는 크로놀 설정도 원작에서 영감을 받았어요. 나중에 알고 보니 크로놀이 사실은 폭탄이 된다는 건 저의 아이디어였죠. 하지만 원작 1부에서는 사람들이 화장실 세척제를 마약 대용으로 쓰는 에피소드가 잠깐 등장하는데, 크로놀 아이디어의 출발점은 그것이었던 것 같습니다. 원작에서 가져온 것은 아니지만, 등장인물들의 직업 설정에 대해서도 저는 생각을 많이 해보았어요. 어른 세대들은 지구에서 평범하게 살아가다가 기차에 올라탄 것이니 그전에 무엇을 하는 사람이었는지가 중요했죠. 꼬리칸에 탄 사람들을 다 없애버리거나 그냥 꼬리칸을 통째로 떼어내도 되는데, 비록 저렴한 바퀴벌레 사료라도 왜 굳이 그걸 먹이면서까지 데리고 다닐까. 꼬리칸을 저렴한 노예시장이나 인력자원부 같은 거라고 생각했던 거예요. 그랬기에 그때그때 앞쪽 칸에서 필요한 인력이 있으면 와서 데려가는 거죠. 바이올린 연주할 수 있는 사람 있으면 나와보라고 하면서요. 2차 세계대전을 배경으로 한 영화를 보면 아우슈비츠 같은 곳에서도 기술이 있는 사람들은 가스실로 안 끌려가고 나치 장교들의 구두 굽을 고친다든가 하는 식으로 좀 더 오래 살아남잖아요. 그것과 같은 메커니즘이라고 봤죠.

이동진 커티스는 어떤 사람이었을까요.

봉준호 열일곱 살에 기차를 탔으니까 그전에 직업이 따로 있었다기보다는 질이 좀 안 좋은 청소년이었겠죠. 자기 욕망에 충실했기에 꼬리칸에서 처음 인육을 먹는 일이 벌어졌을 때 앞장섰던 그룹 중 하나였던 거죠. 끔찍하고 잔인한 짓을 일찍부터 저질렀던 죄의식이 지금까지 남아 있는 사람이지 않았을까. 남궁민수는 원래 시나리오에 더 자세한 내력을 만들어두었어요. 영남실업이라는 하청업체, 그러니까 도어 록을 만드는 중소업체에서 일하는 사람이었죠. 아주 뛰어난 하이테크 엔지니어는 아니고, 조선시대로 비유하자면 중인 계급에 속하는 정도의 기술자죠. 송강호 씨가 극 중에서 문을 열 때 보면 사실 허접한 방법으로 열잖아요? 무슨 전자 칩처럼 대단한 방법을 사용하는 게 아니라 자동차 훔칠 때 그러는 것처럼 간단히 하죠. 사실은 영화에 남궁민수의 과거 모습이 담긴 다큐멘터리 장면을 넣을까 싶기도 했어요. 유니폼을 입고 공장에서 쓱 지나가는 모습이 나오는 식으로요. 그런 것들이 많이 생략되어서 아쉽기도 합니다.

이동진 원작자로서 이 영화를 보셨을 때 특히 인상적인 장면은 어떤 것인지 질문드리고 싶습니다.

르그랑 제게는 사실 한두 장면만 꼽기 어려울 정도로 모든 장면이 인상적이었습니다.

로셰트 저는 등산을 굉장히 좋아해서 작품을 그릴 때 늘 산을 배경으로 삼고는 합니다. 그런데 「설국열차」를 보니 봉준호 감독님도 산을 등장시키셨더라고요. 특히 제가 좋아하는 장면은 학교가 나오는 부분입니다. 수업 때 아이들 반응도 재미있는데, 도중에 기차 밖으로 얼어붙은 일곱 명 시신이 등장하는 게 기괴하기도 하면서 무척 인상적이었어요. 사실 그 장면에서 어찌 생각해보면 열차 안 사람들보다 밖에 얼어붙은 사람들이 더 부러워지기까지 하더라고요.

이동진 저는 완성된 「설국열차」를 보면서 볼거리가 많아 즐거우면서도 원작에 있었지만 영화에는 빠진 아이디어들이 생각나기도 했어요. 특히 영화관 설정이 제외된 게 개인적으로 좀 아쉽습니다. 원작 만화에는 영화관이 등장하는데 주인공이 그곳을 지나갈 때 「카사블랑카」와 「스타워즈」가 상영되는 게 보이죠. 봉 감독님이 처음엔 영화관 장면을 넣으려 했었다고 알고 있는데 왜 빠지게 되었는지요. 그리고 만일 영화관 장면을 포함시켰다면 극 중에서 어떤 영화가 상영되게 하고 싶으신지요.

봉준호 네, 저도 처음엔 영화관칸을 고려했어요. 여러 가지 영화를 틀 수 있겠죠. 제 과거 작품을 거기서 상영하게 하는 낯 뜨거운 행동은 하지 않았을 것 같고요.(웃음) 잔인한 호러 같은 영화가 상영되는데 정작 그걸 보고 있는 사람들이 대사와 동작을 전부 다 따라서 하는 식으로 묘사해보면 어떨까 싶었어요. 「록키 호러 픽처 쇼」처럼요. 사실 그 열차에는 영화가 몇 편 없지 않겠어요? 그렇게 매번 뻔한 프로그램이 17년이나 반복되니 관객들이 거의 다 외워서 동작과 대사를 따라 하는 거죠. 그런 칸을 진지하게 고려했었는데, 저희에게 주어진 예산에서 어떤 칸을 묘사하고 어떤 칸을 포기할 것인지 냉정하게 선택과 집중을 해야 했기에 숙고 끝에 제외했어요. 수족관이나 수영장 같은 칸들이 더 임팩트가 있다고 생각한 겁니다. 그리고 최근에 제가 KTX를 타보니 실제로 시네마칸이 있더라고요. 어차피 현실에서도 있는데 굳이 영화에서까지 할 필요는 없는 것 같아서 좀 아쉽긴 하지만 빼게 된 겁니다.

이동진 두 작가님이라면 어떤 영화를 상영하도록 설정하셨을까요.

르그랑 봉 감독님이 특히 좋아하는 것으로 제가 알고 있는 앙리 조르주 클루조의 영화 중 한 편을 틀고 싶습니다.

봉준호 「공포의 보수」면 딱 좋겠군요.

이동진 긴장감이 넘치는 작품이니까 잘 어울리겠네요.

로셰트 저는 열차 안 승객들 자체가 전부 좀비 같으니 아예 좀비 영화를 한 편 틀어주고 싶어요.(웃음)

이동진 두 작가님께선 직접 카메오로 출연도 하셨죠? 르그랑 작가님은 꼬리칸 사람 중 한 명으로 등장하셨다는데, 죄송하게도 저는 사전에 알고 봤는데도 누군지 모르겠더라고요.(웃음)

봉준호 어두운 장면이었는데요, 자세히 봐야 보여요.(웃음)

이동진 그리고 로셰트 작가님은 극 중에서 사람 얼굴을 직접 그리셨잖아요? 극 중에서 그림을 그리는 손이 로셰트 작가님의 것이었다고 들었습니다. 촬영지였던 체코에 가서 카메라 앞에 섰던 경험이 어떠셨을지 궁금하네요.

르그랑 굉장히 재미있는 경험이었어요. 저는 꼬리칸 사람처럼 보이기 위해 가짜 수염도 붙이고 냄새 나는 외투까지 입었죠.

로셰트 저는 원래 수염을 기르고 있기에 따로 분장을 할 필요도 없었어요. 그냥 얼굴에 피만 조금 묻혔습니다.

이동진 손만 등장한 게 아니었군요?

봉준호 네, 제이미 벨이 지나갈 때 그 뒤에 두 분이 서 있어요. 크리스 에번스 옆이었죠. 원래는 극 중 화가의 작업 공간이 작은 다락방 비슷하게 있었어요. 화가가 2층에서 그네 타고 내려오는 장면이 나오잖아요. 그래서 2층 다락방에 두 분이 같이 계신 걸 촬영하려고 했죠. 그런데 좌식 생활이 익숙지 않으셔서 그 좁은 데 앉아 계시다 보니 두 분 모두 비 오듯 땀을 흘리시면서 거의 혼수상태가 되더라고요. 이러다 큰일 나겠다 싶어서 내려오시라고 했더니 그제야 몸이 좀 풀어지셨죠.

이동진 귀한 원작자분들이 어렵게 체코까지 오셨는데, 기왕이면 사우나칸이나 클럽칸 같은 곳에 모시지 그러셨어요.(웃음)

봉준호 작가님들의 정신세계에 저항정신 같은 뭔가 꼬릿한 스피릿이 있으시기 때문에 그랬죠.(웃음)

이동진 캐스팅에 대해서도 질문드리고 싶습니다. 만약 이 영화에서 송강호 씨 역할에 외국 연기자를 캐스팅해야 하고, 틸다 스윈턴 씨나 크리스 에번스 씨 역할에 한국 배우를 캐스팅해야 한다면 누구를 선택하고 싶으신가요.

봉준호 일단 이전에 안 해봤던 생각인데요, 틸다 스윈턴 씨가 맡은 메이슨 총리 역할은 성별을 남자로 바꿔서 해보면 어떨까 싶기도 하네요.

이동진 원래 남자 캐릭터였다고 했죠?

봉준호 네, 그랬죠. 다시 남자로 바꾼다면 오광록 씨가 떠오르네요.

근데 그렇게 하면 아마도 영화가 길어질 것 같아요.(웃음)

이동진 대사를 좀 천천히 하시잖아요?(웃음)

봉준호 메이슨 총리의 긴 연설 분량을 오광록 선배님 말투로 하면…….(웃음) 크리스 에번스 씨가 맡았던 커티스 역할을 한국 배우가 한다면 누가 좋을까요. 사실 커티스 역에는 크리스 에번스 같은 근육질 배우가 꼭 필요한 것도 아니에요. 외롭고 좀 가여운 느낌이 있는 사람이 필요하기에 강동원 씨가 맡으면 좋지 않을까 싶네요. 도끼를 막 휘두르다가 제힘에 못 이겨서 쓰러지지 않을까.(웃음) 그 가냘픈 몸으로 할 수 있을까 걱정도 됩니다만, 오히려 강동원 씨가 맡게 되면 더 멋있지 않을까 싶습니다.

이동진 송강호 씨 캐릭터를 외국 배우가 맡는다면요?

봉준호 윌리암 H. 메이시가 생각나네요.

이동진 아, 「파고」에서 참 좋았죠.

봉준호 그렇죠. 필립 시무어 호프먼도 어울리겠네요.

이동진 5년 전 로셰트 작가님이 하셨던 인상적인 말씀이 생각납니다. "2부와 3부를 그릴 때는 1부 작업을 할 때와 달리 마치 영화 스토리보드처럼 그리려고 했다"는 말이었죠. 로셰트 작가님께 여쭤보고 싶은 건 배우 연기에 대한 부분입니다. 두 매체 간 본질적인 차이가 있는 상황에서, 만화로 인물을 그려내는 것과 영화에서 배우를 통해 연기해내게 하는 것은 당연히 느낌이 다를 테니까요. 만화가로서 배우의 연기라는 측면에서 이 영화를 어떻게 보셨는지요. 그리고 또 하나 질문을 드린다면, 원작 만화는 흑백인데 영화는 컬러로 표현한 것에 대해서는 어떻게 느끼셨는지요.

로세트 사실 영화에서 배우가 실제로 연기하는 모습을 접하게 되면 만화에서 인물이 등장하거나 액션을 펼치는 것을 보는 것보다 훨씬 더 현실적으로 느껴집니다. 그림이 비현실적인 공상의 세계로 빠져들게 한다면, 영화는 보다 리얼하게 다가온다는 거죠. 그런데 봉 감독님에게는 이렇게 이상하고 괴기스러운 이야기에 관객을 몰입하게 만드는 놀라운 능력이 있는 것 같습니다. 색채 역시 흑백으로 그림을 그리면 조금은 비현실적인 꿈속 세계 같은 느낌을 주는데, 컬러로 표현하면 더 현실적이기에 비극을 그려내는 데 더욱 어려운 면이 있죠. 그럼에도 봉 감독님이 영화의 컬러를 톤 다운시켜서 비극적인 느낌을 매우 잘 살린 것 같아 놀라웠어요. 캐스팅 얘기를 다시 한다면, 영화를 직접 보기 전에는 다른 배우들의 경우 다 그럴듯하게 여겨졌는데 크리스 에번스 씨는 좀 의외라고 생각했죠. '캡틴 아메리카'니까요.(웃음) 그런데 영화를 보고 나니 정말 좋은 캐스팅이었다는 생각이 절로 들었어요.

르그랑 저 역시 크리스 에번스 씨가 놀라웠어요. 과거 꼬리칸에서 발생했던 끔찍한 일화를 고백하는 종반부 연기는 굉장히 감동적이어서 눈물이 고일 정도였거든요. 그동안 「캡틴 아메리카」의 주인공이었기에 오히려 연기력이 좀 가려져 있었던 게 아닌가 싶기까지 했어요.

이동진 두 작가님은 원작과 사뭇 다른 영화의 결말에 대해선 어떻게 느끼셨습니까. 원작 3부는 어찌 보면 영화보다 훨씬 더 암울하게 마지막 문까지 닫고 끝나는 느낌인데요.

로세트 원작보다는 영화의 결말이 훨씬 더 해피엔딩이라고 봅니다.

눈으로 뒤덮인 산에서 곰과 멋진 여성분과 어린 남자아이가 서 있는 영화의 마지막 장면이 훨씬 더 낙관적이라고 생각해요. 저희는 4부를 그릴 의도였기 때문에 3부의 결말에 대해 여러 가지 생각을 하다가 결국 그렇게 마무리하게 되었죠.

르그랑 우리가 3부에서 그렇게밖에 결론을 내지 못한 이유는 다른 해결책을 못 찾았기 때문이었습니다. 그래서 봉준호 감독님이 영화로 내주신 결말이 우리 입장에서는 상당히 기뻤죠. 어떻게 보면 낙관주의로의 회귀처럼 느껴졌기에 좋은 결말이라고 받아들였어요. 사실 만화처럼 그렇게 끝낼 수는 없는 것이니까요. 영화의 결말에서는 결국 자연으로 다시 돌아가는데, 그런 자연으로의 회귀가 아주 쉽지만은 않겠다는 생각도 듭니다. 결말에 등장하는 게 작고 어린 곰이 아니기에 싸워야 할 상대일 가능성도 있는 거죠. 그렇기에 관객들 입장에서도 내 앞에 곰이 있다면 정말 또 다른 가능성이 펼쳐질 수 있는 게 아닌가 하는 생각을 했습니다.

이동진 현재 이 영화가 한국에서만 개봉된 상황에서 외국에선 어떻게 상영이 될지 궁금합니다. 나라에 따라 혹시 버전이 다를 수도 있는 건가요.

봉준호 「설국열차」를 개봉할 나라가 180개 정도 됩니다. 가장 먼저 개봉하는 건 프랑스예요. 일본도 겨울로 일정이 잡혔고요. 프랑스와 일본을 포함한 대부분의 나라에서는 한국에서 개봉한 이 버전 그대로 상영됩니다. 그리고 자막을 읽을 필요가 없는 미국과 영어권 나라들이 있어요. 물론 영어권 버전이 더 길어지거나 하는 일은 없을 거예요. 그쪽 분들은 자막을 읽을 필요가 없기 때문에 리듬이나 템포는 당연히 빨라지게 될 것 같고요. 영화의 본질이나 스토리, 캐릭터를 훼손하지 않으면서 더 속도감 있게 리듬을 살릴 수 있는 작업을 지금 진행 중입니다. 그 작업이 끝나야 미국 개봉 날짜가 정확히 나올 것 같아요.

대담 2013. 8. **정리** 2020. 3.

4장

마더

기억을 요구했던 자가 망각을 기원할 때
마더

봉준호의 작품세계를 깊숙이 들여다보게 만드는 질문들 중 하나는 "누가 누구를 돌보는가"일 것이다. 이에 대해 이제까지 봉준호가 내놓은 가장 감동적인 대답은 「괴물」일 것이다. 「괴물」 직후에 나온 「마더」는 그와 정반대다.

「마더」에서 도준(원빈)과 아정(문희라)과 종팔(김홍집)은 모두 누군가의 보호를 받아야 하지만 그 처지는 저마다 다르다. 이 점에서는 셋 중 도준이 가장 나은 위치에 서 있다. 그에게는 삶에서 가장 중요한 가치가 아들인 엄마(김혜자)가 있기 때문이다. 그렇다고 해서 이 영화가 어머니의 사랑이 얼마나 큰지를 우렁우렁 노래하는 모성 찬가 같은 것은 결코 아니다. 오히려 그 반대에 가깝다. (「마더」는 김혜자라는 한국의 모성 장르 자체를 뒤집은 뒤 파격적으로 변주한다.) 이건 탁하고 습한 암흑의 늪지에 목까지 잠겨 있는 영화다. 「마더」는 핏줄을 보호하려는 행위가 초래한 세상사의 뒤엉킨 그물코 앞에서 선불리 희망을 거론하지 않는다.

「마더」에는 (살인미수를 포함해서) 세 건의 살인사건이 등장한다. 그 중 한 건은 아들이 범했지만 나머지 두 건은 엄마가 저질렀다. 이 영화의 중심을 이루는 사건이자 극 중 처음으로 등장하는 살인사건에서 도준은 아정을 죽인다. 도준이 아정을 단번에 죽인 이유는 "이 바보 같은 새끼야"라는 욕설을 들었기 때문이다. 그리고 아정이 그렇게 분노한 이유는 도준이 추파를 던지며 "남자가 싫으니?"라고 말했기 때문이다.

아정이 화를 참지 못하고 경고 삼아 도준의 뒤에 큰 돌을 던졌는데, 화가 치솟은 도준은 아예 그 돌에 살의를 담아 되던짐으로써 아정의 머리를 친다. 그 발언들은 표면적으론 살인까지 가져올 말은 아니었을지도 모른다. 하지만 두 사람에게는 도저히 참지 못할 격발점이 된다. 각자의 오랜 트라우마가 그 말들에 담겨 있기 때문이다.

이때 돌은 일종의 버튼이었다. 도준은 아정이 사라진 폐가의 입구를 한참 들여다보았는데, 그 이후 입구로부터 그에게로 던져진 돌은 어쩌면 과거로부터 날아온 둔중한 비밀 같은 것이었는지도 모른다. (온전한 암흑으로 묘사되는 그 직사각형의 폐가 입구는 「기생충」에서 비밀이 간직된 지하 공간으로 내려가는 직사각형의 어두운 통로와 흡사하다.)

봉준호의 세계에서 억압된 것들은 반드시 (예기치 못한 순간에) 돌아온다. 엄마는 도준이 다섯 살 때 극단적인 선택을 했다. 박카스에 농약을 타서 어린 아들에게 먹인 후 자신도 마셔 함께 세상을 떠나려 했다. 세상살이가 너무나 힘겨웠기 때문이다. 엄마는 동반자살이라고 여겼지만 아들은 살인이라고 받아들였다. 아마도 그건 자의든

타의든 남편이 둘을 버리고 떠난 후 극도로 궁핍한 상황에서 벌어진 사건이었을 것이다. 도준이 그 사건을 기억해낸 것에 놀란 엄마는 다락으로 올라가서 오래된 사진 한 장을 찾아 어린 도준의 모습만 남기고 반을 잘라내는데, 그 나머지 반쪽에는 도준의 아빠가 있었을 것이다.

그리고 방금 전에 자신을 치고 달아난 차가 검은색인지 흰색인지도 구분하지 못하는 도준이 동네에서 바보 취급을 받게 된 것은 그 사건 이후에 생긴 후유증이었을 것이다. 시도가 실패로 돌아간 후에 깨어난 엄마는 이후론 몸에 좋다는 것만 아들에게 골라 먹인다. 자신 때문에 아들이 그렇게 된 것에 대해 죄책감을 느끼고 있기 때문이다. (「마더」의 도준은 「살인의 추억」의 광호와 겹치는 인물이다. 어린 시절 부모가 자신에게 가했던 끔찍한 행동을 트라우마로 깊숙이 기억하고 있는, '동네 바보' 취급을 받고 있는 캐릭터라는 점에서 그렇다. 둘 모두 성적 박탈감을 느끼고 있다는 점에서도 유사하다.)

어렵게 구한 변호사(여무영)가 도준을 정신병자라고 주장하면 4년 후쯤 나올 수 있다며 술집에서 계책을 제안해올 때, 그가 건네는 폭탄주를 마시고 난 후 엄마가 변호사를 해임한 것도 이와 무관하지 않은 것으로 보인다. 이 장면에서 엄마는 "저기요, 내 아들은"이라고까지만 내뱉고 하려던 말을 도중에 삼키는데, 그 직후 농약이 든 박카스를 어린 도준에게 건네는 그녀의 시점 숏이 인서트된다. 그건 변호사에게 자신의 아들이 정신병자가 아니라고 부인하려다 그 일이 떠올라, 도준이 바보로 보이게 된 게 자신의 탓임을 새삼 상기했기 때문일 것이다. 그리고 오래전 그때 그녀는 동반자살을 시도하기 위해 미리 술을 마신 상태였을 것이다.

죄책감 때문에 엄마가 했던 일은 또 있다. 그건 누가 바보라고 놀리면 절대 참지 말고 복수하라고 가르치는 일이었다. 그런 가르침이 없었더라면, 엄마가 죄책감을 느끼지 않았더라면, 도준은 그 밤에 아정에게서 바보란 말을 들었어도 그냥 웃고 지나갔을 것이다. 그러니까 도준의 살인은 오래전 엄마의 살인(시도)과 연결되어 있는 셈이다. 살인범으로 지목되었을 때 도준은 "다들 내가 죽였다고 말하다 보니까 죄가 몇 바퀴 돌아서 나한테 돌아온다"는 말을 하는데, 그때의 죄는 사실상 엄마가 오래전 저질렀던 원죄였다.

아정에게도 표면적으로 보호자라고 할 만한 사람이 없지 않았다. 함께 살고 있는 할머니(김진구)가 있긴 했다. 그러나 할머니는 치매라서 오히려 아정이 보호자 역할을 해야 했다. 혼자 힘들게 버티던 아정은 결국 살아남기 위해 돈 대신 쌀까지 받아가며 성매매를 했다. (할머니가 입에 달고 사는 막걸리도 결국 쌀이다.) 아정의 삶은 수시로 흐르는 코피로 선명히 요약된다.

그 지겹고 끔찍한 성매매로 인해 아정은 남자라면 지긋지긋했다. 더구나 그때 아정이 폐가로 들어가려 했던 것은 거기서 기다리고 있던 지긋지긋한 고물상 노인(이영석)과의 성매매 때문이었을 것이다. 자괴감에 시달릴 아정에게 "남자가 싫으니?"라는 또 다른 지긋지긋한 남자가 던지는 추파의 말은 방아쇠가 될 수밖에 없었다. 어쩌면 아정은 타오르는 분노 때문에 단지 경고에 그치지 않고 돌을 제대로 던짐으로써 방심하던 도준의 머리를 맞힐 수도 있었을 것이다. 그러면 피해자와 가해자는 바뀌었을 것이다. 하지만 아정에게는 그렇게 복수를 가르칠 엄마가 없었다.

그날의 도준은 시종 개에 비유되었다. 자주 가던 술집 사장(조경숙)은 "완전히 발정 난 똥개"라고 증언했고, 아정의 친척들은 "천하의 개새끼"라고 지칭했다. 그 스스로도 알고 있었다. 경찰서 벽에 두 손을 비춰가며 그림자놀이를 하던 도준에게 젊은 형사(송새벽)가 지금 만들어낸 그림자 모양이 개인지 늑대인지 묻자 개라고 답했다. 홧김에 폐가 유리창을 향해 던졌던 골프공은 애초 여자에게 구애하기 위한 선물로 보관하고 있던 것이었다.

엄마로부터 벗어나 술집 사장의 딸인 미나(천우희)로부터 아정까지 관계를 가질 수 있는 여자를 찾아 개처럼 돌아다녔던 그날의 도준을 추동한 것은 성적인 박탈감이었다. 그것 또한 그의 지적인 상태나 계급과 어느 정도 관련되어 있다는 점에서 엄마와 무관하지 않다. 그 박탈감의 끝에서 자격지심의 버튼이 눌렸고, 개는 늑대가 되어 돌을 던졌다. (「마더」는 근친상간적 모티브까지 기이하게 끌고 들어오며 엄마의 성적 억압 역시 생생하게 다룬다. 훔쳐보는 장면에서 살인을 저지르는 장면까지, 그리고 소품들 하나하나까지, 영화 전편에 성적인 상징과 뉘앙스가 가득하다.)

여자를 만나는 데 성공하지 못하고 결국 취한 채 집에 돌아와 엄마 옆에서 잠드는 도준의 모습이 흡사 그 광경을 내려다보는 듯 건물 옥상에 걸쳐져 있는 아정의 시체 장면과 디졸브되는 것은 그날의 살인사건 저류를 둘러싼 난맥을 드러낸다. 박탈된 도준의 성과 착취된 아정의 성이 뒤엉킨 소용돌이 속에서 생을 살아가게 만드는 최소한의 자존감이 훼손되었을 때 비극이 터져 나왔다.

사방에서 올려다보이는 옥상에 시체가 매달린 채 엽기적으로 발견된 것에 대해 사람들은 원한 때문에 범인이 보란 듯 그렇게 했을 거라고 여겼다. 하지만 사실은 자신이 저지른 끔찍한 범행을 뒤늦게 깨닫고 판단력 떨어지는 도준이 그나마 피해자가 빨리 사람들 눈에 띄어 병원에 갈 수 있도록 취했던 조치였다. 도준은 돌로 아정을 쓰러뜨린 직후 핸드폰을 강박적으로 열었다 닫았다 반복하며 도움을 청해보려 헛되이 시도하기도 했다.

원한을 가진 범인에 의해 자행된 치밀한 계획 살인 같은 것은 없었다. 우발적이었던 그 살인사건의 가해자와 피해자는 둘 모두 과거 사건들의 피해자였고 보호받아야 하는 사회적 약자였다. 그러나 제도권 내의 형사와 변호사와 의술인이 제 기능을 하지 못하고, 무허가 형사(진구)나 무허가 의술인(김혜자)이 왜곡된 형태로 그 몫을 대신 해내는 그 사회로선 막기 힘든 기괴한 오작동이었다. 그나마 보호해줄 사람이 있느냐 없느냐가 그 약자들에게 가해자와 피해자의 운명을 각각 부여했다. 가장 외롭고 가장 힘들었던 아정이 그 사회에서 가장 참혹한 피해를 입었다.

그리고 종팔에겐 아무도 없었다. 엄마는 도준이 감옥에서 수형생활을 하는 대신 정신병원에서 4년을 지내면 나올 수 있다는 변호사의 제안을 거부했지만, 종팔은 그와 다를 바 없는 기도원에 감금되어 있다가 탈출한 후 다시 억울하게 죄를 뒤집어쓴 채 도리 없이 감옥으로 들어갔다. 종팔은 착취만 당해온 아정에게 인간적으로 다가간 유일한 사람이었을 수도 있다. 종팔이 아정의 애인이라는 주장은 그의 입장에서만 본다면 사실이었을지도 모른다. 그렇게 보호를 받아야 할 처지에 오히려 보호자 역할을 해야 했던 사람과 그 누구보다 보호를 받아야 하지만 그 누구에게서도 보호를 받을 수 없었던 사람은 보호자가 있었던 사람에게 희생됐다.

「마더」의 가장 중요한 대사는 엄마가 자신의 아들 대신 죄를 뒤집어쓰고 투옥된 종팔을 면회 갔을 때 나온다. 종팔이 걸어 나오는 숏은 처음엔 흐릿하다가 점차 초점이 맞아가는데, 그때 드러나는 그의 모습은 누군가의 도움이 필요할 것 같은 외모다. 그런 종팔을 보고 엄마는 곧바로 "너 부모님은 계시니?"라고 말을 건네지만 그는 고개를 가로젓는다. 그러자 "엄마 없어?"라면서 엄마가 울음을 터뜨리기 시작한다. 엄마의 연민은 진실이었을 것이다. 굳이 그렇게 할 필요가 없는데 형사들에게 부탁까지 해서 종팔을 찾아간 것에는 죄의식과 미안함까지 담겨 있었을 것이다.

하지만 그 연민은 짧았다. 위로를 해준 것은 오히려 "울지 마라"라는 말을 건넨 종팔이었다. 종팔을 위해서 아들의 죄를 밝힌 것도 아니고, 아들의 죄를 은폐하느라 자신이 저지른 죄를 고백한 것도 아니다. 그저 한바탕 눈물을 흘렸을 뿐이다. 무조건적인 모성이 디디고 선 곳은 굳건한 대지가 아니라, 고물상 노인의 집에 도착했을 때 그러했던 것처럼, 한없이 발이 미끄러지는 진창이었다.

아들이 무고하다는 것을 밝히려 백방으로 뛰어다녔던 엄마의 노력은 사실 아무런 결실을 맺지 못한 헛수고였다. 가해자가 아니라 피해자 주위의 좋지 않은 소문만 집중적으로 파고들었던 그녀의 해결 방향은 애초부터 잘못된 것이었다. 만일 「마더」를 범죄 추리극으로 본다면 심지어 엄마가 찾아낸 가장 큰 성과라고 할 수 있는 아정의 핸드폰은 그저 맥거핀일 뿐이었다. 종팔이 잡힌 것은 그녀의 끈

질긴 탐문과 아무 상관이 없었다. 형사 제문(윤제문)이 도준 사건을 매듭지은 후 곧바로 기도원을 탈출한 종팔을 잡으러 간다고 말했으니, 그렇게 종팔을 잡았다가 셔츠에 묻은 혈흔을 본 끝에 그냥 결과가 그렇게 흘러갔을 것이다. (종팔이 기도원을 탈출한 것은 아마도 자신이 사랑하는 아정이 죽었다는 이야기를 들었기 때문일 것이다.)

엄마의 노력은 오히려 사태를 악화시켰다. 이 영화에서의 세 번째이자 마지막 살인을 바로 그녀가 저지르게 되기 때문이다. 아들의 살인과 엄마의 살인은 부인하기 위한 살인이라는 점에서 같다. 도준은 자신이 바보가 아니라고 부정하기 위해서, 엄마는 자신의 아들이 범인이 아니라고 부정하기 위해서 살인을 저질렀다. 엄마는 미성년자와 성매매를 저지른 "발톱의 때만도 못한" 자에 대한 응징이라고 내뱉기도 했지만, 더 큰 이유는 아들이 저지른 살인을 그가 목격했기에 은폐하기 위해서였다.

극 초반 거리의 담벼락에 대고 소변을 본 아들의 방뇨 흔적을 발로 문질러 없애고 그 옆에 방치된 물건을 가져다가 가렸던 것처럼, 아들의 잘못을 은폐하는 것은 엄마의 당연한 도리라고 생각하는 빗나간 모성의 맹목성 때문이었다. 항상 자신의 일보다 아들의 일에 우선순위를 두고, 항상 아들을 주시하며 번번이 달려나가지만, 엄마는 늘 실패했다. 전반부에서 도준에게 생기는 두 번의 교통사고를 모두 눈앞에서 직접 목격했지만 결과적으로 아무런 도움도 주지 못했다.

게다가 무고함을 증명하기 위해 지속적으로 아들에게 요청했던 기억은 결국 엄마의 발목을 잡았다. 엄마가 도준에게 요구한 기억은 아정이 죽던 날의 일들이었다. 하지만 기억해보려고 계속 노력했던 도준이 떠올리게 된 것은 전혀 다른 것들이었다. 도준은 먼저 벤츠의 백미러를 부순 게 자신이 아니라 진태였다는 사실을 떠올리는데, 그건 자신이 범인이 아니라는 사실이다. 이어 두 번째로 떠올린 기억은 엄마가 다섯 살 때의 자신에게 농약 박카스를 먹여 죽이려 했던 일이다. 상기해야 할 것은 쉽게 회상되지 않지만, 묻어두어야 할 것은 기어이 떠오른다.

자신이 피해자였던 두 차례의 사건을 기억해낸 끝에 그는 아정이 죽던 날의 기억을 뒤늦게 떠올리는데, 그건 지켜보는 자가 있었다는 사실이다. 이 세 번째 기억에 이어지는 것은 결국 자신이 살인을 저지른 가해자라는 자각이다. 도준은 이후 종팔의 심리에 빗대어 자신이 왜 아정의 시체를 옥상에 올렸는지 엄마에게 결과적으로 고백한다. 이제 진실을 감당할 수 없게 된 엄마는 떠오른 기억을 옥상에 올리는 대신 땅속 깊숙이 서둘러 묻어야 한다. 그리고 그 기억은 어느덧 도준이 아정을 죽인 살인에만 국한되지 않는다.

까마득한 과거의 음독 사건을 도준이 엄마와의 면회 도중 기억해내는 장면에서 이 영화는 매우 인상적인 방식으로 인물을 담아내고 있다. 교도소에서 자신을 바보라고 불렀던 남자와 주먹질을 하는 바람에 한쪽 얼굴에 상처가 생기게 된 도준은 그 싸움에 대해 엄마에게 이야기할 때 고개를 돌린 채 상처투성이 옆얼굴만 내내 보여준다. 그러다 고개를 다시 돌려 엄마를 정면으로 바라보는데, 이때 그는 한 손으로 상처가 난 쪽의 얼굴을 반쯤 가린 채 어린 시절의 끔찍했던 기억을 떠올려 말하기 시작한다. 그건 분명 앞모습임에도 절반을 가린 손 때문에 얼굴의 반쪽만 드러낸 옆모습과 유사하게 여겨지기도 한다. 그러다 도준이 그 가린 손을 아래로 내리면 상처가 난 쪽과 나지 않은 쪽이 비대칭을 이루며 하나로 합쳐져 흉한 얼굴을 드러낸다.

그게 옆모습이든 절반을 가려서 옆모습처럼 보이는 앞모습이든, 「마더」에서 진실은 반쪽짜리다. 온전히 드러내기 위해 은폐하고 있던 손을 치우면 나타나는 것은 진실과 거짓이 좌우로 서로 달라 조화롭게 하나를 이루지 못하는 세계다. 그리고 제대로 상처를 가릴 수 있는 방법 같은 것은 없다. (「살인의 추억」이 송강호의 앞얼굴에 대한 영화라면, 「마더」는 원빈의 옆얼굴에 관한 영화라고 할 수 있을 것이다.)

엄마는 그 손으로 계속 수난을 겪었고 그 손으로 마침내 결정적인 죄를 범했다. 도준에게 신경 쓰느라 작두에 손가락이 잘려 피를 흘렸고 그 피를 아들에게 묻혔다. 박카스에 농약을 타던 손도 있었고, 스패너로 증인을 내려치던 손도 있었으며, 신문지에 불을 붙여 방화하는 손도 있었다. 그리고 그 손으로 피가 튄 얼굴을 거듭 쓸어내리며 무망하게 마른세수를 한다. 억새밭으로 허위허위 걸어 나오다 헛되이 손을 들여다본다. 이 영화의 프롤로그에 이어 제목이 등장할 때 엄마가 했던 동작처럼, 그 손을 옷섶에 찔러 넣음으로써 영원히 감출 수도 없다.

살인까지 저지르게 된 그 손이 결국 침통을 흘린다. 방화로 잿더미가 된 범행 현장에 흘린 침통을 아들의 손이 줍는다. 이런 걸 흘리고 다니면 어떡하냐면서 아들의 손이 엄마의 손에 침통을 건넨다. 그녀는 아들이 엄마의 범행을 알고 있다는 사실을 안다. 아들의 살인을 비호하다가 엄마가 저지르게 된 살인을 이제 다시 아들이 비호한다. 이제부터는 아들이 엄마의 보호자가 되는 것인지도 모른다. 둘은 서로의 살인을 기억하고 있다. 공유된 기억 속에서 둘은 서로가 공범임을 알고 있다. 이제 다른 이의 기억을 요구했던 자는 결국 스스로의 망각을 기원한다.

버스에 오른 엄마는 건네받은 침통을 꺼낸다. 치마를 걷어 허벅지를 드러낸 후 나쁜 일과 끔찍한 일을 다 잊게 해준다는 자신만이 아는 침 자리 위치를 한 손으로 가늠해 짚는다. 경찰서에서 아들 허벅지의 같은 위치에 놓였던 것은 죄를 인정하는 의미로 조서에 손도장을 찍기 위한 인주였지만, 이제 버스 안에서 엄마는 그 위치에 다른 한 손으로 망각과 부정의 침을 찌른다. 한때 그 손은 기억을 되살리기 위해 관자놀이를 문지르던 손이었다.

정말 그 자리에 침을 놓는다고 그 모든 걸 잊을 수 있을까. 그러니 그게 가능해지도록 기원할 의례가 필요할 것이다. 「마더」는 독무로 시작해서 군무로 끝냄으로써, 출발점과 종결점 사이의 그 모든 상처와 죄를 달래고 잊으려는 거대한 굿판을 벌인다. (봉준호의 영화는 언제나 시작과 끝이 긴밀하게 조응했지만, 「마더」에 이르러서는 아예 전율을 안긴다.) 달리는 버스 안에서 이미 춤추고 있던 다른 여자들에 섞여든 엄마가 망각의 손을 위로 올려 흔드는 마지막 장면은 가장 속된 몸짓으로 가장 성스러운 제의를 치르는 것처럼 보인다. 그리고 격렬하게 흔들리는 카메라와 세상을 온통 붉게 물들이는 낙조에 담겨 그들 모두는 실루엣으로 익명화된 채 흡사 한 덩어리처럼 보인다. 그렇게 어느 기막힌 비극 하나는 한국인의 한스러운 삶 전체로 녹아 들어간다.

봉준호의 가장 기이하고 가장 놀라운 영화 「마더」가 들고 온 것은 횃불이 아니고 단검이다. 이 영화는 비명조차 지를 수 없게 입을 틀어막은 채로 암흑의 심장에 정확히 비수를 박아 넣는다. 이 참혹하고도 매혹적인 이야기는 마음의 현을 기어이 몇 개 끊어내고 나서야 끝이 난다. 「마더」는 도무지 밑바닥이 보이지 않는 어두운 우물 같은 영화다.

2020. 3.

5장

괴물

더 약한 자를 먹일 수 있는 곳
괴물

「괴물」은 "미스터 킴, 나는 먼지가 세상에서 가장 싫어요"라는 대사로 시작한다. 극 중 주한미군 용산기지 영안소 부소장인 더글라스(스콧 윌슨)의 말이다. 그는 선반에 내려앉은 먼지를 과장된 동작으로 훑은 후 손바닥을 들어 보이면서 그렇게 말한다.

그렇다면 그는 김씨(김학선)에게 먼지를 닦으라고 지시하면 된다. 하지만 김씨가 다시 청소를 하려고 하자 더글라스는 다른 일을 그보다 먼저 하라고 지시한다. 병에 담긴 시체 방부 처리용 포름알데히드를 하수구에 그냥 쏟아버리라는 것이다. 그렇게 처리하면 독극물 포름알데히드가 한강으로 흘러들어 큰 문제가 생긴다고 김씨가 항변하자, 한강은 매우 크고 넓으니 신경 쓸 것 없이 그냥 부어버리라고 명령한다. 김씨는 방독면을 쓰고 수십 병의 포름알데히드를 하수구에 붓는다. 이제 처리를 끝낸 포름알데히드 병들이 먼지가 쌓인 모습 그대로 줄지어 늘어서 있고, 그 모습은 흘러가는 한강 물과 오버랩되면서 영화가 본격적으로 시작한다.

왜 먼지를 닦게 하는 대신 먼저 포름알데히드를 버리게 지시할까. 더구나 먼지가 세상에서 가장 싫다는 말까지 했는데 말이다. 그건 먼지에 대한 더글라스의 말이 핑계에 불과하다는 뜻이다. 그게 뻔히 범법이라는 것을 알고 있는 김씨에게 독극물을 버리게 하려면 뭔가 심리적으로 압박할 필요가 있으니 먼지투성이 선반을 먼저 지적해서 트집을 잡았을 것이다. 더글라스는 선반의 먼지를 보면서 오히려 적절한 핑곗거리가 생겨 쾌재를 불렀을지도 모른다. 그에게 중요했던 것은 처음부터 오직 포름알데히드뿐이었을 것이다.

더글라스와 김씨가 등장하는 「괴물」의 첫 번째 에피소드는 단지 어떻게 해서 괴물이 탄생했는지를 암시하는 괴수 장르 특유의 설명 장면인 것만은 아니다. 거기엔 이 영화 속의 거대한 헛소동이 작동되는 원리가 그대로 함축되어 있다.

괴물이 난동을 부려서 인명피해가 속출했고 수많은 사람들이 백주대낮에 그 모습을 또렷이 목격까지 했다면, 그냥 괴물을 잡으면 된다. 종반부에서 강두(송강호) 가족도 해치웠으니 군대나 경찰력을 조금 동원하면 된다. 강두 가족이 불화살과 쇠파이프 정도로도 때려잡을 수 있었으니, 제대로 무기를 동원하면 괴물을 격퇴하는 것은 그리 어려운 일이 아닐 것이다.

그런데 괴물의 난동을 요란하게 보도하면서도 처음부터 엉뚱하게 바이러스를 퇴치하는 일에만 전력을 기울인다. 그러니까 이 영화의 세계를 작동시키는 권력자들은 애초부터 괴물의 난동으로 사람들이 수십 명 죽어나가는 것쯤은 별로 중요한 게 아니었다. 그건 그저 잠깐 거슬리는 먼지 같은 일일 것이다. 그들에겐 괴물이 아니라 바이러스가 진짜 관심사였고, 괴물을 죽이는 것이 아니라 바이러스를 격퇴(하는 시늉)하는 게 무엇보다 중요했다. 어떤 이유에서든 바이러스가 있어야 했는데, 때마침 괴물이 등장해줘서 환호성을 올렸을 수도 있다.

이 영화의 한국어 제목은 「괴물」이고, 영어 제목은 「The Host」 즉 '숙주'다. (그러니까 봉준호는 '숙주'에 이어 '기생충'까지 만든 셈이다.) 한국어 제목에 방점을 찍으면 괴물의 난동이 중요하지만, 영어 제목에 주목하면 괴물 속의 바이러스 위험이 더 중요하다. 결국 극 중 괴물과의 싸움은 두 가지 의미로 나뉘게 된다. 공격해야 하는 대상이 괴물인가, 숙주인가.

강두 가족은 괴물과 대결하고, 권력자들은 숙주와 싸운다. 강두 가족이 괴물에 대항하는 것은 괴물이 현서(고아성)를 삼켰기 때문이다. 현서는 괴물에게 당한 것이지, 바이러스를 품고 있는 괴물이라는 숙주에게 전염을 통해 피해를 입은 것이 아니다. 그러니 강두 가족이 싸워야 할 대상은 숙주가 아니라 괴물이다. 하지만 권력은 구체적으로 피해를 입은 적이 없다. 그 싸움에서 그들에게 중요한 것은 피해의 치유나 회복이 아니라 싸움을 통해 얻을 수 있는 어떤 효과다.

강두 가족의 싸움의 의미는 제대로만 관측된다면 누가 봐도 명백해 보인다. 괴물의 물리적 해악은 확실히 눈에 보이는 방식으로 체험되기 때문이다. 하지만 권력의 싸움은 그렇지 않다. 바이러스는 눈으로 확인할 수 없기 때문이다. 그렇기에 바이러스의 위험을 폭

넓게 경계하려면 우선 그에 대한 믿음이 필요해진다. 그리고 믿기 위해서는 정보가 필요하다. 그 정보는 권력이 독점한다. 미디어를 통해 그 정보가 신뢰할 만한 것으로 확산이 되면 공포는 현실화하고 사방은 징후로 가득 찬 것처럼 보인다. 다들 멀쩡한데 무슨 바이러스가 있는 거냐고 남일(박해일)이 항변하지만, 희봉(변희봉)은 "위에서 있다면 있는가 보다 해야지, 어쩔 거냐"라고 답한다.

하지만 아래는 그렇지 않다. 강두 가족은 필수적인 최소한의 정보도 전달할 기회를 전혀 얻지 못한다. 설령 방금 전에 직접 체험한 일이라고 해도 아무도 귀담아 들어주지 않는다. 미국인 의사(폴 레이저)가 본심을 숨기고 말을 들어주는 척을 해서 강두가 막 입을 떼려 하니, 심지어 통역자(브라이언 리)가 말을 끊는다. 눈물로 진심을 호소하면 바이러스가 침투해서 정신이상 증세를 보이는 증거라고 여긴다. 그러므로 의사와 경찰과 군인들에게 말해서 죄다 데리고 다시 올 거라고 세주(이동호)에게 약속했던 현서가 설령 용기와 기지와 행운으로 괴물의 아지트에서 탈출하는 데 성공했다 한들 사태는 근본적으로 달라지지 않았을 것이다.

으르렁대는 괴물 때문에 공포에 질린 세주의 눈을 현서가 가려주던 것처럼, 강두가 막 숨을 거둔 아버지 희봉에게 신문지로 눈을 덮어주었던 것도 그럴 만한 일이었다. 부조리한 세상을 바꿀 수 없을 때 할 수 있는 일은 그 세상으로부터 눈이라도 가리는 것이다. 그러니까 그런 세상을 만든 힘이야말로 진짜 괴물이다.

사람들이 즉각적으로 두려워하는 것은 괴물의 폭력인데 권력은 엉뚱하게도 괴물이 옮기는 바이러스에 대한 공포를 발명해낸다.

'괴물'을 '숙주'로 바꾼 뒤 공포의 방향을 틀고 그런 공포를 광범위하게 전염시킨다. 그러니까 그런 세상을 만든 힘이야말로 진짜 바이러스다.

그들에겐 괴물의 물리적인 난동이 아니라 그 괴물이 지닌 생물학적 잠재위험이 더 거슬린다. 바이러스는 있는 게 아니라 있어야 하는 것이다. 없다면 만들어내면 된다. (권력에게 중요한 것은 존재가 아니라 그들이 원하는 당위다.) 괴물을 죽이려면 총이나 대포 같은 전통적 무기가 있어야 하겠지만, 그 안의 바이러스를 없애려면 이젠 화학약품인 에이전트 옐로가 필요하다.

봉준호는 살포되기 직전에 에이전트 옐로가 기중기에 매달려 있는 모습을 일부러 괴물이 교각에 매달려 있던 모습과 유사하게 표현했다고 말한 바 있다. 초반 괴물이 난동을 부리는 곳과 후반 에이전트 옐로가 살포되는 곳은 모두 한강 둔치로 같기도 하다. 살포 직후 그곳에 있던 사람들은 에이전트 옐로의 독성 때문에 코와 입에서 피를 뿜는다. 괴물을 없애는 과정에서 또 다른 괴물이, 더 심각한 괴물이 탄생하는 셈이다.

극 후반 에이전트 옐로가 살포될 때 한강 둔치는 온통 먼지로 뿌옇게 뒤덮인 것처럼 그려진다. 그러니까 이야기는 처음으로 다시 돌아간다. 애초부터 포름알데히드를 무단 방류하는 대신 그토록 싫다는 먼지를 닦아냈다면 아무 문제가 없었을 것이다. 하지만 먼지 제거를 하지 않고 독극물을 무단 방류하면서 괴물이 생겨났고, 그 괴물에게 있지도 않은 바이러스를 없애려고 공연히 또 다른 먼지를 발생시켰다. 초반의 먼지와 달리 후반의 먼지는 치명적이기까지 하다. 독극물 무단 방류라는 엄청난 잘못을 저질러놓고 그걸 막는다는 명분으로 또 다른 독극물을 살포한 셈이기도 하다. 기이한 헛소동이면서 지독한 악순환이기도 한 비극을 다뤄내는 「괴물」의 이야기 구조는 자못 흥미롭다.

권력은 바이러스가 없는데도 있다고 여기지만, 그와 정반대로 현서의 존재에 대해서는 분명히 있는데도 없다고 여긴다. 딸의 전화를 직접 받음으로써 살아 있다는 사실을 알게 된 아버지가 거듭 경찰에 확인을 요청하는데도 "계속해서 이야기가 뺑뺑이를 돈다"는 이유로 간단히 묵살된다. 결국 현서는 두 번 죽는다. 한 번은 괴물에 의해서, 또 한 번은 자신의 존재 자체를 부정하는 자들에 의해서.

꽤 많은 양의 마취제를 투여하고도 웬만해서는 마비되지 않는 강두는 그 자체로 쉽사리 제거할 수 없는 인간의 원초적 생명력을 뜻할 것이다. 그는 제대로 배우지 못해 영어를 거의 못 알아듣지만, 미국인 의사와 통역을 담당하는 한국인 의사가 나누는 그 길고 전문적인 영어 대화 속에서 자신이 알아들어야 할 단 두 마디, "노 바이러스"라는 말을 정확히 집어낸다.

바이러스는 없었다. 그리고 총알도 없었다. 강두는 총알이 한 발 남은 줄 알고 아버지에게 자신의 총을 건넸다. 하지만 그건 착각이었기에 결국 아버지가 죽었다. 존재하지 않는데도 존재한다고 여겼던 것 때문에 큰 대가를 치른 강두는 이제 총알이 들어 있는지도 알 수 없는 총이 아니라 확실히 손에 거머쥔 쇠파이프를 들고 싸운다. 에이전트 옐로를 사용하는 시스템은 숙주라는 허상과 싸우는 (혹은 싸우는 척하는) 셈이지만, 쇠파이프를 든 강두는 괴물이라는 실체와 대결한다.

국가가 곤경에 처한 자신을 도울 것이라는 믿음을 버리게 된 강두는 직접 괴물에 맞선다. 괴물과 최후의 일전을 벌일 때 그가 사용한 쇠파이프는 출입금지를 뜻하는 한강 둔치의 표지판에서 떼어낸 것이었다. 그리고 극 초반 괴물이 처음 난동을 부릴 때 그가 들고 싸웠던 것은 경적금지를 의미하는 한강 둔치의 표지판이었다. 그렇게 강두는 위험을 알리려는 자신의 입을 막고 제한 구역에 가둔 채 자신의 터전인 한강에서 경적금지와 출입금지를 명하는 오만한 시스템에 분연히 저항한다.

그런 저항에 함께하는 것은 대학 시절 민주화 운동을 헌신적으로 함께했던 남일의 선배(임필성) 같은 사람들이 아니다. 이후 변화하는 시대에 나름 잘 적응해서 대기업 사원이 된 그는 남일을 밀고해 보상금이나 챙기려 든다. (386세대의 변절과 내분을 풍자하는 이 에피소드에서 거대한 대기업 빌딩의 상층부로 수직 상승하는 엘리베이터 내부를 촬영하는 방식은 「기생충」에서 운전기사인 기택과 고용주인 동익 사이를 담은 자동차 내부 장면의 촬영 스타일과 맥락이 같다. 두 장면 모두 커트 없이 하나의 숏 안에서 카메라가 두 남자 사이를 휙휙 오가며 계급적 파열의 조짐을 중계한다.) 그들은 에이전트 옐로의 위험성에 주목해 시위를 벌이는 시민단체 사람들 그리고 한강변에서 노숙하는 빈민(윤제문)이다.

사실 「괴물」은 얼마든지 정치적으로 해석해가며 받아들일 수 있는 작품이다. 감독 자신이 개봉 당시 직접 설명했듯, 극의 첫 장면은 2000년 용산 미군기지 병원 영안소에서 미국인 부소장 앨버트 맥팔랜드가 한국인 직원에게 불법적인 독극물 방류를 강제했던 '맥팔랜드 사건'을 그대로 가져온 것이다. 존재하지 않는 바이러스를 핑계 삼아 함부로 주권을 침해하는 극 중 미국의 행태는 존재하지 않았던 대량살상무기가 있다는 핑계로 미국이 침공해 벌였던 이라크전쟁을 고스란히 떠올리게 한다. (실제로 영화 속에 이라크전쟁 관련 뉴스가 등장하기도 하고, "잘못된 정보로 인해 빚어진 오류" 운운하면서 이라크전쟁 때처럼 종전 후 미국 상원에서 변명하는 내용의 뉴스가 종반부에 비춰지기도 한다.) 그리고 물론 에이전트 옐로는 베트남전쟁 때 미국이 사용했던 고엽제 에이전트 오렌지를 비튼 것이다.

미국뿐만이 아니다. 영화 속 한국의 정부나 권력기관은 폭압적이면서 동시에 무능하다. 사실상 존재감 자체가 전편을 통해 거의 느껴지지 않는다. 괴물의 첫 난동 사건이 벌어진 직후 합동분향소에 근엄하게 들어서던 정부의 관리(김뢰하)가 미끄러져 넘어지기부터 하는 것은 단순한 슬랩스틱 코미디처럼 여겨지지 않는다. 그 직후 그가 상황 설명을 대신하겠다며 자신만만하게 틀었던 텔레비전 뉴스에서 적절한 영상이 나오지 않았던 것 역시 장르적 관습을 비틀어낸 유머로만 다가오지는 않는다. 그 자체가 시스템의 허망하면서 오만한 부실을 드러내는 장면처럼 각인되는 것이다. (이 영화의 칼끝이 결국 괴물이 아니라 괴물에 대응하는 부실하고도 부도덕한 시스템을 겨냥하는 것은, 연쇄살인마가 아니라 그런 범행이 마음대로 자행되도록 결과적으로 최적의 환경을 제공한 공권력을 비판하는 전작 「살인의 추억」과 방향이 같다.)

게다가 극 중 한미관계에서 한국은 매우 예속적이다. 괴생물체를 제대로 추적하지 못하고 탈출자들도 잡지 못하고 있음을 지적하면서, 한국이 자체적으로 바이러스 문제를 해결하지 못하니 이제부터 미국이 미국질병통제센터를 통해 한국 땅에 직접 개입할 거라고까지 선언해도, 그저 묵묵부답으로 수용할 뿐이다. 이와 같은 한미관계의 불균형한 역학은 극 중에서 미국인과 한국인이 함께 등장할 때 늘 미국인이 상관인 상황에서 한국인은 그저 위압적인 그의 명령을 따르거나 수행하며 통역을 하는 정도에만 그치는 것으로 묘사되고 있는 데서 단적으로 드러난다. 예외가 있다면 초반 괴물이 날뛸 때 사복 차림의 주한미군 도널드 하사(데이빗 조셉 앤셀모)가 강두와 평등하게 팀을 이뤄 싸우는 정도인데, 이 경우 역시 결국 사후에 미군 병사가 영웅으로 추앙받는 데 비해 강두는 범죄자로 쫓기는 상황으로 귀결되어 대비된다.

하지만 미국과 관련한 「괴물」의 다양한 비판들은 체계적이고 통일된 시각이 결여되어 있다. 이리저리 찌르고 비틀어 잘 알려진 뉴스들이나 역사적인 사실들을 파편적으로 풍자하는 식이지만 그런 풍자들이 정교하고 일관되게 작동하지는 않는다. (예를 들어, 9.11 테러로 생겨난 국가적 좌절감을 빗나간 방식으로라도 덜어내기 위해 존재해야 했던 이라크전쟁 때의 대량살상무기처럼, 극 중 그에 비유되는 바이러스가 미국 입장에서 한국에 반드시 있어야 하는 이유가 제대로 설명되지 않는다.) 치밀하기 이를 데 없는 봉준호의 영화에서 이렇게 성긴 부분들이 들여다보이는 것은 사실 그게 목적이 아니어서일 것이다.

독극물이 주한미군에 의해서 불법적으로 방류되고 그 결과 괴물이 살아가게 된 한강을 얼마든지 한국에 대한 상징으로 해석할 수 있을 것이다. '한강의 기적'이라는 말로 요약되어온 한국의 압축성장이 낳은 폐해를 다룬 이야기라고 받아들일 수도 있을 것이다. 극

중에서 괴물이 한강을 벗어나지 않는 상황이나 그 괴물이 처음 난동을 부린 곳이 국회의사당이 있는 여의도라는 사실에 집중할 수도 있다. 경우에 따라서는 숙주와 기생체의 비유를 극 중 한미관계에까지 적용할 수도 있을 것이다. 이를테면 한국은 주한미군의 숙주이고, 주한미군은 한국의 기생체라고 풀어보는 것이다.

하지만 이와 같은 정치적 요소들에 대한, 특히 한미관계에 대한 풍자적 함의들이 이 영화의 중심을 이루는 것은 아닌 듯하다. 사실 「괴물」에서 내게 훨씬 더 중요하게 다가오는 것은 다른 모티브인데, 바로 약자들의 연대가 이뤄지는 방식이다. 존재를 부정당한 힘없는 사람들이 스스로를 구하기 위해 무엇을 할 수 있을까. 작은 힘들은 결국 연대한다. 약자들은 마침내 잠에서 깨어나서 서로를 먹인다.

원래 강두는 시도 때도 없이 자는 사람이었다. 도입부에서 강두가 잠든 틈을 타서 세주라는 아이가 매점 물건을 훔치려다 포기하지만, 그런 사실도 모른 채 그는 계속 잠만 잤다. 그러나 "깨라, 좀, 깬 김에!"라며 면박을 주던 희봉의 코믹한 대사는 결국 강두의 태도가 된다. 그는 웬만해선 깨어나지 않지만, 일단 깨어난 후에는 깬 김에 계속 깨어 있는다. 매점에서 침을 흘리고 잠자는 모습으로 처음 등장했던 이 인물은 자기 아이를 잃은 후 결국 영화의 마지막에 이르러 깊은 밤에도 잠들지 않고 창밖을 주시한 채 남의 아이를 지키다가 깨운 후 밥을 먹인다. 그 아이 세주는 극 초반 그의 잠에 전혀 개입하지 못했던 사람이었다.

그를 처음 깨운 사람도 남의 아이였다. 매점에서 엎드려 자다가 "아빠"라고 부르는 목소리에 벌떡 깨어보니 그냥 자신의 아버지를 부르며 지나가는 안경을 쓴 또 다른 중학생 소녀였다. 그날 강두는 아이 앞에서 두 차례 넘어졌다. 한 번은 하교하는 현서를 보고 반가워서 달려나가다가, 또 한 번은 날뛰는 괴물 앞에서 현서의 손을 쥐고 도망치다가. 넘어진 후 두 번째로 일어났을 때 아수라장 속에서 착각으로 다른 아이의 손을 잘못 쥐고 달렸다. 바로 매점에서 자신을 깨웠던 그 소녀였다. 애초에 자신의 아이가 아니라 남의 아이 때문에 잠에서 깨어날 수 있었던 강두는 결국 넘어져서 자기 아이 현서를 잃은 후 슬퍼하다가, 극의 종반부에서 끝내 일어나 또 다른 남의 아이인 세주의 손을 잡고 살아간다.

내가 받은 도움을 준 사람에게 되돌려주는 것이 아니라, 그 도움을 필요로 하는 또 다른 사람에게 베푸는 약자들의 감동적인 순환 모티브는 강자들의 시스템이 구사하는 폭력적인 순환 모티브와 선명하게 대조를 이룬다. 그들의 악순환은 독극물에서 독극물로 또는 먼지에서 먼지로 이어지는 것이었다. 반면에 이들의 선순환은 텔레비전을 보는 현서에게 주는 맥주에서 상상 속 현서에게 건네는 계란과 소시지와 만두로, 거기서 다시 세주에게 직접 차려주는 저녁밥으로 옮겨간다. (이런 '남의 아이' 모티브는 「옥자」의 마지막 장면에서도 재현되었다. 「설국열차」의 마지막 장면 역시 유사한 맥락에 있을 것이다.)

권력이 괴물을 공격할 때 진짜로 없애려 드는 것은 바이러스다. 영양분을 공급해주는 숙주를 죽임으로써 혼자서는 생존이 불가능한 기생생물을 없애려는 것이다. 결국 한쪽에서 다른 쪽으로 영양분이 이전되는 것을 막으려는 것이고, 양자 사이의 연결을 끊으려는 것이다. 전염되는 바이러스를 공격한다는 것은 전염으로 이어지는 것으로 보이는 인간들 사이의 연결성과 싸운다는 것이다.

「괴물」에서 권력이 운영하는 시스템이 공격하는 것은 괴물뿐만이 아니다. 강두 가족도 있다. 시스템으로부터 공격받는 괴물과 강두 사이에서는 구조적으로나 의미적으로 유사성이 있다. 권력이 가족 중에서도 특히 강두에게 집중적으로 폭력을 행사하는 이유는 그가 바이러스를 갖고 있다고 판단해서다. 말하자면 시스템은 강두가 숙주이기 때문에 공격한다. 강두로부터 보살핌을 받는 어린 현서는 이때 기생체에 해당할 것이다. 이런 구도가 지닌 함의로 본다면 그들 공격의 진짜 목적은 숙주가 아니라 기생체이고 죽어야 하는 것은 강두가 아니라 현서다. 그들은 강두라는 약한 부양자를 공격함으로써 강두가 돌보는 아이라는 더 약한 피부양자를 공격하는 것이다. (누군가는 여기서 사회적 약자들에 대해 냉혹하기 이를 데 없는 약육강식적 신자유주의 정책을 떠올릴 수도 있을 것이다.) 결과적으로 그 목적은 달성된다.

존재하지도 않는데 계속 있다고 그들이 우기는 것은 이른바 하층 계급의 해악성인 셈이다. 그리고 그와 정반대로, 분명히 살아 있음에도 죽었다고 치부하는 것은 하층 계급의 엄연한 생존권이다. 진실로 위험한 것은 있지도 않은 병이 아니라 그런 허상을 향해 제조된 거짓 치료제다.

그러니 이 영화에서 강두가 괴물과 종종 겹치게 되는 것도 우연이 아닐 것이다. 그 둘 모두 어린 시절 불우한 환경 때문에 이상해졌다. (괴물은 애초에 어린 물고기였다.) 물에 사는 괴물은 강두를 잡아먹으려 들고, 강두는 (괴물과 비슷하게 생긴) 물에 사는 골뱅이와 오징어를 먹는다. 둘 모두 맥주를 삼키기도 한다. 그리고 권력은 강두와 괴물이 모두 바이러스를 갖고 있다고 확신한다.

심지어 강두는 스스로 괴물 연기를 자청하기도 한다. 경찰이 말을 들어주지 않자 격리용 비닐 커튼 뒤에서 휴대폰을 딸에 비유하고 자신을 괴물이라 칭한 후, 괴물이 현서를 물고 가서 하수구에 옮기는 과정을 직접 시연한다. ("이 휴대폰이 내 딸 박현서요, 내가 그놈이오. 이 쓰레기통은 하수구고.")

더욱 의미심장하게 다가오는 것은 둘이 사는 장소다. 원효대교 북단에 직육면체 모양의 (그의 입장에서는) 작은 아지트가 괴물에게 있듯, 여의도 한강 둔치에 직육면체 모양의 (매점이라는) 작은 아지트가 강두에게 있다. 그 거처들은 (각각의 시각에서는) 먹을 것으로 가득 차 있는데, 둘은 그곳에서 수시로 꾸벅꾸벅 존다. 괴물과 강두는 상대의 거처를 한 번씩 상호 방문하기까지 한다.

이때 괴물은 사실상 하층 계급에 비유되고 있다. 한강 옆 길가의 좁고 허름한 매점에 사는 강두와 한강으로 흘러 들어가는 더러운 하수구에 사는 괴물의 주거 환경에 유사점이 있는 것이다. 그러니 「괴물」의 이야기는 계급 문제와도 밀접한 관련이 있다. 강두가 잠시 괴물을 연기할 때, 괴물의 거처와 딸 현서가 각각 쓰레기통과 (현서의 말에 따르면) "사람들 앞에서 꺼내기도 쪽팔린" 낡은 휴대폰에 비유되는 것 역시 계급적 의미를 지닐 것이다. (딸 자체가 휴대폰에 은유되는 상황에서 당초 계획대로 새 휴대폰으로 바꾸어준다면 그건 일종의 계급 상승 가능성을 암시하는 게 되겠지만, 그렇게 해주기 위해 모아둔 돈은 시스템의 말단에 뇌물로 바쳐져 흔적도 없이 사라진다.)

그 하수구에서 살아가는 존재가 또 있다. 세진(이재응)과 세주 형제다. 이 어린 형제는 이 영화에 등장하는 최약자들일 것이다. 강자들은 탁 트인 조망권을 제공하는 한강과 어둡고 좁고 퀴퀴한 하수구를 서로 다른 세계로 구분하고 싶어 한다. 하지만 하수구에서 한강변으로 걸어 나올 때 세진이 세주에게 알려주었듯, 하수구는 한강으로 연결된다. 하수구는 한강이라는 세계의 바깥이 아니다. 그 자체로 한강의 일부다.

하수구가 한강에 나쁜 영향을 끼친 것은 하수구 자체가 오염의 공간이기 때문인 것은 아니다. 그 하수구에 상층의 누군가가 독극물을 버려 오염시켰기 때문이다. 그러니 하수구에서 살아가는 자들이 바이러스인 게 아니다. 오히려 상층의 범죄가 그들의 터전을 오염시킨 것이다.

하수구와 한강이 하나의 세계임을 말했던 세진이 비어 있던 강두의 매점에 들어가 음식을 훔칠 때, 이건 도둑질이 아니라 서리라면서 둘의 차이에 대해 동생 세주에게 설명한다. 서리는 배고픈 자들의 특권이기에 절도와 다르다는 것이다. 그렇기에 세주가 음식에 이어 천 원짜리 지폐 몇 장까지 훔치려 하자 그건 안 된다고 제지하는 것이다.

궤변처럼 들리긴 하지만, 세진 주장의 핵심은 훔친 사람이 누구냐에 놓여 있다. 당하는 사람이 부자이든 그렇지 않든 그건 고려할 사항이 아니라는 것이고, 배고픈 사람이 훔치면 그건 서리이지 절도가 아니라는 항변이다. 실제로 세진은 부잣집을 터는 게 아니라 가난한 강두의 보잘것없는 매점을 털지만, 그런 건 문제되지 않는다. 그의 믿음에 따르면 배고픈 사람은 누구로부터든 음식을 나눠 받을 권리가 있기 때문이다.

강두 역시 어린 시절, 부모가 지켜주지 못할 때 거리를 떠돌며 서리로 먹고살았다. 그러니 세진이 죽고 나서 혼자 남은 세주를 현서가 잠시 돌봐주다가, 현서마저 세상을 떠난 후, 이 영화의 종착점에 이르러 강두가 대신 세주를 챙겨주는 것은 예사로운 마무리가 아니다. 그건 어른이 된 강두가 아무도 돌봐주지 않았던 어린 날의 또 다른 강두를 돌보는 장면이기도 하다.

그때 강두는 세주에게 지폐가 담긴 지갑을 주는 게 아니다. (이 영화에서 지갑이 오갈 때면 항상 안 좋은 일이 일어난다.) 잠든 세주를 깨운 후 밥을 해서 먹인다. 그건 밥을 주는 사람이 유달리 동정심이 많아서가 아니다. 배고픈 사람에게 천부적인 먹을 권리가 있기 때문이다. 당연히 그것을 맡아 해내야 할 국가가 책임을 방기한다면, 그 옆의 조금 덜 배고픈 자라도 그렇게 먹여줘야 한다. 초점은 부자가 가진 부를 어떻게 재분배할 것이냐가 아니라 빈자의 생존권을 어떻게 보장할 것이냐는 문제다.

「괴물」은 권력이 작동시키는 주류 시스템은 물론, 가족주의에도 기대는 영화가 아니다. 강두가 전자에 대한 신뢰를 포기했다는 사실은 에필로그에서의 강두 머리 색깔만 봐도 알 수 있다. 이 영화의 노란색은 「플란다스의 개」에서의 사용방식과 정반대이다. 극 중에서 압제적인 시스템의 색깔로 지정되어 있는 듯한 노란색은 에이전트 옐로와 요원들의 황색 방역복으로 대표된다. 강두 역시 처음엔 시스템이 부여한 질서에 불만 없이 따랐다는 사실은 그의 노랗

게 염색한 머리 색깔이나 초반에 그가 착용한 마스크의 노란 끈 색깔로도 암시된다. 하지만 그가 시스템의 규제에서 탈출해 자구책을 구할 때 위장으로 입었던 방역복은 그들의 것과 달리 노란색이 아니었다. 트럭을 몰고 가다 검문에 걸렸을 때도 그는 후드를 덮어써서 자신의 노란색 머리 색깔을 감춘다. 그리고 에필로그에 이르면 염색한 노란 머리 색깔을 되돌려 본래의 검은색을 되찾는다.

그렇다면 가족주의는 어떤가. 이 영화가 말하는 희망은 결국 가족이 붕괴된 이후에 찾아온다. 가족애를 누구보다 강조했던 희봉은 어이없는 죽음을 맞이함으로써 가장 먼저 이야기 바깥으로 퇴장했다. 희봉의 아내와 강두의 아내가 모두 괄호 쳐져 있는 강두네 가족 설정은 모성이 기묘하게 제거되어 있기도 하다.

애초부터 강두 가족의 목적은 괴물을 해치우는 게 아니었다. 괴물이 난동을 부려 생기는 국가적 피해가 얼마나 크든, 괴물에게 바이러스가 있든 없든, 그런 건 중요하지 않았다. 강두 가족은 오로지 잃어버린 가족 구성원 현서를 되찾고 싶었을 뿐이었다. 역설적으로 괴물은 떨어져 살던 강두 가족을 고모 남주(배두나)와 삼촌 남일까지 오랜만에 합동분향소에 한데 모이도록 만들기도 했다.

하지만 모였던 가족은 시스템에 의해 격리되었고 그에 대항해 탈출한 후 제각각 뿔뿔이 흩어졌다. 그들은 최후의 순간에 다시 모여 힘을 합침으로써 괴물을 격퇴했다. 하지만 괴물을 물리친 것은 부수적인 성과였을 뿐, 그들이 정말 바랐던 목표인 현서의 구출에는 실패했다. 그 과정에서 딸 현서뿐만 아니라 아버지 희봉까지 세상을 떠나, 결국 3대로 구성됐던 강두의 가족 체계는 완전히 파괴

됐다.

이 영화의 희망은 결국 가족이 무너진 자리의 바깥에서 희미하게 피어났다. 강두가 오갈 데 없는 최약자 세주를 대신 지켜냄으로써, 가족은 실패했지만 공동체는 성공했다. 그 공동체는 힘을 가진 권력과 무관한 시민들, 빈민들의 자발적인 연대였다. 이 작품의 말미에 전통적인 가족은 없다. 대신 혈연을 넘어선 약자들 간의 끈끈한 연대가 보일 뿐이다. 「괴물」은 가족주의에 기대는 영화가 아니라, 가족 너머에서 반짝이는 가녀린 불빛을 보아내는 영화다.

「괴물」의 에필로그에서 매점 안에 있던 강두는 어두운 바깥을 바라보다가 뭔가 기척을 느끼자 옆에 둔 총을 부여잡는다. 하지만 별다른 기미가 이어지지 않자 총을 내려놓고 저녁상을 준비한다. 중요한 것은 출현할지도 모를 바깥의 새로운 괴물에 대한 경계가 아니다. 그 괴물에게 있을지도 모를 바이러스 따위는 더더욱 아니다.

세주는 배가 고프기에 권리를 가진 아이다. 극 중에서 세주는 계속 먹고 싶은 것을 떠올리지만, 정작 먹었던 것은 죽기 전 형이 건넨 소시지를 한 입 베어 물었던 게 전부였다. 그러니 지금 정말 중요한 것은 당장 잠에 빠져 있는 아이를 깨우는 것이고, 내 옆에 있는 배고픈 아이에게 밥을 해서 먹이는 것이다. 세주라는 이름은 흡사 세상의 주인을 줄인 말처럼 들린다. 어쩌면 그들이야말로 세상의 진짜 주인인지도 모른다.

봉준호는 거대한 시스템이 내뱉는 힘차고 우아한 말들을 조금도 신뢰하지 않는다. 그가 말하는 작고 여린 희망은 항상 누추하고 소박한 곳에 삶의 소소한 유머와 함께 깃든다. 그가 마음을 두는 세상은 내 아이가 아니라 남의 아이를 대신 보살펴주는 곳이다. 약한 자라도 더 약한 자를 기꺼이 먹일 수 있는 곳이다.

2020. 3.

6장

살인의 추억

그의 마지막 시선이 가닿는 곳은
살인의 추억

봉준호의 걸작 「살인의 추억」에서 화성 연쇄살인 수사를 맡고 있는 박두만(송강호)은 직감을 철석같이 믿고 있다. 극 중 첫 희생자 시신이 농수로에서 발견되자 용의자들 사진을 노트에 주욱 붙이면서 자신에겐 사람을 보는 눈이 있다고 장담한다. 딱 보면 범인인지 알아낼 수 있다는 것은 진실이 파악될 수 있다는 것과 그 진실이 나의 밖에 존재한다는 사실을 전제한다. 그러니까 보이는 악이 밖에 있고, 그런 악을 바라보면서 내 안의 통찰력을 활용해 정체를 간파할 수 있는 정의의 사도인 내가 있다.

수사하면서 두만에게 가장 중요한 때는 "내 눈 똑바로 봐"라고 말한 뒤 용의자의 얼굴을 뚫어져라 마주 들여다보는 순간이다. 그는 극 중 첫 주요 용의자였던 백광호(박노식)를 취조할 때도 상대의 턱을 잡은 후 얼굴을 정면으로 응시하면서 그렇게 말했다. 두 번째 주요 용의자인 조병순(류태호)에게도 마스크를 쓰고 있던 상대의 목을 잡고 얼굴을 똑바로 쏘아보며 그와 같이 요구했다. 보면 안다. 조병순의 경우 동네에 착하고 성실한 남자로 정평이 나 있는 인물임에도 그렇다. 그저 정체를 숨기고 있을 뿐 "딱 보면 티가 나"기 때문이다.

자신만만해하는 두만에게 구 반장(변희봉)이 문제를 낸다. 지금 강간범과 피해자 오빠가 나란히 책상에 앉아 조서를 쓰고 있다. 둘 중 누가 강간범인지 맞혀보라. 그러자 두만이 유심히 바라보는 시점숏으로 두 사람이 한 프레임에 담긴다. 둘 다 얼굴에 상처가 있다. 영화는 그 신에서 두만이 과연 맞혔는지를 알려주지 않고, 둘 중 누가 강간범인지도 설명하지 않는다. 엔딩크레디트에서조차 역할을 맡은 두 배우는 '강간범과 피해자 오빠'로 함께 지칭되며 나란히 이름이 올라 있다.

두만은 사실 본인의 믿음과 달리, 딱 보고 안 적이 없다. 백광호와 조병순 모두 범인이 아니었다. 처음 만나자마자 두만에게 얻어맞았던 서태윤(김상경)이 그에게 했던 말도 "형사가 사람을 그렇게 못 알아봐서 어떡해?"라는 비아냥이었다.

그런데 태윤과 관련해서 유독 눈길을 끄는 사실이 하나 있다. 극중에서 태윤의 자리가 묘하게도 강간범의 위치와 계속 겹친다는 점이다. 원래 서울 형사였던 태윤은 화성으로 파견 와서 처음 극에 등장할 때 앞에서 걸어가던 여성에 의해 강간범으로 오인된다. 그러자 때마침 경찰차를 타고 지나가던 두만이 "여기가 강간의 왕국이냐"라고 확신에 가득 찬 목소리로 외치면서 그에게 발차기를 날려 제압한 후 현행범으로 수갑까지 채운다.

비 오는 밤에 우산을 들고 남편을 마중 나갔다가 피살된 극 중 네 번째 희생자가 나온 후, 시신이 발견된 무덤가에 동료 형사 조용구(김뢰하)와 함께 갔던 두만은 인기척을 느끼자 급히 몸을 숨긴다. 그리고 범인은 반드시 현장에 다시 나타나기 마련이라는 경구까지 용구에게 들먹이며, 두만은 어둠 속에서 다가오는 사람을 범인으로 간주한다. 하지만 그는 태윤이었다. 그러니까 두만은 다시금 태윤을 강간범으로 오인한 셈이다.

「살인의 추억」에서 가장 섬뜩한 장면은 진짜 범인이 극 중 마지막 희생자를 물색하는 대목일 것이다. 이 장면에서 범인은 소현(우고나)과 설영(전미선) 중 누구를 택할 것인지 생각하며 근처 야산의 나무 뒤에 숨어 지켜보는데, 얼굴이 드러나지 않은 채 희끄무레한 뒷모습만 내보이며 아래를 쳐다보는 앵글의 숏에 담겨 있다. 그런데 이 영화엔 같은 장소에서 찍은 흡사한 앵글의 숏이 이전에 한 번 더 나온 적이 있다. 동료 형사 귀옥(고서희)이 함정 수사를 위해 우산을 쓰고 빨간 옷을 입은 채 걸어갈 때 근처 야산의 동일한 나무 뒤에서 태윤이 잠복하며 내려다보는 장면이다. 그렇다면 대체 태윤은 왜 극 중 세 차례나 걸쳐서 강간범과 겹치는 것일까.

영화 속 세 명의 주요 용의자들 중 광호와 병순을 잡아서 집중적으로 취조한 것은 두만이다. 하지만 태윤은 두 번 모두 용의자의 손에 주목해 진범이 아니라고 지적함으로써 두만이 주도하는 수사의 허점을 드러냈다. 광호가 범인이 아닌 것은 어린 시절 입은 화상으로 인해 손가락이 서로 붙어서 매듭조차 제대로 묶기 어려울 지경이기 때문이다. 아울러 레미콘 공장에서 일하는 병순은 매우 거친 손을 가지고 있기에 범인일 수 없다. 학교가 내려다보이는 언덕 집 여자(서영화)의 결정적 증언에 따르면 진범은 손이 무척 곱기 때문이다.

태윤의 수사 철칙은 "서류는 거짓말을 하지 않는다"는 것이다. 직관 대신 증거를 믿기에 그는 무엇보다 서류에 담긴 진실의 단서를 읽어내려 한다. (두만은 이성적인 추론을 요구하는 서류에 집중하는 대신, 무당이 그려준 초자연적인 부적을 믿는다.) 태윤은 직관보다 증거를 신봉하기에 자신의 눈보다 손을 더 믿는다. (두만이 기대는 직감이 두만의 안에 있는 것이라면, 태윤이 의존하는 증거는 태윤 밖에 있다.)

태윤은 손으로 자료를 뒤져 실종자가 세 번째 피살자로 드러날 것이라고 예측하고, 손으로 확성기를 들고 외쳐서 범행 현장을 보존하며, 손으로 쓰레기통을 뒤져 범인이 라디오 프로그램에 보낸 우편엽서를 찾고, 손으로 전화기를 붙들고 계속 수소문을 해서 범인과 관련된 정보를 얻는다. 그리고 그 손으로 중요한 단서를 제공해줄 것으로 기대되는 소현의 등에 일회용 밴드를 붙여준다. (하지만 눈을 믿는 두만은 극 중에서 그것들 중 어떤 행동도 하지 않는다. 오직 통찰력 있다는 눈이 더 잘 볼 수 있도록 자신의 손을 시각의 보조 부위로 삼아 상대의 턱이나 목을 받쳐 들 뿐이다.)

태윤에겐 손이야말로 가장 중요한 도구이고 증거다. 하지만 부드러운 손이라는 단서는 주관적이고 모호해서 범인을 특정하지 못한다. 그리고 서류는 끝내 그를 배신한다. 유전자 감식 결과를 담은 서류가 미국에서 날아오길 기다리는 동안 여섯 번째 희생자가 참혹하게 살해당하는데 그건 바로 어린 소현이었다. 그때 그의 손이 할 수 있는 것은 등을 드러낸 채 처참하게 죽어 있는 소녀의 옷을 끌어 내려 가려주는 일밖에 없었다.

그리고 거의 범인이 확실해 보였던 용의자 박현규(박해일)의 유전자가 피살자 옷에 남은 흔적과 일치하지 않는다는 결과를 통보해온 미국 서류를 집어 보며 자신의 손에서 흐르고 있는 피를 묻힌다. 그건 연이어 범행을 저지른 것으로 확신됐던 현규의 손이 돌을 쥐어 태윤의 손에 보복한 결과다. 태윤의 피가 묻은 서류는 곧이어 달려온 기차에 찢겨 나뒹군다. 두만은 태윤과 달리 자신의 손에 남의 피를 묻힌다. 달리는 기차에 치여 죽음을 맞은 광호의 피가 두만의 손에 튀자, 두만은 그 피를 자신의 옷에 닦는다.

극 중 등장하는 주요 용의자 셋 중에서 광호와 병순은 두만이 잡아서 범인으로 몰고 가려다 실패했다. 하지만 세 번째이자 마지막 용의자인 현규는 태윤이 잡아서 주도적으로 밀어붙였다. 자신의 통찰력에 대해 점점 자신감이 없어지던 두만이었지만 현규가 용의선상에 처음 오르자 가장 먼저 한 일은 집에 찾아가 앨범을 뒤져서 그의 사진을 확보하는 것이었다. 이어서 노트에 붙이지도 않은 채 그의 정면 얼굴이 담긴 사진을 애인 설영을 만날 때조차 계속 들여다본다. 태윤이 서류를 신봉했다면 두만은 사진을 신뢰했다. 여전히 두만은 할 수 있는 게 얼굴을 뚫어져라 쳐다보는 것밖에 없었다.

그러곤 폭우가 쏟아지는 기차 터널 앞에서, 유전자 검사 결과를 포함해 이제 다른 어떤 방법도 기대할 수 없는 한계 상황에서, 마지막으로 현규의 턱을 한 손에 쥐고 절박하게 얼굴을 들여다본다. 하지만 현규가 범인인지 도무지 알 수가 없다. 이 부분은 마주 보는 현규의 얼굴에서 바라보는 두만의 얼굴로, 거기서 다시 현규의 얼굴로, 둘 사이를 오가는 일곱 개의 연속적인 클로즈업 정면 숏으로 강렬하게 표현된다. 둘의 시선 교환은 현규의 정면 얼굴에서 시작해서 현규의 정면 얼굴로 끝난다. 그것은 두만이 바라보는 시점 숏들이다. (이어지는 여덟 번째의 클로즈업 숏은 눈물을 머금은 채 허망한 시선을 던지는 태윤의 측면 얼굴이다.) 결국 두만은 극 중 처음으로 모르겠다고 고백하듯 실토한 뒤 현규를 놓아준다. 깊이조차 짐작할 수 없는 터널의 짙은 어둠 속으로 현규가 멀어진다.

「살인의 추억」 첫 장면에서 범인은 메뚜기로 비유된다. 첫 숏에서 프레임 중앙에 크게 자리 잡은 한 소년(이재웅)이 벼 이삭에 앉은 메뚜기를 한참 정면으로 응시하다가 손을 올려 잡아낸다. 이후 소년이 있는 쪽으로 두만이 다가와 작은 터널처럼 보이는 아래의 농수로를 유리 조각에 햇빛을 반사시켜 들여다본다. (마치 한참 뒤 영화의 클라이맥스에서 박현규가 걸어가 사라지게 될 어두운 기차 터널 안을 미리 들여다보는 것 같다.) 그때 피살자의 다리에 앉아 있는 메뚜기를 먼저 또렷하게 비추던 카메라는 같은 숏에서 초점을 이동해 그 모습을 쳐다보고 있는 두만을 포착한다. 이어서 두만의 시점 숏으로 피살자의 몸에 기어가는 작은 벌레들을 담아낸다. 만일 그 메뚜기를 범인에 대한 은유로 본다면, 이 장면에서 범인이 먼저 두만을 지켜보는 셈이다. 그리고 뒤이어서 두만이 범인을 본 후 피살자까지 보는 셈이다.

시신을 확인한 뒤 두만이 고개를 들어 농수로 위를 덮은 콘크리트 상판에 앉아서 자신을 쳐다보고 있던 소년에게 집에 가라고 말하는데, 묘하게도 소년은 그때부터 그의 말을 그 장면 끝까지 고스란히 따라 한다. 말뿐만 아니라 표정과 제스처까지 흉내 낸다. 그러니까 두만이 첫 번째 피살자가 발견된 현장에서 내내 듣는 것은 바로 자신의 말이고, 계속 보는 것은 자신의 얼굴이다. 소년이 쭈그리고 앉아 있는 상판 바로 아래쯤에 시체가 놓여 있다는 사실까지 감안하면, 두만은 어쩌면 피해자로부터 그 말을 듣고 있는 셈인지도 모른다.

이 장면 이후 두만은 화성 연쇄살인사건에 대한 지난한 수사 과정 내내 보기만 하면 알 수 있다는 자기 확신 때문에 무수히 실패한다. 그의 수사는 결국 밖에 있는 진실에 집중하지 않고 자신의 안에 있는 것을 헛되이 되풀이하는 과정에 불과했다. 그는 밖의 진실을 자신 내부의 틀 안에만 담으려고 했다. 억지로 용의자들을 몰아가 자신이 미리 짜두었던 틀 속에서만 진술하게 했다.

밖의 메뚜기를 잡은 것은 소년이었다. 그런 소년이 무고한 피해자의 목소리로 두만을 힐난하듯 두만 자신의 말을 그대로 돌려준다. 두만은 끝까지 메뚜기를 잡지 못한다. 제목이 나오기도 전에 묘사되는 이 프롤로그는 서로 쳐다보는 두만과 소년의 얼굴을 번갈아 5개의 클로즈업 숏으로 중계한 끝에 자신을 흉내 내는 소년을 바라보는, 그러니까 자기 자신의 얼굴을 침묵 속에서 물끄러미 들여다보고 있을지도 모를 두만을 비추며 마무리된다.

이후 두만은 수사 과정 내내 실패하지만 아랑곳하지 않는다. 증거가 없으면 용의자의 신발을 벗겨 길바닥에 찍은 뒤 조작하면 되고, 그래도 안 되면 증거가 없다는 사실 자체에서 새롭게 착상하면 그만이다. 밖에 증거가 없더라도 내 안에는 통찰력이 있다. 범인이 무모증일 것이라는 두만의 착상은 증거가 나오지 않아 수사가 교착

상태에 빠졌을 때 나왔다. 범인으로 추측되는 자가 라디오 방송국에 보낸 서류 그러니까 노래 신청 엽서를 찾아서 태윤이 쓰레기장을 정신없이 뒤질 때, 두만은 뜨거운 목욕탕에 들어앉아 지나다니는 사람들의 벗은 몸을 유유히 쳐다본다. 그때 태윤이 우선 발견하려는 것은 범인이 아니라 범인의 흔적인 반면, 두만은 범인 자체를 단번에 찾아내려 한다. 하지만 흔적 없이 범인의 뒤를 쫓을 수는 없다.

그렇게 자신만만했던 두만의 방식은 강간범과 동료 형사를 혼동한다. 태윤의 위치가 강간범의 자리에 겹치는 장면들이 지속적으로 등장하는 이유다. 마지막 희생자인 소현의 죽음 앞에서 태윤이 이제까지의 방식을 버리고 분노에 휩싸여 폭력적으로 돌변하는 것은 소현과 맺어온 인간적 관계와 무관하지 않다. 학교로 소현을 찾아가서 범인과 관련된 소문의 시작점을 캐묻다가 자연스레 핀잔을 받거나 그 어린 소녀의 다친 등에 일회용 밴드를 따스한 손길로 붙여줄 때, 흡사 태윤은 소현의 오빠처럼 보이기도 한다. 그러니까 두만의 방법은 결국 강간범과 피해자의 오빠를 구분하지 못한다.

「살인의 추억」 마지막 장면은 16년의 세월이 흐른 뒤의 시점이다. 두만은 그사이에 아내가 된 설영이 원하던 대로 형사 생활을 그만두고 녹즙기 파는 회사 일을 하고 있다. 그는 아침 식사 자리에서 아들이 전날 컴퓨터 게임을 했다고 타박한다. 아들이 부인하지만 두만은 그의 얼굴이 벌겋게 달아올랐다는 사실을 거론하면서 자신의 눈은 속일 수 없다고 못을 박는다. 그의 능력은 여전히 직감이고 그의 근거는 아직도 타인의 얼굴이다.

그러자 아내가 된 설영이 왜 아들의 말을 못 믿냐면서 타박한다.

그런 설영은 16년 전에 마지막 피살자가 될 수도 있었는데 소현이 대신 죽었기에 간신히 목숨을 건졌다. 그렇다면 설영이 두만에게 던지는 그런 발언은 피해자의 힐난처럼 들리기도 한다. 하지만 프롤로그에서의 소년과 에필로그에서의 아내를 통해 피해자의 원망을 듣고도 그는 여전히 깨닫지 못한다. 설영이 과거에 잘 들리도록 두만의 귀를 파주는 사람이었음에도 그렇다.

그런 두만은 지방 출장을 가다가 우연히 화성 연쇄살인사건의 첫 희생자 시신이 발견되었던 농수로 근처를 지나가게 되자 옛 생각에 차에서 내려 충동적으로 그곳에 들른다. 콘크리트 상판 아래의 농수로를 들여다볼 때, 유리 조각을 찾아서 비춰 보았던 오래전 그날과 달리 이번에는 쓰고 있던 안경(유리)을 벗고서 쳐다본다. 그는 이제 유리를 통해 쳐다보지 않고 맨눈으로 내부를 들여다보고 있는 셈이다. 그 안에는 아무것도 없다. 콘크리트 상판 아래의 어두운 구멍은 곧 그의 내면과 같을지도 모른다. 그 어두운 안쪽에는 피해자의 시신이나 메뚜기뿐만 아니라, 그의 직감이 원하는 방향으로 빛을 비춰 보낸 후 보고 싶은 대로 기어이 보아낼 대상 자체가 없었다. 애초에 통찰력 같은 것은 두만의 안에 없었다.

그날의 소년처럼 이날의 소녀(정인선)도 그런 두만을 보고 입을 열어 말한다. 소년처럼 그의 말을 그대로 돌려주는 대신, 소녀는 자신이 본 일에 대해 말한다. 얼마 전에 또 다른 아저씨도 콘크리트 상판 밑의 구멍을 들여다보았다는 사실이다. 그때 그 아저씨에게 왜 그러냐고 물어봤더니 예전에 자신이 거기서 했던 일이 생각나서 오랜만에 와봤다고 대답했다는 것이다. 며칠의 차이로 범인이 그곳에 들렸다. 그의 얼굴을 확인할 절호의 순간을 두만이 다시금 안타깝게 놓쳤다.

더 중요한 것은 이때 두만의 위치가 범인의 자리와 겹친다는 점이다. 범인이 얼마 전에 그 구멍을 들여다본 것은 과거에 거기서 자신이 했던 일에 대한 추억 때문인데, 그건 현재의 두만 역시 마찬가지다. 그러니 그 순간 두만은 이 영화 내내 태윤이 놓였던 상황에 대신 서게 되는 셈이다. 소녀의 입장에서는 며칠 전의 아저씨와 지금이 아저씨를 혼동할 수도 있을 것이다. 피해자의 오빠를 피해자의 편으로 확대해서 받아들인다면, 이 순간 강간범과 강간범의 오빠는 구분하기 어렵다. (심지어 두만의 아내는 과거 피해자가 될 뻔했다.) 말을 마친 소녀와 그 말을 곱씹는 두만의 모습이 멀리 사선 방향에 놓인 카메라의 익스트림 롱숏에 담기는데, 그건 마치 누군가 논에 숨어서 그들을 조소하듯 바라보는 시점 숏처럼 여겨지기도 한다.

그 직전 두만은 차 안에서 누군가와 통화를 하며 오 상무라는 사람의 말을 곧이곧대로 들으면 안 된다고 주장했다. 그리고 그날 아침 식사 자리에서는 아들의 말을 곧이곧대로 듣지 않기도 했다. 그 둘의 말을 듣지 않고 자신 내부의 직감을 믿었다. 하지만 안경을 벗고 살펴본 구멍 속에서 확인할 수 있는 것은 아무것도 없었다. 설령 보면 아는 능력이 그에게 있다고 한들, 그 능력을 발휘할 대상 자체가 없었다.

그 장면은 들여다보는 두만의 얼굴을 서서히 멀어지며 비추는 숏과 텅 빈 구멍 속을 다가가며 비추는 숏이 디졸브로 이어진다. 프롤로그에서 그 자리에 메뚜기와 시신이 있었다는 것을 떠올려보면,

전자의 숏은 이제 떠나버린 범인이나 죽어서 사라진 피해자의 시점 숏처럼 보인다. 범인도 피해자도 그 존재가 모두 떠난 상황에서 그들의 시선만 남았다. 이때 콘크리트 상판 아래의 그 구멍은 결정적인 범인처럼 여겨졌던 현규가 놓여나 사라져간 기차 터널처럼 여겨지기도 한다. 그렇게 상기하면 전자의 숏은 그 터널에서 멀어져갔던 현규의 시점 숏처럼 보인다. 그리고 후자의 숏은 실체를 감춘 기차 터널의 어둠과 종잡을 수 없게 떠나간 사건을 바라보고 있는 두만의 허망한 시점 숏이 될 수도 있을 것이다.

그러자 두만은 처음 만난 소녀의 말을 곧이곧대로 믿기 시작한다. 어두운 농수로 안에서 범인의 흔적을 보았던 오래전 그날 대신, 내리쬐는 가을 햇살 아래에서 범인의 흔적을 귀담아듣는다. 과거의 그에겐 남의 귀를 잡아당기는 버릇이 있었지만, 이제 그는 자신의 귀를 잡아당겨 밖에서 들려오는 말을 듣는다. 그 소녀를 보면서 마지막으로 살해된 소녀 소현을 떠올리게 된다면, 범인의 손에 입이 막힌 채 끌려가 살해되었던 피해자가 이제 입을 열어 두만에게 말하는 것으로 볼 수도 있을 것이다.

며칠 전 그곳에 들렀다는 남자의 모습에 대해 두만이 묻자 소녀는 그저 특징 없이 평범한 얼굴이었다고 대답한다. 범인의 얼굴을 보았던 또 한 명의 증인인 광호는 그가 잘생겼다고 말했으니 증언에 서로 차이가 있다. 현규는 정말 범인이 아니었던 걸까. 그때 현규가 했던 말들은 사실이었던 걸까. 그럴 수도 있고 아닐 수도 있을 것이다. 확언할 수 있는 것은 두만이 확신할 수 있는 게 아무것도 없다는 사실뿐이다.

이제 두만은 악이 밖에 명확히 따로 존재한다는 전제와 자신의 안에 그걸 간파해낼 능력이 있다는 믿음 자체를 포기한다. 그리고 어쩌면 그런 내부의 직감에 대한 확신이야말로 외부의 악과 긴밀하게 연결된 또 다른 악인지도 모른다. 에필로그에서 두만이 구멍 속을 들여다보았을 때, 보는 시선과 보이는 대상을 담은 두 개의 숏은 디졸브를 통해 이어지면서 안과 밖의 명확한 구분 자체를 문질러 없앤다.

자신이 목격한 범인에 대해 평범한 얼굴이라고 소녀가 말한 것은 예사롭지 않다. 얼굴로 특징지을 수 없다는 인상착의로 인해 범인은 특정할 수 없고 익명화되는데, 이와 함께 두만의 뒤늦은 깨달음 역시 두만 자신에게만 적용되지 않고 확장된다. 그건 두만의 방법이 그 자신만의 방법이 아니라 한국 공권력의 방법이었고 한국 사회 자체의 방법이었기 때문이다. 그러니 실패한 것은 두만뿐만이 아니다. 무고한 피해자들이 연이어 죽어간 것은 잔인무도한 살인마 때문이기도 하지만 동시에 이 땅의 공권력이 실패했기 때문이기도 하다. 그 실패 역시 수많은 희생자를 만들어낸 또 다른 악일 것이다.

두만은 태윤의 방법을 일견 인정하면서도 그게 한국 땅에는 맞지 않는다고 주장했다. 미국은 땅덩어리가 어마어마하게 커서 그걸 다 커버하려면 과학적 방식을 동원해야 하고 머리를 써서 분석해야 하지만, 한국은 정말 작아서 그저 발로 뛰면 된다고 말했다. 그리고 자신은 살인사건이 연이어 벌어지고 있는 경기도 화성에 대해 오랜 세월 살면서 잘 알아왔기에 더더욱 수사에 문제가 없다고 여긴다. 자신의 두 발로 몇 발자국 뛰다 보면 다 밝히게 되어 있다고 호기롭게 말한다. 그런데 그렇게 자신만만했던 발에는 과연 무엇이 밟혔을까.

두만과 짝을 이뤄 수사하는 후배 형사 용구는 무덤가에서 잠복할 때 실수로 나뭇가지를 밟아 부러뜨리는 바람에 용의자가 눈치채고 도주하게 만들었다. 그런데 이 영화에는 화근이 되는 나뭇가지가 나중에 한 차례 더 나온다. 학교에서 민방위 훈련을 할 때 위에서 내려오다가 부러진 나뭇가지에 긁히는 바람에 소현은 등이 까지는 상처를 입는다. 결국 참혹한 시신으로 소현이 발견되었을 때 빗속에 드러난 그 등의 상처는 거기에 일회용 밴드를 붙여주었던 태윤의 분노에 불을 지른다. 이때 이야기의 저류를 연결하며 흐르는 의미를 더듬어보면 잘못된 자리에 놓여 있었던 부러진 나뭇가지 때문에 소현이 입은 상처는 그 나뭇가지를 잘못 밟아 분지른 용구의 군홧발 때문이라고 할 수 있다. 그리고 소현이 살해된 것은 결국 민방위 훈련 때문이라고 볼 수도 있다.

밤길을 걷던 소현이 범인에게 공격당하는 장면은 때마침 들려오기 시작한 민방위 훈련의 긴 사이렌 소리와 함께 겹치면서 끝났다. 이후 불을 끄는 약국을 시작으로 소등을 하고 셔터를 내리면서 거리 곳곳이 어둠에 파묻히는 장면들은 범인이 소현을 묶고 야산으로 끌고 가는 장면과 무려 다섯 차례나 교차되면서 강조된다. 북한이라는 외부 악마의 위협을 대비한다는 명분으로 정부가 인위적 어둠을 조성해 통제하려 했던 민방위 훈련의 등화관제가 이뤄지는 동안 대한민국 내부의 악마는 손쉽게 범행을 성공시킬 수 있었다.

그러니까 어둠은 국가가 만들었다. 어둠 속에서 자신을 지켜야 하는 국민은 불빛을 스스로 손에 쥐고 있을 수밖에 없다. 그렇게 랜턴을 쥐고 있던 보통 사람들은 극 중에서 억울하게 당한다. 남편을 마중하러 나갔다 살해된 네 번째 희생자와 용의자로 고초를 겪은 병순이 모두 그랬다.

또 다른 억울한 용의자 광호는 불에 대한 공포가 있다. 자신이 목격한 범행 광경에 대해 증언하던 그는 핵심 용의자 현규의 사진을 보자 갑자기 호루라기를 불면서 두려움에 떤다. 그러면서 어린 시절에 아버지가 자신을 아궁이에 넣어 화상을 입혔다는 사실을 토로한다. (두만의 귀를 파줄 때 설영이 쓴 도구는 불을 일으키는 성냥개비였다.) 전혀 범인처럼 생기지 않은 현규처럼, 그의 아버지 역시 겉으론 멀쩡해 보였다. 하지만 아들을 어린 시절부터 학대해온 그는 또한 강간범이기도 했다. (그는 마을에서 '덮쳐라백씨'로 불린다.)

아버지에 대한 공포 때문에 광호는 호루라기를 분다. 다른 희생자의 랜턴에 해당할 광호의 호루라기는 민방위 훈련에서 권력이 국민을 통제할 때 쓰는 도구 중 하나다. 학대하는 아버지의 권력을 두려워하는 그는 공포가 엄습할 때마다 아버지처럼 학대하며 군림하는 공권력의 말단에서 통제하는 행위에 가담해 흉내 냄으로써 안전을 보장받으려 한다. 그러나 두만이 다가오는 것을 제지하기 위해 어둠 속에서 자신이 불었던 호루라기 소리 때문에 기차가 오는 소리를 듣지 못해 결국 치여 숨진다.

어둠 속에 있던 범인은 불빛에 잠깐 모습이 드러난다. 네 번째 희생자가 공포를 느껴 필사적으로 랜턴을 비출 때 그랬다. 그러니 범행을 밝혀내기 위해서는 더욱 강한 빛을 더 오래 더 많은 사람들이 비췄어야 했다. 하지만 국가는 주기적으로 소등을 명해 어둠을 더 두텁게 만든다. 그런데 눈길을 끄는 건 종종 형사들 역시 불빛 앞에서 비춰지는 자리에 놓인다는 점이다. 병순이 무덤가에서 두려움을 느끼고 입에 물었던 랜턴을 주변에 비출 때 그 불빛에 형사들이 포착되는 장면이 대표적이다. 그러니까 어둠 속에 웅크리고 있었던 것은 범인뿐만이 아니다. 형사들 역시 마찬가지였다. 또다시 범인과 형사가 겹친다.

더구나 공권력은 이 끔찍한 범행들이 벌어질 때 엉뚱한 곳에 한눈을 팔고 있었다. 언제나 가장 약한 사람들이 당하지만 국가는 그런 약자를 보호해줄 능력도 없고 보호하기 위해 제대로 지켜보지도 않는다. 소현 직전에 피살된 다섯 번째 희생자는 범행이 정확히 예상되는 상황에서 전경들만 제때 동원해도 막을 수 있었던 피해였다. 하지만 그날 전경은 대학생들이 벌이는 시위를 막기 위해 모두 투입된 터라 속수무책으로 범행을 방관할 수밖에 없었다. 다섯 번째 희생자는 좌절한 두만과 태윤이 경찰서 안에서 치고받던 바로 그 순간 바깥 들판에서 희생되었다.

범행은 논이나 벌판처럼 언제나 탁 트인 곳에서 벌어졌다. 무능하고 부도덕하고 폭력적인 권력이 공포의 장소로 만드는 것은 밀실이 아니라 벌판이고 광장이며 거리였다. 그게 폭력적 시위 진압 때문에 생겨난 공포든, 폭력적 시위 진압을 하러 간 사이에 벌어진 또 다른 범행에 대한 공포든 모두 그렇다.

그 두 공포를 연결하는 인물이 용구다. 마치 진리를 말하는 것처럼 대한민국 형사는 두 발로 수사한다는 말을 두만이 거론할 때, 그는 거기에 정확히 들어맞는 사람이다. 그는 말 그대로 발로 수사를 한다. 이 영화에서 용구는 백광호를 마구 짓밟는 발을 통해 처음 등장한다. 사용할 필요가 없는 손은 그때 그의 호주머니에 꽂혀 있다. 나머지 두 주요 용의자도 모두 발로 날아차기를 하며 제압한다. 발로 하는 일이라면 심지어 삽질조차 능숙하다.

취조할 때 용구는 신발에 덧버선까지 신고 폭행을 자행하는데, 그 신발은 바로 군화다. 1980년대 군사독재정권의 말단 수족을 선명히 상징하는 용구의 발은 연쇄살인범에 대한 수사에만 사용되지 않는다. 「빗속의 여인」 노래가 흐르는 가운데 '전두환 대통령 각하 북중미 5개국 순방 환영' 플래카드가 걸려 있는 거리에서 태극기를 들고 환영 행사 준비를 하던 한복 차림 여고생들이 갑자기 쏟아지는 비를 피하려고 처마로 몰려드는 장면에 이어 폭우 속 시위를 벌이는 여대생을 용구가 발로 짓밟는 장면이 연결되는 것은 그가 어떤 맥락으로 이 영화에 담긴 인물인지 명확히 드러내는 대목이다.

강압 수사로 징계를 받은 용구가 낙심해 고깃집에서 혼자 술을 마시다가 '부천경찰서 성고문 사건'을 저지른 형사 문귀동이 처벌받게 되었다는 뉴스를 본 끝에 흥분해 옆자리 대학생들과 싸움을 벌일 때도 역시 군홧발이 사용됐다. 그러다 엉겁결에 끼어든 광호가 휘두른 막대기에 박힌 못 때문에 결국 파상풍으로 다리를 잘라내야 했을 때, 그것은 명백한 징벌의 의미를 지닌다. 극 초반 피해자 시신이 발견된 논두렁에서 구 반장을 포함한 경찰이 둘이나 떨어지는데, 그렇게 미끄러지던 공권력의 발은 끊임없는 실족 끝에 결국 썩어서 잘리게 되는 셈이다. 그때 잘린 발은 상징적인 남근이며, 국가의 폭력적인 수족이다. (문귀동 관련 뉴스를 보며 여대생들은 "저 형사 새끼들 거시기를 다 잘라버려야 돼"라고 말한다.)

그러니 발을 믿는 형사 두만 역시 실족할 수밖에 없다. 제대로 현장을 통제하지 못하는 바람에 보존해야 마땅한 범인의 발자국 증거를 망쳐버린 두만은 광호의 신발을 이용해 가짜 발자국을 만들어낸다. 아울러 광호가 결국 범인이 아닌 게 드러나자 미안한 마음에 나이키 신발을 선물하지만 그건 나이키를 흉내 낸 짝퉁 제품이었다. 광호가 결국 기차에 치여 죽고 그 옆에 자신이 사준 가짜 나이키가 뒹굴 때, 두만은 비로소 무엇이 잘못되어가는지를 어렴풋이 짐작하기 시작한다.

그 대가로 두만은 결국 타락한 권력의 상징적인 발을, 썩어들어가는 용구의 진짜 발을 자르는 데 동의하며 눈물로 사인을 한다. 그는 스스로가 발로 뛴다고 믿었지만 정작 자신의 발로 추적했던 용의자들의 발자국과 추종했던 국가의 발자취는 모두 가짜였다. 논두렁과 고깃집과 경찰서 안에서 수시로 빚어졌던 이 영화의 아수라장은 곧 무능하면서 난폭한 권력이 남긴 어지러운 발자국들이었다.

그 역시 결국엔 대한민국의 형사였기 때문일까. 발 대신 손을 믿었던 태윤도 종국에는 발부터 사용한다. 소현까지 살해되자 미국에서 유전자 감식 결과를 담은 서류가 도착하기도 전에 태윤은 현규의 집에 찾아가 참을 수 없는 분노로 무작정 발차기부터 한다. (그는 그 직전에 두만에게 "목격자고 나발이고 다 필요 없어. 박현규 그 새끼를 죽도록 두들겨 패는 거야"라고 말하기까지 한다.) 권력으로선 용구 같은 사람의 발이 잘려도 상관없다. 대체할 발은 얼마든지 있기 때문이다.

「살인의 추억」의 마지막 숏에서 황망해하던 두만은 고개를 돌려 정면을 바라본다. 이전에도 이 영화엔 정면 클로즈업 숏들이 많았지만 인물이 정확히 정가운데를 보는 시선은 아니었다. 하지만 이 숏에서는 배우가 카메라 렌즈를 그대로 응시함으로써 관객과 정확히 시선을 맞춘다. 일반적으로는 동일시를 깨기 때문에 영화 촬영에서 금기처럼 여겨지는 방식을 일부러 채택함으로써 강렬하게 구두점을 찍고 있는 것이다.

두만은 이제 더 이상 딱 보면 안다고 믿지 않는다. 여기서 그는 격렬한 분노를 느끼고 있지만 동시에 짙은 무력감도 경험하고 있다. 이 영화의 프롤로그와 에필로그는 모두 결실의 계절인 가을을 배경으로 하고 있지만 수확은 없다. 그렇다면 그 마지막 숏에서 만감이 교차하는 표정으로 두만은 대체 무엇을 보고 있는 것일까.

엔딩 숏에서 두만이 취하는 동작은 기차 터널 앞에서 그가 최후로 현규를 절박하게 바라볼 때와 동일하다. 그때 그는 태윤의 총을 눌러서 내리게 한 후 고개를 좌측으로 돌려 현규의 얼굴을 정면으로 바라봤다. 두만은 마지막 숏에서도 이와 똑같이 고개를 좌측으로 돌린 후 부릅뜬 눈으로 정면을 응시한다. 하지만 이제 그 앞에는 현규가 없다. 현규뿐만 아니라 그 누구도 없다.

그러니 극 중 맥락에서 물리적으로 말한다면, 여기서 두만은 허공을 쳐다보고 있는 것이다. 하지만 심리적으로 볼 때 그는 그 순간 필사적으로 누군가를 불러내 쏘아보고 있는 것처럼 보인다. 그때 두만이 보아내고 싶어 하는 것은 현규일 수도 있고 현규가 아닐 수도 있겠지만 분명 범인임에는 틀림없을 것이다. 현규가 아닐 경우

범인의 얼굴을 모르기에 제대로 상상할 수 없음에도 그렇다. (아닌 게 아니라 봉준호는 이 숏에 대해 개봉 후 관객으로 극장에 올 수도 있는 진짜 범인의 얼굴을 배우의 눈으로 쏘아보고 싶었다고 말한 바 있다.)

그런데 뒤집어보면 이건 범인의 시점 숏일 수도 있다. 만일 두만이 범인을 호출해 응시하고 범인 역시 그에 응한다면, 두만이 정면을 바라보는 그 숏은 곧 범인의 눈에 포착된 두만의 얼굴이 될 것이다. 그리고 그 숏에서 두만의 시선을 받아내야 하는 관객들 각자가 그 순간 잠재적인 범인의 위치에 놓이며 당혹감을 느낄 것이다. 이 영화의 관객들은 영화의 바깥에 안전하게 머물 수 없다.

더구나 실제적으로 본다면 이때 두만이 바라보는 것은 화성 연쇄살인사건의 첫 희생자가 발견된 농수로 근처의 허공이 아니다. 두만을 연기하는 송강호는 그 순간 카메라를 정면으로 노려보고 있기 때문이다. 그러니까 이 영화의 마지막 자리에서 두만의 형형한 시선을 담은 숏에 대해 이어질 리버스 숏은 극장 객석에 있거나 이야기의 바깥에 있다.

「살인의 추억」의 프롤로그는 사실상 자신의 얼굴을 바라보는 두만의 얼굴로 끝난다. 그리고 에필로그는 영화의 바깥을 바라보는 두만의 얼굴로 막을 내린다. 그러니 다시 한번, 「살인의 추억」에서 안과 밖은 명확히 나뉘지 않는다. 악은 영화 안의 이야기에도 존재했지만 영화 밖에서도 엄존한다. 그리고 영화는 눈 부릅뜨고 응시해도 현실의 악을 명확히 보아낼 수 없다.

영화에는 그런 통찰력이 없다. 그저 이야기 밖의 카메라를 응시하는 배우 얼굴을 통해서 영화의 면전에 악의 실체를 불러 세우고 싫어 하는 예술의 간절함이 있을 뿐이다.

그러니까 이것은 두만 혼자 실패하는 영화가 아니다. 권력이 실패하고 국가가 실패하고 인간 인식이 실패하고 시간이 실패하고 관객이 실패하고 예술까지 실패하는 영화다. 메뚜기를 잡던 소년의 얼굴로 페이드인하면서 출발한 「살인의 추억」은 그 모든 것의 바깥을 필사적으로 노려보려는 두만의 복잡하기 이를 데 없는 얼굴로 페이드아웃하며 어둠 속에서 막을 내린다. 어쩌면 이건 모두가 장렬히 자진하는 잊지 못할 실패담인지도 모른다.

2020. 3.

7장

플란다스의 개

그 사람은 산에 오르지 못한다

플란다스의 개

「플란다스의 개」를 봉준호의 최고작으로 꼽기는 어려울 것이다. 하지만 연쇄살인마가 등장하는 스릴러를 개에 대한 이야기로 바꾸면서 위트 넘치는 코미디에 담아낸 듯한 이 영화는 감독으로서 봉준호가 처음부터 반짝반짝 빛났다는 사실을 새삼 증명한다. 봉준호는 작게 시작했다. 하지만 지금까지 일곱 편을 내놓으면서 이젠 누구도 넘보기 힘든 자신만의 세계를 확고히 구축해냈다. 20년 만에 다시 본 「플란다스의 개」는 무엇보다 봉준호의 뛰어난 작품세계를 지탱하는 주제의식과 구조와 스타일을 원형처럼 간직하고 있는 영화였다.

특히 이 데뷔작은 그에게 거대한 영광을 가져다준 「기생충」과 상당히 닮아 있다. 남자 주인공의 모습을 위에서부터 아래로 천천히 하강하며 잡아내는 카메라워크의 첫 숏 형식부터 그렇다. 그때 그는 전화를 손에 쥐고 있는데, 유리창문이 중요하게 다뤄지는 그 프레임 한구석에 빨래들이 널려 있는 풍경까지 흡사하다.

두 영화에는 침 뱉는 버릇이 있는 캐릭터가 있다. 희귀성인 남궁씨도 함께 등장하는데, 그가 다른 인물의 이야기 속에서만 언급되면서도 저류에 의미심장하게 흐르면서 영향을 미치는 캐릭터라는 점도 닮았다. 개가 중요하게 묘사된다는 공통점도 있는데, 이때 개는 종종 극 중 인물의 처지에 비유되기도 한다. 아울러 두 편 모두에서 비가 퍼붓는 상황이 중요하고, 매캐한 소독연기가 뿌려지는 장면이 나오며, 무말랭이가 언급되고, 방뇨하는 사람이 있으며, 담배가 주는 위로가 있다.

「플란다스의 개」에서 이성재가 노숙자를 보고 깜짝 놀라 도망친 끝에 간신히 빠져나오게 되는 창문의 1층 지면에 대한 위치는 「기생충」에서 송강호의 반지하집 창문 상황과 유사하다. 「플란다스의 개」에서 개를 납치하는 범인은 집에만 처박힌 3수생일 거라고 추측되는데, 이는 「기생충」에서 4수생이었던 최우식의 처지를 떠올리게 한다.

「플란다스의 개」의 두 남녀 주인공 캐릭터는 「기생충」에서 유사한 형태로 변주되기도 한다. (이건 사실 봉준호의 다른 영화들에서도 마찬가지다.) 키가 작지 않은데 왠지 구부정하고 부실해 보이는 「플란다스의 개」의 이성재는 「기생충」의 최우식과 그대로 겹쳐 보인다. 반면에 「플란다스의 개」의 배두나 캐릭터는 「기생충」의 여러 캐릭터에 그 특징이 분산되어 있다. 쉽사리 남의 말을 믿어 곤욕을 치르는 특징은 조여정 캐릭터에, 저돌적인 측면은 박소담 캐릭터에, 어딘가 싱겁고 엉뚱한 성격에 잘 조는 모습은 송강호 캐릭터에 옮겨져 있다.

하지만 이렇게 상대적으로 지엽적인 요소들뿐만이 아니다. 「플란다스의 개」는 훨씬 더 깊은 곳에서 「기생충」과 맞닿아 있다. 두 영화가 풀어내는 이야기의 핵심은 일자리와 관련된다. 실업자이거나 사실상 실업자인 남자 주인공이 구직과 관련해 정도에서 벗어난 무리수를 쓴 끝에 취직하는 데 성공하지만, 그 과정에서 결국 자괴심을 느끼게 되고 이를 둘러싼 비극도 발생하게 된다. 이때 남자 주인공뿐 아니라 그를 둘러싼 가족과 이웃들의 일자리 문제까지 함께 중요하게 다뤄진다. 고용주가 대체 가능한 노동력을 비하하는 구체적인 언사도 같다. (「플란다스의 개」에서는 "너 말고도 경리할 애들 쌔고 쌨어"란 대사가 나오고, 「기생충」에선 "아줌마야 쌔고 쌨으니까 다시 또 구하면 그만"이란 말이 나온다.)

더 중요한 것은 두 영화 모두에서 극 중 일자리들이 제로섬 게임처럼 한쪽이 잃어야 다른 쪽이 얻는 방식으로 연결되어 있다는 점이다. 「플란다스의 개」에선 교수직을 얻을 뻔했던 남궁민이라는 사람이 죽음을 맞자 선배 준표(임상수)가 윤주(이성재)에게 "자리가 비게 되었으니 네게는 복"이라고 말하는데, 이는 「기생충」의 이야기가 작동하는 기본원리이기도 하다.

이런 핵심 모티브는 공간 묘사에도 공통으로 영향을 미친다. 「플란다스의 개」의 주 무대인 아파트를 「기생충」에 등장하는 대저택으로 바꾸어놓고 보면 비슷한 점이 많다. 극 중 공간은 높이가 계급에 비유되는데 그 가장 낮은 지하에는 최하층 계층이 살아간다. 그 사실은 아무도 모르는 비밀인데, 그로 인해 '지하실에서 살아가는 귀신'이 언급되기도 한다. 실제로 극 중에서 죽음이 발생하는 곳은 둘 모두 지하실과 1층이기도 하다. 아울러 「플란다스의 개」에서 구걸하는 여자의 편지에 담긴 실패투성이 인생 역정은 「기생충」에 등장하는 지하생활자의 과거를 떠올리게도 한다. 그리고 한정된 재화를 놓고 벌이게 되는 극 중 대결 구도는 종종 하층과 최하층 사이에서 성립된다.

이 같은 두 작품의 공통점은 봉준호의 여타 영화들에서도 부분적으로 되풀이되기도 하는데, 이것은 감독으로서 그가 사회 문제나 미학적인 문제 모두 수평보다 수직 방향에 더 집중하는 특성을 고스란히 드러내기에 흥미를 자아낸다.

표면적으로 「플란다스의 개」 이야기는 연이어 실종되는 세 마리 개와 관련된다. 초등학생 슬기(황채린)가 기르는 시추 삔돌이, 윤주의 아래층 할머니(김진구)가 애지중지하는 치와와 아가(엔딩크레디트에 개 이름이 '아가'로 적혀 있다), 그리고 윤주의 아내 은실(김호정)이 막 키우기 시작한 푸들 순자다.

이 세 마리 개들의 실종은 전부 개 짖는 소리를 참을 수 없었던 윤주와 핵심적으로 연관되어 있다. 그런데 세 번의 실종 사건에서 각각 개를 납치하거나 죽인 자, 죽은 개를 음식으로 먹거나 먹으려는 자, 그로 인해 피해를 본 자가 전부 다르다. 삔돌이를 납치한 사람은 윤주이지만 죽여서 보신탕으로 먹은 사람은 경비원 변씨(변희봉)다. 아가를 납치해서 죽인 자는 윤주이지만, 보신탕으로 요리한 사람은 변씨고, 그걸 가로채서 실제로 먹은 사람은 노숙자 최씨(김뢰하)다. 그리고 순자를 납치한 후 보신탕으로 요리하려고 한 사람은 최씨다. 하지만 아파트 관리사무소에서 일하는 현남(배두나)이 순자를 구출해서 윤주에게 돌려준다.

그러니까 야산 근처의 어느 아파트를 중심으로 펼쳐지는 개들의 연속적인 수난 이야기는 처음에 가해자였던 윤주가 마지막엔 피해자가 되는 과정 속에서 꼬리를 물고 순환한다. 이 영화에선 아파트 복도를 무대로 세 차례의 추격전이 벌어지는데, 그 추격전 양상 역시 꼬리를 물듯 순환하는 것도 이와 무관하지 않다. (첫 추격전에서는 뻰돌이를 윤주가, 두 번째 추격전에서는 윤주를 현남이, 세 번째 추격전에서는 현남을 최씨가 각각 쫓아간다.)

「플란다스의 개」에서 세 마리 개의 실종에 대한 상대적으로 작고 명확한 이야기는 사실 한국 사회의 부패를 다룬 상대적으로 크고 모호한 이야기 두 개와 맞물려 있다. 언뜻 지나가는 일화처럼 묘사되는 이 두 이야기는 학원 비리나 건설 비리와 관련되어 있는데, 각각 준표와 경비원 변씨가 말해주는 내용을 윤주가 듣는 것으로 표현된다.

우선 학원 비리 문제는 윤주와 매우 밀접하다. 그는 시간강사로 출강하고 있는 대학에서 교수 자리 얻기를 간절히 바라지만, 그러려면 학장에게 현금으로 직접 뇌물을 바쳐야 하기 때문이다. 건설 비리와 관련된 것은 윤주가 살고 있는 아파트에 전설처럼 전해져 오는 괴담으로, 보일러 김씨라고 지칭되는 인물이 날림공사 부정을 한눈에 간파하면서 생겨난 비극이다. 이 두 가지 부정은 1988년 서울올림픽 이후 압축성장을 하는 과정에서 생겨난 한국 사회의 부도덕한 단면들인 것으로 극 중에서 암시되고 있다.

이 두 부패 사건은 두 사람의 죽음을 초래했다. 교수 자리를 사이에 둔 윤주의 라이벌이라고도 할 수 있는 남궁민은 학장에게 돈을 바쳐서 꿈을 이룰 뻔했지만 학장이 강권하는 폭탄주를 어쩔 수 없이 받아 마신 끝에 만취해서 지하철에 치여 죽게 된다.

보일러 김씨는 아파트 건설 비리를 알아채고 일갈하지만 현장소장과 몸싸움 끝에 머리를 못에 찔려 사망에 이른다. 이 건설 비리 사건은 윤주가 사는 아파트에서 있었던 일이라는 점에서 그와 무관하지 않다. 보일러 김씨가 비극을 맞은 후 그 아파트 보일러 돌아가는 소리가 마치 김씨 특유의 사투리 말소리처럼 들려 주민들을 노이로제에 빠뜨린다는 점은 개 짖는 소리에 내내 히스테리 반응을 보이게 되는 윤주의 상황과 겹친다.

그러니까 윤주가 개를 죽이는 것은 아파트 비리를 폭로하려는 보일러 김씨를 죽이는 것과 내적으로 연결되어 있다. 학원 비리의 경우, 남궁민이 학장에게 뇌물을 바쳐서 교수직을 먼저 따냈기에 처음엔 윤주가 피해자였다. 하지만 남궁민이 죽은 후 이번엔 윤주가 뇌물을 건네 그 자리를 차지하게 되면서 채용 비리의 공범 위치에 놓이게 된다. 결국 윤주는 아파트에서 기르면 안 되는 개를 키우는 주민들의 이기심 때문에 고통받는 피해자이자 학원 비리 때문에 일자리를 얻을 수 없는 피해자로 보였지만, 개를 납치해 죽이고 뇌물 거래에 가담하는 순간 그 자신 가해자가 되어버리는 것이다.

이때 세 마리의 개는 극 중에 등장하는 세 인물의 상황에 하나씩 겹치는 것으로 보이기도 한다. 삔돌이는 성대 수술을 해서 짖을 수 없는 개다. 그런데도 윤주가 심하게 짖는 개로 오해해서 납치한 끝에 아파트 지하의 벽 앞 옷장에 넣어두고 빗장을 질러 가둔다. 그러다 경비원 변씨가 신음하는 소리를 듣고 죽여서 보신탕으로 먹는다. 부실공사를 질타했다가 죽음에 이른 보일러 김씨는 목소리를 빼앗긴 자다. 그는 살해된 후 아파트 지하의 벽 안에 시신이 시멘트로 봉해졌다. 이후 억울한 죽음을 호소하듯 보일러 돌아가는 소리에 자신의 목소리를 신음으로 얹는다. 더구나 보일러 김씨에 대한 괴담을 이야기한 것은 뻰돌이를 죽인 변씨다.

아가는 남궁민과 유사하다. 그는 지하철 플랫폼에서 전동차에 치여 선로로 떨어져 죽는데 아가 역시 옥상에서 떨어져 바닥에서 죽었다. 아가를 죽임으로써 더 이상 소음공해에 시달리지 않게 되었으니 윤주로서는 목적을 달성한 셈이다. 남궁민의 죽음 역시 윤주가 교수 자리라는 목적을 달성하는 결정적인 조건이 된다.

세 번째 개 순자는 윤주와 겹친다. 학장이 강권한 폭탄주 때문에 남궁민이 지하철에서 위기를 맞았던 일은 똑같이 취해서 지하철로 귀가하게 된 윤주에게도 그대로 찾아온다. 개를 없애서 이득을 보게 된 윤주는 아내 은실이 순자를 데려오는 바람에 정반대의 입장이 된다. 순자가 실종되어 죽을 위기에 처하자 이번엔 주인으로서 찾아내기 위해 절박하게 나서는 것이다. 하지만 결국 윤주는 지하철에서 간신히 위기를 벗어나고, 순자는 현남의 도움으로 목숨을 건진다.

윤주가 순자를 찾으려고 했던 것은 무엇보다 은실에 대한 미안한 마음과 관련이 있다. 퇴직금을 남편의 뇌물로 쓸 수 있게 돌려주려는 과정에서 그나마 은실이 스스로에게 허락한 작은 위로 같은 게 순자였기 때문이다. 그러니 윤주가 순자를 찾아내려고 애쓰는 것은 교수직을 얻기 위한 뇌물을 마련하는 일과 밀접히 관련되어 있는 셈이다.

결국 개 실종 사건들에서 윤주는 처음에 가해자였다가 나중에 피해자가 되는데, 채용 비리 사건에서는 윤주가 피해자였다가 가해자의 위치에 서게 됨으로써 정반대의 방향으로 맞물린다. (뇌물공여로 채용 비리의 한쪽 끝을 담당하는 공범이 됨으로써, 정당하게 그 교수직을 따낼 수 있었을 다른 경쟁자의 몫을 가로채는 셈이다.)

개를 키우지 못하게 되어 있는 아파트의 내부 규약을 어긴 이웃들을 "하여튼 우리나라는 원칙대로 되는 게 하나도 없어"라는 말로 욕하던 윤주는 순자를 키우게 됨으로써 쉽게 원칙을 어기는 또 한 명의 주민이 된다. 개 키우는 일을 돈 낭비로 표현하던 윤주는 그 자신이 개를 기르게 될 뿐만 아니라 1,500만 원이라는 거금까지 뇌물에 사용하게 된다. (당초 그의 통장 잔액은 전부 합쳐서 달랑 14만 50원이었으니 100배가 넘는다.) "난 교수 되면 절대 돈 같은 거 받지 말아야지"라면서 윤리적인 척하지만, 그런 교수가 되기 위해서는 아내의 퇴직금을 전부 뇌물로 바친다. 그렇게 개와 관련된 일련의 사건들을 겪으면서 가해자에서 피해자로 역할이 뒤바뀌게 된 자신의 처지에 당황하다가, 채용 비리와 관련해 스스로 피해자라고만 여겨왔지만 결국 가해자로 자리매김된 스스로의 잘못을 뒤늦게 돌아보고 참담해한다.

그런데 「플란다스의 개」에는 윤주와 얽히는 또 한 명의 주인공 현남이 있다. 윤주의 이야기가 지식인의 쓰라린 자기반성에 관한 것이라면, 현남의 이야기는 대체 무엇에 대한 것일까.

영화의 말미에서 어쨌든 윤주는 원하던 교수직을 얻었다. 하지만 이 이야기에서 사실상 백수로 시작해서 취직에 성공해 끝나는 윤주와 달리, 현남은 출근하며 시작해서 일자리를 잃으며 끝난다. 현남은 자신의 일이 아님에도 몸을 사리지 않고 용감하게 뛰어들어 순자를 구해냈음에도 결국 해고를 당했다.

그렇게 헌신적으로 임했던 현남은 텔레비전 뉴스에 자신의 활약상이 잠깐이라도 언급되는 것을 그나마 원했지만, 그마저도 이뤄지지 않았다. 그걸 아는 사람은 친구인 장미(고수희)밖에 없다. 많은 사람들이 노란 우비를 입고서 뜨거운 박수를 보내주는 것은 혼자만의 상상이었다. 현남이 상속한 것은 세상을 떠난 주민 할머니가 남긴 무말랭이뿐이었다. (「기생충」에서 무말랭이는 빈자의 처지와 관련되어 있는 음식이다.)

지하철에서 아기를 업고 구걸하던 여자에게 현남이 내어주려 한 것이 자리라는 데서 암시되듯, 윤주가 교수 자리를 얻게 된 것은 순자를 구해낸 현남의 선의와 무관하지 않다. 하지만 윤주는 지하철의 그 구걸하던 여자에 대한 연민으로, 뇌물로 쓸 1,500장의 만 원짜리 지폐 중 한 장을 빼어 건넸을 뿐이다. (순자에게 먹일 딸기우유를 사러 마트에 다녀오는 게 자존심 상해서 100미터짜리 화장지까지 길바닥에 굴렸던 윤주가 뇌물로 쓸 지폐를 바닥에 까는 바람에 케이크 딸기가 윗부분에 걸리는 것을 은실이 따로 떼어 건네줄 때 처연하게 받아먹는 장면과 함께, 이 지하철 장면은 페이소스와 아이러니가 뒤얽히며 극대화된 명장면이다.) 그 역시 극 초반의 대학 졸업생 모임에서 과티를 살 비용 1만 원 지폐 한 장을 후배에게 얻은 적이 있기도 했다.

따지고 보면 윤주의 성공은 현남뿐 아니라 은실의 희생과도 연관되어 있다. 은실이 회사에서 해직당한 후 받은 퇴직금으로 윤주가 학장에게 뇌물을 줌으로써 교수직을 얻었기 때문이다. 그나마 은실은 가족인 남편이 취직했으니 어느 정도 위로를 얻을 수 있겠지만, 뜻하지 않은 희생을 치른 현남은 대체 선의와 정의감의 대가로 무엇을 얻었단 말인가.

현남은 대신 산에 간다. 이 영화는 아파트 앞의 산을 바라보면서 그 산에 오르고 싶어 하는 윤주로 시작하지만, 그는 결코 산에 오르지 못한다. 그는 현남에게 과오를 고백할 때조차 뒷모습을 보여야 했다. 그나마 개와 관련된 죄는 고백했지만, 뇌물을 쓴 죄는 끝내 누구에게도 고백하지 않았다. 그는 산에 오를 자격이 없다. 이것은 일종의 처벌이다. 대신 그토록 원했던 교수직을 따내어 학생들을 가르칠 때, 자료 화면을 보여주기 위해 커튼을 친 어두컴컴한 교실의 밑바닥에서 묵묵히 자괴감에 젖어야 한다. 하지만 "어디 좋은 데 놀러나 가야겠다"고 해직 후 되뇌던 현남은 실제로 곧바로 실행하며 장미와 함께 산에 오른다.

이게 공정한 마무리일까. 이걸 해피엔딩으로 받아들일 수 있을까. 그럴 수는 없을 것이다. 뇌물을 받은 대학 학장과 부실공사로 이익을 챙긴 시공사는 처벌받지 않았다. 개를 함부로 잡아먹은 변씨에게도 아무런 책임 추궁이 없었다. 노숙자 최씨가 체포되었지만 그는 이 이야기에 등장하는 최약자이며, 사실 그의 잘못은 미수에 그친 순자 사건과만 관련되어 있을 뿐이다.

하지만 그게 영화 속 허구라고 할지라도 손쉽게 해피엔딩을 선사하지 않는 봉준호는 대신 자신의 첫 영화 마지막에 빛을 넣었다. 그 산행의 끝에서 현남은 돌아선 채 거울로 빛을 반사시켜 정면을 겨냥한다. 그 빛은 어두운 교실에 앉아 있는 윤주와 그 모습을 보고 있는 어두운 실내의 관객들을 향해 정확히 날아가 꽂힐 것이다. 그러나 거울을 들고 있는 편안한 얼굴의 현남만큼은 그 빛이 으르렁대는 방향의 반대쪽에 서 있다.

2020.3.

8장

이동진×봉준호 부메랑 인터뷰

「마더」「괴물」「살인의 추억」 「플란다스의 개」 대담

그의 영화는 무리하지 않고 작위하지 않는다. 불능의 세계를 웃음으로 우회하며 견디고, 지난한 삶을 생명력으로 지탱해 버틴다. 그는 희망을 발명하지 않는다. 폭압적인 시간의 두터운 퇴층 속에서도 끝내 살아 있는 작은 불씨를 발견하고, 자리를 뜨지 않은 채 그저 계속 입김을 불어넣을 뿐이다. 그 불씨와 그 입김이 합쳐져서 그의 유쾌하면서도 슬픈 영화들에 매번 구두점을 찍는다.

물론 그의 작품들에서 유머는 양념이 아니라 그 자체로 하나의 본성이다. 그러나 그 본성에 물을 대는 것은 아픈 현실이고 쓰라린 생生이다. 어쩌면 예술의 세계에서 창작력이란 고통을 받아낼 수 있는 수용력을 뜻하는 말인지도 모른다.

봉준호 감독은 「살인의 추억」과 「괴물」의 연이은 초대형 흥행과 평단의 격찬으로 충무로에서 차기작이 가장 궁금해지는 감독이 됐다. 뒤이은 「마더」로 새로운 세계까지 열어젖힌 상황에서 다음 영화인 「설국열차」는 또 어떤 모습으로 찾아올 것인가. 데뷔작이기도 한 신선한 수작 「플란다스의 개」의 상업적 실패 이후 포장을 새로 하긴 했지만, 전술을 바꾸었을지언정 전략을 바꾼 적이 없다는 점에서 그의 성공과 재능은 찬사를 받아 마땅하다.

섬세한 질감과 위력적인 양감을 함께 갖춘 그의 필모그래피는 미학적 완성도와 대중적 흡인력이 점점 더 효과적인 합류지점에서 만나 유영하며 그 궤적을 그려왔다. 봉준호 감독이 발휘할 수 있는 영화적 파워의 극대치는 그대로 현재의 한국 영화가 구사할 수 있는 힘의 최대치일 것이다. 하지만 이제까지 얻어낸 거대한 성취에도 불구하고, 장담컨대, 그의 정점은 아직 도래하지 않았다.

인터뷰를 위해 봉준호 감독이 신작을 준비하고 있는 사무실로 갔다. 입구에 들어서자 감독 방 앞의 소파에는 밤샘 작업을 끝낸 두 명의 직원이 시체처럼 너부러져 잠들어 있었다. 평일 오전 11시. 너무나 영화회사다운 풍경 속에서 그가 비현실적인 깔끔함으로 걸어 나와 반갑게 맞았다.

만화적이면서 섬세하고 유머러스하면서 예의 바른, 소년 같은 남자와의 인터뷰는 더할 나위 없이 즐거웠다. 유머감각이 뛰어난 사람들은 대부분 자신이 웃지 않으면서 남을 웃긴다. 하지만 그는 먼저 웃음을 터뜨리고 마는 '치명적 약점'이 있는데도 특유의 재치와 상상력으로 듣는 이를 사로잡는다. 이야기 밖에서 의뭉스럽게 반응을 살피는 대신, 이야기 속에 뛰어들어 함께 웃기. 먼저 터지는 웃음에서 '인간 봉준호'의 심성을 보았다.

- 밥은 먹고 다니냐?

「살인의 추억」에서 송강호가 유력한 용의자인 박해일의 얼굴을 터널 입구에서 뚫어져라 들여다본 뒤

이동진 제가 이 대사로 처음 질문할 줄 짐작하셨죠?(웃음) 감독님은 정말 바쁘신 것 같습니다. 통화를 시도할 때마다 미국이나 오스트레일리아 혹은 홍콩 같은 외국에 계셨으니까요. 「살인의 추억」에는 설영(전미선)이 수사에 몰두하는 두만(송강호)에게 "얼굴은 꺼칠해가지구. 잠은 제때 자?"라고 걱정하는 대사도 나오잖아요. 정말 밥은 먹고 다니시나요? 잠도 제때 주무시고요?(웃음)

봉준호 밥보다는 술을 제대로 먹고 다니는 것 같아요.(웃음) 아무래도 제 영화가 외국에서 개봉될 때 프로모션 관련해서 가게 되는 일이 많은 것 같습니다. 돌아보면 2006년과 2007년에 걸쳐 「괴물」이 각국에서 개봉될 때 정말 많이 다녔어요. 잠은 원래 잘 못 자요. 자세가 이상해서 제대로 잠들지 못하죠. 씻지도 않고 그냥 쓰러지기도 하고 영화를 틀어놓고 자기도 해요. 그래서 틀어놓았다가 잠들어버리는 일이 되풀이되는 영화는 매번 첫 시퀀스만 반복해서 보기도 해요. 보다가 중간에 잠든 영화를 나중에 다시 틀 때면 저는 그걸 처음부터 다시 봐야 직성이 풀리는 스타일이라서요.

이동진 최근에는 「마더」를 완성하는 일에 모든 것을 쏟아부으셨을 것 같네요.

봉준호 제가 「흔들리는 도쿄」로 참여했던 옴니버스 영화 「도쿄!」 개봉 때문에 일본에 다녀온 일, 브뤼셀 판타스틱 영화제에 심사위원

으로 참여한 일 정도를 제외하면 모든 에너지를 「마더」에 완전 연소했던 기간이었죠. 촬영지가 전국에 흩어져 있었기에 지난 1년은 외국 대신 전국 방방곡곡을 다녔어요.

이동진 아닌 게 아니라, 「마더」의 촬영지를 물색하기 위해 정말 많이 다니셨다고 들었습니다.

봉준호 「살인의 추억」 때도 그렇게 많이 돌아다녔는데, 이번에도 그랬어요. 그런데 저도 신기하게 생각하는 것은 「살인의 추억」과 「마더」는 그 많은 촬영지들 중 겹치는 장소가 하나도 없었다는 점이에요. 우리나라가 작은 땅덩어리라고들 말하지만 은근히 무궁무진하다는 것을 느꼈습니다. 각지의 표정이 참 다양해요. 장소 헌팅도 헌팅이지만, 어디 가면 맛있는 것들을 먹을 수 있으니까 부지런히 다녔죠.(웃음)

– 이 집은 해산물이 최고야.

「마더」에서 변호사 여무영이 뷔페식당에서 김혜자에게

이동진 그렇게 드신 것 중 무엇이 최고의 맛이었습니까.

봉준호 충청북도 제천에 있는 식당의 닭백숙이었어요. 들깨수제비도 함께 먹었는데, 그 식당은 제가 우연히 발견한 곳이어서 더욱 기분이 좋았죠. 김혜자 선생님이나 원빈 씨도 함께 가서 먹었는데, 정말 열광적인 반응을 보이더라고요.(웃음) 여수에도 맛집이 정말 많더군요. 진구 씨가 직접 낚시를 해서 잡은 문어를 데쳐 먹기도 했어요.

– 현실적으로 생각해야 돼.
지금 이 상황에서 정신병원 4년이면은 법률적 대박이야, 대박.

「마더」에서 원빈에게 정신병이 있는 것으로 몰아가는 게 훨씬 더 좋은 결과를 낳을 수 있다면서 변호사 여무영이 김혜자를 설득

이동진 돌아보면 「괴물」은 홍콩에서 열린 제1회 아시안 필름 어워드에서 작품상을 받는 등 상복도 많았습니다. 그런데 이런 수상 실적보다 더 흥미로웠던 것은 당시 각국에서 거둔 흥행 성적이었죠. 중국에서 박스오피스 1위에 오르기도 했고, 미국에서는 5개월간 장기 상영되면서 200만 달러가 넘는 흥행 수입을 기록했으니까요.

봉준호 중국에서는 외국영화 편수를 제한하고 있는 정책 덕을 봤어요. 외국영화는 1년에 20편밖에 못 걸잖아요? 그러니 진입하기가 어려워서 그렇지, 일단 진입장벽을 뚫으면 오히려 유리한 측면이 있어요. 「괴물」 제작사인 청어람이 중국 진출에 크게 공을 들였던 게 효험을 본 거죠. 미국에서는 한 달간 20위권에 머무는 등 꾸준히 관객을 끌어들이면서 모두 220만 달러의 흥행 수입을 기록했는데, 저는 개인적으로 그게 더 의미가 있었다고 봅니다.

이동진 국내 개봉 때 반미反美 논란이 있었던 데 비해서 정작 미국 개봉 시에 현지 평단 쪽의 반응은 그런 부분에 거의 신경 쓰지 않았죠.

봉준호 맞아요. 그게 괴수영화로서 장르적 전통에 해당한다는 것을 다들 인정하는 거죠. 일종의 정치적 조크로 받아들였던 것 같습니다.

- 살해 수법, 뒤처리 방법. 자기 노하우가 확실해요.
- 철저하다.
- 깔끔하죠.

「살인의 추억」에서 형사 김상경이 연쇄살인범의 치밀한 범행 수법에 대해 송재호에게 설명하며

이동진 디테일이 뛰어나다고 해서 한때 '봉테일'이란 별명으로까지 불리셨잖아요? 워낙 치밀하고 꼼꼼하게 연출을 하시는 것으로 정평이 나 있습니다.

봉준호 그렇긴 하죠. 그런데 감독들은 다 그렇게 하지 않나요?(웃음) 그리고 저라고 해서 언제나 디테일에 몰두하는 것은 아닙니다. 디테일에 집착할 때는 그게 핵심에 연결되어 있을 때만 그렇게 해요. 사진 예술에 대한 롤랑 바르트의 책에 등장하는 '푼크툼(punctum)'이라는 개념이 있잖아요? 예를 들어 어떤 사람의 모습을 찍은 앙리 카르티에 브레송의 사진에서, 그 사람의 구체적인 표정이나 자세보다 신고 있는 운동화의 끈이 풀려 있는 게 이상하게 가슴에 남을 때가 있다는 거죠. 그 풀어진 운동화의 끈이 사진에서 툭 튀어나와서 보는 사람의 마음을 찌르는 듯한 느낌 말입니다. 저는 연출할 때 인위적으로 그런 푼크툼을 만들려고 해요. 그럴 때만 디테일에 집착하는 거죠. 달력 날짜가 맞는지, 이전 장면에서와 물건의 위치가 동일한지 같은 것은 사실 별로 신경 안 써요. 예를 들어 지금 평론가님이 제 앞에 앉아 계시는데, 저는 안에 받쳐 입으신 면 티셔츠를 보면서 저게 저 사람의 스타일을 말해준다고 보는 거죠.(웃음) 다시 말하면 저는 디테일이라서 집착하는 게 아니라 그런 디테일이 본질적이라

고 생각하는 거예요. 그리고 전 봉테일이라는 별명 싫어해요.

이동진 왜요?

봉준호 뭔가 쪼잔한 것 같잖아요.(웃음)

- 현장검증은 연기를 잘해야 돼.
  기자들 많고 사람들 많은데 연기를 잘해야 돼.

「살인의 추억」에서 형사인 송강호가 용의자인 박노식을 데리고 현장검증을 시작하기 전에

이동진 감독님의 영화들을 보면 출연진의 연기가 다소 과장되어 있는 부분에서조차 전체적으로 섬세하게 조율되어 있는 것을 느낄 수 있습니다. '봉준호 영화'라고 해서 꼭 연기가 뛰어난 사람들만 출연하는 것도 아닐 텐데, 늘 감탄스러운 부분이 아닐 수 없습니다. 연기 지도라고 할까요, 배우들과는 어떻게 작업하시나요.

봉준호 글쎄요. 사실 저도 잘 모르겠습니다. 그저 매 순간 배우들에게 읍소할 뿐인데요.(웃음) 사실 연기 지도라고 할 수도 없죠. 제가 클린트 이스트우드처럼 연기자 출신이라면 그렇게 할 수 있겠지만, 배우가 아니니 뭘 지도하겠어요. 정확히 말하면 연기 부탁 또는 연기 호소인 거죠.(웃음) 특정 장면을 다시 찍어야 할 때도 저는 매번 정확히 요구하는 편이 아니에요. 종종 '다시 해볼까요?'라고 말하고는 하죠. 다만 배우들에 따라서 좀 달리 부탁을 하는 것 같아요. 이게 사람 사이의 관계라서 조명기나 카메라를 다루는 것과는 다른 거잖아요. 사람을 어떻게 컨트롤하겠어요. 그 대신 감독이 가진 권

리로서 배우를 포위할 수는 있죠.

이동진 배우를 포위하다니요?

봉준호 카메라를 어떻게 들이댈 것인가, 테이크를 계속 갈 것인가 또는 멈출 것인가, 특정 장면을 어떻게 편집할 것인가, 뭐 그런 것들 말입니다. 그런 점이 연극 연출자와 다르겠죠. 일단 무대에 올려놓으면 연극은 연출자가 배우 연기에 개입할 수 없으니까요. 반면에 영화는 지속적으로 개입이 가능하죠. 하지만 결국에는 연출이 건드릴 수 없는 부분들이 있어요. 그런데 그게 괴로움이 아닌 즐거움을 감독에게 주는 거죠. '와, 저런 것을 보여주다니!', 뭐 그런 거요.(웃음) 송강호 선배처럼 창의적이고도 전체적으로 해석할 수 있는 시야가 있는 배우에게는 오히려 부추겨요. 제가 모르는 것, 제가 생각하지 못했던 것을 보여달라고요. 만일 「괴물」의 고아성처럼 처음인 배우라면 밀착해서 일일이 지시를 하죠.

이동진 변희봉 씨와는 어떠신가요. 「플란다스의 개」「살인의 추억」「괴물」에서 계속 함께하셨는데요.

봉준호 변희봉 선생님과는 이야기를 많이 해요. 그분이 그런 것을 원하시기도 하죠. 그럴 때 변 선생님은 살짝 비틀어 표현하시기도 하는데, 그게 참 기막혀요. 예를 들어 「괴물」 초반부에서 아들 강두(송강호)에게 "오징어 다리가 구(9) 개다, 구 개"라고 말씀하시는 식의 독특한 감수성은 제가 어떻게 할 수가 없는 거잖아요. 전 그냥 오징어 다리가 아홉 개라고 시나리오에 적었을 뿐이거든요. 반면에 「괴물」에서 함부로 대우를 받고 있는데도 의사가 들어오자 90도로 절하시는 모습 같은 것은 제가 구체적으로 디렉션을 한 부분입니다.

- 내가 다른 건 몰라도 사람 보는 눈은 있다는 거 아닙니까.
그래서 이 순사 밥도 먹는 거고. 애들이 다 나를 보구
무당눈깔, 무당눈깔 하는 이유가 따로 있다니까.

「살인의 추억」에서 송강호가 형사반장 변희봉에게 자신의 직감 능력에 대해 자랑하며

이동진 송강호 씨의 경우는 어떻습니까. 명실공히 한국 최고의 배우로 평가받고 있는데, 처음 함께 작업한 「살인의 추억」 때부터 편하셨나요.

봉준호 「살인의 추억」 때 초반 몇 장면을 촬영해보니 송강호 선배는 야생마의 느낌이더라고요. 많이 고민했는데, 결국 야생마를 컨트롤할 수 있는 유일한 방법은 풀어놓는 것이라는 확신이 들더라고요. 다만 울타리를 넓게 치면서 마음껏 움직이실 수 있게 풀어놓자는 생각을 했죠. 이후로는 정말 편해졌어요. 강호 선배는 그 자체로 독자적인 예술가예요. 그만큼 뛰어난 감성과 창조성, 그리고 작품에 대한 이해력을 갖고 있죠.

이동진 변희봉 씨와 김뢰하 씨는 「괴물」까지의 장편영화 세 편에 모두 출연하셨죠. 송강호 씨, 박해일 씨, 배두나 씨도 두 편에서 함께 작업하신 배우들인데, 계속 같은 배우들과 함께 작업하는 걸 좋아하시는 듯합니다.

봉준호 일부에서는 '봉준호 사단'이라는 용어를 쓰는데 정말 잘못된 말이에요. 저는 제가 존경하는 배우들과 함께 일하고 있는 것뿐이거든요. 제가 그분들을 리드하는 게 아니라 오히려 그분들이 제 영화에 출연해줘서 고마운 거죠. 「괴물」의 경우는 특히 특수효과에 대

한 짐이 너무 컸기에, 낯을 가리는 제 성격에 배우들까지 마음에 안 맞으면 아예 영화를 못 찍을 것 같았어요. 「괴물」에 출연한 분들은 제가 백을 요구하면 이백을 하시는 분들이죠. 중학생 딸로 나온 고아성 양도 기대 이상으로 잘해줬고요.

- 내가 그때 직접 가서 얼굴까지 다 봤는데.

「마더」에서 고물상 노인이 김혜자에게 자신이 목격한 범행 장면을 설명하면서

이동진 반면에 「마더」의 캐스팅 양상은 감독님 이전 작품들의 경우와 상당히 다릅니다. 윤제문 씨와 전미선 씨를 제외하면 전부 감독님 영화에 처음 등장하는 배우들이니까요. 「마더」에서는 유독 새 얼굴을 많이 찾아내셨죠?

봉준호 과거에도 새로운 얼굴을 많이 찾았어요. 그런데 시간이 가면서 '봉준호 사단'이라고 하더라고요. 박해일도 「살인의 추억」 때는 새로운 얼굴이었어요. 「살인의 추억」의 박노식 씨나 「괴물」의 고아성 양도 그랬고요. 「마더」의 경우도 '이번에는 새롭게 가야지'라고 결심했던 것은 아니에요. 시나리오를 쓰면서 누가 적당한지 생각해 본 정도죠. 배우를 정해놓고 시나리오를 쓰면 편안하게 느껴지거든요. 윤제문 씨 얼굴을 떠올리면서 극중 제문의 대사를 쓰면 좋잖아요.(웃음) 진구는 「비열한 거리」를 보고 반해서 「마더」의 진태 역할로 적역이라고 생각했어요. 그래서 캐스팅을 한 후 함께 술을 마시는데, 그 술자리 자체가 오디션이라고 생각하더라고요. 제가 이미

결정됐다고 말해줘도 도무지 마음을 놓지 않았어요.(웃음) 저는 사실 오디션을 별로 신뢰하지 않습니다. 꼭 해야 하는 경우, 대사 리딩보다는 오히려 잡담을 많이 하도록 시켜요. 그걸 찍어서 보는 거죠. 오디션보다는 그 사람이 출연했던 단편 영화들이나 연극을 직접 보는 경우가 더 많아요. 형사 역을 맡은 송새벽 씨가 그런 예일 텐데, 연우무대 공연을 보고 매혹되어서 캐스팅한 경우죠. 독특한 말투나 연기 패턴이 흥미로워 그걸 살려서 대사나 상황을 만들었어요.

이동진 「마더」에서는 아정 역을 맡은 문희라 씨를 비롯해 극중 고교생들로 나온 배우들도 참 인상적이던데요?

봉준호 깡마라는 별명의 마른 고교생으로 나왔던 배우는 거의 단편 영화계의 황제예요. 60편이 넘는 작품을 했다던데, 출연작을 보고서 선택했죠. 뚱뚱한 학생으로 나온 배우는 박기형 감독님의 「폭력교실」에서 머리를 밀고 나온 걸 보고 캐스팅했고요. 얼굴에 흉터가 있는 여고생은 「우리 생애 최고의 순간」에서 선수로 나왔던 배우였습니다. 아정 역을 했던 문희라는 사실 「괴물」 때 현서 역할로 고려됐던 최종 두 명 중 하나예요. 당시에 중학교 3학년이었죠. 그게 늘 미안하기도 하고 안타깝기도 해서 머리에 남아 있었는데, 그 친구의 천진난만하면서 좀 청승맞아 보이는 묘한 느낌이 아정 역할에 아주 잘 어울릴 것 같았어요.

– 다 빠졌다, 다 빠졌다.

「마더」에서 진구가 여자친구의 옷을 벗기면서

이동진 반면에 매번 나오셨던 변희봉 씨와 김뢰하 씨는 「마더」에 등장하지 않습니다. 감독님 영화에서 그 두 분을 보는 재미가 있었는데요.

봉준호 특히 (김)뢰하 형은 단편까지 통틀어 처음으로 안 나온 거예요. 이 영화의 VIP 시사회 때 뢰하 형에게 전화해서 오라고 청했는데, 그 상황이 너무 이상하더라고요. 그 말을 했더니 "그러게, 인마, 왜 그랬어"라면서 웃더군요.

이동진 정말 왜 그러셨어요.(웃음)

봉준호 여전히 변함없이 좋아하는 배우들이죠. 그런데 「마더」에서는 좀 애매했던 것 같아요. 억지로 매번 같이 할 수는 없죠.

– 도준이는요, 눈이 진짜 예술이야. 사슴 같아요.

「마더」에서 전미선이 김혜자에게 아들 원빈의 눈을 칭찬하면서

이동진 「마더」에서는 원빈 씨도 이전과 완전히 다른 모습으로 등장합니다. 꽃미남 스타의 대명사 같은 원빈 씨를 일종의 바보 캐릭터로 쓰신 게 놀라운데요. 이전에는 그런 이미지가 전혀 없던 배우잖습니까.

봉준호 그런데 놀랍게도 그런 느낌이 정말 많이 있는 거예요. "실제로 바보인데 배우 생활을 계속하려고 그걸 감추고 있는 거지?"라고 제가 장난으로 놀린 적이 있는데, 아니라고 부인하면서 웃는 모습이 더 바보 같더라고요.(웃음) 무척 수줍어하는 성격이기도 하고요.

도준이란 캐릭터의 핵심은 알 수 없다는 점이었어요. 모든 사람이 얘를 만만하게 보지만 결국 우리가 몰랐던 뭔가를 풀어놓는 셈이죠. 사실 연기하기 어려운 역할인데 참 잘해줬습니다.

- 나, 이 사람 만난 적 있다.

「마더」에서 김혜자가 피살자의 휴대전화에 저장된 사진에서 고물상 주인의 얼굴을 알아보며

이동진 김혜자 씨는 「마더」를 처음 구상하자마자 만나셨습니까.

봉준호 「마더」는 이미 2004년에 영화의 핵심 내용과 라스트신까지 다 구상해두었어요. 김혜자 선생님도 그 무렵에 처음 만나기는 했죠. 그런데 「마더」의 스토리는 1년쯤 뒤에 말씀드렸습니다. 첫 만남에서 제게 「살인의 추억」이 '불란서 영화' 같아서 좋았다고 하셨는데, 그렇게 말씀해주시니 무척 신선하더라고요. '불란서'라는 표현 자체가 워낙 오랜만에 듣는 거였으니까요.(웃음)

- 처음 만난 거치고는 대화가 풍부했어요.

「마더」에서 변호사인 여무영이 원빈의 첫 접견을 끝낸 후 김혜자를 안심시키면서

이동진 김혜자 씨를 캐스팅하고 싶다고 처음 느끼신 것은 훨씬 전부터라고 들었는데, 직접 만나기 전에는 어떤 부분에서 인상적이셨나요.

봉준호 참 다양한 면모가 있으신데 왜 텔레비전 드라마에서는 비슷한 이미지로만 활용될까 싶었어요. 1990년대 중반 「여女」라는 미니시리즈가 있었죠. 아기 못 낳는 여자로 나오는 김혜자 선생님이 바닷가에서 놀고 있던 쌍둥이 여자아이들 가운데 하나를 훔쳐 와요. 그 딸이 커서 벌어지는 이야기를 다룬 드라마인데, 바닷가에서 그 아이를 데려오는 장면이 대단히 독특하고도 무섭게 표현되었어요. 그중 김혜자 선생님이 히스테리를 폭발시키는 대목이 있었는데, 그게 일반적인 드라마 연기의 범위에서 벗어나 있는 방식이라서 무척이나 섬뜩했죠. 또 하나의 강렬한 느낌은 1990년대 후반의 토크쇼에서였어요. 김혜자 선생님이 나오셔서 말씀하시는데, 요즘 식으로 표현하면 4차원이시더라고요.(웃음) 그날 토크쇼는 일반적인 포맷으로는 진행이 안 되었어요. 기존의 꽉 짜인 예능 프로의 바운더리를 넘어가는 것이었으니까요. 상대가 농담을 하면 진담으로 받고, 저쪽에서 진담을 하면 이쪽에서 농담으로 무화시키는 식이었거든요.

- 누군데?
- 윤도준이 엄마.

「마더」에서 피살된 여고생의 유족들이 상가에 찾아온 김혜자에 대해 수군거리면서

이동진 감독님은 「마더」가 한 배우로부터 시작된 영화라는 점을 여러 차례에 걸쳐서 밝히셨습니다. 아닌 게 아니라 「마더」는 지난 47년간

연기해온 대배우에게 바치는 헌정사 같다는 느낌이 있습니다. 동시에 이 영화는 그 배우의 기존 이미지를 배반하는 방식으로 그런 헌사를 한다는 점에서 흥미롭죠. 「마더」의 어머니상은 김혜자 씨가 23년 동안 연기했던 대표적 캐릭터인 「전원일기」의 어머니상과 완전히 배치되니까요.

봉준호 김혜자 선생님은 지난 몇십 년간 '국민 엄마'의 영광과 부담을 함께 안은 상태에서 그 짐과 십자가를 짊어지신 셈이죠. 그런데 「마더」는 출발점은 그와 비슷한 것처럼 보여도 도착점은 다른 영화잖아요? 이건 나의 과대망상이겠지만, 큰 스크린을 통해서 김혜자 선생님이 '국민 엄마'의 십자가를 연기로 집어던지시면 우리들도 보면서 흥미롭지 않을까 싶었던 겁니다. 감독인 저와 배우인 그분 모두에게 도전이 될 만한 작품을 하길 원했어요. 저야 어차피 세 편밖에 만들지 않은 사람이지만, 47년간 해왔던 분은 훨씬 더 힘드셨을 거예요. 그간 수백 편의 작품을 하셨지만 틀림없이 뭔가 새로운 게 있을 거라고 믿었어요. 분명 뭔가가 폭발할 것이라고 생각했죠. 김혜자 선생님께 영감을 드리는 동시에 그 결과물을 목도하고 싶은 마음이 있었습니다. 이건 처음부터 김혜자 선생님을 위해서 쓴 시나리오니까, 헌정사란 말도 충분히 쓸 수 있을 것 같아요.

이동진 김혜자 씨는 「마더」까지 모두 세 편의 영화에 출연하셨습니다. 그런데 두 번째 영화인 「마요네즈」(1999) 역시 김혜자 씨의 이미지를 배반하는 작품이었죠. 거기서 아이 같으면서 철이 좀 없는 듯한 어머니의 모습을 연기하셨으니까요. 윤인호 감독님이 연출하신 「마요네즈」는 보셨죠?

봉준호 개봉 무렵 극장에서 봤는데 이상하게 기억이 잘 나지 않아요. 극중 사투리의 느낌 정도가 남아 있습니다. 「마더」의 시나리오를 쓰면서 「마요네즈」를 다시 찾아보진 않았어요.

이동진 「마요네즈」에서 김혜자 씨의 딸로 최진실 씨가 출연하셨잖아요? 「마더」 촬영 기간이 최진실 씨의 비극적인 죽음 소식과 겹쳤던 것 같은데 김혜자 씨가 무척 충격받으셨을 것 같습니다.

봉준호 그게 공교롭게도 첫 촬영날이었습니다. 현장에서 촬영을 준비하고 있는데 스태프들이 그 소식을 전해 듣고 술렁거렸죠. 김혜자 선생님께 알려드리면 충격을 받으실 것 같아서 프로듀서가 함구령을 내렸어요. 한편으로는 그 이야기를 현장에서 전해드리지 않은 게 죄송했는데, 결국 그날 촬영을 다 마친 후 서울로 돌아가는 차 안에서 스태프가 말씀드리도록 했어요. 그 말을 듣고 한동안 멍하니 계셨다는데, 최진실 씨 장례식에 문상 가셨을 때도 텔레비전에서 보니, 마치 유체이탈된 듯 멍한 표정이시더라고요.

– 내가 생각을 좀 해봤거든.

「마더」에서 원빈이 김혜자에게 범인이 시체를 옥상에 올려놓은 이유에 대한 자신의 추리를 들려주기 전에

이동진 옴니버스 영화 「도쿄!」에 포함된 단편 「흔들리는 도쿄」의 일본 배우 가가와 데루유키 씨에 대해서는 어떻게 생각하십니까. 저는 「유레루」에서의 가가와 데루유키 씨를 정말 좋아하는데요.

봉준호 저 역시 「유레루」를 본 후 반하게 된 배우예요. 「귀신이 온다」에서부터 좋긴 했지만요. 「흔들리는 도쿄」에서 집에만 처박혀 있는 히키코모리를 연기했는데, '저 사람은 진짜 히키코모리 같다'는 느낌이었죠. 혼자 사는 히키코모리니까 대사 없이 몸을 쓰는 연기가 대부분이잖아요? 모든 것을 몸동작과 표정으로 보여줘야 하는 거죠. 가가와 데루유키 씨는 특별한 몸을 가진 것도 아닌데 그 몸의 표현력이 대단해요. 「유레루」를 보면 극중에서 빨래를 개는 모습을 통해 그 캐릭터의 모든 것을 보여주기도 했죠. 한마디로 「흔들리는 도쿄」에 최적인 배우였습니다.

이동진 공연한 아오이 유우는 어땠습니까.

봉준호 소모되는 에너지 대비 효율에서는 최고인 배우 같아요. 특별히 힘들여서 하지 않고 현장에서 그냥 살랑거리며 있는데, 카메라가 돌면 완전히 달라지더라고요. 직접 보면 사실 별로 예쁜지도 모르겠어요. 일본의 지방 소도시에서 좀 예쁘다는 말을 들으면서 요리학원 다니는 여자 정도의 존재감이랄까요.(웃음) 하지만 카메라 앞에 서는 순간, 열연이 아닌데도 대형 화면을 장악하는 능력을 보이죠. 놀라웠어요.

– 솔직히 그거 미리 대사 연습 시킨 거 아냐?

「살인의 추억」에서 김상경이 용의자 박노식의 진술에 대해 동료 형사 송강호에게

이동진 감독님 영화를 보면, 언뜻 별다른 의미가 없는 것처럼 들리는

데도 정말 잊히지 않는 대사들이 있죠. 아까 말씀하신, 롤랑 바르트의 푼크툼 같은 의미를 지닌 대사라고나 할까요. 「살인의 추억」만 해도, 문맥과 상관없는 "밥은 먹고 다니냐" 같은 대사가 그렇습니다. 그 말에 담긴 복합적인 느낌이 그 영화의 정서를 대변하는 것 같다고 할까요. 이런 대사들은 어떻게 영화에 들어가게 된 겁니까. 시나리오 때부터 적혀 있던 대사들인가요?

봉준호 「살인의 추억」에서 강호 선배가 "여기가 강간의 왕국이냐"라면서 발차기를 날리는 것은 원래 시나리오에 없었는데 콘티를 짤 때 갑자기 떠올라서 쓴 대사였어요. 제 영화에 롱테이크가 많은 편인데, 길게 찍다 보면 그 순간이 일종의 다큐멘터리처럼 되어버리는 지점이 있어요. 카메라가 돌아가는 순간에 갑자기 제가 다큐멘터리를 찍고 있는 것 같은 느낌이 든다는 거죠. 예를 들어 「살인의 추억」 초반부에 강호 선배가 엉망진창의 상황 속에서 논두렁 살인 현장을 돌아보는 모습을 롱테이크로 길게 찍을 때, 갑자기 상황이 돌출되면서 그런 대사들이 튀어나오는 경우가 있어요. 장 뤽 고다르는 그런 걸 '인생이 예술에게 선사한 선물'이라고 했잖아요. 거리에서 안나 카리나의 연기를 찍고 있을 때 그 뒤로 트럭이 소음을 내며 지나갔는데 그게 우연히도 그녀의 극중 심리와 정확히 부합했다고 설명하면서 말이에요. 배우의 애드리브라는 것도 하다 보니 나오는 경우가 많아요. '말의 다큐멘터리'라고나 할까요. 극영화가 일순간에 다큐멘터리가 되는 그런 시점에 무척 흥미를 갖고 있어요.

이동진 「괴물」에서는 어떤 장면에서 그런 짜릿함을 느끼셨어요?

봉준호 강호 선배가 괴물에게 일격을 당해 쓰러진 아버지(변희봉)에게 다가가서 "아부지, 일어나"라고 말했던 것은 순간적 모멘트가 영화에 주는 선물이었죠.

- 니 어디가 그렇게 좋으실까, 니네 엄마는.

「마더」에서 진구가 아들을 끔찍이도 아끼는 김혜자에 대해서 원빈에게 놀리듯이

- 아부지, 아부지, 일어나. 응? 아부지.
  군인들이 쫓아와요. 아버지, 현서 어떡해. 아버지, 현서.

「괴물」에서 송강호가 괴물에게 당한 뒤 피를 흘리고 죽어 있는 아버지의 시신을 내려다보다가 울먹이며

이동진 송강호 씨가 그 대사를 말할 때의 처연한 느낌이 제게도 생생하게 남아 있습니다. 아버지가 괴물에게 바로 그 일격을 당하기 직전에 자식들을 염려하며 자신을 두고 먼저 떠나라고 손짓하는 장면도 정말 좋았어요. 이어서 강두(송강호)가 쓰러진 아버지 곁을 차마 떠나지 못하고 젖은 신문지를 얼굴에 덮어주면서 서성이다가 경찰에 잡히고 마는 장면도 아주 인상적이었고요.

봉준호 그 영화의 특수효과를 담당했던 미국 회사 오퍼니지 사람들도 그 장면에서의 변희봉 선생님 연기에 완전히 반했어요. 그래서 그 표정 연기 장면을 따로 인쇄해 라벨로 만든 뒤 즐겨 먹는 이탈리아 소스 통에 붙였다고 하더라고요. 그 소스를 아예 '희봉 소스'라고 바꿔 부른대요.(웃음) 제게도 그 라벨을 몇 장 주더군요. 동작대교 인

근에서 찍었던 그 시퀀스는 네 명의 주연 배우가 전부 등장하는 장면인데, 연기에서 촬영까지 모든 게 정말 만족스러웠어요. 가끔 필름을 현상하는 과정에서 사고가 나기도 하거든요? 그런데 사고가 나면 다시 처음부터 해당 장면을 찍을 수밖에 없죠. 그래서 촬영을 마친 뒤 그 장면이 담긴 필름을 현상소로 보내면서 잠깐 그런 생각을 했어요. 만일 이 부분이 사고가 나서 못 쓰게 되면 정말로 좌절감에 자살할 것 같다는.(웃음) 재촬영을 하면 절대로 그때 그 분위기를 다시 살려낼 수 없을 것 같았거든요.

- 아빠, 현서가 지금 며칠째 굶은 거지? 하수구에서.
- 뭘 먹지, 거기서?

「괴물」에서 배두나와 송강호가 격리 수용된 병원에서 아버지 변희봉에게 실종된 고아성에 대해

이동진 그럼, "밥은 먹고 다니냐"는 구체적으로 어떻게 들어가게 된 대사인가요.

봉준호 그건 제가 그 장면을 찍기 일주일 전부터 계속 강요한 끝에 튀어나온 대사였어요. '그 장면에서 박두만 형사만이 할 수 있는 뭔가가 있지 않겠어요? 결정적인 장면인데 뭔가 하나 해주셔야 하는 거 아닙니까', 뭐 이런 말들로 제가 계속 부담을 줬죠.(웃음) 사실 촬영 후반에 가면 배우가 캐릭터에 대해서 그 인물을 처음 만든 감독보다 더 잘 이해하게 되는 역전의 순간이 오거든요. 그 장면을 찍을 때 네 번째 테이크에서 강호 선배가 처음으로 불쑥 그 대사를 하더

군요. 그 말을 듣자마자 현장 스태프들이 웃었어요. 대사가 워낙 엉뚱해서 그 장면을 쓰지 않고 버릴 거라고 생각했겠죠. 하지만 물론 저는 바로 이거라고 생각했어요. 편집할 때는 그 네 번째 테이크 대신 일부러 그 대사가 없는 다른 테이크를 넣었습니다. 편집본을 보고 나서 주위 사람들이 그 대사가 안 어울린다느니 어떻다느니 말하면 피곤해질 테니까요. 그러고 나서 최종 편집날의 마지막 순간에 그 네 번째 테이크를 대신 넣고 바로 보내버렸어요.

– 니가 오 상무 말을 곧이곧대로 들으면 안 되지. 다 작전이지.

「살인의 추억」에서 녹즙기 판매 일을 하게 된 송강호의 전화 통화 내용

이동진 아, 그런 암수도 쓰실 줄 아시는군요.(웃음)

봉준호 네, 강호 선배와 저 사이에 암묵적인 동의가 있었던 거죠. 그랬는데 영화 공개 후에 그 대사 반응이 아주 좋아서 서로 흐뭇하게 웃었던 기억이 나네요.

이동진 그러면 연기적인 측면에서 볼 때 「마더」에서 가장 인상적인 부분은 어떤 장면이었습니까. 아무래도 김혜자 씨가 연기하신 대목이겠죠?

봉준호 그렇습니다. 유족들 앞에서 "내 아들이 안 그랬거든요?"라고 반문할 때가 가장 먼저 떠오르네요. 정말 좋아서 예고편에도 썼죠. 그 장면을 보면 김혜자 선생님의 눈에서 레이저가 나와요. 나중에 보시고 스스로도 놀라시더라고요. "내 눈이 왜 이래?"라면서요.

머리로 생각해서 미리 연기를 연출하지 않고, 순간적으로 몰입해서 하시는 분이라 그런 결과가 나오는 것 같아요. 그 점이 참 놀랍죠. 관자놀이에 두 손가락을 돌려가며 기억을 떠올리려고 애쓰는 아들의 동작을 변호사에게 설명하는 장면도 참 좋았어요. 어떻게 보면 대단히 괴이한 설정인데 선생님이 그렇게 해버리는 순간, 그 상황이 고스란히 받아들여지게 되는 것 같아요. 그런 게 연기로 부릴 수 있는 마술이죠. 이상할 수도 있는 부분을 순식간에 일상화시켜버림으로써 관객들이 믿게 만든다고 할까요.

– 야, 박현남, 이런 날은 술이나 실컷 마셔, 얼른.

「플란다스의 개」에서 고수희가 해고된 친구 배두나를 위로하는 뜻으로 좁은 문방구 안에서 맥주를 권하면서

이동진 감독님 작품에서 좁은 공간과 넓은 공간은 정서적으로 전혀 다른 역할을 합니다. 「플란다스의 개」에서는 친구(고수희)의 좁은 문방구 안에서 두 사람이 우정과 위로를 주고받고, 「괴물」에서는 가족 모두가 함께 몸을 누이는 좁디좁은 매점이 그런 역할을 합니다. 「살인의 추억」에서는 작은 여관방이 두만(송강호)과 설영(전미선)에게 유일하게 안식을 주는 곳이죠. 좁은 장소에서 안식처 혹은 구원을 발견하는 감독님 영화세계의 공간 상징이 저는 상당히 흥미롭습니다. 이건 아마 감독님의 개인적인 취향과도 관계가 있으실 것 같은데요.

봉준호 정말 그러네요. 놀랍습니다. 이제껏 허다한 인터뷰를 했는데 처음 들어보는 분석이에요. 제 자신도 몰랐고요. 내가 그런 경향이 좀 있나? 확실히 좁은 공간을 개인적으로 좋아하는 편인 것 같아요. 아이들은 엄마의 자궁 속에 있었던 기억 때문에 좁은 공간을 좋아한다던데, 제가 아직도 그런 건가요?(웃음) 저는 좁은 공간에 있게 된 사람에게 관심이 많아요. 지하도에서 복권 파는 부스를 보면, 그 좁은 장소에서 하루 종일 계시잖아요. 그 안에서 바깥을 내다보면 어떤 느낌일까 무척 궁금해요. 「플란다스의 개」에서의 좁은 문방구는 과체중인 인물이 좁은 공간에 있게 된 모습을 그리는 것에도 관심이 있었던 결과예요. 「괴물」의 매점은 영화적으로 그들의 집인 동시에 유일한 안식처를 의미하죠. 좁은 공간이 그만큼 아늑한 곳이고, 또 소시민들이 유일하게 누울 수 있는 곳이기도 하고요.

- 어때, 여긴? 지낼 만한가?
- 네, 여기 밥도 맛있구요. 콩밥이 의외로 괜찮은 거…….

「마더」에서 변호사가 첫 접견을 하면서 의례적으로 묻자 원빈이 정색하면서 대답

이동진 「마더」에서의 좁은 공간 역시 정서적으로 유사한 느낌을 갖고 있습니다. 예를 들면 엄마와 아들이 함께 쓰는 이불 속이라든지, 모든 것을 잊게 해주는 고속버스의 좁은 통로 같은 것들이죠. 감옥 역시 마찬가지입니다. 흥미로운 것은 감옥이 얼마나 괴롭고 지겨운 곳인지를 드러내는 장면이 이 영화에 전혀 없다는 겁니다. 무슨 짓

을 해서라도 거기서 꺼내주려는 엄마의 소망을 극대화하기 위해서라도 아들이 들어가 있는 감옥이 얼마나 끔찍한 곳인지를 강조할 필요가 있을 텐데 말입니다. 도준(원빈)은 스스로 말하듯, 그 안에서 콩밥을 맛있게 먹으면서 잘 지내잖아요.(웃음)

봉준호 거참 묘하네요.(웃음) 정말 도준은 콩밥 먹고 잘 지내죠. 다른 재소자와 싸우는 대목이 하나 있긴 하지만 그건 웃긴 톤의 장면이고요. 처음 시나리오를 쓸 때는 도준이 교도소에 있는 동안, 피살자와 관련된 사람들이 함께 들어가 있어서 시시각각으로 위험해지는 상황에 대한 묘사가 있긴 했어요. 말씀하신 것처럼, 그래서 엄마가 아들을 더 끄집어내려고 필사적이 되죠. 그런데 결국 그런 설정들을 모두 삭제해버렸어요.

- 여기서 뭘 제대로 보긴 보는 거야?
- 요샌 사람들이 밖에 나오질 않습니다.

「살인의 추억」에서 김상경이 비 오는 밤의 좁은 초소에서 바깥을 내다보면서 투덜거리자 다른 경찰이 대답

이동진 반면에 감독님의 영화들에서 바깥의 넓은 공간은 공포스러운 곳이죠. 「괴물」에서는 사람들이 탁 트인 한강 둔치에서 괴물에게 유린당하고, 「살인의 추억」에서는 드넓은 논에서 연쇄살인이 벌어집니다. 「플란다스의 개」의 높은 아파트와 넓은 숲은 개들이 죽임을 당하는 공간이고요. 단편 「흔들리는 도쿄」에서도 좁은 집안에서만

편안해하던 히키코모리 남자(가가와 데루유키)가 처음 문을 열고 바깥의 넓은 세상으로 나가는 순간의 두려움이 생생히 묘사되어 있지요.

봉준호 그러네요. 제게 광장 공포증이 있는지는 잘 모르겠지만요.(웃음) 그건 제가 영화적 관습을 교란하고 싶어 하는 것과 연관 있는 것 같아요. 「살인의 추억」에서처럼 탁 트이고 서정적이며 전원적인 풍경이 작은 여자의 시체로 일순간 공포스럽게 변한다든지, 「괴물」에서 가장 일상적이고 가장 괴물영화스럽지 않은 넓은 한강 둔치에서 괴물이 나오게 한 것도 그렇고요. 질문을 받고 왜 그런지에 대해 저도 대답을 하다 보니 장소에 대한 제 개인적인 취향과 장르영화적 관습을 위배하고픈 욕구가 결합되어 결과적으로 그렇게 영화적으로 표현된 것으로 정리가 되네요. 저도 이제야 알겠습니다.(웃음)

- 젤로 이상한 게 뭔지 알아? 옥상.
 시체를 옥상에다 올려놨잖아, 그 죽은 애.
 보통 죽이면 파묻잖아? 근데 이건 위루다 올려서
 무슨 시체를 전시한 것도 아니고 말이야.
 빨래 널듯이. 봐라, 동네 사람들. 이거 내가 죽여버렸다.

「마더」에서 진구가 살인사건의 의문점에 대해서 김혜자에게 이야기

이동진 「마더」의 첫 장면에 등장하는 너른 풀밭 역시 무척이나 불길하고 스산하죠. 이 영화의 벌판은 확실히 「살인의 추억」의 들판과 상통하는 느낌이 있습니다. 그리고 아정의 시체도 좁은 곳에 유기

되지 않고 마을 전체가 내려다보이는, 탁 트인 건물 옥상에 놓여 있는 것으로 설정되어 있고요.

봉준호 말씀하신 그런 맥락에서 공간에 대한 제 감각이 이어져왔다고 봅니다. 그런데 「마더」의 공간에만 덧붙여진 게 있다면, 그건 여성적인 느낌을 담아내려고 했다는 거죠. 「마더」에 나온 장소들을 보면 곡면이거나 곡선이 잘 드러나는 경우가 많아요. 첫 장면의 벌판부터 곡면들이 명백히 여성적이죠. 「마더」의 공간적인 콘셉트는 로컬리티를 지우는 것이었어요. 그래서 등장인물들이 특정 사투리를 쓰지 않는 것이고요. 한 동네로서의 느낌은 세심하게 맞췄지만, 막연히 한국의 한 지방이라고만 생각했어요. 그건 캐릭터에 집중하고 싶어서였습니다.

- 자네 자리, 저쪽 햇볕 잘 드는 곳에 하나 봐뒀어.
- 저는 저쪽 구석 자리가 좋은데요.

「살인의 추억」에서 변희봉이 서울에서 내려와 새로 합류한 형사 김상경에게 친절을 베풀지만 사양하는 김상경

이동진 내친김에 계속 연결되는 질문을 해보죠.(웃음) 저는 「살인의 추억」에서 태윤(김상경)의 이 대사를 들으며 저건 틀림없이 감독님의 성향일 거라고 추측했는데요.

봉준호 맞아요. 태윤의 캐릭터에 제가 투사된 것이겠죠.(웃음) 그런데 그 영화에서 태윤이 앉게 된 구석 자리가 한 번도 안 나와요. 사실

찍은 게 있기는 했어요. 그게 태윤 캐릭터를 보여줄 수 있는 유일한 사적 공간이니까요. 그런데 편집에서 빠졌죠.

이동진 식당에 들어가면 주로 구석 자리에 앉으실 것 같아요.

봉준호 네, 식당이든 회의 자리든 주로 구석에 앉아요. 고등학교 3학년 때 창가 구석 자리에 앉을 수 있었던 것에 무척 행복해했던 기억이 나네요. 왜 그 자리에는 창 아래 턱이 있고 그 밑에 약간 빈 공간이 있잖아요. 그 공간을 정말 좋아했어요.

– 야, 거기 서!

「플란다스의 개」에서 아파트 관리소 직원인 배두나가 개를 떨어뜨려 죽이는 이성재를 목격하고 복도에서 그 뒤를 쫓아가며

이동진 좁은 길에서 쫓고 쫓기는 장면도 애용하십니다. 위에서 언급한 「플란다스의 개」의 장면 외에도, 「살인의 추억」에서 형사들이 두 번째로 혐의를 둔 용의자인 병순(류태호)을 시골 마을의 이리저리 굽은 골목길에서 뒤쫓는 장면도 그렇죠. 「괴물」에도 남일(박해일)이 배신한 선배(임필성) 때문에 사무실 복도에서 쫓기는 장면이 있고, 심지어 학생 시절 만드신 단편영화 「지리멸렬」에도 신문사 논설위원이 우유를 훔쳐 먹다가 좁은 골목길에서 술래잡기하듯 쫓기는 장면이 있잖아요. 좁은 길에서의 추적 모티브 자체에 매혹되시는 부분이 있는 것 같습니다.

봉준호 좁고 긴 공간을 병적으로 좋아해요. 「플란다스의 개」에서 임

상수 감독님이 직접 출연하셨던 화장실 장면의 경우, 폭이 좁고 긴 화장실을 찾아내라고 스태프들을 못살게 군 적도 있었어요. 왜 그런지는 저도 잘 모르겠어요. 프로이트 책에 보면 좁고 긴 공간을 선호하는 것은 성적인 욕구불만 때문이라던데, 그렇지는 않은 것 같거든요.(웃음) 어릴 적 텔레비전에서 본 20세기 폭스사의 시리즈물이 있었는데, 폭스에서 제작한 영화들을 테마별로 모아서 보여주는 형식이었죠. 그중 제가 제일 좋아했던 테마가 바로 '쫓는 자와 쫓기는 자'였어요. 사실 제 모든 영화에 이런 장면들이 있죠. 영화감독들이 골목을 다 좋아하기는 하지만요. 그런 좁은 골목이 점점 없어져 가는 게 너무 안타까워요.

– 아무튼 이 동네 자체가 좀 이상해.

「마더」에서 진구가 김혜자에게 살인사건에 대한 자신의 추리를 늘어놓은 뒤

이동진 영화에서는 한 마을의 풍경으로 나오지만, 「마더」의 촬영지는 전국 방방곡곡에 흩어져 있습니다. 예를 들어 극중 한 장면에서 잠깐 등장하는 뷔페식당은 경주에서 촬영했다고 들었습니다. 그런데 사실 영화 속에 묘사된 그 장소는 그리 특징적인 게 없어서 다른 도시에 있는 뷔페식당에서도 촬영할 수 있을 것처럼 보이던데요? 다른 감독 같으면 제작비 절감 차원에서라도 기존 촬영지에서 가까운 식당에서 찍을 것 같은데, 굳이 그 장면만을 위해 멀리 경주까지 가서 찍으셨습니다.

봉준호 차별성이 별로 없어 보이는 게 사실이지만, 막상 세밀하게 콘셉트를 맞춰보면 대체할 수 없는 느낌을 갖고 있어요. 촬영지 섭외라는 게 참 힘든데, 기껏 분위기 맞는 곳을 찾아놓으면 끝내 촬영 허락을 안 해주는 경우도 있고요. 비슷한 이유로 「마더」에서 학생들이 떡볶이를 먹던 문구점도 특별할 게 없을 수도 있는데 굳이 춘천까지 가서 찍었죠. 결과적으로 로케이션이 너무 많아졌죠. 촬영 장소의 수는 「살인의 추억」이 더 많지만, 그 영화는 이동거리가 짧았어요. 대부분 전라도 쪽이었으니까요. 그런데 「마더」의 로케이션은 전국 각지에 흩어져 있어서 이동거리가 엄청났습니다.

– 애기 엄마, 여기 자리에 앉으세요.

「플란다스의 개」에서 지하철 좌석에서 졸던 배두나가 문득 깬 뒤, 구걸을 끝내고 옆 칸으로 걸음을 옮기는 아기 업은 여자를 뒤늦게 보고

이동진 감독님 영화의 인물들은 비극 속에서도 우스꽝스럽기 짝이 없는 행동을 합니다. 그 사람이 지식인이든 하층민이든 상관없이, 하나같이 나사가 풀린 듯한 인물들이라고 할까요. 자신들은 진지한데도 그들이 영화 속에서 하는 말과 행동은 그 문맥 속에서 무척 우습게 느껴지죠. 아기 업고 구걸하는 여자에게 자리를 양보하는 현남처럼 말입니다. 이런 캐릭터 만들기를 즐기시죠?
봉준호 그런 인물들을 실제로도 좋아하고 그런 인물을 영화 속에서 그려내는 것도 좋아하죠. 논리적으로 이해 못 하는 행동을 하는 사

람들을 좋아합니다. 그게 영화의 매력 아닌가요. 다들 통곡하고 있는 「괴물」의 합동분향소에서 강호 선배가 자다가 바지 속에 손을 넣고 긁적인다거나 하는 표현을 좋아해요. 사람의 그런 모습들이 오히려 사실적이라고 생각하는 거죠. 사람들이 사실 논리적으로 움직이는 게 아니잖아요. 중대한 판단을 내릴 때도 근거가 약한 이상한 이유로 덜컥 결정을 내려버리기도 하고요. 인간에 대해 제대로 설명되지 않는, 어설프고 어이없는 부분이 인간의 진짜 모습이라고 제가 느끼고 있는 것 같아요. 너무 허무한가요?(웃음)

– 야, 빠진 것 같은데? 좀 제대로 좀 하자.

「살인의 추억」에서 송강호가 여관에서 관계를 갖다가 여성상위 체위로 움직이고 있던 전미선에게

이동진 네 편 모두 인물들이 약간씩 얼이 빠진 듯한 느낌이지만, 특히 「괴물」에서의 캐릭터들이 그랬던 것 같습니다.

봉준호 「괴물」은 모든 면에서 장르적 접근을 한 작품인데, 이런 인물들을 이 장르에 풀어놓으면 재미있겠다고 생각한 면이 있었던 거죠. 괴물과 절대로 맞서지 않을 것 같은 사람들이 주인공이잖아요. 그런 인물들이 시나리오를 쓸 때도 가장 재미있어요.

이동진 그 점에서 남일(박해일)이 슬로모션으로 괴물에게 화염병을 투척하지만, 던지는 족족 빗나가는 장면이 대표적이라고 할 수 있을 것 같습니다. 능숙하게 화염병을 만들어서 폼 나게 던지는 것을

보면 극의 흐름상 멋지게 성공할 수 있을 것 같은데 말이죠. 더구나 마지막 화염병은 손에서 떨어뜨려 아예 던지지도 못하잖아요?

봉준호 맞아요.(웃음)

이동진 현서(고아성)만 예외죠. 가장 어린 아이가 가장 어른스럽잖아요?

봉준호 아마도 제 영화 전체 작품을 통틀어서 제정신인 인물은 「괴물」의 현서와 「마더」의 제문(윤제문), 미선(전미선) 정도가 전부일 거예요.

이동진 「플란다스의 개」에서는 지식인인 대학 강사 윤주(이성재)까지 뭔가 많이 비어 있는 듯한 인물로 그리셨죠.

봉준호 주변머리가 참 없는 사람이에요. 「마더」에서는 변호사를 또 이상하게 그렸죠. 소리만 냅다 지르는 식이니까요. 아무래도 제 비뚤어진 성격을 좀 개조해야겠어요. (주먹을 코믹하게 불끈 쥐면서) 사회를 밝게 바라보며 따뜻한 결말로 이끄는 영화를 해야겠어요. 「사운드 오브 뮤직」을 보고 나왔을 때처럼 밝은 기운으로 온몸이 충만해지는.(웃음)

- 그나저나 우리, 살인사건이 얼마만이냐.

「마더」에서 윤제문이 여고생 피살 사건을 수사하다가 동료 형사 송새벽에게 문득

이동진 「살인의 추억」 이후 「마더」를 통해 6년 만에 다시 살인사건을 다룬 영화를 만드신 셈입니다. 어찌 보면 「마더」는 「살인의 추억」

의 백광호(박노식)가 용의자로 현장 검증할 때 뒤에서 울부짖었던 그의 아버지 모티브를 심화하면서 시작된 것 같은 이야기입니다. 두 사람 모두 일종의 '동네 바보' 캐릭터라는 점에서 상당히 흡사하죠. 말투도 비슷하고요. 말하자면 광호는 도준의 원형 같은 인물이라고 할까요. 다만 광호는 목격자인데 범인으로 몰린 경우라면, 도준은 목격자인 줄 알았는데 범인인 경우라는 게 다르죠.

봉준호 말씀하신 사고의 단계를 밟지는 않았지만, 시나리오를 쓰다 보니 저도 그런 느낌이 들더라고요. 하지만 「마더」는 근본적으로 엄마 이야기라서 상관없다고 생각했습니다. 백광호라는 캐릭터뿐 아니라 「살인의 추억」과의 연관성에 대해서도 편안했어요. 두 작품을 견주어 설명해도 재미있고, 아니어도 상관없다는 느낌이었다고 할까요.

– 쟤 보이지? 쟤한테 가서 "바보야" 한번 해봐.

「마더」에서 한 재소자가 다른 재소자에게 원빈을 놀려보라고 권하면서

이동진 아닌 게 아니라, 감독님 영화들 속에서는 유달리 '동네 바보' 캐릭터가 자주 등장합니다. 「살인의 추억」의 광호와 「마더」의 도준뿐만 아니라, 「괴물」의 강두 역시 그렇다고 할 수 있죠. 이제까지 만드신 네 편의 장편 중 무려 세 편에서 이런 인물을 등장시키실 정도로 애착을 가지시는 이유가 궁금합니다.(웃음)

봉준호 1980년대 말에 농활을 가보면 마을마다 그런 사람이 하나씩

다 있더라고요. 마을 사람들이 궂은일은 주로 그런 사람에게 다 시키죠. 저는 유달리 비정상을 좋아하는 것 같아요. 이걸 다른 말로 설명하자면, 제가 멋있는 걸 싫어하는 것 같습니다. 이병우 음악감독님이 저에 대해서 "멋있는 걸 보면 망가뜨리고 싶어 한다"고 말한 적이 있어요. 제가 그런 꼴을 못 본대요.(웃음) 영화에서 간지 나는 화면 같은 것을 싫어하고, 폼 잡는 것도 싫어하죠. 그게 카메라 앵글이든, 배우든 말이에요.

이동진 아무리 그렇다고 해도, 「마더」에서 꽃미남의 대명사인 원빈 씨를 바보 캐릭터로 쓰다니, 정말 대단하시긴 하세요.(웃음)

봉준호 앞으로 일본 갈 때는 조심해야죠.(웃음) 일본 팬들이 '우리가 이 꼴 보려고 5년을 기다렸냐' 싶으실 테니까요. 그런데 아무리 그런 캐릭터로 나와도 원빈 씨는 역시 멋지더라고요. 사람은 정말 외모가 전부인 것 같아요. 내면이 뭐 필요 있어요? 원빈 얼굴 보면 모든 게 다 해결되는데.(웃음)

– 도준 엄마, 요즘도 침 놓고 다니시는구나? 야매루.

「마더」에서 약재상 주인이 김혜자에게

이동진 불법으로 의료 행위를 하는 직업을 가진 인물이 종종 등장한다는 것도 눈길을 끕니다. 「살인의 추억」에서 설영(전미선)이 그랬는데, 「마더」에서 혜자(김혜자) 역시 그렇더군요. 이건 아주 특수한 직업일 텐데, 왜 이렇게 '야매'로 침이나 주사를 놓아주는 사람들을 영화 속에서 자주 묘사하시나요.

봉준호 리얼리티죠, 뭐.(웃음) 지방 약재상 같은 데 가보면 거기서 일하시는 아주머니들이 사실상 다 한의사예요. 침도 놔주고 어떤 약이라도 전부 다 조제해줘요. 싸고 문턱이 낮고 또 만만하니까 사람들이 많이 찾죠. 의사는 권위적이잖아요. 그런데 그런 아주머니들에게는 구구절절 자신이 살아가는 이야기까지 정겹게 쏟아낼 수 있죠.

이동진 그와 관련해서 또 하나 흥미로운 것은 합법적으로 약을 다루는 직업인 약사가 그들에게 약을 파는 장면도 나온다는 겁니다. 제도권 내의 직업인 약사로서는 그들을 곱게 볼 수가 없을 것 같은데, 진짜 약사와 '야매' 약사가 대화를 나누는 장면을 보면 제법 훈훈하단 말이죠.(웃음)

봉준호 제 장인어른이 약사세요. 그런데 요즘도 무허가로 의료 행위를 하는 사람들이 그렇게 와서 약을 사간다고 하시더라고요. 환자 집을 직접 방문해서 링거를 놓아주기도 한대요. 서울도 아직까지 그렇다네요. 이 모든 게 참 한국적이죠. 그러고 보면, 서양 관객들은 이 영화를 이해하기가 쉽지 않을 듯해요.

- 간단하게 나오네, 현서 위치가.
- 그러게, 씨발, 진작부터 날 좀 찾아오던지.
  니네 식구들 원래부터 그렇게 미련해터졌냐?

「괴물」에서 통신회사에 근무하는 임필성이 실종된 고아성의 위치를 간단히 찾을 수 있다면서 방법을 설명해주고 나서 후배 박해일과 그의 가족들을 타박

이동진 감독님 영화에 등장하는 주인공들은 확실히 전형적인 영웅의 모습에서 멀찍이 떨어져 있죠.

봉준호 시스템에 영웅적으로 항거하는 개인보다는 그것을 좀 이상하게 받아들이면서 내면화하는 개인이 영화적으로 더 흥미로워요. 삼풍백화점 사건을 예로 든다면, 사실 그것은 철저히 사회적인 재앙이었잖아요. 그런데 그때 가족을 잃은 사람들은 '내가 돈을 더 잘 벌었더라면 내 딸이 삼풍백화점에서 아르바이트를 하지 않아도 됐을 거고, 그랬다면 결국 죽지도 않았을 텐데'라는 식으로 탄식하는 경우가 많았죠. 시스템으로 문제가 생길 때 개인적으로 승화시키거나 해결을 시도하는 한국인의 특질이라고 할까요. 좋다 나쁘다를 판정하기에 앞서서 그런 것들을 리얼하게 보여주고 싶었어요. 우스꽝스러우면서도 가슴 아픈 바로 그런 모습이 한국인의 모습인 것 같아요.

– 아이구, 지랄들을 하네. 논두렁에 꿀을 발라놨냐.

「살인의 추억」 초반부의 난장판이 된 살해 현장에서 송강호가 허둥대던 반장 변희봉과 다른 경찰이 연이어 비탈에서 미끄러져 넘어지는 것을 지켜보면서

이동진 인물들이 미끄러지고 넘어지는 슬랩스틱 장면을 집요하게 넣으십니다.(웃음) 문맥상으로 보면 엄숙해야 할 것 같은 순간에서조차 그렇죠.

봉준호 전 그런 장면들을 그냥 슬랩스틱이라고 생각하지 않고, 다큐

멘터리적 슬랩스틱이라고 생각해요. 그런 게 리얼한 묘사라고 보는 거죠. 괜히 자빠뜨려서 관객을 웃기겠다는 생각은 없거든요. 「괴물」에서는 보건복지부 요원(김뢰하)이 합동분향소로 무게 잡고 들어오다가 미끄러져 쓰러지는 것 정도만 의도가 있었던 슬랩스틱 장면이었어요. 일단 그 장면에서 그 인물은 '삑사리'를 내고서 시작해야 한다고 봤으니까요. 나머지 장면들의 슬랩스틱은 전부 인물들이 나사 풀린 사람들이니까 몸이 꺾인다는 느낌에 가까웠죠.

이동진 몸이 꺾인다고요?

봉준호 화성 연쇄살인사건 때의 수사 자료들을 보면 "그 당시 경찰은 불구였다"는 한 형사의 서술이 있는데 그게 무척 인상적이었어요. 실제로 수사를 벌이다가 풍이 와서 몸 일부가 마비된 형사까지 있었으니까요. 그래서 「살인의 추억」을 찍을 때는 그런 불구의 이미지를 표현하고 싶은 마음도 있었어요. 그 논두렁 장면의 경우, 반장(변희봉)이 넘어진 바로 그 자리에서 다른 경찰이 또 넘어질 때가 그렇죠. 우스꽝스럽게 묘사됐지만, 결국 같은 실수를 반복해서 경찰이 좌절하고 말 거라는 느낌이랄까요.

– 여러분, 지금 텔레비전 뉴스에서
설명이 나오고 있을 것 같은데요.
자, 시간관계상 상황 설명은 뉴스로 대신합니다.

「괴물」에서 합동분향소에 들어온 보건복지부 요원 김뢰하가 텔레비전을 틀면서 이동진 보건복지부 요원이 합동분향소에 들어오다가 넘어지는 장면뿐만 아니라, 들어온 뒤에 모든 것을 다 안다는 듯 자신만만하게 텔레비전을 켰을 때 관련 화면이 나오지 않는 장면도 대표적인 삑사리 장면이죠. 원래 이 장르에서는 그런 상황에서 텔레비전을 켜면 1초의 오차도 없이 그 사건에 대한 뉴스가 흘러나와야 되는 거잖아요.

봉준호 그 부분이야말로 그렇죠. 그런데 삑사리와 관련해서 진짜로 웃긴 일이 있었어요. 프랑스 영화잡지 『카이에 뒤 시네마』와 인터뷰할 때 그런 부분들에 대해서 질문하기에 제가 "한국에서는 그럴 때 쓰는 용어가 있다. 삑사리라고 한다"고 농담 삼아 말했는데, 그분이 굳이 그 말의 스펠링을 적어달라고 하더군요. 그래서 'picksary'라고 소리 나는 대로 적어줬죠. 나중에 잡지를 펼쳐보다가 쓰러질 뻔했어요. 인터뷰 제목이 'art de picksary'로 큼지막하게 나왔거든요.(웃음)

(봉준호 감독은 그 얘기를 들려주면서 책꽂이에서 『카이에 뒤 시네마』 잡지를 뽑아 들고 뒤적인 끝에 그 제목이 달린 인터뷰 기사를 직접 보여줬다.)

– 야, 용배야 용배야 용배야. 그리로 안 갔어?
아 진짜 큰일이네.

「괴물」에서 박해일을 뒤쫓다가 놓친 형사가 동료 형사의 이름을 거듭해 숨 가쁘게 부르면서

이동진 용배라면 「괴물」의 제작자이신 최용배 청어람 대표님 이름에서 따오신 거잖습니까. 「살인의 추억」에서 여형사 권귀옥(고서희)의

이름은 1970년대 인기 코미디언이었던 분의 이름을 그대로 가져온 거고요. 극중 인물에 이름을 붙일 때 장난기가 상당하신 것 같아요.

봉준호 그 캐릭터에 용배란 이름을 붙인 것은 촬영할 때 즉석에서 넣었던 장난 같은 거였죠. 그냥 그 이름으로 부르라고 그랬는데 형사 역을 맡은 배우분이 그렇게 여러 번 다급하게 부르는 식으로 소화를 했어요. 해외 영화제 가서 최용배 대표님과 나란히 앉아 「괴물」을 보고 있는데 그 장면에서 어찌나 민망하던지요.(웃음) 권귀옥 역시 말씀하신 대로 코미디언 이름에서 그대로 따온 겁니다. 그리고 「플란다스의 개」의 주인공 박현남은 왜 그 이름인 줄 아시죠?

이동진 아뇨, 모르는데요. 재미있는 뒷얘기가 있을 것 같아서 기대되네요.

봉준호 아, 이제는 그 그룹이 해산을 했으니 이야기해도 되겠네요. 예전에 영턱스클럽이라는 댄스 그룹이 있었잖아요? 그 멤버 중에 한현남이란 분이 계셨는데, 사실 그 그룹의 이미지가 귀티 나는 쪽은 아니었죠. 이런 말씀이 좀 죄송하지만, '강북 필'이 제대로 났다고 할까요.(웃음) 그래서 그 이름을 가져왔어요. 「살인의 추억」에서 김상경 씨 이름이었던 서태윤은 서태지에서 따왔고요.

이동진 왜요?

봉준호 서태윤은 서울에서 온 형사고 앞서가는 수사를 하길 원했던 사람이었거든요. 제가 당시에 서태지 씨를 좋아하기도 했고요.

이동진 이거, 다른 캐릭터들도 전부 뭔가 사연이 있을 것 같습니다. 그럼 「살인의 추억」에서 송강호 씨 배역 이름인 박두만은요?

봉준호 만두를 거꾸로 해서 지은 이름이기도 하고(웃음) 촬영기사님 이름에서 따온 것이기도 하죠. 그 영화에서 김뢰하 씨가 맡았던 형사 이름인 조용구는 조용규 기사님 이름에서 따왔고요. 「괴물」의 박강두(송강호)는 박두만과 비슷한 느낌으로 지었어요.

- 박씨? 박테리아 박? 마스크 좀 내려봐요.

「괴물」에서 방역 담당인 구청 공무원이 변희봉을 방역업체 직원으로 착각해 뇌물을 요구하면서 하는 말

이동진 그러고 보니, 박현남에서 박강두와 박두만까지, 유독 박씨를 편애하시네요.(웃음)

봉준호 어머니가 박씨세요. 이상하게 이름 앞에 박씨를 붙이면 정겨워지는 느낌이 있어요. 그리고 잘 아는 사람 딸의 이름이 「괴물」에서 고아성이 연기한 배역 이름처럼 현서인데, 이름에 '현' 자가 들어가면 현명하게 느껴지죠.

- 애 이름이 뭐라고?

「마더」에서 윤제문이 옥상에서 발견된 여고생 시체를 가리키면서 동료 형사에게 질문

이동진 「마더」에서는 혜자 미선 제문 등 극중 주요 인물들의 상당수가 실제 배우의 이름 그대로인데, 왜 원빈 씨는 본명이 (김)도진임에도 불구하고 살짝 바꾼 도준이란 이름을 부여받았나요.

봉준호 도진이라고 붙이자니, 뭔가 살짝 병이 도진 것 같은 느낌이 들더라고요.(웃음) 현재 원빈이란 이름으로 활동하고 있는데 실제 이름 그대로 극중에서 부르는 것도 실례인 것 같았죠. 그래서 결국 도준이라고 했어요.

- 진태 걔하고 놀지 마. 걘 근본부터가 틀려먹은 애야.
  종자부터가 날 샌 종자야.

「마더」에서 김혜자가 원빈에게 친구인 진구와 어울리지 말라면서

이동진 그러면 진구 씨는 「마더」에서 왜 극중 이름이 진태입니까.

봉준호 영구라는 이름이 주는 느낌 때문인지, 진구라고 하면 좀 바보 같은 느낌이 들어서요.(웃음) 진태라는 인물은 도준과 정반대 쪽에 있는, '머리가 돌아가는 잡놈' '미워할 수 없는 잡놈'의 느낌이라서 거기에 맞게 진태라고 했어요. 종팔의 경우, 연기자가 등장하기 한참 전부터 극중에서 이름이 계속 불리는데, 이름만으로 심플하게 관객들이 기억할 수 있도록 특이한 걸 골랐던 결과였죠. 문아정은 그 자체로 답답하면서 슬픈 느낌을 담길 원했기에 지은 이름이었어요. 원래는 문아숙이라고 했는데, 그건 또 너무 낡은 느낌이라서요.

- 조용히 좀 해. 순자 깼잖아.
- 순자?

– 방금 정했어. 우리 강아지 이름.

「플란다스의 개」에서 김호정이 자신을 큰 소리로 부르는 남편 이성재를 조용히 시키면서

이동진 반면에 「플란다스의 개」에서 윤주(이성재)가 키우게 되는 개 이름은 순자잖아요? 전 그 장면을 처음 보았을 때, 감독 참 지독하다고 생각했어요.(웃음)

봉준호 그 개가 흰색 푸들인데 턱이 무척 길었거든요.(웃음) 그분 잘 지내시나 모르겠네요. 제가 십 대였던 시절에 영부인이셨던 그분이 유난히 해외 순방이 잦았는데, 중전마마 의상을 입고 비행기 트랩을 오르면서 손을 흔들던 모습이 참 독특했어요. 그렇게 텔레비전에 많이 나왔던 영부인도 없었을 거예요.

– 야, 빨리 가자. 밥이나 먹자.

「괴물」에서 괴물이 출몰한 사건 후 한강변을 순찰하던 경찰이 동료에게 재촉하면서

이동진 유독 '밥 먹자'는 대사를 많이 쓰십니다. 제가 지금 인용한 부분 말고도, 「괴물」의 마지막 대사 역시 "텔레비전 끄자. 밥 먹는 데 집중!"이라는 거죠. 이 인터뷰 시작 때 제가 끄집어냈던 「살인의 추억」의 "밥은 먹고 다니냐"는 말할 것도 없고, 「마더」에서 식사 도중 나가려는 도준을 혜자가 밥 다 먹고 가라면서 만류하는 부분도 있습니다. 「플란다스의 개」에도 비슷한 대사가 등장하죠.

봉준호 「플란다스의 개」에도 그런 대사가 있었던가요?

- 어, 왔어?
- 배고파.
- 어, 밥 차려줄게.

「플란다스의 개」에서 낮잠 자다가 깬 이성재가 이제 막 귀가한 아내 김호정에게

이동진 아내(김호정)가 귀가하자 낮잠을 자다 깬 윤주(이성재)가 자신의 안경을 닦으면서 밥을 차려주겠다고 말하잖아요.

봉준호 아, 그런 부분이 있었군요.(웃음) 그 영화는 일상적인 상황이 많으니까 그와 같은 대화가 들어갈 수밖에 없는 이유도 있는 것 같네요. 그런데 내가 왜 그런 대사를 많이 쓰는 거죠? 그렇게 못 먹고 자라지도 않았는데.(웃음) 「괴물」의 경우는 그 대사에 명백히 주제적인 측면이 있긴 했어요. 그 영화에선 '먹인다'는 모티브가 핵심이었으니까요.

- 가족이시죠?
- 저 친구, 가족이 없어. 내가 형은 형이지만.
- 어쨌든 보호자시잖아요.

「살인의 추억」에서 동료 형사인 김뢰하의 수술동의서에 서명하라는 간호사와 송강호의 대화

이동진 사실 감독님의 영화 네 편에는 혈연으로 연결되지 않은 누군가가 다른 누군가를 돌보는 모티브가 들어 있습니다. 「플란다스의 개」에서는 현남(배두나)이 아파트에서 홀로 사는 노인이 입원할

때 보호자가 되고, 「살인의 추억」에서도 두만(송강호)이 파상풍에 걸린 용구가 수술을 받아야 할 때 보호자가 되죠. 단편 「흔들리는 도쿄」에서도 집 안에만 오래도록 머물러 있는 사회적 약자인 한 남자가 새로 방 안에 틀어박히게 된 다른 약자인 여자를 돕기 위해 마침내 세상으로 나오는 모험을 감행하고요. 그리고 이런 모티브가 가장 강하게 담겨 있는 「괴물」은 마지막 장면에서 강두가 아무런 혈연관계도 없는 아이인 세주에게 밥을 먹입니다. 감독님은 약자인 누군가가 더 약자인 다른 누군가를 먹이거나 돌보는 행위에서 희망을 암시하고 싶으셨던 것으로 보입니다.

봉준호 네, 바로 그게 중요했어요. 「괴물」에서 사회의 악순환과 대비되는 선순환은 먹이는 모티브로 표현되는 거죠. 떠돌이 소년인 세주의 입장에서는 보호자가 영화 속에서 세 번이나 바뀌게 되지만, 결국 가장 약자인 이 꼬마를 어떻게든 보호해냈다는 사실이 중요하죠. 말씀하신 대로 자신도 약자인 사람들이 더 약자인 아이를 지켜냈다는 게 「괴물」에서 제가 보여주고 싶었던 핵심이에요. 그렇게 보면 그 영화는 가족영화가 아닌 거죠. 반면에 「플란다스의 개」와 「살인의 추억」에서 밥과 관련된 대사를 썼던 이유는 기억이 잘 나지 않는데, 그냥 제 습관인가 봐요.(웃음) 사실 먹는 이야기에 관한 최고의 형상화는 조정래 씨의 소설 『태백산맥』에서였다고 봐요. 진달래꽃을 먹고 피똥 싸는 이야기 같은 것은 정말 탁월한 묘사였죠. '우리는 배고프다. 우리는 먹어야 한다'고 설파하는 건데, 실로 대단했어요.

- 집엔 연락했냐? 보호자는 있고?
- 저기, 할머니가 하나 있는데 완전히 치매래요.
- 그럼 얘가 (오히려) 보호자네?

「마더」에서 윤제문이 살해된 여고생의 인적 사항에 대해서 묻자 동료 형사인 송새벽이 대답

이동진 그런데 이런 모티브와 관련해서 「마더」는 사뭇 다른 양상을 보여줍니다. 이전에는 혈연으로 이어지지 않은 관계까지도 희망일 수 있다는 것을 보여주셨다면, 「마더」에서는 혈연이라도 얼마나 절망적일 수 있는가를 드러내셨다고 할까요. 전작들에서 비윤리적인 사회나 시스템 속에서 윤리적이 되려고 노력하는 개인의 사투를 그리신 것에 비해서, 「마더」는 그런 개인들에게서도 밝은 전망을 보아내지 않습니다.

봉준호 「괴물」에는 사회 시스템이 왜 약자를 도와주지 않는가에 대한 비판이 담겼죠. 그런데 「마더」는 시스템 자체가 제거되어 없다시피 한 설정이잖아요? 변호사나 경찰도 무척이나 사적인 인물로 만들어놓았고요. 지난 세 편의 장편에서 저는 한국 사회의 문제점에 대해 직접적으로 거론하는 내용을 연이어 담았죠. 그러다 보니 이번에는 한국 사회에 대한 발언이 거의 없는 영화를 찍고 싶었는데, 최소한 그건 이룬 것 같아요. 「괴물」 때 워낙 많이 해서 저 스스로도 낯간지러워져서 그랬는지는 알 수 없지만요. 뭐, 나중에는 또 다시 하게 되겠죠.(웃음)

- 너, 부모님은 계시니? 엄마 없어?

「마더」에서 김혜자가 아들 원빈 대신 투옥된 피의자를 면회하면서

이동진 저는 「마더」에서 가장 중요한 대사가 "엄마 없어?"라고 생각합니다. 자식 대신 죄를 뒤집어쓰고서 투옥된 종팔을 면회할 때 혜자가 눈물을 펑펑 쏟으면서 외친 말이었지요. 이 영화에서 엄마가 자식을 지켜주려는 숭고한 행위 자체에 거대한 딜레마가 내재되어 있다고 할까요. 이 영화에서는 보호가 필요한 세 명의 약자가 등장합니다. 피살된 여학생인 아정과 억울한 희생자인 종팔, 그리고 도준이죠. 그런데 도준과 다른 두 사람의 결정적인 차이는 자신을 지켜줄 엄마, 즉 보호자가 있느냐의 여부입니다. 아정은 할머니가 있지만 치매에 걸린 경우라서 오히려 자신이 돌봐야 합니다. 그리고 종팔은 의지할 곳 없는 고아죠.

봉준호 그 장면에서 혜자는 종팔의 억울한 처지를 보면서 막 울지만, 그렇다고 진실을 토로하지는 않잖아요? 정말 불쌍한 아이인 아정을 또 다른 불쌍한 아이인 도준이 우발적으로 죽이게 되고, 그보다 더 불쌍한 아이인 종팔이 대신 감옥에 들어가게 되는 그 모든 것을 다 홀로 짊어지고서 평생 살아가야 하는 게 엄마인 셈이죠. 이렇게 요약해보니 「마더」는 너무나 어두운 내용이네요. 저 스스로 왜 이렇게까지 했나 싶기도 해요.(웃음)

- 니가 솔직히 사람 죽일 위인은 못 되잖아?

사람 아무나 죽이는 것도 아니고. 왜 그랬어?
독하지도 못한 놈이.
- 독해, 나, 나름대로.

「마더」에서 형사 윤제문이 다그치자 원빈이 반발하면서

이동진 정말 왜 그렇게 하셨어요.(웃음) 아닌 게 아니라 「마더」는 감독님 작품들 중에서 가장 독하고 강렬하며 어두운 영화일 겁니다.
봉준호 끝까지 가보고 싶었습니다. 혜자가 종팔을 면회하는 장면에서도 원래는 음악을 깔았는데 고민 끝에 뺐어요. 그 영화는 그런 마음가짐이었던 듯합니다. 어차피 암흑을 직면하는 것은 피할 수 없다는 느낌이었죠.

- 종팔이 걔는 왜 그랬다니?
- 일단 걔가 원래부터 상태가 좀 안 좋구요.

「마더」에서 김혜자가 진범이 잡혔다는 말에 범행 이유를 묻자 형사 윤제문이 대답

이동진 확실히 「괴물」과 「마더」는 맹목적이고 무조건적인 자식 사랑을 보여준다는 측면에서 공통점이 있습니다. 그런데 「괴물」의 가족애가 이상화되고 긍정적인 시각으로 그려지는 반면, 「마더」의 가족애는 냉정하고 회의적인 시선에 담겨 있죠. 저는 특히 「마더」의 종팔과 「괴물」의 세주가 결말에 이르러 서로 대조적인 운명에 처하게 되는 게 흥미로웠습니다.

봉준호 그렇게 보면 「마더」는 「괴물」의 반대급부가 되는 셈이네요. 「괴물」에서 가족들이 격렬하게 똘똘 뭉친 것은 사실이죠. 「마더」에서도 엄마가 처절할 정도로 아들을 보호하려고 하는 것은 마찬가지지만, 딸 현서 대신 세주를 먹이게 되는 「괴물」과 달리, 이번에는 종팔이란 아이를 그냥 두고 오는 거네요. 내가 그런 틀을 좋아하는 건가.(웃음) 그런데 현서 대신 세주를 데리고 오는 것은 사실 「지옥의 7인」의 한 장면에서 영감을 받은 모티브였어요. 테드 코체프가 연출하고 진 해크먼이 주연한 1980년대의 평범한 오락영화였는데, 특수부대 출신인 아버지가 실종된 아들을 찾아서 베트남으로 가는 이야기였죠. 우여곡절 끝에 아들이 이미 죽어버렸다는 사실을 알게 된 아버지는 대신 아들의 친구를 찾아서 껴안고 헬기 앞에서 울어요. 영화 자체는 매우 마초적이고 미국 중심적인데, 그 장면만큼은 이상하게 마음에 와닿더라고요. 오래전 봤던 그 장면이 「괴물」의 시나리오를 쓰던 어느 단계에서 불쑥 들어오게 된 것 같습니다.

- 맞잖아. 그때 엄마가 나 죽여서 없애려고.
- 죽이다니 이놈아. 그때 내가 얼마나 힘들었으면
  너랑 나랑 같이 죽으려고.
- 나부터 먹였잖아. 농약 박카스.
- 너 먼저 먹여야 그 담에 내가 먹지.

「마더」에서 원빈이 다섯 살 때의 동반자살 시도에 대한 기억을 해낸 뒤 김혜자와 대립 이동진 「마더」에서 엄마와 아들의 관계는 러닝타임이 흐를수록 복잡한 속내를 드러냅니다. 이 영화에서의 모자는 서로에게 결코 잊을 수 없는 고통을 안기는 사이이기도 하고요.

봉준호 어떻게 보면 「마더」에서 엄마와 아들은 서로를 지배하려고 싸움을 벌이는 것 같기도 해요. 아들이 엄마에게 복수하는 이야기가 아닌가 싶기도 하고요. 이 영화에서 아들이 엄마에게 사랑을 표현한 적이 과연 있었던가 싶죠. 어쩌면 이건 엄마가 아들을 알 수는 없다는 내용일지도 몰라요. 이 세상에서 가장 가까운 사이이고, 모든 걸 다 보면서 배설하는 모습까지 컨트롤하려고 하는데도 불구하고, 이상하리만치 그 속내를 모른다는 거죠. 하물며 엄마와 아들 사이까지 그렇다면, 다른 모든 인간관계는 어떻겠어요.

- 뭐가 생각났어?
- 어, 중요한 거. 다섯 살 때 맞지?
  그때 나 죽이려고 박카스에 농약 타서 먹였잖아.

「마더」에서 원빈이 면회 온 김혜자에게 오래전 기억을 갑자기 떠올려가며 이야기

이동진 후반부에 등장하는 반전도 반전이지만, 중반부에서 도준이 어린 시절 엄마가 자신에게 농약이 든 박카스를 마시게 했던 일을 기억해내는 장면은 정말이지 오싹하던데요?

봉준호 아마 「마더」에서 제일 무서운 장면일 거예요. 엄마와 아들이 할 대화가 아닌 게 오가는데, 정말 끔찍하죠. 그 신 자체가 꼭 필요

한가에 대해서 고민을 했어요. 이 내용이 이 모자를 너무 특수하게 만드는 게 아닌가 싶었거든요. 하지만 그 장면을 넣으면, 과거에 그런 일을 겪었기에 엄마가 그 정도로 집착하고 강박적으로 행동한다는 게 이해가 되죠. 그 장면에서의 대사를 통해서 도준에게 얼마나 잔인한 면모가 있는지도 보여지고요. 결국 한참 생각한 끝에 후자를 택해서 그 대목을 찍었습니다. 이 한 장면으로 그 두 사람의 과거사가 전부 다 축약될 수 있다고 봤어요. 동반자살을 시도할 정도로 힘들게 삶을 돌파해온 사람들인 겁니다. 과거의 비극이 드리우는 그림자가 정말 크죠. 얼마 전 우울증에 걸려 아이를 업고 한강에 투신한 엄마에 대한 기사를 읽은 적이 있어요. 그런데 아이는 죽고 엄마는 살아서 구조되었더라고요. 살아남은 그 엄마의 삶을 생각해보면 정말 끔찍해요. 가뜩이나 우울증으로 허덕이는 사람일 텐데 하느님은 어떻게 그런 형벌을 주시나 싶어요. 「마더」의 모자는 결국 둘 다 살았지만, 그 대신 그때 어린아이였던 아들이 그 모든 걸 기억하고 있으니 정말이지 무서운 형벌이죠.

이동진 혜자와 도준의 관계에 집중해서 보면, 엄마의 결정이 도덕적으로는 어떨지 몰라도 감정적으로는 수긍이 가기도 합니다. 하지만 그 관계에서 벗어나서 냉정히 바라보면 「마더」는 정말이지 모성이란 얼마나 끔찍한 것인가를 말해주는 영화일 수도 있다는 생각이 들어요.

봉준호 자식이 있는 어머니 관객들은 '나라도 그렇게 할 것 같다'는 반응을 보이시는 분들이 많더군요. 그건 참 눈물겨운 일이지만, 한편으로는 무섭다는 생각도 들어요. 모정이라는 게 정의나 진실 위에 존재할 수 있는 것인가, 모성은 거기까지 신비화될 수 있는 것인가의 문제가 있는 듯해요. 예전에 텔레비전에서 어떤 리얼리티 프로그램을 보고 정말 소름이 끼쳤던 적이 있었어요. 실제 사건이었는데, 다세대 주택 반지하방에 사는 육십 대 남자가 연변에 사는 조선족 여자아이들을 입양한 뒤 파양하는 일을 계속 반복해요. 수상히 여긴 이웃들의 신고로 조사해보니, 그 남자는 힘없는 연변 소녀들을 데려다가 성추행을 하며 노리개로 삼았던 거죠. 그러다 애가 좀 커서 반항하면 파양을 해서 중국으로 돌려보냈던 겁니다. 그런데 이상한 것은 그 작은 방에 그 남자의 노모가 함께 살고 있었다는 거죠. 팔십 대 후반의 할머니셨는데, 함께 살고 있으니 그 좁은 방에서 일어나는 일을 뻔히 다 알고 있지 않았겠어요? 화면이 모자이크되고 음성이 변조된 그 할머니 인터뷰도 방송되었는데 그게 정말 압권이었어요.

이동진 어떤 내용이었는데요?

봉준호 입양됐던 그 소녀들을 무지막지하게 욕하면서 아들을 감싸는 내용이었죠. 폭포수처럼 엄청나게 말을 쏟아내면서 극단적인 욕설까지 하는데 정말 웃기면서도 무서운 거예요. 자신의 아들은 정말 착한 일만 했다면서 그걸 스스로 믿어버리는 경지였는데, 그때 제가 받았던 눈물겨우면서도 섬뜩한 느낌이 「마더」와도 상통하는 면이 있죠. 혜자 역시 짐승 같은 본능으로 아들을 감싸죠. 억울하게 투옥된 종팔이 앞에서 펑펑 울기는 해도 끝내 진실을 말하지 않잖아요.

- 뭐 했어? 쉬 했어?
- 총소리 빵 나서 찍 했어.

「괴물」에서 형제인 이재응과 이동호가 영화 중반부에서 송강호 가족이 괴물을 향해 총을 쏠 때 처음 제대로 등장하며 대화

이동진 일반적으로는 중요 인물일 경우, 작품 초반부터 관객들에게 미리 소개를 시키는 경우가 많지요. 그런데 감독님 영화는 꽤 중요한 인물인데도 미리 등장시키지 않고, 시간이 좀 흐르더라도 이야기 전개상 그 인물이 필요해질 때부터 묘사하는 경향이 있습니다. 「괴물」의 세진(이재응)과 세주(이동호) 형제처럼요.

봉준호 「괴물」에서 특히 그랬던 것 같네요. 의도적인 면이 있었어요. 그 영화는 주인공들이 집을 떠난 뒤에 딸을 찾아서 헤매는 로드무비라고 스스로 생각했었으니까요. 로드무비란 길에서 숱한 사람들을 만나고 헤어지는 형식의 장르잖아요? 그래서 인물들을 그런 방식으로 등장시켰던 겁니다. 아마 그 영화에서 괴물에게 결정타를 먹이게 되는 노숙자(윤제문)가 그런 경향의 정점에 놓여 있는 인물일 거예요. 사실 일반적인 시나리오 작법으로 보면 매우 무책임한 인물이라고 할 수 있을 텐데,(웃음) 1970~80년대 할리우드 장르영화에서 특히 그런 인물들이 많았죠. 이전에 일언반구의 설명도 없었던 인물이 갑자기 클라이맥스에 나타나서 멋지게 문제를 해결하는 식이죠. 그런데 세진과 세주 형제는 「괴물」을 개봉시키고 난 뒤 가장 아쉬움이 많이 남았던 캐릭터이기도 했어요. 초반에 잠깐 과자를 훔치려는 장면에서 등장시키기는 했지만, 그 장면뿐 아니라 사

전에 몇 번 더 관객들에게 인지시켜야 했던 게 아닌가 싶어요. 그들이 또 하나의 가족이고, 이야기의 또 다른 핵심에도 들어가는 인물들이니까요.

– 저 근처 어디선가 서태윤 형사가 바짝 뒤따라가고 있을걸요?

「살인의 추억」에서 김뢰하가 비 오는 날 붉은 옷을 입고 범인을 유인하려는 여형사의 안위를 걱정하는 송강호에게

이동진 「살인의 추억」에서 극의 무게중심을 확고하게 잡고 있는 캐릭터는 두만(송강호)이지만, 관객들이 감정선을 따라가게 되는 인물은 아마도 태윤(김상경)일 것 같습니다. 처음에 태윤은 이성적인 스타일이었지만 사건이 미궁에 빠질수록 점차 감정의 격랑 속으로 휘말리게 되는데, 그게 이 영화를 볼 때 관객 심리의 변화 과정과 그대로 일치하니까요.

봉준호 참혹한 사건에 대한 슬픔과 분노를 최전선에서 폭발시키는 것은 태윤이죠. 특히 후반부로 갈수록 그 지적이 맞는 것 같아요. 이 영화 시나리오를 처음 읽고 난 후 김상경 씨의 첫마디는 너무 화가 난다는 것이었어요. 그 말을 듣고서 상당히 흡족했어요. 그게 「살인의 추억」에 꼭 넣고 싶었던 정서였으니까요. 반면에 두만은 최전방에서 10센티미터쯤 물러난 위치에서 영화 전체를 아울러주는 역할을 하는 캐릭터라고 할 수 있을 겁니다.

- 아, 내가 시방 내려가고 있는 중인데 엘리베이터 안이라서.

「괴물」에서 변희봉이 강제 수용된 병원을 빠져나가면서 휴대전화로 통화

이동진 요즘은 옆으로 길쭉한 2.35:1의 화면 비율로 찍는 영화들이 참 많은데, 감독님의 작품들은 모두가 1.85:1의 화면 비율입니다. 옴니버스 영화인 「도쿄!」 중에서 감독님이 맡았던 「흔들리는 도쿄」 역시 1.85:1이었고요. 특히 「괴물」은 공간적 배경이나 괴수 장르의 특성 때문에 다른 감독이라면 2.35:1로 찍었을 것 같은데도 1.85:1을 선택하셨죠. 이건 감독님의 영화에서 수직의 이미지가 수평의 이미지보다 더 중요하기 때문인가요.

봉준호 한강을 배경으로 괴수영화를 찍는다니까 다들 와이드한 비율을 추천하시더군요. 그런데 저는 수직 구도의 촬영이 많을 것 같아서 1.85:1을 고집했어요. 전 이상하게 이 비율이 더 좋아요. 그게 배우를 더 존중하는 사이즈인 것 같기도 하고요. 2.35:1이 훨씬 더 스펙터클하다고들 보시는데, 저는 거기에도 편견이 좀 있는 것 같아요. 「괴물」에서는 현서(고아성)가 갇혀 있는 공간 자체가 깊고 좁은 공간이라서 수직 구도가 많죠. 사실 따지고 보면 위에서 내려찍는 직부감 앵글도 많고요.

- 아빠 지금부터 내 말 잘 들어.
여기 나갈 수가 없어. 되게 큰 하수구야, 아빠. 되게 커. 깊고.

「괴물」에서 병원에 격리되어 있던 송강호에게 죽은 줄로만 알았던 딸 고아성이 전화를 걸어와서

이동진 확실히 수직적인 이미지는 감독님 영화들에서 무척 중요한 모티브인 것 같습니다. 「괴물」뿐만 아니라 「플란다스의 개」에서도 중요하게 사용되었죠. 이건 단지 스타일의 측면에만 관련된 게 아닌 듯한데, 말하자면 계급적인 측면이라고 할까요. 감독님 영화 속 수직 이미지는 메시지와도 관련이 있는 것 같다는 거죠. 「플란다스의 개」에서 고층 아파트에 사는 주민과 평지에 사는 경비원 및 관리사무소 직원과 지하실에서 사는 노숙자들이 서로 오르락내리락하면서 계층적으로 얽힙니다. 「괴물」에서도 남일(박해일)이 자신을 배신하게 될 선배(임필성)를 따라 고층 건물을 오르내리는 장면에서도 수직 구도가 중요하죠.

봉준호 맞아요. 남일이 운동권 선배의 도움을 받기 위해서 SK빌딩으로 올라갔다가 내려오게 되는 장면이 대표적일 거예요. 그 시퀀스에서는 고층까지 엘리베이터를 타고 단번에 올라갔다가 크게 당한 뒤 내려와서 허름한 골목을 쫓기며 뛰고 도림천까지 추락하게 되는 과정이 수직 이미지로 펼쳐지죠. 전 심지어 단편 작업을 할 때는 세로 프레임의 영화를 찍고 싶기까지 했어요. 세로 사진의 느낌을 무척 좋아하거든요. 왕가위의 「화양연화」를 아주 좋아하는데 그 영화에는 세로 사진의 느낌이 있어요.

이동진 「화양연화」는 문과 벽을 이용해서 의도적으로 계속 세로 프레임들을 만들어내죠.

봉준호 뭔가 비좁은 느낌이랄까요. 프레임 내의 프레임이 세로인 거죠. 핵심에 집중하는 것 같은 느낌이 그런 프레임에 담겨 있어요.

이동진 「마더」의 초반부에서 진태와 도준이 골프장에 가서 마구 난동을 부리는 장면에서도 계급적인 맥락이 드러납니다.

봉준호 그렇죠. 제 자신 골프장에 처음 가봤는데, 장소가 워낙 고급스럽다 보니 많이 위축되더라고요. '부자들은 이렇게 노는구나' 싶기도 했고요. 그렇게 우아한 공간에서 기껏 찍는다는 게 잡놈들이 막대기 들고 싸우는 장면이니, '나는 왜 이러냐. 이런 데까지 와서. 어쩔 수 없구나' 하는 생각이 절로 들더군요.(웃음) 그 골프장, 정말 어렵게 섭외해서 딱 하루만 찍을 수 있었거든요.

- 선생님, 이게 뭔가 하면요, 얘기가 좀 긴데.

「마더」에서 김혜자가 변호사 첫 접견 때 원빈이 장황하게 자동차 백미러 깼던 이야기를 늘어놓자 말을 가로막으면서

이동진 이제까지와 달리, 「마더」에서는 처음으로 2.35:1의 옆으로 길쭉한 화면 비율을 채택하셨죠. 그 이유가 궁금한데요.

봉준호 남들은 「괴물」과 「마더」의 화면 비율이 거꾸로 된 것 아니냐고 볼 수도 있겠지만, 저로서는 필연적인 선택이었어요. 2.35:1로 하면 카메라가 인물로 치고 들어갈 때 불안정한 느낌이 생기거든요. 빅 클로즈업을 더 과감하게 표현할 수도 있고요. 예를 들어 제문이 도준에게 말하는 장면에서 일부러 균형을 허문 게 있는데, 그런 것을 그려내기가 좋다는 거죠. 불안이나 히스테리 혹은 집착 같은 심리를 표현할 때 그 비율이 훨씬 더 잘 들어맞는다고 봤어요. 화면 비율을 스케일의 문제와만 연관 지어 생각하는 것에는 동의하기

힘들어요. 구로사와 아키라의 「란」처럼 스케일이 어마어마한 영화도 1.85:1이었잖아요? 그리고 개인적으로 2.35:1의 화면 비율을 가장 잘 쓴 영화는 데이비드 린의 「아라비아의 로렌스」가 아니라 폴 토머스 앤더슨의 「펀치 드렁크 러브」라고 생각해요. 첫 장면에서 그 비율에 담아낸 텅 빈 공간이 표현하는 이상한 불안감 같은 게 굉장하죠.

– 박현남 씨, 사실 내가 고백할 게 있는데, 내 뒷모습을 잘 보라고. 뭐 생각나는 게 없어?

「플란다스의 개」에서 개를 죽인 뒤 뒷모습을 보인 채 배두나에게 쫓기다가 간신히 벗어난 이성재가 극의 종반부에서 죄책감을 이기지 못해 배두나에게 에둘러 고백

이동진 감독님은 영화 경력을 여는 첫 작품의 첫 번째 장면에서 주인공을 뒷모습으로 등장시키셨지요. 데뷔작인 「플란다스의 개」의 오프닝 숏이 숲을 바라보면서 카메라를 등진 채 통화하는 윤주(이성재)의 뒤통수 숏이니까요. 곧이어 또 다른 주인공인 현남(배두나)도 가판대에서 스포츠신문을 바라다보는 뒷모습으로 등장합니다. 「플란다스의 개」의 이 두 인물은 마지막 장면에서도 각각 뒷모습으로 나오죠. 첫 영화를 뒷모습에 대한 영화로 찍으신 것은 어떤 이유인가요.

봉준호 일부러 특이하게 보이려고 그랬던 건 아닙니다.(웃음) 사실 인물의 뒤통수를 찍은 것은 그 인물이 보고 있는 것을 찍었다는 말도

되잖습니까. 첫 장면에서 윤주는 숲을 보고 또 숲에 가고 싶어 하는 거죠. 현남은 한마디로 '나도 내 인생에서 한 번쯤 주인공이 되고 싶다'는 사람이잖아요? 그래서 스포츠신문을 보면서 스포트라이트를 받고 싶은 허망한 꿈을 꾸는 거죠. 첫 장면에서 숲을 보는 것은 윤주였는데 마지막 장면에서 숲에 가는 것은 현남이라는 식으로 상황을 역설적으로 만들고 싶기도 했고요. 데뷔작이라고 일부러 튀게 만든 것은 아니에요.

- 니가 정말 아니란 말이야?
내 눈 똑바로 봐. 똑바로 보라니까.

「살인의 추억」에서 유력한 용의자인 박해일이 범인임을 밝혀줄 수 있는 결정적 증거가 무위로 돌아간 뒤에 송강호가 그를 노려보며

이동진 반면에 두 번째 작품인 「살인의 추억」은 앞모습에 대한 영화잖습니까. 이 영화는 전작인 「플란다스의 개」와 정반대로, 아역 배우 이재응 군의 정면 얼굴 클로즈업에서 시작해서 송강호 씨의 정면 얼굴 클로즈업으로 끝나죠. 작품 자체가 여러 차례 나오는 송강호 씨의 정면 얼굴에 대한 영화라는 느낌까지 있어요. 정면 클로즈업 숏이라도 사실 시선은 살짝 옆을 보게 하는 경우가 많은데, 이 영화에서는 그럴 때 인물이 카메라를 똑바로 쳐다보지요. 이제는 그렇게 말할 수 없겠지만, 고전적으로는 이런 시선 처리가 금기시되어왔던 것이 사실이잖아요? 그런데 사실 「플란다스의 개」에도 이런

숏이 이미 있었습니다. 현남이 관리사무소에 배포 전단용 도장을 받으러 온 소녀를 볼 때 그랬죠. 윤주가 현남에게 고백하는 클라이맥스 부분에서 똑바로 카메라를 바라보는 두 배우를 정면 클로즈업으로 갈마들며 비추는 형식은 「살인의 추억」의 클라이맥스에서 현규(박해일)와 두만(송강호)으로 변주되어 다시 한번 쓰이죠. 한 영화의 클라이맥스나 라스트신에서 그런 앵글의 숏을 쓴다는 것은 정면 클로즈업의 어떤 효과를 연출자로서 무척 좋아하신다는 건데요, 감독님 영화를 보면 확실히 형식적으로 정면 승부를 벌이는 경향이 있는 것 같습니다.

봉준호 제가 사진을 참 좋아하는데 결국 관심이 가는 것은 인물 사진이더라고요. 그중에서도 사람의 얼굴을 정면으로 찍은 사진이 가장 파괴력이 크다고 느껴요. 조너선 드미 감독도 정면 클로즈업을 자주 쓰는데, 「살인의 추억」은 그게 영화의 주제적 측면과도 연계되어 있는 경우였지요. (책상 위의 책꽂이에서 『영화 속의 얼굴』이란 책을 꺼내면서) 사실 저도 이런 책을 쓰고 싶었는데, 이미 나와버렸네요.(웃음) 일반적으로 범죄자들의 현상수배 사진은 전부 정면 얼굴이잖아요? 그건 범인의 얼굴을 확인하는 데서 스스로의 안전함을 확인하려는 마음과 무관하지 않다고 봐요. 「살인의 추억」을 찍으면서 저는 그 사건의 범인 얼굴을 확인하고픈 충동이 강하게 일었어요. 이 영화에서 백광호(박노식)-조병순(류태호)-박현규(박해일)로 용의자가 바뀌면서 점점 더 범인의 얼굴에 근접하는 느낌이었어요. 그렇기에 정면 얼굴을 들이밀 수밖에 없었던 거죠. 그 영화의 마지막 장면에서 정면 얼굴의 송강호와 마주 대하는 것은 관객이겠지만, 그 영화를 보러 왔을지도 모르는 범인일 수도 있죠. 그 장면이 극중에서는 마지막 장면이지만, 사실 제작 일정으로는 초창기에 찍었어요. 그래서 강호 선배가 좀 힘들어했습니다. 제가 "사정 직전에 참는 듯한 표정으로 해달라"고 주문했더니, 정말 황당하다는 얼굴로 절 바라보더군요.(웃음)

- 니가 진짜 죄가 없어? 내 눈 똑바로 봐봐.

「살인의 추억」에서 송강호가 첫 용의자인 박노식의 어깨를 움켜쥔 채 그의 얼굴을 응시하면서

이동진 「살인의 추억」에서 가장 강렬한 장면이 바로 그 정면 앵글의 엔딩 숏이었죠. 그 직전까지의 간접 코멘트에서 단숨에 강력한 직접 코멘트로 전환되면서 끝나는 느낌이라고 할까요. 매우 단도직입적이면서도 동시에 무척이나 다층적이고 상징적인 숏인데, 결국 그 장면에서 두만의 시선이 관객을 향하게 된다는 것을 감안하면 이제까지 펼쳐져온 텍스트의 바깥으로까지 그 의미가 확장되는 셈이죠. 카메라를 통해서 관객을 뚫어져라 응시하는 두만의 마지막 표정에서 담아내고 싶었던 것은 어떤 것이었습니까.

봉준호 그 영화 라스트신의 콘셉트는 '과거의 화살'이었어요. 과거로부터 날아온 화살이 두만의 명치에 딱 꽂히는 느낌이랄까요. 아울러 그 엔딩 숏에서는 텍스트 안팎의 경계가 없어진다고 할 수 있을 거예요. 영화 촬영의 규칙을 깨고서 극중 인물이 스크린 너머의 객석을 정면으로 응시해버리니까요. 이건 어차피 실화고, 범인은 지

금 객석에서 그 영화를 보고 있는 당신 바로 옆에 앉아 있을 수도 있다는 거죠. 그 장면은 표정을 달리해서 여러 버전으로 거듭 찍었는데, 결국 영화에 실린 것은 가장 강렬한 느낌의 테이크였어요. 그 장면을 찍을 때 강호 선배는 절제하면서 연기했는데, 제가 점점 더 강한 연기를 요구하며 계속 밀어붙였죠. 나중에 얘기를 들어보니, 제가 하도 귓속말로 연이어 주문을 하니까 '이 양반이 이 장면에서 승부를 보려고 하는구만' 싶은 생각이 들어서 강호 선배도 혼신의 힘을 다해 연기하게 됐다더군요.

- 다 됐어, 잉? 이제 우리도 좀 자자.
  여기 도장을 찍으면 이제 끝나는 거야.

「살인의 추억」에서 송강호가 두 번째 용의자인 류태호를 밤샘 취조한 끝에

이동진 처음부터 그 숏을 마지막 장면으로 생각하셨나요.

봉준호 도시 인파 속으로 사라지는 범인의 모습을 에필로그에 넣으려고 찍기도 했는데, 상투적이라서 결국 뺐어요.

- 되게 신기하다.
- 뭐가?
- 얼마 전에도 어떤 아저씨가 여기서
  이 구멍 들여다보고 있었는데.

그 아저씨한테도 물어봤었거든요. 왜 여기 들여다보냐구.
- 그랬더니?
- 뭐래더라. 맞어. 옛날에 여기서 자기가 했던 일이 생각나서
진짜 오랜만에 한번 와봤다, 그랬는데.

「살인의 추억」의 라스트신에서 지나던 길에 오래전 살인 현장에 찾아와봤다가, 우연히 범인을 목격한 소녀와 대화하게 된 송강호

이동진 라스트신에서 범인의 얼굴을 보았던 여자 아역 배우의 순수한 느낌도 인상적이더군요.

봉준호 일부러 천사 같은 얼굴을 가진 여자아이를 캐스팅했어요. 천사처럼 보이는 소녀를 보면서 그 아이가 이야기하는 악마를 떠올릴 수밖에 없는 역설 같은 것을 담아내기를 원했거든요. 그 직전까지 정말 고통스럽게 악마인지 천사인지 알 수 없는 사람들을 보아왔는데, 마지막에 그야말로 천사 같은 아이의 모습을 보면서 정화되는 느낌을 받게도 하고 싶었고요. 그런 맥락에서라도 두만은 최후의 숏에서 정면을 바라볼 수밖에 없었죠.

- 야, 좌향좌!

「마더」에서 술집 여주인이 원빈과 시시덕거리는 자신의 딸에게 빨리 방으로 들어가라고 재촉하면서

이동진 「플란다스의 개」가 뒷모습의 영화였고, 「살인의 추억」은 앞모

습의 영화였다면, 「마더」는 옆모습의 영화라고 할 수 있을 것 같습니다. 이 영화에서는 어느 때보다 클로즈업을 많이 쓰셨는데, 특히 두드러지는 것은 90도 각도의 옆얼굴 숏이 자주 등장한다는 겁니다. 대표적인 게 엄마와 아들이 함께 밥을 먹는 장면이죠. 거기서 엄마는 앞모습을 보이고 있고, 아들은 옆모습을 보이죠. 그 외 면회 장면을 포함해 많은 대목에서 특히 아들 도준의 옆모습이 자주 등장합니다.

봉준호 이 영화에서 측면 얼굴을 많이 찍고 싶어서 의도적으로 그렇게 했어요. 측면 얼굴의 느낌은 정면 얼굴의 느낌과 상당히 다르니까요. 그래서 가장 기본적인 밥상 장면을 찍을 때도 두 인물이 90도 각도를 이루게 했죠. 측면 얼굴을 볼 때면 그 반대쪽을 못 본다는 느낌이 있어요. 반면에 정면은 다 본다는 느낌을 살리고 싶었습니다. 그래서 면회 도중 어린 시절 박카스 이야기를 하는 대목에서도 도준이 자신의 얼굴 한쪽을 손으로 가리고 있도록 했어요. 그 전에 혜자가 변호사와 함께 와서 면회하는 장면에서도 도준의 측면 얼굴이 자주 나오죠. 죄가 몇 바퀴 돌아서 자신에게 왔다면서 도준이가 혜자에게 횡설수설할 때도 그랬고요. 죄에 대해 이야기할 때 우리는 그의 한쪽 얼굴밖에 보지 못한다는 느낌을 살리고 싶었거든요.

– 여기서 그냥 정리하는 겁니다.

「마더」에서 형사인 윤제문이 원빈을 차로 치었던 교수 일행에게 합의 보라고 권고하면서 이동진 이와 관련해 과거에 대한 태도에서 볼 때 「살인의 추억」과 「마더」는 정반대로 끝난다고 할 수 있을 것 같습니다. 「살인의 추억」의 마지막 숏에서 두만이 두 눈을 부릅뜨고 정면을 응시할 때 그것은 망각을 경계하는 시퍼런 눈으로 과거를 쏘아보는 느낌입니다. 하지만 「마더」의 마지막에서는 혜자가 과거를 잊기 위해 필사적으로 춤을 춥니다. 그것도 누가 누군지 알아볼 수 없을 정도로 격렬하게 흔들리는 화면 속에서 실루엣이 되어서 말이죠.

봉준호 몸부림으로만 보이는 거죠. 그렇게 침과 춤으로 잊힐 수 있으면 얼마나 좋겠냐마는 그게 아니라는 걸 다 알고 있는 겁니다. 「마더」를 찍으면서 춤이라는 것에 대해서 많이 생각해보게 되더라고요. 이 영화의 시작과 끝에는 각각 춤이 있는데, 그게 어떤 맥락에 놓이느냐에 따라 수천 가지의 의미가 생길 수 있다는 것을 느꼈어요. 그 자체로 슬픈 춤도 있고 기쁜 춤도 있겠죠. 또 누가 어떻게 추냐에 따라서 완전히 다르게 다가올 거고요.

– 잘됐네요.
나쁜 일, 끔찍한 일, 속병 나기 좋게 가슴에 꾹 맺힌 거
깨끗하게 싹 풀어주는 침 자리가 있거든요. 허벅지 쪽에.

「마더」에서 김혜자가 끔찍한 장면을 목격한 뒤 괴롭다는 고물상 할아버지에게 침 맞을 것을 권유하면서

이동진 「마더」의 이야기에서 아는 것과 알지 못하는 것, 기억하는 것

과 기억하지 못하는 것의 차이는 정말 큽니다.

봉준호 그 차이는 엄청나죠. 엄마로서는 아들이 망각해주기를 바라는 다섯 살 때 기억을 떠올려낸 게 얼마나 참혹한 일이겠어요. 저는 그게 마지막 부분에서 반복된다고 생각해요. 살인 자체도 끔찍하고 두 사람 모두 살인자가 되어서 식탁에 마주 앉게 되는 일도 끔찍하지만, 그걸 서로 뻔히 알고 있다는 것이야말로 정말로 끔찍한 거죠. 새롭게 벌어진 사건 때문에 아들이 그 오래전 비극을 알고 있다는 걸 확인하게 된 고통이 어쩌면 살인으로 인한 고통보다 더 클 수도 있을 거예요. 그래서 허벅지에 스스로 침을 놓게 되는 거죠.

- 넌 기억해내는 데 매진을 해야 돼.

「마더」에서 면회를 간 김혜자가 변호사 앞에서 원빈에게 당부

이동진 「마더」의 이야기는 역설로 가득 차 있습니다. 처음에 엄마는 아들로 하여금 생각나게 하려고 그토록 애를 쓰는데 나중에는 그 자신조차 잊어버리려 몸부림친다는 거죠. 아들은 생각해내야 할 것은 떠올리지 않고, 영원히 망각한 줄 알았던 다섯 살 때의 비극을 살려내고요.

봉준호 악몽으로 점철되는 거죠. 살인은 순간이지만 기억은 항시적인 것이니 정말 그게 더 끔찍할지도 몰라요. 그런 의미에서 마지막에 혜자가 자신의 허벅지에 침을 놓는 장면은 무척이나 역설적이면서도 슬픈 장면일 거예요. 도준은 이미 감옥에서 나왔고 침통까지

자기에게 주는데, 그 침을 아들에게 놓지 않고 자신에게 놓죠. 어찌 보면 혜자는 그때 처음으로 자기 자신을 위해서 뭔가를 하는 거죠. 그래 봤자 악몽을 잊으려는 것이지만요. 그 뒤의 일들을 생각하면 끔찍해지죠. 혜자가 과연 어떻게 하루하루를 살아갈까 싶어요.

이동진 침을 다른 곳이 아니라 하필 허벅지에 놓도록 설정한 것은 어떤 이유인가요.

봉준호 저와 시나리오를 함께 쓴 박은교 작가의 아이디어였어요. 혜자가 치마를 올리고 다리에 침을 놓으면 느낌이 좋을 것 같다면서요. 주섬주섬 걷어 올리면 연약해 보이는 다리가 나오고, 그러고 나서 그 허벅지 안쪽에 스스로 침을 놓는 거죠. 뭔가 더 내밀한 느낌입니다. 여성적인 느낌도 있고요.

이동진 첫 영화는 흥행에 성공하지 못했지만, 3년 뒤에 만드신 두 번째 작품 「살인의 추억」은 수많은 관객을 동원했지요. 그런데 그 영화는 끝내 범인이 잡히지 않은 비극적 실화를 소재로 했기에, 흥행이 잘되었다고 마음 놓고 기뻐하실 수도 없었을 것 같네요.

봉준호 다들 축하한다고 하셨는데도 웃고 다닐 수가 없더라고요. 민폐를 끼치는 일이 없게끔 항상 조심했어요. 흥행 성공에도 불구하고 늘 불안하고 초조했죠. 「살인의 추억」으로 비극적 실화를 영화화한다는 게 어떤 것인지를 경험한 이후로는 다시는 실화를 소재로 영화를 찍지 않겠다고 결심하게 됐어요.

이동진 「살인의 추억」으로 감독님을 인터뷰했을 당시의 분위기가 떠오릅니다. 지금과 달리 그때는 진지하고 굳은 표정이셨죠. 농담도 별로 하지 않으셨고요.

봉준호 일반적으로는 배우들이 그런 경험을 하지만, 「살인의 추억」의 경우에는 저 역시 그 이야기에서 빠져나오는 데 한참 걸렸습니다. 정말로 마음고생이 심했어요. 저처럼 비극적인 실화를 영화화했던 「그놈 목소리」의 박진표 감독님도 아마 그러셨을 거예요.

– 야, 너 지금이라도 학장 만나보자.
– 아니, 제가 직접 학장을 만나보라구요?

「플란다스의 개」에서 임상수가 교수 될 방법을 찾지 못하는 후배 이성재에게 권유

이동진 시나리오를 쓰면서 범인을 만나보고 싶은 충동을 강하게 느끼셨다면서요?

봉준호 그랬죠. 인터넷에 범인만 알 수 있는 디테일을 담은 질문들을 올린 후 거기에 달린 수많은 댓글 중에서 범인의 존재를 확인하고픈 마음까지 있었죠. 그 질문지를 실제로 만들기도 했거든요. 직접 만나서 "당신은 지금 행복한가"라고 꼭 묻고 싶었어요. 범인은 아마도 지금쯤 아들딸 낳고 평범하게 잘 살아가고 있을 것 같은데 그런 생각을 하면 견딜 수 없이 괴로워지죠. 아마도 그 사람은 살인을 위해서 살인을 한 듯싶어요. 예를 들어, 다섯 번째 희생자는 영하 20도의 기록적인 혹한의 날씨 속에서 발생했어요. 그런 날 논에 숨어서 스무 살 처녀를 성폭행한 뒤 살해하고 다시 옷을 입혔다는 사실을 상상해보세요. 그건 살인에 대한 광적인 의지가 없으면 불가능한 일일 거예요. 범인의 범행 패턴을 살펴보면, 거기에는 아무

런 동요의 흔적도 없어요.

이동진 「살인의 추억」은 분명 걸작이지만 사실 그 영화의 대대적인 흥행은 좀 의외였습니다. 아무리 영화적인 재미가 있다고 하더라도, 범인이 잡히지 않은 채로 끝나는 우울한 결말을 가진 스릴러가 홈런을 날린다는 것은 극히 예외적인 일일 테니까요.

봉준호 저도 그때 상당히 어리둥절했어요. 흥미롭게 만들려고는 했지만, 사실 「살인의 추억」이 마냥 신나게 볼 수 있는 영화도 아니니까요. 저는 그 작품이 장렬한 패배의 카타르시스 같은 것을 관객들에게 줬던 게 아닐까 생각해요. 최선을 다했지만 5:4로 패배한 축구 경기처럼 말이죠. 그 당시 인터넷의 관객 평들을 보면, 하나같이 소재가 된 화성 연쇄살인사건이나 그 사건을 낳은 시대에 대한 탄식과 분노를 표출했죠. 제가 전해주고 싶었던 뜨거운 감정의 덩어리가 그대로 관객에게 전달됐다는 게 가장 보람 있는 일이었어요.

이동진 실제로 「살인의 추억」은 감독님의 분노에서 시작되었던 작품인 것으로 알고 있는데요.

봉준호 원작인 연극 「날 보러 와요」를 관람하고 나서 실제 사건의 자료를 다시 들여다보기 시작했는데, 그때 솟아났던 분노와 슬픔 때문에 영화를 만들어야겠다고 결심했어요. 그리고 관련 자료를 뒤질수록, 해결되지 못했던 그 사건이 결국은 1980년대의 폭압과 무기력의 산물이란 결론에 자연스럽게 도달하게 되더군요.

이동진 「괴물」 때는 어떠셨습니까. 2006년 여름에 개봉한 이 영화는 상영 9일 만에 500만 명, 21일 만에 1,000만 명을 돌파한 뒤 최종적으로 관객 수 1,301만 명을 기록하며 지금껏 한국 영화 역대 흥행 1위에 올라 있죠. 정말 당시에 「괴물」의 흥행세는 실로 굉장했는데요.

봉준호 가히 '광기의 스코어'라서 무섭고 두려운 마음이 생겼었죠. 도망가고 싶은 생각까지 들었어요. 저도 나름대로 예술영화 감독인데 「괴물」의 흥행세 때문에 정체성 혼란이 왔으니까요.(웃음) 「괴물」이 전야제 관객 숫자만으로도 이미 제 데뷔작인 「플란다스의 개」의 전체 관객 수를 훌쩍 넘기는 것을 보고 허탈하기까지 했어요. 사실 「괴물」이 「살인의 추억」을 훨씬 뛰어넘는 흥행 속도를 보였던 것은 당시 한국 영화의 배급 환경이 크게 변화했던 것과도 관련이 있었을 거예요. 「살인의 추억」은 최대 210개 스크린에서 상영되었던 데 비해, 「괴물」은 620개 스크린에서 개봉되었으니까요. 그때 불과 3년 사이에 스크린 수가 참 많이 늘었죠.

- 근데, 사망잔데, 사망을 안 했어요.
그러니까, 죽었는데 죽지 않은 거지.

「괴물」에서 송강호가 사망자로 처리되어 있는 자신의 딸 고아성이 사실은 죽지 않고 살아 있다고 강변하며

이동진 제가 지금 인용한 「괴물」의 대사처럼, 한 문장 안에서 역설을 통해 비튼 대사들이 종종 등장합니다.

봉준호 「괴물」에서 그렇게 역설적인 대사를 쓴 것은 장난기 때문이 아닙니다. 그 영화에서 제대로 드러나진 못했지만, 강두와 딸 대신

키우게 된 아이인 세주라는 두 캐릭터는 일종의 거울 이미지로서 연결하려 했거든요. 형이 죽고 난 뒤 가족관계를 묻는 말에 세주가 "형은 있는데…… 없어"라고 답하는 것은 그런 게 어린아이들의 화법이기 때문이죠. 지금 지적하신 강두의 대사는 그런 세주의 어투 같은 말투를 강두에게 적용한 경우에 가까워요.

- 좋아. 니가 여자들을 다 죽인 건 아니야.
 그러니까 니가 이향숙이만은 안 죽인 게 아니라는 거지?

「살인의 추억」에서 형사 송강호가 용의자인 박노식에게

- 넌 생각이 안 난다는데 다른 사람들은 다 니 생각이 난다거든?

「마더」에서 형사 윤제문이 용의자인 원빈에게

이동진 「살인의 추억」에서 두만이 광호(박노식)를 신문하는 방식과 「마더」에서 제문이 도준을 신문하는 방식은 사실상 동일합니다. 지적 능력이 떨어지는 용의자에게 교묘하게 말을 비틀어 다그침으로써 그가 범인임을 기정사실화하려는 어법이죠. 이 대사들은 일종의 언어유희적인 유머를 구사합니다.

봉준호 그 대사들은 분명히 언어유희죠. 그렇게 대사로 좀 장난을 치고 싶었어요.(웃음) 왜 그런지는 모르겠는데, 취조 장면 대사를 쓸 때 저는 재미를 많이 느낍니다. 「마더」의 시나리오 작업을 하면서 그 대사를 쓸 때, 저 역시 「살인의 추억」의 그 대사가 떠오르더라고요.

「살인의 추억」을 돌이키면서 변주해보자는 생각도 있었어요. 의식적으로 그 영화의 흔적을 불러오거나 혹은 금하지 않고, 그냥 편하고 즐겁게 「마더」의 시나리오 작업을 했습니다. 「마더」에서 혜자가 여학교 앞에 갔을 때 여학생들이 쏟아져 나오는 장면도 「살인의 추억」에서 태윤(김상경)이 여학교 앞에 갔다가 민방위 훈련 상황을 맞는 장면과 비슷해요.

이동진 「마더」를 보는 관객들이 「살인의 추억」을 떠올릴 수 있다는 것에 대한 부담이 없으셨군요?

봉준호 네. 그 영화의 추억이 「마더」에 겹쳐진다면 그건 즐거운 일이죠. 두 영화가 지향하는 궁극적 방향이 워낙 다르니까요.

- 근데, 말이요.

지하실 전체에서 잉잉대는 소리 같은 게 안 들리는감유?

주임님은 혹시 보일러 김씨라고 아시능교?

「플란다스의 개」에서 아파트 경비원인 변희봉이 보일러 김씨에 대한 이야기를 늘어놓기 시작하면서

이동진 「플란다스의 개」에는 아파트 경비원(변희봉)이 전설처럼 내려오는 '보일러 김씨'에 대해서 수분간 장광설을 늘어놓는 대목이 있습니다. 「괴물」에서도 희봉(변희봉)이 아들 강두의 어린 시절에 대해 길고 긴 대사를 읊는 부분이 있고, 「살인의 추억」에서는 두만이 미국 FBI의 수사 방식에 대해 한참 늘어놓지요. 그런 장면들은 배우의

뛰어난 연기력과 맞물려서 무척 흥미로운 부분이 있습니다.

봉준호 보일러 김씨 이야기에 대한 제 유머가 데뷔작에서 제대로 통하지 못해서 정말 아쉬웠어요. 그래서 「괴물」에서 변 선생님으로 하여금 더 많은 관객 앞에서 다시 롱테이크를 통해 보일러 김씨의 한을 풀어주려 한 거죠.(웃음) (「괴물」의 시나리오를 찾아서 해당 대목을 직접 펼쳐 보이면서) 사실 「괴물」의 그 장면 대사는 원래 훨씬 더 길었어요.

이동진 그 대사만 거의 세 페이지네요.

봉준호 네, 그랬죠. 긴 대사를 익숙한 호흡으로 해낼 수 있는 배우가 있으면 저는 그런 장광설 대사를 구사하고 싶어 하는 것 같아요. 변 선생님이나 송강호 선배는 유난히 대사를 맛있게 하는 사람들이니까요.

– 지금 결백을 주장하시는 이유가 있으시면 간단하게 말씀해주세요.

「마더」에서 기자가 원빈이 결백하다는 내용을 담은 유인물을 돌리고 있는 전미선에게 다가가서

이동진 대사의 측면에서 볼 때 「마더」는 이제까지 만드신 장편들 중 가장 간결합니다.

봉준호 진태(진구)가 비 오는 밤에 범행 상황을 추리하면서 길게 대사를 늘어놓는 부분이 있긴 하죠. 제가 왜 자꾸 인물이 장광설을 하는 신을 넣고 싶어 하는지 저도 모르겠어요. 하지만 그 장면과 박카스에 관련한 어두운 과거사를 이야기하는 장면 정도를 제외하면 「마

더」의 대사들은 확실히 간결한 편인 것 같아요. 근본적으로 제게 「마더」는 혜자가 홀로 어딘가로 가는 이미지가 반복된다는 느낌이 었어요. 그러다 보니 대사가 많이 나올 수 없는 영화였죠.

- 그 아저씨 얼굴 봤어?
- 그냥 뻔한 얼굴인데. 그냥 평범해요.

「살인의 추억」의 종반부에서 범인의 인상착의에 대해 송강호가 묻자 목격자인 소녀가 대답

이동진 감독님은 언제나 뻔하게 느껴지는 장르를 빌려와서 새롭게 변주하시는 데 흥미를 느끼는 듯합니다. 「살인의 추억」은 형사 버디무비, 「괴물」은 괴수영화 장르에 속한다고 할 수 있지요. 「살인의 추억」에서 범인을 추적해야 할 결정적 순간에 자동차 시동이 걸리지 않는다든지, 「괴물」에서 천재지변이 아니라 인재人災 때문에 괴생명체가 탄생한다든지 하는 부분들은 그 장르 고유의 관습을 차용하고 있는 설정들이죠. 하지만 두 영화에는 해당 장르의 관습을 따르면서도 동시에 그걸 비틀거나 거스르기도 하는 요소나 표현들 역시 무척 많지 않습니까. 「살인의 추억」은 형사영화인데도 사건이 끝내 해결되지 않습니다. 그리고 괴수영화에서는 괴생명체의 본격적인 등장을 최대한 늦추는 식으로 긴장과 리듬을 만들어가는데 「괴물」은 초반부터, 그것도 대낮에 괴물을 등장시켜 마구 휘젓고 다니게 하죠. 장르영화에 대한 매혹과 경계를 함께 품고 있는 작품세계가 무척 흥미롭게 느껴집니다.

봉준호 장르영화를 도구로 생각한 적은 없습니다. 제 자신은 장르영화에 대한 애증이 있어요. 우선 장르영화 고유의 독특한 느낌을 즐깁니다. 대학에 진학하고 나서는 의식적으로 유럽의 예술영화들을 찾아다녔지만, 어린 시절에는 장르영화를 보면서 흥분했던 원초적인 체험이 있었죠. 제가 혈액형이 AB형인데요, 이 중 A가 그런 장르적 흥분이라면, B는 대학 때 유럽 예술영화를 찾아다녔던 의지 같은 거죠. 그 둘이 제 영화 속에서 구분할 수 없을 정도로 섞여 있는 것 같아요.

- 관리사무소에서 안내 말씀 드립니다.

「플란다스의 개」에서 관리사무소 직원인 배두나가 잃어버린 강아지를 찾는 방송을 시작하면서

이동진 저는 괴물이 대낮의 드넓은 한강 둔치에서 난동 부리는 모습을 적극적으로 보여주는 극 초반을 처음 보았을 때, 만든 이의 몇 가지 노림수들을 떠올렸습니다. "괴수영화에서 보고 싶으신 게 이런 거였죠?" "하지만 이렇게 처음부터 화끈하게 보여줄 줄은 모르셨죠?" "그런데도 이걸 처음에 다 보여드리는 것은 사실 괴물이 날뛰는 게 이 영화의 전부가 아니라는 뜻입니다." 뭐, 이런 생각들이요.(웃음)

봉준호 셋 다 맞습니다.(웃음) 괴수영화 장르의 기본적인 재미를 충족시켜주면서도 장르의 관습을 바꾸고 싶은 반항심이 있었어요. 아까 말씀하신 대로, 원래 이 장르에서는 초반에는 극소수의 목격자만

알고 세상은 괴물의 존재를 잘 모르는 상태로 긴장감을 지속시키다가 클라이맥스에서 극적으로 드러내죠. 그리고 괴물을 등장시킨 후에 가족 이야기와 사회적 도그마에 대한 풍자로 무게중심을 옮길 것을 선언하고 싶은 마음도 들었고요. 한편으로는 매도 일찍 맞는 게 낫겠다는 판단도 있었습니다. 어차피 관객들이 내내 걱정 어린 눈으로 한국 영화의 컴퓨터그래픽 수준을 염두에 두며 볼 텐데, 초반에 정면 승부하듯 보여주면 그 결과가 성공적이든 실망스럽든 그 다음부터는 컴퓨터그래픽의 완성도에 신경 쓰지 않고 스토리에 집중하게 될 것이라고 믿었거든요. 아, 그리고 대낮의 직사광선에 괴물을 그대로 노출시켜 장시간 난동을 부리는 장면을 만드는 것은 이 장르에서 그 예를 찾기 힘든 설정이었기에 그에 대한 시각적 도전이라고 생각하기도 했어요. 사실 컴퓨터그래픽 캐릭터가 정신분열 연기까지 할 수 있게 된 상황을 「반지의 제왕」의 골룸에게서 확인했기에 기술적인 자신감이 있었죠.

이동진 그 장면에 구체적으로 참고하신 것들이 있으신가요.

봉준호 레퍼런스가 두 가지 있었어요. 하나는 매년 해외 토픽에 나오는 건데, 스페인의 산 페르민 축제 때 난폭한 소를 풀어놓고 질주하게 해서 백주 대낮에 사람들이 쫓기며 달리는 장면이에요. 그걸 축제로 봐서 그렇지, 사실 얼마나 황당해요. 또 하나는 외국의 서커스단이 서울에 왔을 때 코끼리가 탈출했다가 허름한 가정집 마당에도 들어가고 그랬던 일을 떠올렸어요. 그 해프닝에 대한 텔레비전 보도를 보면서 정말로 초현실적인 장면이라고 생각했죠. 실제 벌어진 사건이었는데도 분명히 초현실적이었어요. 「괴물」은 SF적인 느낌이라기보다는 실제 괴물이 난동을 부리는 것이고, 그걸 리얼한 느낌으로 찍어야 한다고 봤어요. 그래서 그 두 사례를 연상하며 그 장면을 찍었죠.

– 깨라, 좀, 깬 김에! 정신 차려 이놈아. 뭔 잠이 그렇게 많아?

「괴물」에서 변희봉이 매점에서 엎드려 잠든 아들 송강호에게

이동진 세 개의 에피소드를 연이어 보여주는 프롤로그 이후, '괴물'이라는 제목이 뜨고 나서의 첫 숏을 잠든 강두의 코믹한 얼굴 클로즈업으로 표현하셨죠. 그 부분에는 배우 송강호 씨의 이미지를 그대로 따와서 보여줌으로써 관객들의 마음을 처음부터 풀어주고 시작하려는 의도가 들어 있었던 것으로 보입니다. "이거, 유머러스한 송강호 씨가 주인공인 영화니까 심각해질 필요 없이 그냥 즐겁게 보시면 돼요"라고 말하는 것 같다고 할까요. 초반에 괴물의 난동을 화끈하게 보여주신 것과 함께 관객의 관람 방식에 대한 감독의 주문 같은 게 담겨 있다고 할까요.

봉준호 그 두 장면은 뭐랄까, 관객을 버스에 태우는 행위 같은 거죠. 일단 관객을 태우고 나서 그 이후에는 제가 데려가고 싶은 곳을 향해 마음대로 운전하려는 속셈이라고 할까요.(웃음) 데뷔작 「플란다스의 개」를 만들 때는 그런 걸 몰랐던 것 같아요. 관객이 올라타는 것을 기다리지 않고 처음부터 마음대로 움직였던 영화라고 할 수 있을 거예요.

– 사실은요, 아저씨가 벌써 세 번째예요.
요즘 동네 강아지들이 계속…….

「플란다스의 개」에서 관리사무소 직원인 배두나가 개를 잃어버렸다면서 전단에 도장을 받으러 온 이성재에게

이동진 확실히 「플란다스의 개」는 「살인의 추억」이나 「괴물」에 비하면 상대적으로 장르적 요소가 적은 편입니다. 하지만 이 영화 역시 극중 살해당하는 개들을 사람으로 바꿔보면, 일종의 연쇄살인극 구조를 갖고 있죠.

봉준호 사실 「괴물」이나 「살인의 추억」에서 장르적 색깔이 짙어지게 된 데에는 장르적 요소가 적었던 「플란다스의 개」의 흥행 실패에 따른 교훈 탓도 있었던 것 같습니다. 표면적으로 장르의 깃발을 들면, 모든 일을 진행하기가 수월해지거든요. 마케팅도 그렇죠. 사실 데뷔작을 만들 때는 그걸 몰랐는데, 요령이 좀 생긴 겁니다. 본질적으로 제 영화가 변화한 것은 없다고 봐요. 장르를 욕보이고 장르를 교란하기 위해서 장르영화를 한다고 해야 하나요. 「살인의 추억」은 말씀하신 것 외에도 1980년대 시대극이란 느낌도 있었죠. 「괴물」이야말로 장르적 특성이 가장 강하지만 장르를 부수기 위해 그 장르를 선택했다는 아이러니가 있지요. 거기에 더해서, 조금 전에 말씀드린 대로 일 진행을 쉽게 하려는 산업적인 요령 같은 것도 있었고요. 하지만 장르의 완성은 역시 비디오가게에서 이뤄지죠. 결국 장르는 그 작품을 만든 감독의 생각이나 영화평론가의 견해와 상관없이 비디오가게 아주머니가 결정하는 겁니다. 「살인의 추억」이 만일 '액

션'에 꽂혀 있다면, 누가 뭐래도 그건 액션영화가 되는 거죠.(웃음)

- 니들 그 냄새 맡아본 적 있어? 새끼 잃은 부모 속 냄새를 맡아본 적이 있냐 이 말이여. 부모 속이 한번 썩어 문드러지면 그 냄새가 십 리 밖까지 진동하는 거여.

「괴물」에서 변희봉이 송강호를 변호하면서 박해일과 배두나에게 일장훈시

이동진 저는 「마더」에서 김혜자라는 연기자를 대하는 방식이 「괴물」에서 괴수영화 장르를 대하는 방식과 흡사하다는 느낌을 받았습니다. 평소에 저는 김혜자라는 배우가 그동안 수없이 연기해온 어머니상이 관습으로 축적된 '모성 장르' 그 자체라는 생각을 했거든요. 그렇게 볼 수 있다면, 「마더」와 「괴물」은 그 장르를 채택하고 활용하는 데서 그치지 않고 해당 장르의 관습들을 비틀고 뒤집음으로써 다른 지점으로 나아가는 영화라는 공통점이 있습니다. 초반에는 그 장르에서 관객이 기대하는 것을 적극적으로 충족시켜주지만, 후반으로 갈수록 점점 더 기존 장르의 틀을 벗어난다는 점에서 더욱 그렇습니다. 「마더」의 초반 모성상은 우리가 김혜자라는 모성 장르에서 기대하는 것들과 합치하지만, 후반부로 갈수록 전혀 다른 방향으로 뻗어나가니까요.

봉준호 무척 흥미로운 지적이네요. 그게 제 성향인 것 같아요. 저는 기존 관습을 비틀 때도 그걸 과시하면서 하지는 않는데, 지금 듣고 보니 「괴물」과 「마더」의 방식이 마찬가지인 듯하고요. 「마더」의 출

발은 한국 관객에게는 특히나 쉽게 받아들여질 수 있을 것 같습니다. 한국에서는 김혜자 선생님이 이미 텍스트 외부에 존재하는 분이니까요. 「마더」는 그렇게 익숙하게 시작해서 모르는 사이에 멀리까지 가는 거죠. 살다 보면, '어쩌다 이 지경이 됐지?' 싶은 순간이 있잖아요? 마치 가랑비에 옷이 젖듯 말이에요. 이 영화의 결말 역시 돌이킬 수 없는 것들로 가득 차 있죠. 참 어두운 스토리인데, 그 한복판에 김혜자 선생님이 계시는 거죠. 분명히 이 영화에는 선생님에게서 그동안 볼 수 없었던 몇몇 부분이 있을 거예요. 본인도 새로운 것에 대한 갈망이 많으셨어요.

– 야, 오징어라는 게 몸통 맛도 있지만 다리 맛도 있지 않냐. 빨리 갖다드려. 사번 돗자리. 써비스라고 얘기하고.

「괴물」에서 변희봉이 구운 오징어 다리 하나를 떼어 먹고 나머지만 손님에게 가져다준 아들 송강호를 타이르면서

이동진 대중영화 감독으로서 영화를 만들 때 관객에게 다양한 서비스를 제공하려는 마음이 있으시죠?

봉준호 그런데 일단 그 대사는 변 선생님 애드리브이기는 했어요.(웃음) 사실 저는 장르적 쾌감이나 흥분을 존중합니다. 그리고 관객이 그것만 즐겨도 크게 개의치 않아요. 관객이 좀 더 여유가 있어서 그런 쾌감을 즐기고 나온 뒤에 곰곰 따져보고 '아, 이런 면도 있구나' 하면서 삶과 연관 지어 느낀다거나 그러면 더 바랄 게 없겠지만, 사

실 실제 생활에서도 저는 정색하고 이야기를 하지 못하는 편이거든요. 영화를 만들 때도 정색하면서 메시지를 전달하는 것은 못하겠더라고요. 메시지가 중요하다면 무엇 하러 영화를 찍겠어요. 그냥 편지를 쓰죠.

이동진 프랑수아 트뤼포도 "메시지를 원하는가. 그렇다면 우체국에 가서 전보를 쳐라"라고 했죠.

봉준호 맞아요. 영화 자체의 아름다움이나 흥분이란 게 있는 것 같아요. 「살인의 추억」에도 범인이 잡힐까 잡히지 않을까를 지켜보는 조마조마함 같은 게 있죠. 그런 부분을 볼 때는 1980년대의 어두웠던 시대 분위기를 잠시 잊을 수도 있는 거잖아요. 저는 감독으로서 그런 묘사가 두렵진 않아요.

- 엄마 먼저 들어가.

「마더」에서 차에 살짝 치인 원빈이 그 광경을 보고 놀라서 뛰어온 김혜자에게

이동진 김혜자 씨가 풀밭에서 사방을 두리번거리며 걷다가 기이한 춤사위를 선보이는 「마더」의 첫 장면은 이게 배우로부터 시작된 영화라는 점을 모두에게 증명합니다. 처음 그 장면을 보았을 때, 정말 소름이 오싹 끼치면서 좌석에서 저절로 등을 꼿꼿이 세워 앉게 되던데요?

봉준호 오프닝신을 찍을 때는 일부러 시간을 넉넉하게 잡았어요. 리허설도 충분히 했죠. 혼자 춤을 추는 그 장면에 대해서 걱정을 참 많

이 하셨고 연습도 많이 하셨습니다. 그러다 그 장면을 찍을 때 혼자 춤추기 민망하다면서 같이 추자고 하시더군요. 그래서 카메라 앞에서 김혜자 선생님이 춤을 추시는 동안, 저와 프로듀서와 여자 스태프 한 명이 카메라 옆에서 함께 춤을 췄어요. 어차피 사운드는 따로 들어가는 장면이기에 저는 함께 춤을 추면서도 계속 선생님께 특정 동작들을 지시했죠. 그러면 또 그대로 따라 하시고.(웃음)

이동진 「스타쉽 트루퍼스」에서 남녀 배우들이 올 누드로 함께 목욕하는 장면을 찍을 때, 편안한 마음으로 연기할 수 있도록 폴 버호벤 감독과 스태프들까지 모두 누드가 되어 그 장면을 찍었다는 일화가 생각나네요. 「마더」의 오프닝 시퀀스는 두 개의 숏으로 이뤄져 있는데요, 김혜자 씨가 춤을 추는 롱테이크 숏 하나와 벌판에 선 채 왼손을 자신의 옷 사이로 찔러 넣으면서 정면을 응시하는 짧은 숏 하나입니다. 「마더」에서 혜자(김혜자)의 손은 작두를 썰어 돈을 버는 노동의 손이고, 침을 놓아 낫게 해주는 치유의 손이면서, 기어이 남의 피를 묻히게 되는 범죄의 손이기도 하죠. 이처럼 다양한 상징을 갖게 될 손을 첫 장면에서 옷 속으로 살짝 넣고 있다는 게 무척 의미심장하게 느껴졌습니다.

봉준호 그 장면은 현장에서 결정했어요. 그 앞 숏에서 춤추는 모습은 오랜 연습을 통해 처음부터 다 계획한 대로 촬영했지만, 손을 옷에 넣는 숏은 즉흥적으로 찍었던 거죠. 그날 퍼포먼스처럼 다양한 동작을 연출하다가 어느 순간 "손을 옷 사이로 이렇게 한번 넣어보세요"라고 주문했습니다. 그런데 그 동작을 연기하는 선생님의 멍한 표정의 느낌이 아주 좋았어요. 우리가 흔히 손을 씻는다는 표현을 쓰잖아요? 이 영화에서 손은 결국 죄를 짓는 부위인데, 그 손을 자신의 옷 속에 감춘다는 것이 흥미롭게 여겨졌습니다. 콘티상으로 미리 계획한 숏은 아니었는데도 현장에서 잘 찍혔고 느낌도 좋았기에 최종적으로 오프닝 시퀀스에 넣었던 겁니다. 충남 태안군 신두리의 사구 근처였는데, 풍광이 워낙 독특한 데다가 날씨도 촬영하기에 기가 막히게 좋았어요.

- 내가 짤랐어.

「마더」에서 원빈이 변호사에 대해서 묻자 해고했다고 답하는 김혜자

이동진 매우 상징적인 오프닝 시퀀스에서 제목이 흐른 뒤 곧바로 이어지는 첫 장면이 바로 작두로 약재를 자르는 손이잖습니까. 혜자가 약재상에서 일하는 사람인 만큼 작두는 일상적인 노동의 도구입니다. 하지만 우리에게 작두는 무당이 그 위에서 춤을 춘다는 점에서 무속 신앙을 떠올리게도 하죠. 더구나 이 영화의 첫 장면에서 춤을 추는 김혜자 씨의 모습은 흡사 무당과도 같다는 느낌이 듭니다. 정말이지, 이 영화에서의 김혜자 씨 연기는 한마디로 귀기가 서린 것 같은데요.

봉준호 작두질을 하는 그 도입부의 콘셉트는 일을 하면서 물가에 내놓은 어린아이 같은 아들을 본다는 것이었어요. 이 영화에서는 누가 누구를 어떤 방향에서 보느냐 하는 문제가 중요하죠. 「마더」는 엄마가 아들을 보는 것으로 이야기를 시작해야 한다는 생각이 확

고했어요. 그러다 종반부에 가면 아들이 엄마를 보는 것으로 뒤바꿔죠. 도입부의 그 장면에서는 엄마가 아들을 벼랑 끝에서 지켜보는 듯한 느낌을 담으려고 했어요. 손과 피의 이미지도 함께 나왔으면 좋겠다는 생각이었습니다. 작두를 썰면서 자기 손끝이 칼날 위에 놓여 있는데, 자동차에 치인 아들 때문에 자신의 위험은 아랑곳없이 뛰쳐나가는 이미지였죠.

- 걔 피 나잖아.
- 내 이럴 줄 알았어. 이거 아줌마 피잖아.

「마더」에서 김혜자가 자신의 피를 차에 치인 원빈의 피로 착각하자 옆에서 지켜보던 전미선이 사실을 일깨워주면서

이동진 그 장면에서 피가 나는 것은 엄마인데도, 엄마는 그 피를 보면서 아들이 다쳤다고 착각하죠.

봉준호 그게 핵심일 거예요. 「마더」는 결국 엄마가 자기 손에 피를 묻히게 되는 이야기니까요. 원래는 도준(원빈)이가 어린 시절에 자전거를 타다가 차에 치이게 될 때 엄마가 뛰쳐나가는 에피소드로 생각했는데 현재 장면으로 바꾸게 된 경우였어요. 일단 만들어놓고 보니 상당히 강렬해서 이 에피소드를 앞쪽으로 넣어야 한다고 느꼈죠. 그러다 보니, 「마더」는 영화가 시작부터 아주 급박하게 돌아간 것 같습니다.

- 아저씨, 우리 아파트 개 못 키우게 되어 있는 거 맞죠?
하여튼 우리나란 원칙대로 되는 게 하나도 없어.

「플란다스의 개」에서 개 짖는 소리 때문에 노이로제에 걸린 이성재가 아파트 경비원인 변희봉에게

이동진 「마더」는 예외적이라고 할 수 있지만, 그전까지 만드신 세 편의 장편은 모두 한국 사회에 대한 강한 비판을 담고 있습니다. 그게 교수 채용에 대한 대학의 비리든 무능력하고 부도덕한 정부든 말입니다.

봉준호 제가 사회 자체에 대한 공포감을 갖고 있는 것 같아요. 사실 사회에 적응을 제대로 하지 못할수록 두려움이 많아지는 것이잖아요. 불만이나 분노라기보다는 일방적으로 느끼는 공포에 더 가깝습니다. 거대한 사회 앞에서 스스로가 아주 미미하게 느껴진다고 할까요. 제가 한국에서만 살았으니까 한국 사회에 대해서밖에 묘사를 못하는 것일 뿐이죠. 저는 감독을 하고 있기에 그나마 사회에 적응해서 정상인에 가깝게 사는 것 같아요.(웃음) 지금도 사회에 아주 안정되게 적응한 듯한 '아저씨'들을 보면 공포감이 있어요.

이동진 그런데 이제 사십 대가 되셨으니, 감독님도 아저씨 나이 아니신가요?(웃음)

봉준호 저는 제가 아직도 어리다는 착각 속에 살고 있는 것 같아요.(웃음) 반면에 일을 할 때는 제가 그런 능숙한 아저씨로 보여야 한다는 강박이 있어서 답답하기도 해요. 속으로는 불안에 떨면서도 겉으로는 센 척하면서 일종의 역할 놀이를 하는 거라고 할까요. 하

다못해 친척들을 명절에 오랜만에 만날 때도 그렇잖아요? 상투적인 대사들을 남발하면서 괜히 능숙한 척 위장도 하고 말이죠.(웃음)

- 이 나이에 너무 놀래서, 온몸에 기가 쫘악.

「마더」에서 고물상 노인이 김혜자에게 자신이 목격한 범행 현장을 전하면서

이동진 마흔을 넘기고 나니 삶에서 무엇이 달라지던가요.

봉준호 마흔이면 불혹이라는데, 저는 인생이 역주행인 것 같아요. 더 무책임해지고 더 철없어져요. 자꾸 거꾸로 가는 듯해요. 저 때문에 주변 분들이 점점 힘들어지고 있지만, 그런 상황을 받아들이려고 애쓰는 거죠. 돌이켜보면, 「살인의 추억」을 만들 때가 가장 어른스럽거나 어른스러웠던 척했던 것 같아요. 이젠 그러지 않으려고요.

- 조국의 민주화에 몸 바쳤더니만 씹탱이들이
  취직도 안 시켜주고 말이야.

「괴물」에서 대학 시절 학생운동에 몰두했던 박해일이 실업자인 자신의 신세를 한탄하며

이동진 「괴물」에는 운동권 출신인 인물들이 나오죠. 1980년대에 대학을 다니셨던 분으로서 소위 386세대를 어떻게 보시나요.

봉준호 그게 일종의 농담인데, 진지한 386들이 무척 기분 나빠하시더라고요. 이제는 그 정도의 농담은 받아들일 여유가 있어야 하는

때 아닌가요? 「괴물」에 왜 배신하는 운동권 캐릭터(임필성)가 나오냐고 그러시더라고요. 이탈리아 감독 마르코 벨로키오의 「굿모닝, 나잇」을 본 적이 있는데 그 영화가 과거 구좌파가 저질렀던 오류에 대해 기술한 영화잖아요? 그런데 벨로키오 같은 좌파 감독이 그런 상황을 무척이나 담담하게 찍었더군요. 「괴물」이 그렇다는 것은 아니지만, 이제는 그런 알레르기 반응은 보이지 않아도 될 것 같아요. 좌파든 우파든 배신자 캐릭터는 어디에나 있을 수 있는 것이니까요. 제 자신의 정치적 관점과 성향이 있으니까 오히려 더 여유 있게 찍었던 것인데 그렇게 민감한 반응이 있더라고요. 저는 애초에 시나리오에서 그런 대사를 쓸 때 스스로 그걸 넣을까 뺄까 하는 최소한의 고민도 하지 않았거든요.

이동진 십 대의 나이로 1980년대를 통과했던 감독님에게 그 시대의 핵심적인 이미지는 어떤 것이었는지요.

봉준호 등화관제예요. 「살인의 추억」의 클라이맥스에 등장하는 여중생 피살 사건의 경우, 실제로 '민방위의 날'인 11월 15일에 발생했어요. 모두가 불을 끄고 셔터를 내리는 사이에 죄 없는 여학생이 죽어간 겁니다.

– 현재 시각 우리나라 전역에 훈련 공습경보를 발령합니다.
모든 관공서와 건물, 각 가정에서는 불빛이 새어 나오지 않도록
철저한 등화관제를 실시하시고 민방위 재난통제본부의
지시에 따라 행동하시기 바랍니다.

「살인의 추억」에서 김상경이 홀로 경찰서에 남아 수사 기록을 읽고 있을 때 들려오는 민방위 재난통제본부의 방송

이동진 여중생이 참혹하게 죽게 되는 장면은 영화 속에서 등화관제 훈련 장면과 인상적으로 교차편집되면서 극의 감정적 정점을 이루죠.

봉준호 인위적인 등화관제로 인해서 세상이 빛에서 어둠으로 변해 간다는 게 아주 영화적이기도 해요. 실제로 제가 어렸을 때는 등화관제 훈련을 많이 했어요. 훈련 때문에 불이 꺼지면 저는 오디오 스피커를 아파트 창에다 걸쳐놓고 영국 록밴드 레드 제플린의 음악을 크게 틀었던 기억이 나요.

이동진 이창동 감독님의 영화「오아시스」의 클라이맥스 장면을 떠올리게 하는 에피소드네요.

봉준호 그런 기억 자체가 참 이중적이죠. 그때를 생각하면 늘 아련한 추억과 끓어오르는 분노가 함께 교차됩니다. 학창 시절 내내 늘 어딘가로 동원되어서 줄 맞추기를 했거든요. 제가 중학생 때는 아시안게임이 얼마 남지 않았다고 매번 동원되어서 길거리 청소도 했죠. 1980년대에 대한 그런 분노에 좀 더 집중하면「박하사탕」이 되고, 그 속에서도 생겨났던 개인적인 추억을 더 발전시키면「품행제로」가 되었을 거예요.「살인의 추억」은 그 두 가지 감정이 함께 얽혀 있는 영화인 셈이죠. 초반에는 상대적으로 개인적인 요소가 많이 나오고, 후반에는 사회적인 맥락이 중시됩니다. 1980년대는 국가가 국민에게 인위적으로 어둠을 강요한 시대라고 할 수 있을 거예요.

- 메시지가 도착했습니다.

「괴물」에서 조카 고아성의 위치에 대해 박해일이 보낸 문자메시지가 도착해 배두나의 휴대전화에서 음성으로 알림 기능이 작동

이동진 「괴물」은 그 뛰어난 영화적 리듬과 유머, 그리고 높은 기술적 성취에 비할 때 정치적 메시지를 드러내는 방식은 좀 투박해 보이는데요.

봉준호 정치적 메시지가 좀 울퉁불퉁하죠. 그런데 저는 그게 괴물 장르의 특성이라고 봤어요. 그런 투박하고 거친 풍자가 이 장르에 활력을 주고 드라마와도 잘 엮인다고 판단했죠. 단, 장르에 끌려가지 않고 한국적 스타일로 만들고 싶었어요. 공무원, 경찰, 미군, 운동권 선배 등 풍자의 층이 여러 가지인데 결국 이 영화에서 그 가족들을 도와준 것은 노숙자뿐이잖아요. 스토리가 다층적으로 분산되는 만큼 각 풍자 대상은 거칠고 단순하게 다룰 필요가 있다고 생각했어요. 괴수영화를 만들 때가 아니면 소심한 제가 또 언제 이렇게 직설적으로 해보겠나 싶은 생각이 들기도 했고요. 미학적으로 심오한 상징 같은 것을 기대하신 분들의 관점에서 보면 그런 측면들이 단점으로 보일 수도 있을 거라고 생각해요.

- 이건 완전 기밀 사항인데, 이번에 죽은 도널드 하사관의
  사체 부검을 샅샅이 했는데 바이러스가 없었어.
  도널드는 그냥 수술 중에 쇼크로 죽은 거야.

그리고 다른 격리환자들한테서도 바이러스가 전혀 안 나왔어.
한마디로 지금 어디에도 바이러스가 없는 거지.
- 음? 노 바이러스? 바이러스가 없구나? 그지?
바이러스가 없는 거지? 있지도 않은 걸 가지고.

「괴물」에서 미군 장교가 동료 한국인에게 말하는 내용의 핵심을 알아들은 송강호

이동진 주한미군의 독극물 방류 사건으로 「괴물」을 시작하셨잖아요. 극중 화학무기인 '에이전트 옐로'는 베트남전 당시의 고엽제인 '에이전트 오렌지'를 염두에 둔 작명이고, 결국 바이러스가 존재하지 않았던 영화 속 상황은 이라크전을 시작하면서 미국이 명분으로 내걸었던 대량 살상무기가 발견되지 않았던 실제 상황을 떠올리게 하죠. 이런 이유로 「괴물」을 반미 영화로 보는 견해도 있었는데, 이에 대해서 어떻게 생각하세요.

봉준호 그 영화를 기획하던 당시에 주한미군이 한강에 독극물을 무단 방류했던 '맥팔랜드 사건'이 보도되었어요. 그때 뉴스로 접하면서 무척 흥분했죠. 한강변에 괴물이 출몰하는 영화를 기획하던 저로서는 이보다 더 절묘한 모티브가 없었으니까요. 그대로 영화에 가져오면 되겠다 싶었어요. 미국에 대한 풍자가 이 영화에 들어 있는 것은 분명 사실이죠. 그런데 저는 그게 상식선의 풍자라고 생각해요. 실제 있었던 일들이었기에 전 세계적으로 즐길 수 있는 정도라고 보는 거죠. 스토리상으로 분명히 기능하는 바가 있으니까 그런 풍자가 억지는 아니라고 생각해요. 크게 보면 이런 풍자가 괴수 장르의 전통이기도 하고요. '고질라'도 프랑스의 핵실험 폐해가 낳

은 괴물로 그려지잖아요. 이 정도를 반미라고 한다면, 아폴로 안톤 오노 사건 때 분노했던 한국인들을 전부 반미주의자라고 몰아붙이는 것과 다를 바 없다고 봐요. 할리우드 영화는 늘 타국인을 악당으로 만들어서 멋대로 가지고 노는데, 왜 미국은 다른 나라 영화에서 풍자의 대상이 되어서는 안 되나요. 칸 영화제에서 상영되었을 때 미국 영화인들도 그런 부분에 대해 전혀 부담감 없이 낄낄대며 재미있게 보더라고요.

이동진 「플란다스의 개」에서 「살인의 추억」과 「괴물」에 이르기까지의 작품들에서 느껴지는 것은 감독님이 사회에서보다는 개인에게서 희망을 찾으신다는 점입니다.

봉준호 시스템이 개인을 구원할 수는 없다는 비관론이 저에게 있는 것 같아요. 독극물로 괴물이 생기고 그 괴물에게 더 강력한 독극물인 독가스가 뿌려지는 악순환의 은유를 통해 사회 모순을 그리고 싶었어요. 「괴물」에서 악순환은 배설의 모티브로 반복되는데, 에이전트 옐로의 살포는 곧 국가에 의한 배설인 셈이죠. 그 영화 클라이맥스에서 등장하는 에이전트 옐로 투입기의 외양이 교각에 대롱대롱 매달린 채 괴물이 처음 등장했던 바로 그 모습이에요. '사실은 이게 진짜 괴물이다'라고 선언하듯 말입니다. 구체적인 색깔과 문맥이 달라서인지 아무도 저의 그런 의도를 알아채주지 못했지만요.(웃음)

– 뭔 말인지 알겠어요? 끝났어요. 백 프로.

「마더」에서 윤제문이 김혜자에게 원빈을 구할 수 있을 것이라는 희망을 버리라면서 이동진 그런데 「마더」에서는 벗어날 수 없는 딜레마에 빠진 개인이 끝내 출구를 발견하지 못합니다.

봉준호 「마더」는 완성한 후에도 스스로에게 계속 반문하게 했던 영화였어요. 이 영화의 정체는 뭘까. 이런 상황 자체를 받아들이자는 건가. 인생이 원래 그럴 수 있다는 것인가. 그래서 역으로 위안을 주자는 건가. 단순히 비극으로 치부하면 피해갈 수 있겠죠. "그 영화에서는 정통 비극을 그려보고 싶었습니다"라고 말할 수 있다면 좋은 핑계가 되겠지만, 그럴 수는 없을 것 같습니다. 「마더」는 그렇게 끝까지 한번 가보는 체험을 제게 안긴 영화였던 것 같아요.

– 이게 이렇게 다 연결이 돼 있는 거야, 한강으로.

「괴물」에서 형 이재응이 어린 동생 이동호를 데리고 하수구를 지나서 한강변으로 나오면서

이동진 이 대사를 한국 사회에 대한 질문으로 바꾸어보면 어떨까요. 우리 사회의 모든 문제가 다 어디로 연결되어 있다고 보십니까.

봉준호 글쎄요. 거기까지는 생각 못 해봤는데요. 저는 지엽적이고 국지적인 사람이라서요. 한국 사회에 정말 이해 못할 부분이 많죠. 앞으로 하게 되어 있는 「설국열차」의 다음 작품으로 그 뿌리에 뭐가 있는지를 제 나름대로 진단해보는 영화를 하려고 해요. 우리가 갖고 있는 집단적 공포의 실체에 대한 영화라고 할까요. 한국 사람들은 전 세계에서 아마도 가장 성격이 급할 거예요. 항상 쫓겨서 살고 불안이 팽배해 있죠. 무엇으로부터 쫓기고 무엇이 불안한 것인지

그 근저를 한번 파고들고 싶어요. 표면적으로는 액션-스릴러가 되지 않을까 생각합니다.

- 죽은 두 여자 말이야, 뭐 공통점 같은 건 없나?
- 뭐 일단, 둘 다 미혼이라는 점.
- 상당히 예쁘다는 거요.
- 또?
- 사건 날 전부 비가 왔어요.
  그리고 빨간 옷. 죽은 여자가 빨간 옷을 입고 있었어요.

「살인의 추억」에서 새로 부임한 형사반장 송재호가 묻자 송강호, 김뢰하, 김상경이 차례로 대답

이동진 이전에 만드신 두 영화와 비교할 때 「괴물」은 우선 「살인의 추억」과 비슷한 점이 눈에 뜨입니다. 부도덕하고 무능력한 권력과 사회 때문에 더 큰 비극을 겪어야 하는 사회 구성원들의 이야기라는 점에서요. 하지만 영화의 분위기랄까, 기본적인 느낌은 오히려 「플란다스의 개」와 더 유사하게 느껴져요. 유머의 스타일도 그렇고 작품 전체에 흐르는 공기도 그렇고요. 이건 소재의 차이 때문인가요.

봉준호 「살인의 추억」은 사건을 존중하는 영화였죠. 제 개인적인 스타일을 발랄하게 펼치기에는 실제 사건을 영화화한다는 점에서의 중압감이 너무 컸어요. 희생자 가족도 있는 상황에서 사건에 대한 예의를 지켜야 했고요. 「괴물」은 반면에 상상력이 중요한 영화죠. 기술적인 짐은 있었지만 내용 면에서는 「괴물」이 훨씬 더 자유로웠

어요. 그런 면에서 「플란다스의 개」와 비슷한 측면이 분명히 있죠. 사실 「플란다스의 개」야말로 다시는 할 수 없을 지극히 개인적인 프로젝트였어요. 「마더」까지 포함해서 제가 만든 영화들의 공통점이 있다면 하자가 있는 무능한 주인공들이 감당할 수 없는 상황에 던져진다는 것이겠죠.

– 정액의 유전자 지문을 분석한 결과, 용의자의 것과
일치하지 않으므로 박현규를 범인으로 볼 수 없다.

「살인의 추억」에서 용의자 박해일에 대해 미국에서 행한 유전자 감식 관련 서류의 결론

이동진 감독님의 영화들에는 늘 유머가 넘치지만, 결국 그 세계를 지배하는 것은 역사와 사회를 보는 비관적 전망입니다. 「살인의 추억」을 통해서는 미제로 끝난 연쇄살인사건에서 1980년대스러움을 보아냈죠. 「괴물」도 비극이 아직 끝나지 않았음을 암시하면서 눈 내리는 차가운 겨울밤에 막을 내리고요. 그리고 「플란다스의 개」는 결국 그 누구도 진실을 알지 못하고 끝나는 영화입니다. 언뜻 보기에는 무척 유쾌한 영화들이지만, 그 근저를 흐르고 있는 것은 만든 이의 어두운 시선이라고 할까요. 주인공이 옴짝달싹할 수 없는 딜레마에 갇혀버린 채 끝나는 「마더」는 말할 나위도 없고요.

봉준호 제가 어둡다는 점에서 스스로 놀랄 때가 있어요. 아내 역시 저에 대해서 그렇게 말해요. 제 영화들에도 비관적인 정서가 분명히 있죠. 예를 들어 「살인의 추억」에 담긴 것은 '우리가 이런 꼴로 살

왔구나' 싶은 슬픈 느낌이라고 할까요. 그나마 영화적으로 그런 탄식의 느낌을 상쇄하기 위해 세월이 흐른 후 하마터면 살해될 뻔했던 설영(전미선)이 그렇게 살아가고 있는 모습을 에필로그로 넣었죠. 그 시대를 뚫고 나와서 그렇게 살아가고 있는 게 아니라면 극 중 희생자들의 죽음도 의미가 없는 것 같았거든요. 살인은 한 사람의 미래를 송두리째 소멸시켜버리는 것이잖아요. 그때 희생당하지 않았더라면 그 여중생도 설영처럼 살아가고 있었을 텐데 말이죠. 살인도 살인이고 시대도 시대지만, 그래도 사람들이 계속 살아간다는 게 의미가 있을 거예요. 묻어둔 과거가 있고, 해결되지 않은 숙제가 있지만, 어쨌든 살아야 한다는 거죠.

이동진 말씀하신 부분은 그대로 「괴물」의 에필로그에도 적용될 수 있을 것 같네요.

- 저기 보이는겨? 둘 중에 한 놈은 강간범이고
  또 한 놈은 피해자 오빠라 이 말이여. 그러니까 피해자 오빠가
  지 여동생 이거 한 놈을 잡아가지고 왔다 이 말이여.
  어느 놈이 강간범인지 한번 알아맞혀보시오.

  「살인의 추억」에서 형사반장인 변희봉이 얼굴을 보면 직감적으로 누가 범인인지 알아맞힐 수 있다고 호언장담하는 송강호에게

이동진 소위 진실이라는 것에 대한 불가지론적인 시각도 감독님의 영화들 속에 담겨 있는 것 같아요. 그와 관련해 특히 흥미로운 것은

「살인의 추억」에 잠깐 나오는 장면이죠. 경찰서에 와서 나란히 앉아 조사를 받고 있는 두 남자 중 한 명은 강간범이고 또 다른 한 사람은 피해자의 오빠인데, 극 중에서 그 두 사람 중 누가 범인인지에 대해 퀴즈 내듯 물어보기만 할 뿐 최종적인 해답은 제공하지 않잖습니까. 이건 끝내 범인이 누구인지를 알려주지 못하고서 막을 내릴 수밖에 없는 이 영화의 운명과도 맞닿아 있는 듯합니다.

봉준호 그 장면에 나오는 두 단역 배우 중 누가 범인인지에 대해서는 저도 정하지 않고 찍었어요. 연기하는 배우들도 모르고 있었고요. 사실 그 장면에서 던진 질문이 영화 끝까지 이어지는 거죠. 두만은 직감을 신봉하는 형사지만, 클라이맥스에서 현규(박해일)의 얼굴을 한참 노려보고도 그가 악마인지 억울한 용의자인지를 가려내지 못하잖아요? 그런 의미 때문에 그 장면에서 의도적으로 현규의 얼굴을 거의 정면 앵글로 찍었던 겁니다.

- 저기 그 고물상 불난 데 갔다가 이거 주웠는데,
  엄마는 이런 걸 막 흘리고 다니면 어떡해?

「마더」에서 원빈이 화재 현장에서 습득한 침통을 김혜자에게 건네면서 책망

이동진 스토리를 이해하는 데 핵심적이라고 할 수 있는 부분에 대한 최종 정보를 주지 않고서 마무리하는 스타일은 「마더」에도 그대로 적용되었습니다. 결말 부분에서 도준이 침통을 혜자에게 건네줄 때, 그 행동의 의미가 무엇인지가 상당히 모호하니까요. 그 장면에서

감독님은 이야기의 결말을 완전히 열어두신 건가요? 아니면, 그게 증거인멸의 행동인지 그냥 무심히 했던 행동인지에 대해서 감독님 마음속에서만큼은 어떤 결론이 있으셨던 건가요.

봉준호 갈등이 많았어요. 그 점에 대해서 배우와도 오래 이야기를 했고요. 그 장면에 대해서 시나리오 역시 세 가지 버전이 있었죠. 도준이 어디까지 알고 있는 것인가에 대해서 스태프들도 저마다 해석이 다르더라고요. 원래는 촬영할 때 그 장면에서 대사가 한 문장 더 있었어요. "엄마는 이런 걸 막 흘리고 다니면 어떡해?"라고 한 뒤에 "이거 어디 멀리 가서 갖다 버려"라고 말하는 것까지 찍었죠. 그런데 후시녹음을 하면서 그 대사를 뺐어요. 엄마의 죄에 대해서 아들이 어디까지 알고 있는지를 좀 더 모호하게 처리함으로써 여지를 남겨두고 싶었던 겁니다.

이동진 「마더」에서 도준을 다루는 방식과 「살인의 추억」에서 현규(박해일)를 그리는 방법은 비슷하기도 하고 다르기도 합니다.

봉준호 그런 측면이 있어요. 현규는 99퍼센트 진범인 것 같지만, 그가 범인이 아닐 수도 있다는 여지를 약간이라도 남겨놓아야 드라마가 붕괴되지 않거든요. 「마더」에서는 도준의 행동을 명확히 보여주지만 그가 자신의 행동에 대해서 어떻게 생각하고 또 얼마만큼 알고 있는지를 관객들이 알 수 없죠. 인물의 머릿속을 읽을 수 없으니 관객들이 도준에 대해서 불편해할 수도 있을 거예요. 그래서 그 역할을 소화하기가 어려웠을 수도 있는데, 원빈 씨에게 의외로 순박하면서 어두운 그림자가 있어요. 그게 맞물려서 좋은 표현들이 나왔다고 봅니다.

- 니가 죽인 거야?
- 미쳤어, 엄마? 당연히 안 죽였지.

「마더」에서 면회 온 김혜자가 다그쳐 묻자 원빈이 부인

이동진 도준의 행동을 놓고 스릴러 장르영화의 틀로 볼 때, 「마더」는 자신이 살인을 저지르고도 기억을 하지 못하는 인물의 이야기를 다룬 이중(다중)인격 영화의 한국적 변용처럼 보이기도 합니다.

봉준호 「마더」의 살인은 도준이란 인물의 캐릭터로부터 출발했어요. 저지른 행동과 거기에 대한 완벽한 무책임함에서 출발하다 보니 구조적으로나 내러티브적으로 스릴러 장르의 관습을 차용하지는 않게 되더라고요. 그냥 도준의 행동방식을 보여주려고 했어요. 벤츠 색깔이 검은색인지 흰색인지 헷갈릴 정도지만 누가 바보라고 하면 그대로 폭발해버리는 그는 기억이나 도덕의 인간이 아니라 행동의 인간인 겁니다. 인간은 매 순간 행동을 저지르는데, 거기에 대해 도덕이 없으면 매우 무서워지는 거죠. 우발적으로 돌을 던져 아정을 죽인 뒤 다시 다가가서 "학생, 왜 이런 데서 자고 있어?"라고 하잖아요. 그게 연기일까요, 아니면 실제로 믿는 걸까요. 그런 게 바로 도준인 것 같아요. 「프라이멀 피어」 같은 영화처럼 장르적 반전을 보여주는 게 아니라, 그런 행동을 하는 도준이란 인물을 납득시키는 데 집중했습니다. 도준은 처음부터 끝까지 그런 아이인 거죠. 마지막에 침통을 엄마에게 건네줄 때도 그게 증거인멸인지 그냥 주는 건지 애매해요. 끝까지 알 수 없다는 느낌이죠.

– 이건 단순 실종이 아닙니다, 반장님.
서류들만 자세히 훑어봐도 알 수 있죠.
서류는 절대 거짓말을 안 하거든.

「살인의 추억」에서 김상경이 실종 사건들이 실은 연쇄살인일 것임을 확신하면서

이동진 어떻습니까. 영화의 서류에 해당하는 시나리오에 작품의 모든 것이 다 담겨 있다고 생각하는 쪽이십니까, 아니면 시나리오는 그저 촬영할 때 잊지 않기 위한 메모에 불과하다고 보십니까.

봉준호 저는 시나리오와 콘티를 최대한 세밀하게 작성하려고 합니다. 「괴물」에서 쓰러져 잠드느라 살짝 올라간 남주(배두나)의 윗옷을 아버지 희봉(변희봉)이 슬쩍 당겨 내려주는 디테일까지도 적어둘 정도로요. 그럼에도 불구하고, 시나리오란 영화를 찍으면 소멸되어버리는 것이라고 생각합니다. 저는 특정 영화에 대해서 '시나리오는 별로인데 비주얼은 좋다'는 식으로 말하는 것 자체가 난센스라고 봐요. 관객은 시나리오를 읽는 게 아니고, 내러티브라는 것도 화면을 통해서 구축되는 것이기 때문이죠. 결국은 영화가 존재하는 것이지 시나리오가 존재하는 것은 아닐 테니까요. 저는 시나리오를 완성한 직후부터 거기서 벗어나려고 노력해요. 현장에서 추가하게 되는 상황도 많고요.

– 끝까지 마무리가 안 되네.

「살인의 추억」에서 송강호가 용의자 박노식의 자백을 반복해서 강요하며 녹음하다가 마지막

부분이 미진하자 탄식하며

이동진 이제껏 만드신 네 편의 장편영화 중 라스트신을 결정하기가 가장 어려웠던 작품은 어떤 것이었습니까.

봉준호 네 편 모두 라스트신에 대한 딜레마 같은 것은 없었습니다. 모두 다 처음부터 그렇게 마무리하려고 했던 장면들이죠. 다만 「플란다스의 개」의 경우, 클라이맥스 장면에서 무척 애를 먹었어요. 윤주(이성재)가 자신이 개를 죽인 범인임을 암시적으로 고백하면서 달려가는 장면이었는데, 그때 확신이 없어서 정말 여러 가지 버전을 두고 고민했었죠.

– 침 맞자. 나쁜 일, 끔찍한 일, 속병 나기 좋게
가슴에 꾹 맺힌 거 깨끗하게 풀어주는 침 자리가 있어.
허벅지 대봐. 나만 아는 침 자리야.
여기 오금쟁이 위로 다섯 치. 거기서 세 치 반.

「마더」에서 김혜자가 면회 때 나쁜 기억을 떠올린 원빈을 달래면서

이동진 네 편 중 라스트신이 가장 강렬한 작품은 「마더」였습니다. 그 영화의 마지막 장면에서 혜자는 스스로의 허벅지에 침을 놓아가면서까지 망각을 갈구합니다. 그러고는 춤판에 뛰어들어 흡사 제의祭儀와도 같은 춤을 격렬하게 추죠. 그러나 그 라스트신 이후의 상황을 생각해보면, 그런다고 그 모든 괴로운 진실이 망각될 리는 없잖

습니까. 이제 이 엄마는 어떻게 살게 되는 걸까요.

봉준호 그것도 누가 그 침을 대신 놓아주는 것도 아니고, 자기가 자기의 허벅지에 직접 놓죠. 찍으면서도 제 스스로 결말이 너무 잔인하다고 느꼈어요. 그렇지만 한번 발동을 거니까 멈출 수가 없더라고요. 중간에서 멈추게 되면 이건 죽도 밥도 아닌 이야기가 될 테니까요. 이게 엄마들의 삶이 품는 고통을 보편적으로 대변할 수 있는지는 잘 모르겠어요. 만일 그렇다면 관객들이 받아들일 수 있을 것 같고, 그렇지 않다면 그냥 독특한 범죄영화처럼 머물 수도 있겠죠. 사람을 죽이는 지경까지는 가지 않더라도, 부모라면 누구나 자식 때문에 나쁜 짓을 해본 적이 있을 듯해요. 아이 때문에 극단적으로 이기적이 된다거나 자기 아들이나 딸을 위해 남의 불행을 원한다거나 하는 거죠. 평소 이성으로는 제어하지만, 극한 상황에 처했을 때 보면 사람들이 쉽게 무너져버리잖아요. 인간은 영화 「소피의 선택」에서처럼 아주 잔인한 시험대에 올려질 수 있는 거죠. 다만 일상에서는 그게 약화된 형태로 주어지는 것일 뿐이죠. 저도 아들 때문에 눈이 뒤집혔던 경험이 있어요. 그런 관점에서 보면 「마더」는 아주 무서운 영화인 거죠. 이런 생각이 자꾸 들다 보니 애초에 내가 「마더」의 스토리를 구상할 때 무엇을 말하고 싶었는지에 대해 반문해 보게 됩니다.

이동진 그렇다면 그 질문에 대한 현재의 해답이 어떤 것인지 궁금해집니다. 「마더」에서 무엇을 말하고 싶으셨던 건가요.

봉준호 모성이 과연 아름답냐, 혹은 아름답기만 한 것이냐에 대해 물음을 던지고 싶었어요. 우리가 아무리 모자관계를 신비화시키려고 해도, 그것 역시 결국은 인간과 인간의 관계일 뿐이고, 암흑과 고통을 주고받는 관계일 수도 있다는 거죠.

– 여제2리 상가회 효도관광 출발하시는 부모님들은
7번 승강장에서 버스가 대기 중이오니 탑승해주시기 바랍니다.

「마더」에서 관광버스의 출발을 알리는 버스터미널의 안내 방송

이동진 「마더」의 마지막 장면에서 아주머니들이 관광버스의 좁은 통로에서 그렇게 열광적으로 춤추는 모습은 외국 관객들에게는 그 맥락이 이해되기 어려울 것 같습니다.

봉준호 그 정서는 죽어도 모를 거예요. 어쩔 수 없죠. 제게는 한국 관객들이 느끼는 게 가장 중요하니까요. 사실 전 어린 마음에 그런 게 정말 싫었어요. 왜 고속버스에서 저렇게 이상한 짓을 해야 하나 싶었던 거죠. 예전에 오대산에 간 적이 있었는데, 심지어 버스가 목적지인 오대산에 도착했는데도 내리지 않고 계속 춤을 추시는 모습을 주차장에서 바라보며 경악했던 적이 있어요. 완전히 주객이 전도된 거죠. 그때만 해도 제가 철이 없어서 그 아줌마들의 서러운 몸부림을 몰랐던 거예요. 그냥 그 자체가 황당하고 초현실적으로 느껴질 뿐이었죠. 아마 서양 관객들은 그런 관점에서 볼 거예요. 그 모든 것을 혜자가 홀로 짊어지는 것처럼 그 모든 아줌마들도 그랬겠죠. 사연 없는 사람이 누가 있겠어요.

– 우리 같이 나갈까.

「마더」에서 술집 접대부가 변호사에게 함께 노래하자면서

이동진 혜자가 춤을 추며 다른 아줌마들 사이로 들어가는 마지막 숏에서는 격렬하게 흔들리는 카메라 앵글과 때마침 지고 있는 석양의 강렬하게 붉은 빛 때문에 더 이상 인물들이 따로 구분되지 않고 한 덩어리로 보이죠. 그런 게 바로 혜자의 개인적인 비극을 모두의 것으로 확장해 보여주는 절묘한 연출 방식이라고 느꼈습니다.

봉준호 그건 반년 넘게 준비한 숏이었어요. 제가 그 마지막 숏과 관련해서 처음부터 제시한 개념 자체가 CG를 쓰고 싶지 않다는 것이었습니다. 실제 태양이 수평으로 관통해서 모든 인물이 한 덩어리로 보여야 한다는 것이었죠. 그걸 제대로 표현하려면 주변에 빌딩이나 산이 있으면 안 됩니다. 해가 관통하려면 도로가 남북 방향으로 뻗어 있어야 하고요. 촬영할 수 있는 시간대도 한정되어 있었죠. 결국 인천공항 주변의 허허벌판을 찾아냈죠. 거기서 그 각도를 정확히 맞추려면 1월 초에 찍어야 한다는 계산이 나오더군요. 꼭 산부인과에서 출산일을 받는 것 같더라고요.(웃음) 그날 날씨는 어찌 될까, 그 많은 엑스트라들과 함께 그 복잡한 촬영을 어떻게 할까, 정말 걱정이 많이 됐습니다. 해가 넘어가는 20~30분 사이에 다 찍어야 하는 것이니까요. 결국 그날 질주하는 버스 안에서 모두들 춤추며 연기하게 하고, 그걸 옆에서 나란히 차를 달리면서 촬영했죠. 그렇게 움직이는 차의 진동까지 다 화면에 담긴 겁니다. 그날따라 날씨도 기가 막히게 잘 맞았어요. 무사히 끝나서 정말 다행이었습니다.

이동진 그 마지막 숏 촬영을 마치고 나서 윌리엄 와일러처럼 "신이시여, 저희가 정말 이 장면을 찍었습니까"라고 하셨겠네요.(웃음)

봉준호 홍경표 촬영감독님과 제가 하이파이브를 했어요. 원래 남세스러워서 그런 걸 안 하는데, 그때는 거의 포옹하는 분위기였죠. 경표 형 얼굴을 보는데, 월척을 한 낚시꾼의 표정이더라고요.(웃음)

- 크게 봐서 한동네 사람으로서 저도 명복을 빌러 왔어요.

「마더」에서 김혜자가 피살된 여학생의 상가로 찾아가서

이동진 저는 그 영화의 시작과 끝에 등장하는 두 번의 춤이 모두 일종의 제의 같다고 느꼈습니다. 첫 장면의 춤은 그 자신만을 위한 춤 같은데, 마지막에 가면 온통 함께 섞이는 동작들 속에서 신산한 삶을 살아온 한국인 전체에 대한 제의로 확장되는 듯했어요.

봉준호 한국 사람들이 춤을 참 좋아하긴 하나 봐요. 마지막 장면에서의 춤은 사실 가장 속俗한 춤이고 가장 밑바닥의 춤이잖아요? 그런데도 말씀하신 것처럼 그것을 일종의 제의처럼 보이도록 찍고 싶었던 거니까 무척 아이러니하죠. 예전의 저처럼, 아줌마들의 그런 춤을 다들 쉽게 손가락질하기도 하는데, 가장 속된 것에서 가장 성스러운 의미를 담고 싶은 욕구가 제게 많은 듯해요.

이동진 「괴물」 역시 그런 면모가 있습니다.

봉준호 「괴물」 때도 그런 느낌을 잃지 않으려고 애썼습니다. 가장 밑바닥에 있고, 가장 속된 사람들이 가장 성스러운 행동을 하는 거죠.

처음 괴물이 출몰했을 때 강두(송강호)가 현서(고아성)와 함께 도망친다는 게, 남의 딸 손을 잡고 뛰잖아요. 나중에 동생 남일(박해일)이 욕하듯 그건 정말 가장 멍청한 행동이었죠. 그런데 끝날 때가 되면 강두가 또다시 자신의 딸이 아닌 다른 아이 세주의 손을 잡고 가는 겁니다. 하지만 그때는 가장 성스러운 행동이 되는 거죠.

이동진 김혜자 씨는 그런 춤에 쉽게 적응하셨나요?(웃음)

봉준호 평생 연기만 해오셔서인지 한 번도 그런 춤을 목격한 적이 없다면서 보고 싶다고 하셨어요. 그래서 같이 체험 학습을 하려고 선생님과 저와 연출부 스태프 한 명이 함께 그런 버스에 올랐어요. 뭐, 그 춤은 말하자면 중장년을 위한 '부비부비'라고 할 수 있을 거예요.(웃음)

- 오빠랑 댄스 댄스.

「마더」에서 원빈이 강아지와 함께 즐겁게 놀면서

이동진 감독님도 분위기를 맞춰주셨나요?(웃음)

봉준호 저라고 몸을 풀지 않을 수 있나요.(웃음) 대학 시절, 시골로 농활을 갈 때마다 저는 이상하게 부녀반만 맡게 되더라고요. 그런데 마지막 날에 꼭 한 번 사단이 벌어져요. 막걸리 먹고 오지게 한번 노는 거죠. 해가 뉘엿뉘엿 지기 시작하면 아줌마들이 트로트 디스코 메들리를 카세트로 틀면서 마당에 모여요. 그러면 대학생들은 처음에 격렬하게 춤추다가 얼마 지나지 않아서 하나둘씩 나가떨어지는

데, 아줌마들은 처음부터 체력 안배를 하면서 최소한의 동작으로 춤을 추어왔기에 단 한 명도 낙오자가 생기지 않아요. 술기운과 춤기운에 쓰러진 후 한참 뒤에 간신히 눈을 떠보면, 애들은 다 뻗었고 해는 완전히 졌는데도 아줌마들은 먹을 것 드셔가면서 계속 그 춤판을 벌이고 있죠. 정말 그 포스는 당할 수가 없어요.(웃음)

이동진 프로와 아마추어의 차이가 아닐 수 없네요.(웃음)

봉준호 이번에 선생님과 함께 버스에 올랐을 때 저 역시 오랜만에 신나게 춤을 췄어요. 그 아줌마들이 그런 저를 보면서 "야, 우리 감독님이 놀아보셨네"라고 하시더라고요. 그러면서 직접 담근 머루주 뱀주를 종이컵에 따라줘요. 버스 안에 열기와 냄새가 진동하는 가운데, 운전기사분은 디제이 역할을 하죠. 음악을 적절하게 틀다가 터널에 들어갈 때마다 디스코 조명으로 바꿔주기도 하고요. 적당히 과열되면 또 가끔씩 끊어주고. 정말 대단들 하세요.(웃음)

이동진 한편으로는 슬프기도 하네요.

봉준호 슬프죠. 젊은 애들은 스포츠카 타고 클럽으로 가서 원나잇스탠드를 하며 마음껏 즐기는데, 중장년들은 달리는 고속버스에서 그러고 있는 거니까요. 중장년이 된다고 욕망이 사그라드는 게 아니라 오히려 커지는데, 참 오묘한 세계이긴 하더라고요.

– 이야, 예술이야 예술. 내 딸이라서가 아니라 정말 예술이다.

「괴물」에서 변희봉이 방송으로 생중계되고 있는 양궁 경기에서 딸이 10점 과녁을 맞히자 흥분하면서 이동진 감독이라면 완성하고 나서 부끄러운 장면도 있을 테지만, '내가 만들었지만 진짜 훌륭하다'고 스스로 느끼시는 장면도 분명히 있겠죠. 제가 방금 인용한 이 대사에서 예술이란 말이 세 번 나오니, 그렇게 스스로 '예술'이라고 생각하시는 장면 세 개만 꼽아주시죠. 「마더」는 뚜껑을 연 지 얼마 되지 않았으니, 이전 세 작품에서 하나씩 골라주시면 좋을 것 같습니다.

봉준호 이거, 도저히 빠져나갈 수가 없게 질문하시네요. 제 영화 대사에서 질문을 하시니 발뺌할 수도 없고요. 보통 이와 유사한 질문을 받게 되면 "전부 다시 찍고 싶어요. 그러니 그 대신에 가장 아쉬운 장면 세 개를 말씀드릴게요"라는 식으로 피해 가는데 말이죠.(웃음) 글쎄요, 우선 「괴물」에 나오는 부분인데, 가족들이 합동분향소에서 뒤로 일제히 자빠지는 모습을 직부감으로 찍은 장면이 떠오르네요. 두 번째로는 「살인의 추억」에서 극 초반 피살된 시체가 발견된 논두렁에서 한바탕 해프닝이 벌어지는 모습을 찍은 롱테이크 장면이에요. 그리고 세 번째는 「플란다스의 개」에서 교수가 되기 위한 뇌물로 돈 다발을 바닥에 까느라고 정작 케이크의 위에 놓인 딸기가 상자에 들어가지 못하고 걸리는 장면이겠네요.

– 요새 말이야,
뉴스 보니까 돈 받아먹고 쇠고랑 찬 교수들도 있던데.
그게 온라인 입금하니까 걸렸지, 그냥 사과박스 안에다가
현찰 넣어갖고 살짝 갖다주면 안 걸린다던데.

어렸을 땐 교수 될라면 그냥 죽어라고 공부만 하면
다 되는 줄 알았는데. 학장은 돈 받으면 그 돈으로 뭐 할까.

「플란다스의 개」에서 이성재가 아내 김호정에게 에둘러서 암시

이동진 그 직후, 아내 은실(김호정)이 그 딸기를 케이크에서 떼어내서 뇌물을 들고 갈 남편 윤주(이성재)의 입에 넣어주는 아이러니한 장면까지 정말 좋죠.

봉준호 그런데 그 장면을 이야기하시니까 성재 씨가 갑자기 보고 싶네요. 요즘 뭐 하시는지 모르겠지만 다음 영화로는 내성적인 역할을 하시면 참 좋을 것 같은데요.

- 본 영화에 출연한 강아지들은 담당 관리자와
전문 의료인의 입회하에 안전 관리되었습니다.

개를 잡아먹는 장면이 등장하는 영화 「플란다스의 개」의 첫 안내 자막

이동진 그 영화의 강아지들은 정말 어떻게 되었습니까. 죽은 강아지들을 찍으신 것은 아니죠?

봉준호 아니에요. 어떻게 개를 죽여요. 두 마리 모두 마취한 거죠. 마취 시간도 30분을 넘기면 위험하다고 하기에 얼마나 마음을 졸이면서 찍었는데요.

- 이게 뭐야? 어우, 냄새 죽인다.

「플란다스의 개」에서 개고기 요리를 만들고 있던 경비원 변희봉에게 아파트 관리소 주임이 다가와서

이동진 외국 영화제에서 이 작품을 상영했을 때, 개를 잡아먹는 설정 때문에 뒷이야기도 많았을 것 같은데요.

봉준호 부에노스아이레스영화제에서 그 영화가 상영됐을 때 주駐 아르헨티나 영사 부부께서 일부러 관람하러 오셨더라고요. 알고 보니 영화가 궁금하셔서가 아니라 불안하고 걱정되어서였죠. 그 한 달 전에 아르헨티나에서 살던 한국 교민 한 분이 마당에서 기르던 개를 잡아먹었다는데, 그걸 이웃이 캠코더로 찍어서 방송국에 제보했대요. 나라 전체가 발칵 뒤집히면서 반한反韓 감정이 팽배했다는데, 제가 그 영화를 딱 들고 나타났으니 그럴 법도 했죠.

이동진 정말 민망하셨겠네요.

봉준호 괜히 미안하더라고요. 저는 영화 상영이 끝나자마자 돌아와서 영사님이 어떻게 그 영화에 대해 느끼고 또 대처하셨는지는 모르겠어요. 영국에서는 이 영화가 상영되기 세 달 전에 BBC에서 한국의 모란시장을 취재해 개고기 파는 모습을 방영했대요. 그런데 그때 외국인이 카메라를 들고서 곳곳을 찍고 다니자 민감해진 한국 상인 한 분이 화가 나서 개의 피를 바가지에 담아 뿌리셨다죠. 카메라 렌즈에 그 피가 그대로 튀는 장면까지 다 찍혀서 방영되었으니 파장이 대단했죠. 그래도 「플란다스의 개」 상영 후 영화의 그런 내용에 대해서 공격하는 질문이나 견해는 없었으니 다행이었어요.

- 너 여자랑 자봤어?
- 나 여자랑 잤어.
- 여자 누구?
- 엄마.

「마더」에서 진구가 묻자 원빈이 엉뚱하게 대답

이동진 「플란다스의 개」에서 개고기 모티브가 뜨거운 감자였다면, 「마더」에서는 근친상간 모티브가 그렇다고 할 수 있을 것 같습니다. 이 영화에는 근친상간적으로 볼 수 있는 대목들이 무척이나 미묘하게 담겨 있으니까요. 극 중에서 혜자는 성인인 아들 도준과 한 이불에서 자고, 아들이 소변을 보는 모습도 바로 옆에서 쳐다봅니다. 그 모자가 함께 잔다는 것에 대해서 이상하게 생각하며 놀리는 주변인들의 대사도 몇 차례 등장하고요.

봉준호 그 모자 사이에 실제로 이상한 일이 있었다고는 생각하지 않아요. 하지만 그런 묘사들에 대해서 한국 관객들과 서양 관객들이 받아들이는 양상이 좀 다를 것 같긴 해요.

이동진 서양 관객들이 훨씬 더 민감하게 받아들일 것 같은데요?

봉준호 저는 그런 요소들에 대해서는 근친상간적인 모티브를 떠나서 섹스에 대한 관점으로 보면 더 좋을 듯해요. 이 영화의 인물들은 섹스를 할 수 있는 인물과 할 수 없는 인물로 나눌 수 있을 것 같아요. 극 중에서 섹스를 하지 않거나 못하는 사람들이 바로 혜자와 도준인 거죠. 혜자에게는 성적인 긴장감이 내재해 있는데, 예를 들어서 진태(진구)가 여자친구와 섹스하는 모습을 커튼 뒤에서 훔쳐보면서 혜자의 발가락이 오그라드는 장면이 묘사되기도 하죠.

이동진 거기다가 그 장면에서 클로즈업되는 혜자의 양말이 하필 빨간색이잖아요.(웃음)

봉준호 이 영화에는 빨간색이 많죠. 혜자라는 캐릭터를 빨강과 보라 위주로 표현했거든요. 둘 모두 관능적인 색깔이죠. 엄마는 여자다, 남편도 없는데 집에 예쁜 남자가 있다, 그런데 그는 성적인 관계를 가질 수 없는 아들이다, 그런데도 그와 계속 같은 이불 속에서 잔다, 이런 상황 속에서는 성적인 히스테리라는 게 굉장히 중요하죠. 그러다 보니 충동적으로 이상한 일을 저지르는 겁니다. 히치콕 영화에서 그런 모티브가 자주 발견되잖아요?

이동진 「마니」가 대표적인 영화 같습니다.

봉준호 그렇죠. 「프렌지」에서처럼 식욕으로 전환될 수도 있고요. 성적인 에너지가 삶의 원천인데, 「마더」의 경우 그런 측면에서 문제가 있는 거예요.

이동진 「마더」는 정신분석학적으로 세밀하게 분석하는 것이 가능한 텍스트입니다.

봉준호 고등학교 때 프로이트의 『꿈의 해석』을 보면서 흥분한 적이 있어요. 계단 꿈에 대한 이야기를 읽을 때였죠. 아니, 학술 서적인데 이렇게 야하다니!(웃음) 진태와 미나처럼 살면 좋을 텐데 대부분 그러지 못하잖아요?

– 아니야, 절대 아니야. 아니야, 아니야. 이 쓰레기야.

우리 아들 발톱의 때만도 못한 새끼가.

「마더」에서 김혜자가 원빈의 범행 현장을 목격했다는 고물상 노인을 충동적으로 살해하면서

이동진 고물상에서 살인을 저지르는 장면에서 그동안 꾹꾹 눌러왔던 혜자의 히스테리가 단숨에 폭발하는 것처럼 보입니다.

봉준호 혜자가 고물상에 갔을 때 할아버지가 노골적으로 들이대죠. 그게 극 중에서 혜자로선 처음으로 그런 상황에 접하게 되는 거잖아요? 그런데 결국 그 할아버지는 혜자의 손에 죽음을 맞이하고 말죠. 그 순간 혜자는 솟구치는 남자의 피로 샤워를 하듯 하게 됩니다. 이전 장면에서 혜자는 여고생에게 생리대가 필요 없게 된 지 오래됐다는 말을 했던 적이 있는데, 그렇게 피를 뒤집어쓰는 장면의 앵글 같은 게 어찌 보면 무척 섹시하기도 해요.

- 맨하탄 아줌마가 그러던데,
너 어젯밤에 발정 난 똥개였다며?

「마더」에서 윤제문이 원빈에게 전날 밤의 행적을 캐물으면서

이동진 확실히 「마더」는 그 저변에 성적인 코드가 강력하게 흐르고 있는 게 사실입니다.

봉준호 「마더」는 정말 하고 싶은데 못하는 아이와 정말 하기 싫은데 해야 하는 아이가 비극적으로 만나게 된 이야기로도 볼 수 있을 거예요. 저류로 흐르는 섹스 코드를 빼면 아마도 이 영화의 이야기는

성립하지 못할 것 같아요. 극 중에서 김혜자 선생님의 베드신까지는 찍지 않았지만, 코앞에서 벌어지는 진태와 미나의 모습을 목격하는 장면을 찍은 것만으로도 좀 뿌듯해요. 저도 영화 속에서 본격적인 섹스신을 찍은 것은 이번이 처음인데, 찍다 보니 느낌이 오더라고요. 그래서 결과적으로 그 장면이 꽤 길게 묘사됐죠. 도준이 소변보는 장면을 혜자가 옆에서 지켜보는 장면의 경우, 김혜자 선생님이 너무나 그로테스크하다고 여기시더군요. 그래서 그냥 약재상인 여자가 소변 색깔을 통해 아들의 건강 상태를 파악하려고 하는 장면이라고 말씀드렸더니 편하게 생각하시더라고요.

- 근데 형님. 대학생 애들, 그 왜, 엠티 가면은 남자애들이
  여자애들 다 따먹구 여럿이 한 방에 모여가지고
  막 떼씹하고 그런대매? 그거 진짠가?
- 몰라, 이 새끼야. 빨리 이거나 해.

「살인의 추억」에서 김상경이 병력을 이끌고 실종된 여자의 시신을 찾고 있던 들판 바로 옆에서 실뜨기를 하던 김뢰하와 송강호의 대화

이동진 「살인의 추억」에서 두 형사가 황당한 음담패설을 나누면서 실뜨기놀이를 하는 장면은 어떻게 떠올리신 건가요. 동료가 병력을 이끌고 실종자 시신 수색에 나서고 있는 벌판 옆에서 중년의 형사 둘이 실뜨기를 한다는 설정이 무척이나 이색적이었는데요.

봉준호 일단 제가 실뜨기놀이를 할 줄 알아요.(웃음) 형사들이 범행

현장 옆에서 한가롭게 그걸 하고 있으면 배경과 대조를 이루면서 재미있는 그림이 되겠다고 생각해서 그 장면을 찍는 날 아침에 즉석으로 설정한 부분이었죠.

- 레이스.
- 스파게티.
- 티파니.
- 니기미.

「마더」에서 섹스 도중 끝말잇기를 하는 진구와 여자친구

이동진 진태와 미나가 관계를 가지면서 서로 끝말잇기를 하는 모습이 정말 인상적이던데요?(웃음)

봉준호 시나리오를 쓸 때는 꽤 충격적이라고 생각했는데 막상 영화에서는 상대적으로 덜한 것 같더라고요. 다들 그 장면을 보고서 경험이냐고 묻는데, 아니, 살인해보고 살인 장면을 찍습니까.(웃음) 그냥 그런 게 그 두 사람의 모습이죠.

이동진 그 장면에서 진구 씨의 몸이 시골 건달 캐릭터치고는 너무 만들어진 근육질이었습니다.(웃음)

봉준호 저도 그 몸을 보고서 좀 죽이라고 했는데, 태생적으로 워낙 몸이 좋아요. 그 섹스신은 초반에 촬영했는데, 비 오는 밤에 진태가 혜자 집에 가서 웃통 벗고 이야기 나누는 장면을 보면 그나마 몸이 자연스러워요. 그건 좀 나중에 찍었거든요.

이동진 그렇다면 더더욱 만든 몸인 게 맞네요.(웃음)

봉준호 진구 씨가 귀여운 구석이 있어요.(웃음)

– 넌 손가락이 이렇게 붙어서 젓가락질도 제대로 못하겠다.

「살인의 추억」에서 김상경이 용의자 박노식의 화상을 입은 손을 살펴본 뒤

이동진 태윤(김상경)이 식당에서 밥을 먹으며 동료들의 이야기를 심드렁하게 들을 때 나무젓가락으로 물을 찍어 먹거나 식탁에 뭔가 글씨를 쓰는 식의 엉뚱한 모습은 감독님이 직접 배우에게 주문하신 행동인가요.

봉준호 그건 (김)상경 씨가 리허설을 반복하는 과정에서 생각해낸 디테일이에요. 그 장면 촬영이 다 끝난 뒤, 그때 나무젓가락으로 식탁 위에 뭐라고 적었냐고 물어봤더니, '좃까'라고 썼다고 하더라고요.(웃음)

이동진 「마더」에서도 인물의 사소한 동작들에서 무척이나 인상적인 디테일이 많이 보였습니다. 제가 흥미롭게 봤던 것 중 하나는 공 변호사가 첫 접견을 마치고 서둘러 면회장을 빠져나갈 때, 의자에 앉아 다리를 꼬고 있는 여자에게 "어이!"라는 말과 권위적인 손동작으로 굳이 그 꼰 다리를 풀게 하고 나서 그 앞을 지나가는 모습이었죠. 그게 공 변호사가 어떤 인물인지를 그대로 설명한다는 느낌이었거든요.

봉준호 그 부분은 원래 시나리오에는 없었는데 현장에서 만든 내용

이었어요. 공 변호사가 그 장면에서 짧게 나오긴 하지만 그 인물을 설명해줄 수 있는 뭔가가 필요하다고 느꼈는데, 그 동작을 떠올리고 나니 그 남자는 꼭 그렇게 할 것만 같다는 느낌이 들더라고요. 그 사람은 모든 주변 상황을 자기가 꼭 정리해야 하는 스타일인 거죠. 스스로 잘나가는 사람이라는 자부심을 항상 갖고 있고요.

- 밑에 말야, 물속에, 커다랗고 시커먼 게, 물속에. 정말 못 봤어?
- 뭐, 인마, 뭐?
- 끝까지 둔해빠진 새끼들. 잘살아들.

「괴물」의 도입부. 한강에 투신자살을 하려던 남자가 폭우 속에서 괴물을 본 뒤 옆에 있던 친구들에게

이동진 잠실고등학교 3학년 재학 중이었을 때 한강에서 정체불명의 괴물체를 목격했던 게 영화 「괴물」의 시작이 되었다고 개봉 당시 인터뷰들에서 여러 차례 밝히셨죠. 그때 진짜로 괴물을 보셨습니까.

봉준호 입시 스트레스 때문이었는지는 몰라도 정말로 봤어요. 집이 서울 잠실에 있는 장미아파트였는데, 제 방에서 창문 밖을 내다보면 그 앞의 두 개 동 사이로 잠실대교가 보였거든요. 거기서 어느 날 오후에 괴물체가 교각을 오르다가 강에 떨어지는 것을 분명히 봤죠. 그보다 더 어렸을 때는 영국 네스호에서 목격된 괴물 네시 이야기에 매혹되기도 했어요. 그때는 다들 그랬죠. 고등학교 때부터 영화감독이 되고 싶었기에, 장차 영화를 만들게 되면 이 두 가지 모티

브를 섞은 뒤 내가 뛰놀던 한강변을 무대로 삼아서 괴물 영화를 만들어야겠다고 일찌감치 결심했어요.

- 제가 자주 듣는 '저녁의 인기가요'라는 프론데, 그 프로에
  이 「우울한 편지」를 꾸준하게 신청하는 사람이 있어요.
  여기 자세히 보시면 이 노래 방송된 날짜거든요.
  사실 이 노래가 히트곡이 아니어서
  자주 틀어주는 노래는 아니에요.
- 노래, 뭐, 뭔 편지?
- 우울한 편지요. 가수는 유재하. 근데 이 노래 방송된 날이
  전부 여기서 사건 터진 날이랑 일치해요.

「살인의 추억」에서 여형사 고서희가 형사반장인 송재호에게 보고하면서

이동진 감독님의 영화에서 가장 인상적으로 쓰인 곡은 아마도 유재하의 「우울한 편지」일 것 같습니다. 「살인의 추억」에서 유력한 용의자가 비 오는 밤이면 늘 라디오 프로그램에 신청하고는 했던 노래로 나왔죠. 이 곡은 어떻게 영화 속에 넣으시게 된 건가요.

봉준호 용의자가 라디오 프로그램에 노래를 신청한다는 설정은 원작 연극에 원래 있었어요. 거기선 모차르트의 「레퀴엠」이었죠. 그런데 영화는 1980년대의 시대적 느낌이 중요해서 당시 노래를 고르려고 했어요. 그중에서도 이미 세상을 떠난 가수의 곡이면 더 좋을 것 같아서 유재하의 노래를 떠올렸던 거예요. 「우울한 편지」는 그 당시

제가 무척 좋아했거든요. 얼굴이 뽀얀 박현규(박해일) 캐릭터와도 잘 어울리는 것처럼 느껴지기도 했고요. 실제로 화성 연쇄살인사건이 일어나던 시기에 유재하 씨의 앨범이 나오기도 했죠.

- 술도 많이 먹었네?

「마더」에서 진구가 폭탄주를 마시고 돌아온 김혜자를 보면서

이동진 감독님 영화를 보면 폭탄주에 대해 상당히 강렬하고도 부정적인 인상을 받으신 것 같습니다.(웃음) 「플란다스의 개」에서 교수가 회오리주를 만들어 건네는 모습이나 「마더」에서 변호사가 폭탄주를 조제해 전달하는 광경에서 대표되듯, 기성세대나 제도권의 부패와 부도덕이 폭탄주를 돌리는 술자리로 상징된다고 할까요.

봉준호 아마 폭탄주가 「마더」와 「플란다스의 개」의 유일한 접점일지도 몰라요. 그 공통점을 딱 끄집어내시네요.(웃음) 제가 그걸 기성세대의 대표적인 이미지로 생각하나 봐요. 처음 폭탄주를 마셨을 때 무척이나 위축되는 느낌이 있었어요. 성인들의 거래라는 생각이 강했죠. 폭탄주가 오가면서 거래도 오가는 것 같았습니다. 사실 「마더」에서 변호사는 폭탄주를 건네줄 때 별거 아닌 과정을 거창하게 만들잖아요. 복잡하게 조제한 후 자신이 직접 건네주는 것도 아니고 여종업원에게 "여사님 드려"라고 시키죠. 처음에 그 잔을 받아 마시지 않던 혜자는 변호사가 '정신병원에서 4년' 운운할 때 기로에서 마시죠. 그 순간 도준이 어릴 때 박카스를 앞에 둔 모습이 짧게 인서

트됩니다. 그다음 장면은 집에 와서 혜자가 토하는 장면이죠. 마치 어릴 적 농약 박카스를 마시고 토하듯이요. 그 거래라는 것은 물론 추악한 거래이고, 모든 것을 두루뭉술하게 만들어버리는 한국 사회의 거래예요. 정신병원 원장과 검사와 변호사가 모두 짜고 치는 고스톱에 너도 동참하라는 거죠.

– 이게 바로 세팍타크로의 위력이여, 응? 그리고
이거는 기본 동작. 딱, 어이, 딱, 딱. 야, 지금으로부터
예 아니오 대답 또박또박 잘 안 하면
너 완전히 죽여버리는 수가 있다.

「마더」에서 형사 송새벽이 원빈의 입에 사과를 물린 뒤 발차기를 날리고 나서

이동진 고문을 하거나 린치를 가할 때 주로 발을 사용하는 것도 무척 이색적입니다. 「살인의 추억」의 형사(김뢰하)는 군화에 덧신을 신고 발로 용의자를 마구 차죠. 「마더」의 형사(송새벽)는 피의자 입에 사과를 물리고 세팍타크로 동작으로 발차기를 합니다. 「살인의 추억」에서는 서울에서 전근 온 태윤(김상경)을 몰라보고 두만(송강호)이 두 발을 날려 쓰러뜨리기도 하고요. 「마더」의 진태(진구) 역시 고교생들을 발로 린치합니다. 이런 장면들에서 종종 발은 따로 클로즈업으로 인서트해 강조하시죠. 왜 유독 발로 구타하는 장면을 자주 그리시는 건가요.

봉준호 그러게요. 왜 그랬을까요.(웃음) 제가 싸움을 별로 안 해보고

커서 거기에 꽂힌 건가요. 중학교 2학년 때 잠깐 싸운 이후로는 누구와 싸움을 해본 적이 없거든요. 저도 잘 모르겠네요.

– 자, 힘 줘. 꽉! 봤냐? 못 봤겠지.

「마더」에서 형사 송새벽이 원빈의 입에 사과를 물린 뒤 발차기를 날리고 나서

이동진 「마더」에서 누군가가 맞는 순간은 클로즈업 위주로 강렬하고도 짧게 삽입되어 있습니다. 관객들은 그걸 볼 때 타격의 강도와 위력은 고스란히 체험하지만, 그것이 어떤 맥락에서 어떻게 가해진 동작인지에 대해서는 제대로 파악하기 힘든 셈입니다. 도준의 입에 물린 사과에 형사가 발차기를 하는 장면, 도준이 자신을 놀리는 다른 재소자를 때리는 장면, 혜자가 유족들에게 따귀를 맞는 장면이 모두 그렇게 찍혔습니다. 대단히 파워풀한 숏이던데요.

봉준호 제가 본능적으로 그렇게 한 박자 빠르게 하는 걸 좋아합니다. 실제로도 누군가에게 얻어맞는 건 그런 게 아닐까 싶기도 하고요. 준비하고 맞는 게 아니잖아요. 혜자가 뺨을 맞는 장면을 보면, 먼저 멱살을 잡았던 여자가 때리는 게 아니에요. 뒤에서 담배를 피우던 임부가 느닷없이 달려들어 올려 치는 거죠. 그 역을 한 배우 황영희 씨는 오로지 따귀 때리는 장면 하나를 찍기 위해서 그날 고성까지 왔어요. 사실 현장에서 김혜자 선생님의 따귀를 시원하게 때릴 만큼 기가 센 배우는 거의 없어요. 그런데 어떤 공연을 보다가 황영희 씨를 발견했는데, 그분이라면 할 수 있을 것 같았죠.

이동진 그럼 실제로 그렇게 세게 때린 건가요.

봉준호 네, 그것도 열 몇 번을 재촬영했어요. 저는 냉정해져야 하니까 황영희 씨에게 고막이 떨어져나갈 정도로 한 번에 세게 때려야 빨리 끝나서 모두 좋은 것이라고 말했죠. 그런데 정말 잘 때리면 카메라가 삐끗하는 식으로 계속 뭔가 안 맞아서 거듭 NG가 났어요. 나중에는 김혜자 선생님이 완전히 얼이 빠지셔서 거의 우시는 것 같았습니다. 정말 죄송했어요. 일평생 뺨을 맞아본 적이 한 번도 없으셨대요. 드라마와 실제 삶 모두에서요. 그런데 그 장면에서 연이어 그렇게 했으니. 제가 황영희 씨에게 귓속말하는 모습을 보면서는 또 얼마나 분개하셨겠어요.

이동진 정말이지 감독들은 독한 사람들이에요.(웃음)

봉준호 봉변을 당하신 거죠. 그 장면 동선이 정말 복잡했으니까요. 감독들은 죽으면 유황불에 탈 거예요. 그렇게 배우를 때려놓고 원하는 게 나오면 좋다고 낄낄대죠. 감독은 정말 저주받은 직업이라니까요. 그날 엑스트라로 나오신 아주머니들이 막 울었어요. "귀하신 분이 자꾸 저렇게 맞아서 어떡해"라면서요.

- 이 멍멍일 위해서 저 슈퍼엘 다시 갔다 오라구?
  백 미터는 될 텐데?
- 만일 백 미터 안 되면 앞으로 너 나를 누나라고 불러.
  내가 원래 너보다 두 살 많잖아.

「플란다스의 개」에서 이성재가 애견용품 심부름을 거부하자 연상의 아내인 김호정이 밀어붙이며 이동진 개인적으로 아시는 분들이면 이 대목에서 감독님 부부에 대해 떠올리지 않을 수 없을 것 같은데요.(웃음) 그래도 상관없다고 생각하셨나요?

봉준호 사실 영화의 내용과 감독의 개인 생활을 연결 지어서 진짜 그러냐는 식으로 묻는 것은 어처구니없는 질문이죠.(웃음) 그런데 보는 사람 입장에서는 또 그럴 수밖에 없다고 생각하기도 해요. 이게 배우나 감독의 숙명이 아닌가 싶어요. 사실 그 장면은 저와 아무런 상관없이 창작해낸 부분인데 말이죠.

이동진 부인께서 연상이시죠?

봉준호 네, 저보다 네 살 위죠. 「플란다스의 개」에서는 주눅 든 남편에게 화가 난 아내가 망치를 던지는 장면도 나오는데, 사람들이 심지어 집에서 당했던 경험을 영화화한 거 아니냐고 묻더라고요.(웃음)

- 학부모 참관 수업하는데 삼촌이 부모 대신 온 애는 나밖에 없더라.

「괴물」에서 딸 고아성이 아버지 송강호에게 불평하면서

이동진 아들이 하나 있으시죠? 집에서는 어떤 아버지신가요. 학교에는 가보셨습니까.

봉준호 너무 바빠서 가보지는 못했어요. 그 반대로 제가 가는 영화제나 촬영 현장으로 아들을 데려오고는 하죠. 일본 아사히신문에서 「괴물」을 그해의 '해외 영화 베스트 1'으로 선정해 상을 받을 때 아

들을 데려간 적도 있습니다. 그렇게 아버지가 상 받는 모습을 일부러 보여줬죠.(웃음)

이동진 「소설가 구보씨의 일일」을 쓰신 월북 작가 박태원 씨가 외조부시잖아요? 몇 해 전에는 감독님의 어머니께서 북에 계신 이모님을 수십 년 만에 만나셨던 일이 언론에 보도되기도 했고요. 감독님의 예술가적인 기질은 외가 쪽에서 물려받으셨나 봅니다.

봉준호 물려받았다면 차라리 부계 쪽일 거예요. 아버지가 디자인을 하셨는데, 어려서부터 아버지의 그런 작업을 보는 게 무척 즐거웠거든요. 저는 상하이국제영화제 심사위원을 맡아 중국에 가 있느라 어머니가 이모님을 수십 년 만에 만나셨다는 이야기를 나중에 들었는데 실감이 나지 않더군요. 딴 세상 이야기 같았어요. 자매끼리 수십 년 만에 그런 자리에서 만나야 한다는 게 초현실적인 풍경이라는 느낌이었고 어처구니가 없었죠. 1987년에 해금되기 전까지는 외할아버지에 대해서 거의 몰랐어요. 해금 이후에 처음으로 「소설가 구보씨의 일일」 『천변풍경』 같은 그분의 소설들을 읽었죠. 그때는 제 나이가 어렸지만 소설들이 참 모던한 느낌이었어요. 그분이 '모던보이'셨구나 싶더라고요.

- 와, 그럼 누나는 맨날맨날 먹겠네.
- 원래 짱깨집 애들이 짜장면 더 안 먹어.

「괴물」에서 집에서 매점을 하기 때문에 컵라면이 쌓여 있다는 말에 꼬마인 이동호가 탄성을 지르자 고아성이 대답

이동진 감독들은 오히려 영화를 더 못 보시는 경우가 많은 것 같더라고요. 감독님의 경우는 어떠신가요.

봉준호 시간이 없지만 어쨌든 계속 봅니다. 밥 먹으면서도 노트북에 틀어놓고 보고 잘 때도 꼭 켜놓죠. 보고 싶은 게 너무 많은데 제대로 볼 수가 없어서 늘 쫓기는 기분이에요. 사실 저는 다른 취미가 전혀 없어요. 포커도 안 치고 골프도 안 해요. 그러니 영화를 만들지 않을 때는 다른 사람들이 만든 영화를 보죠. 그런데도 왜 영화를 볼 시간이 이렇게 없는 건지 모르겠어요.

이동진 요즘은 어떤 영화들을 주로 보세요?

봉준호 고전과 거장들의 작품이요. 대표작이 아니더라도 확실히 거장들의 작품이 좋아요. 요즘에는 페데리코 펠리니가 유독 좋아졌어요. 예전에는 그렇게까지 좋지 않았는데 말이죠. DVD로 보면서 그 진가를 다시 느끼고 있어요. 「카비리아의 밤」도 좋았고, 「길」도 제대로 다시 보니 새삼 감동을 받았어요. 「달콤한 인생」 「사티리콘」 「아마코드」도 다 훌륭했고요. 외국에 나가면 취미가 따로 없으니 그곳의 DVD 숍에 쇼핑을 가고는 하죠.

이동진 펠리니 외에는 어떤 감독을 좋아하세요?

봉준호 이마무라 쇼헤이를 참 좋아해요. 어떤 일본의 평론가가 칸 영화제 때 「괴물」을 보고 "이마무라 쇼헤이가 찍은 괴수영화 같다"고 평했는데, 그게 제가 「괴물」에 대해서 들은 가장 기분 좋은 찬사였어요. 이마무라 쇼헤이의 영화 중에서도 특히 「복수는 나의 것」을 정말 좋아하죠. 구로사와 아키라도 위대한 감독이라고 생각해요. 알프레드 히치콕은 일종의 롤 모델이고요. 「기차의 이방인」도 좋고 「누명 쓴 사나이」나 「현기증」 「사이코」와 「프렌지」까지 다 훌륭해요. 한국의 선배 감독들 중에서는 김기영 감독님을 특히 좋아합니다.

- 어우, 우리 언니, 타이틀이 화려하세요.

류승완 감독의 「피도 눈물도 없이」에서 형사로 나오는 봉준호가 폭행 사건에 연루되어 온 이혜영의 전과를 조회해본 후 비아냥거리면서

이동진 감독님은 연기력까지 갖춘 드문 연출자입니다.(웃음) 저는 특히 「피도 눈물도 없이」에서 형사로 나오셨을 때를 가장 인상적으로 기억합니다. 최근에는 (이경미 감독의) 「미쓰 홍당무」에도 나오셨죠? 그런데 정작 본인 영화에는 한 번도 등장하신 적이 없는데요.

봉준호 연출만 하는 것도 힘들어서 현장에서 여유가 없는 사람인데, 제 영화를 만들면서 출연까지 할 수는 없죠. 「피도 눈물도 없이」의 그 형사 역은 원래 김지운 감독님이 하기로 되어 있던 건데 펑크가 나서 제가 '땜빵'을 한 경우였죠. 제 출연작 중 유일하게 자랑스러운 것은 「인류멸망보고서」(임필성)에서의 연기예요. 개량 한복을 입고 심야토론회 패널로 나오거든요. 사이비 시민단체 회원으로 나와서 기타까지 치면서 엄청나게 애드리브를 쏟아부었죠.(웃음) 그것 외에 다른 출연작들은 전부 창피해요.

– 오늘 박 기자 새끼 안 보이네. 휴가 갔나.
씹새끼, 그거 안 보니까 속이 시원하네.

「살인의 추억」에서 송강호가 사건 현장을 두리번거리면서

이동진 민망한 질문을 해서 대단히 죄송합니다.(웃음) 기자들이 귀찮으실 때가 많으시죠?

봉준호 그 대사는 강호 선배의 애드리브예요.

이동진 아, 송강호 씨가 기자들을 귀찮아하시는 거군요.(웃음)

봉준호 귀찮아한다기보다 공포스러워한다는 게 더 맞을 거예요. 특히 나이 많은 기자분들 중에는 '완성된 성인 남자형'이 많잖아요?(웃음) 「살인의 추억」 때 어느 분께서 굳이 술을 마시면서 인터뷰를 하자고 하시더라고요. 그래서 인터뷰를 하게 됐는데, 제가 쭈욱 말을 늘어놓아도 도무지 적지를 않으세요. 그렇다고 녹음을 하시는 것도 아니고요. 그래서 어떻게 쓰시려나 싶었는데, 나중에 신문을 보니 제 발언이 전부 다 틀리게 나왔더라고요. 사실 아까 잠깐 말씀드린 대로, 저는 '한국 성인 남자' 자체에 대한 공포심이 있거든요. 어쩔 수 없이 따라간 룸살롱에서 쭈뼛거리다가 여종업원들에게 존댓말하고 있는 제 모습을 보면서 경멸하는 식의 사람들이죠. 저도 성인 남자인데 그런 '완성된 성인 남자'들 사이에 들어가서 엮이거나 대화를 나눠야 하는 상황이 무척이나 두려워요. 소위 완성된 성인 남자에 대한 공포라고나 할까요.

이동진 그러실 것 같아요.(웃음)

봉준호 완성된 성인 남자들 사이에 앉아 있어야 할 때가 정말 싫어

요. 지방에 특강 갔다가 양복 입은 교수들 틈바구니에 앉게 되었을 때 보면, 그분들은 말하는 패턴도 정해져 있어요. 제가 유머를 구사해봐도 아무런 반응이 없고요. 그럴 때는 저 역시 포맷화된 방식으로 응해줘야 하는데, 참. 그분들의 안정된 자세와 눈빛이 싫어요. 사실 어떤 그룹도 상층부는 다들 그런 사람들이더라고요. 평생 유머 한 번 구사하지 않았을 듯싶은, 동상銅像 같은 느낌이랄까요.

– 사진 너무 예쁘게 나왔다.

「괴물」에서 고모인 배두나가 합동분향소에서 조카인 고아성의 영정사진을 보다가 눈물을 주르륵 흘리면서

이동진 제 블로그에 다음 부메랑 인터뷰로 아마 봉준호 감독님을 하게 될 것 같다고 썼더니 어떤 분이 댓글을 통해 '박찬욱 감독님 잘 나온 사진은 많은데, 봉준호 감독님 잘 나온 사진은 거의 없다'면서 특별히 사진을 잘 좀 찍어달라고 부탁하더라고요.

봉준호 (사진기자를 보면서 큰 소리로) 저 좀 잘 좀 찍어주세요.(웃음) 박찬욱 감독님이나 김지운 감독님 같은 분들은 다 잘생기셨잖아요. 무슨 사진 탓을 하겠어요. 제가 못생겨서 그런 거죠.

이동진 제 생각에는 감독님의 독특한 헤어스타일 때문인 것 같아요. '봉'두난발 스타일이라고 할까요.(웃음)

봉준호 이건 스타일이라고 할 것도 없어요. 아무것도 하지 않은 머리거든요. 파마했냐고 물으시는 분들이 많은데, 저, 억울해요. 좀 이상

한 이야기지만, 제가 고등학교 2학년 때까지 직모였는데 갑자기 두 달 사이에 곱슬머리로 바뀌어버렸어요. 지난번에는 병원에 갔는데 제가 옆에 서 있는 것도 모르고 한 학생이 자기 친구에게 저에 대해 이야기하는 거예요. "거, 왜 있잖아? 젊고 머리 부스스한 감독."(웃음) 전 그냥 머리를 감고 나서 젤도 바르지 않아요. 드라이도 안 하고요. 너무 귀찮아서요.

이동진 말씀하시는 걸 들으니, 아무래도 사진이 예쁘게 나오지 않는 걸 감수하셔야 할 것 같습니다.(웃음)

- 누나, 나 그거 먹고 싶어. 바나나 우유.
- 그럼 내친김에 다 말해봐.
  여기서 나가면 뭐부터 먹을 건지. 일등부터 십등까지 쫘악.
  누나가 매점하니까 다 갖다줄 수 있거든.
- 천하장사 소시지, 삶은 계란, 핫도그,
  메추리알, 통닭, 컵라면…….

「괴물」에서 좁은 하수구에 갇힌 이동호가 고아성에게 자신이 먹고 싶은 것들을 나열

이동진 「괴물」에서 하수구에 함께 갇혀 있던 현서(고아성)가 먹고 싶은 것을 물었을 때 세주(이동호)가 일일이 열거하던 열 가지 음식이 무척 인상적이던데요?

봉준호 그 음식들이 전부 다 그 아이가 실제로 그때 먹고 싶은 것들이었거든요.(웃음)

이동진 그렇다면 지금 감독님이 먹고 싶은 음식은 어떤 것들일까요. 다섯 가지만 말씀해주시겠어요?(웃음)

봉준호 음…… 게장 백반, 총각김치, 전복죽, 낫토, 오징어튀김이 생각나네요. 벌써 다섯 개 다 채운 거죠?(웃음)

이동진 특별히 미안함을 느끼는 사람들이 있으세요?

봉준호 무엇보다 영화 스태프들에게 미안해요. 더 좋은 조건에서 일할 수 있도록 해야 하는데 감독이란 위치가 참 애매하죠. 제작에 대해서는 피고용인이지만, 예술적으로는 사용자의 위치니까요. 스태프들의 꿈을 빌미 삼아서 '싫으면 떠나라'란 논리를 언제까지나 강요할 수는 없다고 봅니다.

– 그 사람이야 뭐, 그러니까 전임이 됐겠죠.
나는 뭐 로비 같은 것도 못 하고.

「플란다스의 개」에서 이성재가 평소에 학장과 좋은 관계를 맺어둬서 수완 좋게 교수가 된 사람의 이야기를 선배 임상수로부터 전해 듣고 나서

이동진 한 영화를 이루는 제반 요소들 중에서 감독님은 상대적으로 어떤 부분이 취약하다고 보십니까.

봉준호 의상에 대해서 취약해요. 한 영화를 이루는 모든 것을 세밀히 컨트롤하는 편인데, 의상은 정말 잘 모르겠어요.

이동진 변희봉 선생님이 어딘가에서 하신 인터뷰를 보니, 감독님이 현장에서 화내는 것을 한 번도 목격한 적이 없다고 하시던데요?

봉준호 변희봉 선생님이 못 보신 거죠.(웃음) 「괴물」에서 두 번, 「살인의 추억」에서 한 번 화를 냈어요.

이동진 그걸 또 정확히 기억하고 계시는군요.(웃음)

봉준호 「괴물」에서는 소품인 총이 제대로 준비되지 않아서 차질이 빚어졌을 때 화가 났고, 「살인의 추억」의 경우는 박노식 씨가 너무 차가워 얼음 기둥 같았던 전봇대에 힘들게 매달렸던 장면에서 고공 크레인 팀이 헤매는 바람에 계속 NG가 났을 때 눈이 뒤집혔죠. 제가 메가폰을 집어 던지면서 짧게 혼잣말로 욕설을 내뱉었더니 김형구 촬영감독님이 "봉 감독도 화낼 때가 있냐"면서 깜짝 놀라더라고요. 스태프들은 나중에 그게 화를 낸 거였냐고 말했지만요.(웃음) 저도 다혈질이라서 속에서는 불이 끓지만, 거의 대부분 저 혼자서 그러고 말 뿐이에요. 소심해서인지, 일단 화내고 나면 나중에 계속 그 일을 떠올리면서 자학하는 스타일이라 차라리 그냥 화를 안 내고 말죠. 부부싸움도 거의 안 해요.

– 우체국이죠? 저, 수사본부 서태윤이에요.
미국에서 서류 도착 안 했어요?

「살인의 추억」에서 김상경이 우체국에 전화를 걸어서 미국에서 날아올 유전자 감식 결과 서류에 대해 문의

이동진 외국에서 연출 제안이 많이 들어오죠? 특히 할리우드에서 그럴 것 같은데요. 외국에서 활동할 계획은 없으신지요.

봉준호 저뿐만 아니라 박찬욱 감독님, 김지운 감독님, 임상수 감독님 등 제안 받으신 분들이 많을 겁니다. 중요한 것은 외국에 진출하느냐 여부가 아니라 제가 그 작품에 대해 100퍼센트 컨트롤하는 권한을 가질 수 있느냐인 것 같아요. 다들 할리우드에서는 그게 힘들다고 하지만, 「바벨」 같은 영화를 보면, 알레한드로 곤잘레스 이냐리투 감독이 100퍼센트 컨트롤하고 있다는 게 보이잖아요. 그런 게 이상적인 할리우드 진출 케이스라고 봐요. 그게 보장이 안 되면 못 하는 거죠. 만일 그게 된다면 어느 나라에서든 영화를 할 수 있다고 봅니다.

이동진 할리우드에서 연출 제안이 들어오기 시작한 것은 「살인의 추억」 이후부터인가요.

봉준호 맞아요. 심지어 알프레드 히치콕의 「새」를 리메이크 해달라는 경우도 있었어요. 주연 배우로 나오미 와츠를 캐스팅했다나요. 잠깐 고민하다가 그다지 득이 될 게 없는 프로젝트인 것 같아서 포기했죠. 일본에서는 「20세기 소년」 연출 제안이 있었어요. 제가 무척 좋아하는 원작이어서 하고 싶은 마음도 있었는데, 제반 조건이 부담스러워 결국 거절했어요. 앞으로 하게 될 「설국열차」는 국제적으로 긴밀한 협조를 갖춰야 할 것 같아요. 그 대신 우리가 주도권과 작품을 컨트롤할 수 있는 권한을 유지할 거고요. 예전에 오우삼 감독이 처음 할리우드에 진출할 때 「하드 타겟」 같은 영화를 데뷔작으로 찍으면서 고생하고 그러는 게 별로 좋은 예는 아닌 듯합니다. 「괴물」은 할리우드 배우와 할리우드 컴퓨터그래픽 회사를 우리가 주도해서 쓴 경우잖아요? 그런 방식이 괜찮은 것 같아요.

– 야, 기차 오잖아, 인마.

「살인의 추억」에서 살인사건 목격자인 박노식이 철로 위로 도망치자 송강호가 다급하게 제지

이동진 「설국열차」도 정말 특수효과가 많이 들어갈 작품일 텐데, 사실 감독님이 특수효과를 제대로 쓰신 것은 「괴물」에서가 처음이었잖아요? 그 영화가 제작에 들어갈 때 다들 감독의 연출력은 믿었지만 특수효과의 완성도는 의심하는 분들이 많았죠. 특수효과의 품질이라는 게 감독의 연출 능력만으로는 커버할 수 없는 것이니까요.

봉준호 「괴물」을 만들던 3년 동안, 컴퓨터그래픽이 전 국민의 관심사라는 것을 실감했어요. 거의 축구 수준이더라고요.(웃음) 제대로 착수도 하기 전에 「괴물」이 화두가 되어 이미 인터넷에서 "우리도 할 수 있다"와 "결국 안 된다"를 놓고 논전이 벌어졌죠. 전 국민적인 CG 콤플렉스라고 할까요. 저야 열심히 준비하는 수밖에 없었어요. 처음에는 국내 업체를 알아봤는데 결국 경험 있는 슈퍼바이저가 필요하다고 판단해서 외국 업체들과 접촉해야 했죠. 피부를 가진 생물체가 컴퓨터그래픽에서는 최고 난도니까요. 해외 메이저 회사들을 두드려보니 조지 루카스의 ILM의 경우 가격이 한 숏당 1억 원 정도 견적이 나오더군요. 애초에 괴물은 120숏 정도 등장할 예정이었기에, 그 계산대로라면 컴퓨터그래픽에만 무려 120억 원이 들어가는 것이기에 답이 안 나오더라고요. 결국 저는 감독이면서도 특수효과에 대해서는 프로듀서 마인드를 가질 수밖에 없었어요. 그런 중압감을 즐겁게 받아들이면서 괴물이 등장하는 숏을 줄이는 것을 오히려 창의성을 발휘할 기회로 삼기 위해 노력했죠.

이동진 강두(송강호)가 괴물의 입에 마지막으로 찔러 넣은 쇠파이프에서 손을 떼었는데도 여전히 파이프가 부르르 떨리는 것으로 묘사한 장면이 그 예가 될 것 같은데요? 그 장면에서는 괴물을 제대로 등장시키지 않고도 절묘한 효과를 빚어내셨잖아요. 입에 찔러 넣은 직후 강두의 다리가 뒤로 밀리는 숏과 파이프가 부르르 떨리는 숏으로 괴물의 최후를 그려낸 것은 참 인상적인 연출이었습니다.

봉준호 정작 그 장면들을 촬영했을 때는 진짜 우스꽝스러웠어요. 생각해보세요. 나중에 컴퓨터그래픽으로 처리할 것을 예상하면서 스태프가 공중에 치켜든 두 손에 파이프만 들고서 흔들어대는 모습을 찍는 것이었으니까요. (두 팔을 들고 부르르 떠는 흉내를 직접 내면서) "이렇게요? 아니면 요렇게요?" 제게 끊임없이 물으며 장시간 계속 변주해서 떨어댔죠.(웃음) 스티븐 스필버그도 「죠스」를 만들 때 고무로 만든 상어가 자꾸 고장이 나자 이를 대체하기 위한 상어의 시점 숏을 만들어 섬뜩한 효과를 만들어냈잖아요. 제한이 창의성을 오히려 촉진하는 경우도 분명히 있는 것 같아요.

이동진 처음에는 특수효과를 뉴질랜드의 웨타스튜디오와 함께 하려다가 바꾸셨죠?

봉준호 제한적인 예산 규모에서 어떤 회사와 협력해야 최선인가를 고민하다가 처음에는 「반지의 제왕」을 만든 뉴질랜드의 웨타스튜디오와 주로 논의했어요. 그런데 마지막 순간에 예산 문제와 그쪽에서 담당하게 된 피터 잭슨의 「킹콩」 일정 문제로 결렬됐어요. 갑자기 값을 올려 불렀거든요. 그때가 가장 큰 위기였죠. 영화 엎어지는 것 아닌가 생각했으니까요. 그러다가 (「슈퍼맨 리턴즈」와 「해리 포터」

시리즈의 특수효과를 담당한) 미국 회사 오퍼니지와 연결되어 작업하게 됐어요. 숏당 3,000~4,000만 원 정도 들었어요. 전화위복이 된 거죠. 결국 국내에서 담당한 비용까지 다 합쳐서 특수효과에 대략 50억 원가량 들었습니다.

이동진 사실 예상보다 적은 가격인 것 같은데, 시장이 좁은 한국 영화이기에 오퍼니지 쪽에서 깎아준 것인가요?

봉준호 그건 아니에요. 50억 원이면 「지퍼스 크리퍼스」 특수효과에 들인 돈과 동일하다고 하더라고요. 그런데 결과를 보면 우리 쪽이 훨씬 더 잘된 것 같아요. 오퍼니지에는 최고 난도의 핵심 부분만 맡기고, 컴퓨터그래픽을 위한 물리적 특수효과를 포함한 나머지 기본적 부분들은 한국에서 했죠. 디자인도 우리가 직접 하면서 계속 협업을 했어요. 예산을 최대한 절감하기 위해서 오퍼니지 일정에 맞추는 경우가 많았는데, 그거 하느라고 배우와 스태프들이 정말 고생했어요.

– 한강 아주 큽니다. 미스터 킴. 마음을 크고 넓게 가집시다.

「괴물」에서 주한미군 간부가 독극물을 그대로 한강에 쏟아부으라고 지시한 후 그에 대해 한국 직원이 망설이자

이동진 「괴물」은 100억 원이 훨씬 넘는 프로젝트였으니 당연히 제작비에 대한 부담이 클 수밖에 없었을 것 같네요.

봉준호 제가 쓰는 돈에 대한 예의랄까, 최대한 합리적으로 하려고 했

어요. 그게 다 투자하신 분들이 힘들게 번 돈일 테니까요.

- 어, 저기 저기, 헤엄친다.
- 근데 꼬리가 도대체 몇 개야?
- 그러게, 은근히 징그럽구만.

「괴물」의 도입부. 한강에서 낚시를 하던 두 남자가 아직 다 자라지 않은 괴물을 우연히 발견하고서

이동진 괴물의 외양을 눈여겨보면 정지 상태에서는 입이 돋보이고 이동할 때는 꼬리가 돋보이더군요. 크게 벌렸을 때 여섯 조각으로 갈라지는 입의 모양과 교각에 칭칭 감아가며 이동하는 꼬리의 모양이 특히 인상적이었죠.

봉준호 입 모양은 전적으로 장희철 디자이너의 작품이었어요. 동작대교 교각에서 텀블링을 하는 것 같은 동작으로 이동하는 장면은 구체적으로 제가 지시를 했고요. 그 괴물의 경우에는 날렵하게 치고 빠지는 동작이 중요하다고 봤거든요. 교각에서 어떻게 움직이면 인상적일까를 많이 생각했죠.

- 외국에서 한참 고생하고 와가지고.

「플란다스의 개」에서 이성재가 못 먹는 술을 억지로 받아 마셨다가 변을 당한 남자 이야기를 선배 임상수에게 전해 듣고서

이동진 가가와 데루유키와 아오이 유우를 주연으로 단편 「흔들리는 도쿄」를 찍으시면서 미셸 공드리, 레오 카락스와 함께 옴니버스 영화 「도쿄!」에 참여하셨죠. 서로 말이 통하지 않아서 힘드셨던 것은 없었습니까.

봉준호 촬영을 위해 일본에 가기 전에 딱 하나 감독으로서 두려웠던 건 언어에 대한 것이었어요. 한국어 대사를 쓰면서 뉘앙스 바꾸는 걸 좋아하는데 일본어 대사로는 그렇게 할 수 없을 것 같아서요. 그런데 실제 촬영에 들어가 보니 할 수 있겠다는 확신이 들었어요. 그 뜻을 정확히 몰라도 자꾸 찍다 보니 그 말을 그렇게 한 뉘앙스가 뭔지에 대해서 알겠더라고요. 그래서 대사의 느낌에 대해 일본 배우들과 교감하면서 찍었어요. 외국어 대사이고 내가 모르는 언어인데도 어감을 조절할 수 있다는 게 제일 기뻤죠. 말이란 감정의 표현이기에 그걸 기준으로 하면 얼마든지 의사소통을 할 수 있다는 것을 확인하게 됐어요. 전혀 모르는 언어에 대한 공포감을 없앤 게 「흔들리는 도쿄」의 가장 큰 수확 중 하나였습니다.

- 그나저나 아침에 소나기 잔뜩 왔잖아?
  뭐, 웬만한 건 다 뭉개졌겠네.

「마더」에서 윤제문이 피살 시체가 발견된 옥상을 둘러보다가

이동진 데뷔작 「플란다스의 개」에서는 교수 채용을 둘러싼 사회의 구조적인 모순을 주요 모티브로 다뤘지만 전체적인 분위기는 가볍

고 밝은 쪽이었습니다. 그런데 「살인의 추억」 「괴물」을 거쳐오면서 점점 더 영화들이 어두워졌죠. 그리고 이번 「마더」는 전작들과 비교가 되지 않을 정도로 무겁고 암울합니다. 더구나 다음 영화 「설국열차」도 무척이나 음울한 영화일 것 같은데요.

봉준호 일단 디스토피아를 다루게 되니까요. 「괴물」에서는 전작들로부터 계속 이어져온 지리멸렬한 것들을 총결산하려는 느낌이 있었죠. 「마더」를 찍으면서 새롭게 해보려는 마음이 있었던 것은 분명해요. 달라지고 싶은 마음이라고 할까요. 물론 그런 의도로 작품의 모든 것을 조직한 것은 아니지만요. 후회는 없어요. 그렇게 하고 싶었으니까요. 그런 면에 있어서 멈칫거리고 싶지 않았습니다. 이번에 인간의 심연을 들여다볼 수도 있는 거니까요. 영화가 예술이라면 충분히 갈 수 있는 방향이라고 믿었어요. 어떤 영화를 찍었다는 것은 이미 어딘가에 강렬하게 끌렸다는 거죠. 제가 찍어온 영화들은 모두 뭔가에 강하게 이끌렸던 결과물이었어요. 그렇게 시작해도 영화를 만들기가 얼마나 힘든데, 당위로 출발하면 도저히 완성하지 못할 것 같아요. 엄마가 이 지경이 되는 것을 보고 싶어서 「마더」를 찍었고, 괴물이 한강에서 나오는 걸 보고 싶어서 「괴물」을 찍었습니다. 그런 점에서 후회는 없어요. 다만 내가 왜 그런 충동을 느꼈는지는 내가 나를 분석해야 하는 거라서 아직 답이 안 나오고 있을 뿐이죠.

– 또 다른 내가 온 거야.

「마더」에서 진구가 경찰서에서 윤제문에게 보여주는 휴대전화 동영상 속에서 김종서의 「아름다운 구속」을 노래하는 여자친구

이동진 저는 먼 훗날 봉준호 감독님의 필모그래피를 살펴보면 「마더」가 하나의 기점을 이룰 것 같다는 생각이 듭니다. 봉준호 영화세계의 두 번째 챕터를 열어젖힌 작품으로 기록될 것 같다는 거죠. 스스로는 어떻게 느끼십니까.

봉준호 제가 데뷔작 「플란다스의 개」를 찍은 게 정확히 10년 전입니다. 「마더」는 제가 사십 대가 되어서 처음 찍은 작품이기도 하고요. 그동안 많은 일이 있었죠. 제가 의도한 것도 있었고 의도하지 않은 것도 있었어요. 그 과정에서 「마더」를 통해 조금이나마 달라지고 싶고 좀 더 나아가보고 싶은 생각이 없지 않았습니다. 제가 스스로 규정한다고 그렇게 인위적으로 될 수 있는 것은 아니지만요.

- 목격자고 나발이고 씨발, 다 필요 없어. 자백만 받아내면 돼. 박현규 그 새끼를 죽도록 두들겨 패는 거야.
- 너 많이 변했다.

「괴물」에서 원래 이성적인 수사를 하던 김상경이 좌절감에 점점 거칠게 변해가자 자제를 시키는 송강호

이동진 신인 감독 시절과 지금을 비교하면 스스로가 좀 달라졌다고 느끼십니까.

봉준호 성격이 급해졌어요. 거칠어진 부분도 있고요. 「괴물」을 찍을 때 제가 좀 달라진 걸 느꼈어요. 그래서 지금은 그걸 치유하려고 합니다. 「괴물」과 「마더」를 준비하면서 너무 힘들었거든요. 「설국열차」는 차분하게 찍으려 해요. 성격은 좀 달라진 것 같지만, 반면에 제가 만드는 영화들은 변하지 않았다고 생각합니다. 좋아하는 스타일이나 분위기가 달라지지 않았고, 오히려 강화된 측면까지 있는 것 같아요.

- 진작 말씀을 하시지. 미안합니다.
  근데, 싸움을 그렇게 못해서 어떡해, 형사가.
- 거 사람을 그렇게 못 알아봐서 어떡해, 형사가.

「살인의 추억」에서 송강호가 서울에서 막 내려온 형사 김상경을 강간범으로 오인해 마구 때린 것에 대해 사과하자 김상경도 그 말을 받아 삐딱하게 응수

이동진 감독이란 직업은 어떻습니까. 감독이 절대로 못 해서는 안 되는 게 있다면 어떤 것일까요.

봉준호 자신이 원하는 이미지가 있어야 한다는 것이죠. 감독은 결국 그것 하나로 버티는 거라고 생각해요. 그 이미지를 완성해서 스크린에 투사하기까지의 과정이 사실 너무 힘들고 가시밭길이잖습니까. 캐스팅, 장소 섭외, 촬영 등 모든 것이 다 그렇죠. 그런 고통스러운 과정을 견뎌낼 수 있는 것은 결국 내가 찍고 싶은 이미지가 있었기 때문이에요. 젊은 감독이 이래서는 안 되겠지만, 사실 저는 그 과

정이 매우 힘들어요. 그런데 '이거 하나는 반드시 찍어야 돼'라는 생각 하나로 버티는 거죠.

- 뭐야? 벌써 갔어? 아, 어떡해. 우리가 싫은가 봐.

「마더」에서 원빈이 변호사가 첫 접견에서 금방 떠나는 것을 보고 나서 김혜자에게

이동진 「살인의 추억」 때까지만 해도 봉준호 감독님을 싫어하는 관객들이 거의 없었죠. 그런데 「괴물」의 거대한 성공 이후에 소수이긴 해도 소위 '안티'가 생겼습니다. 성공의 필연적인 그늘이라고 할까요. 물론 대다수의 관객들은 봉준호 감독님을 좋아하지만, 그런 사람들도 존재한다는 사실에 대해서 부담을 느끼시는지요.

봉준호 감독은 대중과 영화로 만나는 사람이고 작품을 통해서 노출되는 직업일 뿐입니다. 저는 작품이 저의 공적인 인격체라고 생각해요. 제 영화가 나쁘면 엄청나게 욕을 할 것이고 그 반대면 좋아해주겠죠. 그 흔한 미니 홈페이지조차 없는 사람으로서, 저는 오로지 작품을 통해서만 사람들을 만나고 싶어요. 저는 소위 공인으로서의 어떤 신분을 자각하고 싶지도 않고, 유명인 행세를 하고 싶지도 않습니다.

- 그러니까네, 발자국 말곤 아무것도 찾은 게 없다, 이거지?

「살인의 추억」에서 형사반장 송재호가 김상경의 보고를 들은 뒤에

이동진 결국 세월이 흐르면 창작자 뒤로 남는 것은 발자국밖에 없을 거라고 봅니다. 먼 후일에 어떤 발자국을 남기고 싶으세요? 훗날 어떤 평가를 받길 원하십니까.

봉준호 '그 사람 영화는 참 특이했다', 그런 코멘트 하나면 만족할 것 같습니다. 그게 예술가들이 궁극적으로 추구하는 것 아닌가요? 그 사람이 아니면 안 되는 것 말입니다. 그게 이 대량복제 시대에 유일하게 예술가가 누릴 수 있는 영예겠죠. 저 사람 영화 참 특이했다, 저 사람이 죽으면 저런 영화들을 다시는 볼 수 없을 것 같다, 그런 발자국이면 정말 좋을 것 같습니다.

대담 2007. 3. 정리 2009. 6.

이동진이 말하는 봉준호의 세계

초판 1쇄 발행 2020년 3월 31일 **초판 5쇄 발행** 2023년 12월 27일

지은이 이동진
펴낸이 이승현

출판1 본부장 한수미
라이프 팀
디자인 윤정아

펴낸곳 ㈜위즈덤하우스 **출판등록** 2000년 5월 23일 제13-1071호
주소 서울특별시 마포구 양화로 19 합정오피스빌딩 17층
전화 02) 2179-5600 **홈페이지** www.wisdomhouse.co.kr

ISBN 979-11-90630-70-2 03680